Josef Fischer

Sklaverei

Geschichte in Quellen – Antike

Herausgegeben von

Michael Sommer
Michael A. Speidel

Josef Fischer

Geschichte in Quellen – Antike

Sklaverei

wbg Academic

Abbildungsnachweis

akg-images: S. 112, 113; bpk Berlin: S. 161; Rijksmuseum Leiden: S. 137; WBG-Archiv: S. 151

Die Deutsche Nationalbibliothek verzeichnet diese Publikation in der Deutschen Nationalbibliografie; detaillierte bibliografische Daten sind im Internet über http://www.dnb.de abrufbar.

wbg Academic ist ein Imprint der wbg.

Die Herausgabe dieses Werkes wurde durch die Vereinsmitglieder der wbg ermöglicht.
Redaktion: Dirk Michel, Mannheim
Satz: Lichtsatz Michael Glaese GmbH, Hemsbach
Einbandgestaltung: schreiberVIS, Seeheim
Gedruckt auf säurefreiem und alterungsbeständigem Papier
Printed in Germany

Besuchen Sie uns im Internet: www.wbg-wissenverbindet.de

ISBN 978-3-534-26433-9

Elektronisch sind folgende Ausgaben erhältlich:
eBook (PDF): 978-3-534-74284-4
eBook (epub): 978-3-534-74285-1

Inhalt

Reihenvorwort 7
Vorwort 9

1. Einleitung 11
   1.1 Forschungsgeschichte 12
   1.2 Was ist Sklaverei? 15
   1.3 Historische Entwicklung 15
   1.4 Antike Sklavereidiskurse 20
   1.5 Wege in die Sklaverei 24
   1.6 Herren und Sklaven 31
   1.7 Arbeitswelt 38
   1.8 Besondere Formen der Unfreiheit 41
   1.9 Flucht und Rebellion 46
   1.10 Freilassung 52

2. Quellen 55
   2.1 Eine antike „Textsammlung" zur Sklaverei 55
   2.2 Rechtliche Definitionen und Grundlagen 64
   2.3 Sklavereidiskurse 65
   2.4 Herkunft der Sklaven / Wege in die Unfreiheit 101
   2.5 Sklaven und ihre Herren 120
   2.6 Arbeitswelt 134
   2.7 Privatleben: Beziehungen und Partnerschaften 153
   2.8 Widerstand 160
   2.9 Freilassung 186
   2.10 Besondere Abhängigkeitsformen 195

Verzeichnis der antiken Autoren und literarischen Quellen 201
Bibliographie 215
Register 225

Reihenvorwort

Geschichte in Quellen – Antike

> Wer nicht von dreitausend Jahren sich weiß
> Rechenschaft zu geben, bleib im Dunkeln
> unerfahren, mag von Tag zu Tage leben.

So dichtete, im West-östlichen Divan, kein Geringerer als Johann Wolfgang von Goethe – und trifft damit den Nagel auf den Kopf. Nur wer Kenntnis davon hat, wie wir zu dem geworden sind, was und wer wir sind, kann Standortbestimmungen vornehmen, die helfen können, unsere Gegenwart verständlich zu machen. Erst wer weiß, mit welchen Problemen Gesellschaften der Vergangenheit konfrontiert waren, wie und weshalb sie die Herausforderungen bewältigten oder an ihnen scheiterten, kann sich heute alternative Wirklichkeiten vorstellen. Ohne Wissen um Geschichte bleibt kritisches Bewusstsein der Gegenwart hohle Phrase.

Unser Wissen um die Vergangenheit schöpfen wir aus Quellen, nichts anderem. „Quellen" – das sind beileibe nicht immer nur Texte. Quellen können genauso gut Bilder, Bauten, Denkmäler, Münzen, Gegenstände, archäologische Befunde, ja selbst Schiffswracks oder menschengemachte Eingriffe ins Landschaftsbild sein. Alles, was Menschen je hinterlassen haben, kann zur historischen Quelle werden, wenn Historiker dadurch Antworten auf ihre Fragen erhalten können.

Wie findet man Quellen? In der Regel bedarf die Erschließung von Material, das die Antworten birgt, nach denen wir suchen, einiger Erfahrung (und nicht selten eines wachen Spürsinns). Außerdem sind historische Methoden unerlässlich, die den Zugang zu den Inhalten erst ermöglichen. Gerade Anfängern fällt es deshalb meist schwer, beim Durchforsten der immensen Datenbestände, die aus der Vergangenheit überliefert sind, fündig zu werden. Und selbst wenn ihre Suche von Erfolg gekrönt ist, bleiben Texte und Artefakte oft stumm, weil das Kontextwissen fehlt, das sie verständlich macht.

Mit besonderen Schwierigkeiten hat zu kämpfen, wer sich auf Quellen aus dem Altertum einlässt: Unsagbar fern und fremd ist uns die Epoche. Auch sind noch immer viele Texte nur in den Originalsprachen – Latein, Griechisch, Phönizisch, Hebräisch, Aramäisch, Ägyptisch oder einer der Keilschriftsprachen – überliefert, deren Kenntnis bei Studierenden oft nicht mehr vorauszusetzen ist.

Auf dem Weg vom Original zur lesbaren modernen Übersetzung rückt uns die Aussage eines antiken Textes zwar näher. Doch entstehen so auch neue

Schwierigkeiten. Schon die Wiederherstellung eines möglichst authentischen Wortlautes in der Originalsprache verlangt vom Philologen und vom Historiker Entscheidungen, die sich auf die Aussage der Texte auswirken können, denn oft wurden antike Texten im Verlauf der langen Überlieferung beschädigt oder entstellt. Und immer wieder bereitet die Übersetzung antiker Begrifflichkeiten, für die es in der heutigen deutschen Sprache keine genauen Entsprechungen gibt, große Schwierigkeiten. Quellen verlangen danach, in ihren historischen Zusammenhang eingeordnet und interpretiert zu werden. Meist sind sie erst dann ausreichend zu verstehen. Der sachgerechte Umgang mit den Quellen ist deshalb eine der entscheidenden Schlüsselkompetenzen nicht allein, aber eben auch der Alten Geschichte.

Hier möchte die Reihe ansetzen: Ergänzend zu den Bänden der Reihe „Geschichte kompakt" öffnet sie den Blick auf die Antike die unmittelbare Beschäftigung mit den Quellen und ihrem Zuschliff zu Bausteinen der Geschichtsschreibung. Sie erleichtert dem Leser die Orientierung in der Fülle des Materials, zeigt Beispiele aus verschiedensten Quellengattungen für Methoden der Entschlüsselung und Interpretation und macht deutlich, welchen Anteil die Arbeit an und mit den Quellen an unserem Wissen über vergangene Epochen hat. Fachlich ausgewiesene Autorinnen und Autoren bieten dem Leser jeweils eine systematisch aufgegliederte Auswahl wichtiger Quellen und ihn dazu ein, sich auf neue Perspektiven einzulassen und die Welt der Antike entlang ihrer Zeugnisse zu erkunden – im Hörsaal und jenseits der Universität.

Michael Sommer
Michael A. Speidel

Vorwort

Im Jahr 1926 schlossen die Mitgliedstaaten des Völkerbundes ein Abkommen zur Abschaffung von Sklaverei und Zwangsarbeit. In der im Jahr 1948 von den Vereinten Nationen verkündeten *Allgemeinen Erklärung der Menschenrechte* sprach man sich erneut gegen die Sklaverei aus, und auch die *Europäische Menschrechtskonvention*, die 1950 in Rom unterzeichnet wurde, verbietet Sklaverei, Leibeigenschaft und Zwangsarbeit. Trotz dieser Willensbekundungen und Verbote sind die Sklaverei und andere Formen der Unfreiheit nicht Geschichte, sondern prägen vielmehr noch heute das Leben von Millionen von Menschen. Macht man sich auf die Suche nach den Anfängen und Ursprüngen dieser Formen von Ausbeutung und Abhängigkeit, so kann man diese bis in die frühen Hochkulturen des Vorderen Orients zurückverfolgen. Besonders deutlich kann man das Phänomen der Unfreiheit in der nicht nur für die westliche Welt so wirkmächtigen klassischen Antike greifen.

Ziel des vorliegenden Buches ist es, den Leser mit diesem wichtigen Abschnitt der frühen Geschichte der Sklaverei vertraut zu machen. Es ist weniger an Fachwissenschaftler gerichtet, sondern vielmehr an Studierende der historischen Fächer, an Lehrer, Schüler und auch an alle am Thema interessierten Laien. Diese will es vor allem mit den Grundlagen vertraut machen, auf denen unser Bild von Unfreiheit und Sklaverei in der klassischen Antike beruht.

Da fundierte Kenntnisse in den alten Sprachen heute nicht mehr vorausgesetzt werden können und dürfen, ist ein solches Kompendium von zentralen Quellentexten in deutscher Übersetzung nötig und, wie ich hoffe, überaus nützlich. Denn es soll nicht nur aus der Fülle der Überlieferung eine praktische Auswahl von wesentlichen Zeugnissen bieten, sondern es dem Leser, bei dem keine einschlägigen Vorkenntnisse vorausgesetzt werden, auch erleichtern, diese Quellen in ihrem historischen Kontext zu erfassen. Dazu sollen sowohl die Einleitung, die ausgewählte Aspekte der antiken Sklaverei vorstellt, als auch die kurze Charakterisierung der zitierten Autoren im Anhang dienen.

Der Schwerpunkt wurde neben einzelnen epigraphischen und papyrologischen Dokumenten vor allem auf literarische Zeugnisse aus dem Zeitraum von ca. 700 v. Chr. bis ins 5. Jh. n. Chr. gelegt, da diese „direkter zu uns sprechen" können, als dies etwa bei archäologischen Funden und Befunden der Fall ist, für deren Verständnis und historische Würdigung in den meisten Fällen ein eingehenderer Kommentar notwendig ist, als dies in diesem Rahmen geleistet werden kann.

Ich bedanke mich bei den Herausgebern der Reihe dafür, dass sie mich mit dieser interessanten Aufgabe betraut haben, und Daniel Zimmermann von der Wissenschaftlichen Buchgesellschaft für seine Geduld und die Betreuung dieses Bandes. Mein Dank gilt auch Herrn Dr. Oliver Schipp (Mainz) für die mühevolle Arbeit des Korrekturlesens großer Teile des Manuskripts und für seine hilfreichen Hinweise. Besonderen Dank schulde ich auch meiner Frau und meinen Kindern für ihre Nachsicht, wenn das Familienleben aufgrund wissenschaftlicher Arbeiten zu kurz kommt. Gewidmet soll dieser Band der Erinnerung an meine Eltern Josef und Rosa Fischer sein, denen ich mehr verdanke, als dies hier ausgedrückt werden kann.

Krakau, im Frühjahr 2018
Josef Fischer

1 Einleitung

Die Sklaverei lässt sich bereits in den ältesten schriftlichen Aufzeichnungen der frühen Hochkulturen des bronzezeitlichen Vorderen Orients erstmals greifen, und sie spielt bis in die Gegenwart eine bedeutende Rolle. Obwohl sie heute geächtet und durch zahlreiche Gesetze verboten ist, leben nach Schätzungen von Menschenrechtsexperten mehr als 20 Millionen Menschen weltweit in Sklavenverhältnissen. Der Menschenhandel, dem jährlich mehr als zwei Millionen Menschen zum Opfer fallen, ist ein blühender Wirtschaftszweig, der Milliardengewinne abwirft; nach dem Drogen- und dem Waffenhandel stellt er das drittlukrativste kriminelle Geschäft dar.

Die Beschäftigung mit der Sklaverei ist daher nicht nur von historischem Interesse, sondern von ungebrochener Aktualität. Warum aber, könnte man fragen, ist es wichtig, sich gerade mit der Sklaverei im klassischen Altertum zu befassen? Eine mögliche Antwort könnte lauten, dass es in der langen Geschichte der Sklaverei nur wenige Gesellschaften gab, in denen die Sklaverei eine derartig wichtige Rolle spielte und Unfreie einen so großen Anteil an der Gesamtbevölkerung stellten, dass die Sklaverei einen nachhaltigen und entscheidenden Einfluss auf das gesellschaftliche und wirtschaftliche Leben ausübte. Zumindest phasenweise war dies in der klassischen Antike der Fall, weshalb bereits die marxistische Geschichtstheorie, der sogenannte historische Materialismus, die antike Gesellschaft als „Sklavenhaltergesellschaft" bezeichnet hat. Der amerikanisch-englische Althistoriker Moses I. Finley unterschied fünf „wirkliche Gesellschaften der Sklaverei", von denen zwei im Altertum anzusiedeln seien: das klassische Athen und Italien zur Zeit der ausgehenden Republik.[1] Auch wenn man wie der Autor des vorliegenden Buches die Anwendungen von nur schwammig zu definierenden und schwer festzumachenden Begriffen wie der „Sklaven(halter)gesellschaft" auf die klassische Antike für problematisch hält, so ist die ökonomische und gesellschaftliche Bedeutung der Sklaverei in der griechischen und römischen Gesellschaft unbestritten. So wichtig das Aufzeigen von Ähnlichkeiten und Gemeinsamkeiten zwischen antiker und neuzeitlicher Sklaverei und das Herausarbeiten langer Entwicklungslinien, der *longue durée* (Fernand Braudel), ist, so bedeutsam ist auch der Hinweis auf die Unterschiede. Die Antike, die uns vielfach so vertraut erscheint, war in mancherlei Hinsicht grundlegend anders und ist zu

---

1 Vgl. Finley (1981) 9. Die anderen „Sklavereigesellschaften" seien in den Vereinigten Staaten, in der Karibik sowie in Brasilien in der Neuzeit zu finden.

Recht als das „nächste Fremde“ (Uvo Hölscher) charakterisiert worden. Dies gilt auch im Hinblick auf die antike Sklaverei; zwei Aspekte, die hier genannt werden könnten, sind etwa die in der Neuzeit unbekannte Vielfalt des antiken Sklavenlebens oder das Fehlen des Faktors „Rasse“ im Sklavereidiskurs des Altertums. Auch war die Sklaverei ein von allen als so selbstverständlich hingenommener Aspekt der Gesellschaftsordnung, dass eine Gesellschaft ohne Sklaverei – auch für die Unfreien selbst – jenseits aller Vorstellungskraft lag. Entsprechend war ein Kampf für die Abschaffung der Sklaverei in der Antike unbekannt. Das Studium der Geschichte der Unfreiheit in den Kulturen des Altertums stellt somit auf alle Fälle einen wesentlichen Schlüssel zum Verständnis des historischen Phänomens der Sklaverei dar.

1.1 Forschungsgeschichte

In der klassischen Antike selbst erfolgte keine systematische Beschäftigung mit der damals zeitgenössischen Sklaverei. Auch im Mittelalter wurde der Unfreiheit im griechisch-römischen Altertum keine besondere Aufmerksamkeit zuteil. Ihre Erforschung begann vielmehr mit dem Renaissancehumanismus im 15. und 16. Jahrhundert, als die philologisch-historischen Wissenschaften im modernen Sinn überhaupt entstanden.[2] Die Beschäftigung mit der antiken Sklaverei war einerseits durch das antiquarische Bestreben, jeden Aspekt der Antike zu erfassen, motiviert, andererseits diente sie auch dazu, sich mit der damals gegenwärtigen Sklaverei zu beschäftigen und diese mit Bezug auf die Antike zu rechtfertigen.

In der frühen Forschung stand vor allem die Beschäftigung mit der römischen Sklaverei im Mittelpunkt. Zu den ersten erwähnenswerten Werken gehören *De operis servorum* von Titus Popma (1608) und *De servis et eorum apud veteres ministeriis commentarius* von Lorenzo Pignoria (1613), das eine detaillierte Betrachtung der Tätigkeiten städtischer Sklaven in Rom bietet.

Neben den Altertumswissenschaftlern beschäftigten sich stets auch Rechtswissenschaftler mit der antiken Sklaverei. Ihr Ansatzpunkt war das fortlebende römische Recht, das auch nachhaltigen Einfluss auf die moderne Sklavereigesetzgebung ausgeübt hat, so etwa auf den im Jahr 1685 von Ludwig XIV. erlassenen *Code Noir*.

Einen Meilenstein hinsichtlich der Unfreiheit im antiken Griechenland stellt dann in der Zeit der Aufklärung die preisgekrönte Schrift *Geschichte und Zustand der Sklaverey und Leibeigenschaft in Griechenland* des Göttinger Philologen und Juristen Johann Friedrich Reitemeier dar (1783/89).[3]

In der Folgezeit betrachteten Sozialwissenschaftler und Ökonomen die antike Sklaverei sehr kritisch und bewerteten sie verstärkt negativ. Adam Smith unterstrich ihre Ineffizienz, während David Hume ihre negativen Aus-

---

2 Einen gerafften Überblick zur Forschungsgeschichte der antiken Sklaverei bieten etwa Finley 1981, 11–78; Deißler 2003; Herrmann-Otto 2009, 34–50.

3 Vgl. dazu Deißler 2000.

wirkungen auf das Bevölkerungswachstum untersuchte. Nur vereinzelt finden sich positive Stimmen, etwa von Wilhelm von Humboldt, der sie aufgrund ihrer angenommenen kulturstiftenden Funktion als eine in Kauf zu nehmende Notwendigkeit betrachtet.

Mit der ab dem späten 18. Jh. einsetzenden Abolitionismusbewegung kam es zu einem Aufschwung in der Sklavereiforschung. Nachdem im Jahr 1833 die Untersuchung *Inquiry into the State of Slavery amongst the Romans* von William Blair erschienen war, verfasste Henri Alexandre Wallon im Jahr 1837 als Preisaufgabe der Pariser *Académie des Sciences Morales und Politiques* sein Werk *Histoire de l'esclavage dans l'antiquité* von (veröffentlicht 1847 bzw. ^{2}1879). Diese Schrift, die stark durch abolitionistisches Engagement gekennzeichnet ist, stellt die erste umfassende Monographie und Dokumentation zur antiken Sklaverei dar und untersucht die Ursprünge, Bedingungen und Auswirkungen der Sklaverei im Alten Orient, in Griechenland und in Rom.

Neue Impulse in der Sklavereiforschung brachte dann der historische Materialismus, demzufolge das klassische Altertum eine Sklavenhaltergesellschaft war, die einerseits durch den Klassenkampf zwischen Sklaven und Freien geprägt war. Andererseits machte, wie Engels in seiner Streitschrift gegen Eugen Dühring (sogenannter Anti-Dühring) schrieb, die Sklaverei erst die Teilung der Arbeit zwischen Ackerbau und Industrie in größerem Maßstab möglich und damit die Blüte der griechischen Kultur, Kunst und Wissenschaft.

Eine Gesamtdarstellung der Theorie des historischen Materialismus zur antiken Sklaverei verfasste in Italien Ettore Cicotti mit seinem Werk *Il tramonto della schiavitù nel mondo antico* (1899).

Im deutschsprachigen Raum hat die kurze Darstellung *Die Sklaverei im Altertum* (1898) von Eduard Meyer die Forschung nachhaltig beeinflusst. In der englischsprachigen Welt war die Gesamtdarstellung *The Slave Systems of Greek and Roman Antiquity* (1955) von William Lynn Westermann, eine Überarbeitung seines 1935 für *Paulys Realencyclopädie der classischen Altertumswissenschaft* verfassten Artikels, für viele Jahre maßgeblich.

Generell erlebte die Erforschung der antiken Sklaverei nach dem Zweiten Weltkrieg eine vorher nie gekannte Dynamik, gleichzeitig erfuhr sie auch eine bis dahin nicht vorhandene Institutionalisierung, die in der Zeit des sogenannten Kalten Krieges auch mit einer ideologischen und methodologischen Blockbildung einherging.

Der Tübinger Althistoriker Joseph Vogt (1895–1986) begründete an der Mainzer Akademie der Wissenschaften und der Literatur im Dezember 1950 das Projekt „Forschungen zur antiken Sklaverei", eines der größten und ertragreichsten Forschungsvorhaben der deutschen Altertumswissenschaft überhaupt, das in den vergangenen 65 Jahren und noch über sein nominelles Ende im Jahr 2012 hinaus einen immensen Beitrag zur Erforschung der Sklaverei im klassischen Altertum geleistet hat. Unter der Leitung von Joseph Vogt und seinen Nachfolgern Heinz Bellen (ab 1978) und Heinz Heinen (ab 2002; seit 2009 zusammen mit Winfried Schmitz) erschienen nicht nur zahlreiche einschlägige Monographien und Sammelbände, sondern auch ein Corpus der römischen Rechtsquellen zur antiken Sklaverei, eine Bibliographie der antiken Sklaverei, ein mehrbändiges Handwörterbuch der antiken Sklaverei sowie Übersetzungen von russischen Arbeiten zur antiken Sklaverei.[4]

Diese russischen Arbeiten waren ab 1960 im Rahmen einer neu eingerichteten Forschungsgruppe an der Sektion für Alte Geschichte des Instituts für Allgemeine Geschichte an der Akademie der Wissenschaften der UdSSR als Teile einer Gesamtgeschichte der antiken Sklaverei unter dem Aspekt des historischen Materialismus entstanden. Unter den sowjetischen Sklavenforschern ist etwa Elena M. Štaerman hervorzuheben. In der polnischen Altertumswissenschaft spielte Iza Bieżunska-Małowist eine herausragende Rolle, in der DDR beschäftigten sich insbesondere Elisabeth Charlotte Welskopf sowie Rigobert Günther mit Fragen der Unfreiheit in der Antike.

In der englischsprachigen Welt waren vor allem die Forschungen von Moses I. Finley (1912–1986) prägend und setzen bis heute Maßstäbe. Finley, dessen Arbeiten durch eine starke Einbeziehung von soziologischen und ökonomischen Fragestellungen, Theorien und Modellen geprägt war, polemisierte stark gegen das Mainzer Projekt, dem er eine beschönigende Verharmlosung der antiken Sklaverei vorwarf. Diese Attacken hatten eine immer noch spürbare mangelnde Rezeption der deutschen Sklavereiforschung in der englischsprachigen Welt zur Folge.[5] Als einer der wichtigsten englischsprachigen Experten für die antike, speziell für die römische Sklaverei kann derzeit der britisch-kanadische Althistoriker Keith Bradley gelten. An der Universität Nottingham gründete Thomas Wiedemann im Jahr 1998 das *Institute for the Study of Slavery* (ISOS, ehemals ICHOS – *International Centre for the History of Slavery*). Seit dem frühen Tod von Wiedemann wird dieses von Dick Geary und Steven Hodkinson geleitet.

In Frankreich fanden ab 1970 regelmäßige Kolloquien des *Centre des Recherches d'Histoire Ancienne* der Université Franche-Comté in Besançon statt, aus denen die von Paul Lévêque gegründete *Groupe International de Recherches sur l'Esclavage dans l'Antiquité* (GIREA) hervorging, ein loser Zusammenschluss internationaler Forscher, der nicht zuletzt durch sein Bemühen, auch marxistische Standpunkte miteinzubeziehen, einen Gegenpol zu den Mainzer Aktivitäten bildet.

Eng mit dem Mainzer Akademieprojekt verbunden war dagegen ein von 2003 bis 2009 unter der Leitung von Elisabeth Herrmann-Otto stehendes Graduiertenkolleg zum Thema „Sklaverei – Knechtschaft und Frondienst – Zwangsarbeit. Unfreie Arbeits- und Lebensformen von der Antike bis zum 20. Jahrhundert" an der Universität Trier. Im Rahmen dieses Projektes widmete man sich in besonderer Weise einem internationalen, epochenübergreifenden und interdisziplinären Diskurs über die Geschichte der Sklaverei und anderer Formen der Unfreiheit.

Gerade ein solcher Zugang, wie ihn auch Michael Zeuske, der vor wenigen Jahren eine monumentale Globalgeschichte der Sklaverei von ihren Anfängen bis in die Gegenwart vorgelegt hat,[6] vertritt, ist wichtig, um dem historischen

4 Vgl. etwa Heinen 2005.
5 Vgl. dazu Deißler 2010.
6 Zeuske 2013.

Phänomen der Unfreiheit gerecht zu werden. Denn in den letzten Jahrzehnten hat gerade auch die Erforschung der antiken Sklaverei massiv von Ansätzen außerhalb der klassischen Altertumswissenschaften profitiert. Genannt werden sollen als herausragende Beispiele etwa die Arbeiten des aus Jamaika stammenden Soziologen Orlando Patterson[7] zu Sklaverei und „sozialem Tod" oder des französischen Sozialanthropologen Claude Meillassoux[8] zur Anthropologie der Sklaverei.

1.2 Was ist Sklaverei?

Die Frage nach einer klaren und einheitlichen Definition der Sklaverei ist angesichts ihrer vielen historischen Erscheinungsformen nur schwer zu beantworten. Je nach Zugangsweise – ob kulturgeschichtlich, ob juristisch, ob wirtschaftsgeschichtlich oder sozialgeschichtlich – stehen andere Aspekte im Vordergrund der Betrachtung. Wird im einen Fall das Gewaltverhältnis betont, in dem eine Person einer anderen physisch und psychisch uneingeschränkt unterworfen ist und zu deren Eigentum wird, steht im anderen Fall die Ausbeutung der Arbeitskraft des Sklaven im Mittelpunkt der Betrachtungen oder wird vielmehr die völlige Entwurzelung des Versklavten, seine gesellschaftliche Ausgeschlossenheit und Schutzlosigkeit betrachtet. Auch die Einschränkung der persönlichen Freiheit, bestimmte Dinge tun zu dürfen oder nicht tun zu müssen, stellt einen wesentlichen Gesichtspunkt dar. Besondere Schwierigkeiten entstehen auch beim Versuch, die Sklaverei gegenüber anderen historischen Erscheinungsformen der Unfreiheit abzugrenzen.

1.3 Historische Entwicklung

Griechenland

Unfreiheit und Sklaverei lassen sich von Beginn der griechischen Geschichte an fassen. An deren Anfang steht die mykenische Kultur (ca. 1600–1100 v. Chr.), die erste Hochkultur auf dem europäischen Festland, die ihre größte Blüte während der sogenannten *Palastzeit* (ca. 1400–1200 v. Chr.) erlebte, die ihren Namen dem Umstand verdankt, dass die politische Landschaft damals durch eine Reihe von unabhängigen Fürstentümern geprägt war, an deren Spitze als *wanax* bezeichnete Könige standen, und deren politische, kulturelle, religiöse und ökonomische Zentren die sogenannte *Paläste* waren. Eine der bedeutendsten Errungenschaften der Mykener war die Entwicklung einer Silbenschrift, des auf der Grundlage der minoischen Schriften geschaffenen sogenannten Linear B. In diesen Linear B-Texten, die in einer frühen Form des

7 Patterson 1982.
8 Meillasoux 1989.

Griechischen verfasst sind, ist bereits ausdrücklich von Sklaven die Rede. Einige wenige Texte dokumentieren den Verkauf von Sklaven, deren unfreier Status vermutlich bereits erblich war. Die Sklaven werden in Zusammenhang mit der Metallverarbeitung, der Viehzucht sowie dem Ackerbau als auch im kultischen Umfeld erwähnt. Woher die Sklaven kamen und wie sie in Unfreiheit geraten waren, kann nicht mehr festgestellt werden. Eine Sonderstellung könnten jene Männer und Frauen einnehmen, die als Sklaven bzw. Sklavinnen einer Gottheit verzeichnet sind; bei ihnen muss unklar bleiben, ob es sich tatsächlich um Unfreie handelte oder vielmehr um religiöse Funktionäre, die nur im übertragenen Sinn „Sklaven" genannt wurden. Neben den explizit als Sklaven angesprochenen Personen nennen die Linear B-Texte (vor allem aus Pylos) eine große Anzahl von abhängigen Arbeiterinnen, die neben Tätigkeiten im Haushalt auch mit der Herstellung von Textilien befasst waren und die mit Nahrungsmitteln versorgt wurden. Bemerkenswert ist der Umstand, dass einige dieser Arbeitsgruppen durch Ethnika charakterisiert sind, die allesamt in den nördlichen bzw. östlichen Mittelmeerraum verweisen; die Frauen werden etwa als Lemnierinnen, Knidierinnen oder Milesierinnen bezeichnet und wurden entsprechend als Gefangene aus Kriegs- oder Beutezügen in der Ostägäis oder dort gekaufte Sklavinnen interpretiert. Ihre exakte Stellung lässt sich jedoch ebenso wenig sicher klären wie der Status von Personengruppen, die in den Texten als bestimmten Funktionären, Würdenträgern oder Gottheiten „gehörig" bezeichnet werden.

Mit dem Untergang der mykenischen Paläste kam es zum Verlust der Schriftlichkeit in Griechenland. Für die Zeit der sogenannten dunklen Jahrhunderte (ca. 1200–700 v. Chr.) erlauben die archäologischen Quellen nur vage Rückschlüsse auf die sozialen Verhältnisse. Aussagen über die Rolle der Sklaverei oder des Sklavenhandels in dieser Epoche lassen sich kaum treffen. Erst für das Ende jener Zeit stehen mit den homerischen Epen *Ilias* und *Odyssee* (2. Hälfte 8. Jh. v. Chr.) aussagekräftige literarische Quellen zur Verfügung, deren Interpretation freilich durch die Tatsache, dass die „homerische Welt" ein literarisches Konstrukt ist, das Elemente verschiedener Epochen zu einem kunstvollen Ganzen verbindet, erschwert wird. Bei aller somit gebotenen Vorsicht erlauben *Ilias* und *Odyssee* aber dennoch Rückschlüsse auf das soziale Leben ihrer Entstehungszeit. Zwischen den beiden Epen lassen sich jedenfalls klare Unterschiede aufzeigen. Während in der älteren *Ilias* der Sklavenhandel noch keine bedeutende Rolle spielt und die Kriegsgefangenschaft die wesentliche Ursache der Unfreiheit darstellt, was auch daran liegen mag, dass die Ausnahmesituation eines großen Krieges geschildert wird, sind in der jüngeren *Odyssee* Menschenraub und Kaufsklaverei üblich. Die Anzahl der in den Epen erwähnten Sklaven, unter denen unfreie Frauen überwiegen, ist überschaubar. Freilich ist das Verhältnis von unfreien zu freien Beschäftigten schwer abzuschätzen; freie Lohnarbeiter werden auch erwähnt, ihre Anzahl bleibt aber unklar. Die Sklaverei in den homerischen Epen, die oft als eine „patriarchalische" Sklaverei bezeichnet wird, ist durch eine enge persönliche Bindung zwischen Herren und Sklaven und durch eine besondere gegenseitige Loyalität gekennzeichnet. Freilich ist das Sklavenleben, wie es in den homerischen Epen geschildert wird, kein Idyll. Die Unfreien müssen hart arbeiten, profitieren kaum von ihrer Arbeit, haben stets zu gehorchen, sind in allen Belangen von ihren Herren abhängig, und bei Fehlverhalten drohen harte Strafen. Selbst die Entscheidung über Leben und Tod der Unfreien lag in den Händen des Herrn.

Im Zeitalter der homerischen Epen nahmen mehrere historisch bedeutsame Entwicklungen ihren Anfang. Im Rahmen der sogenannten großen griechischen Kolonisation, die um die Mitte des 8. Jh. v. Chr. begann, ließen sich griechische Kolonisten rund um das Mittelmeer und im Schwarzmeerraum nieder, bis die Hellenen zweihundertfünfzig Jahre später wie „Ameisen oder Frösche um einen Sumpf" saßen (Platon, *Phaidon* 109). Die Anlage dieser zahlreichen Pflanzstädte (griechisch: Apoikien), die aus den unterschiedlichsten wirtschaftlichen und politischen Gründen erfolgen konnte, hatte wesentlichen Einfluss auf den Aufschwung des Sklavenhandels, der sich bereits in der homerischen *Odyssee* greifen lässt, da dadurch nicht nur neue Märkte, sondern auch neue Quellen für Sklaven erschlossen wurden.

Bereits in den dunklen Jahrhunderten nahm auch die Herausbildung des Stadtstaates (*Polis*) als typische Form der politischen Organisation in der griechischen Welt ihren Anfang. Griechische Poleis bestanden in der Regel aus einer zentralen Siedlung (*asty*) und dem umliegenden Land (*chora*); sie definierten sich jedoch nicht über ihr Territorium, sondern ihre Bürgerschaft. Schon in früharchaischer Zeit bildeten sich innerhalb der Poleis verschiedene politische Ämter heraus, die aber nur einem eingeschränkten Personenkreis offenstanden. Die Macht lag meist in den Händen einer oder weniger aristokratischer Familien. Früh hören wir in den Quellen auch von Versuchen, Missbräuche der politischen Macht zu verhindern. Durch einen Wandel in der üblichen Kampfweise, nämlich die Einführung der sogenannten Hoplitenphalanx, der Kampfreihe schwer bewaffneter Fußsoldaten (*Hopliten*), vergrößerte sich die Anzahl jener Männer, die – entsprechend zum Beitrag, den sie zum militärischen Potenzial ihrer Heimat leisten konnten – Einfluss auf die politischen Entscheidungen erlangten. Wirtschaftliche, soziale und politische Probleme konnten in den griechischen Poleis immer wieder zu Problemen und Notlagen führen, die sich in politischen Spannungen, Krisen und offenen Konflikten (*staseis*) äußern konnten. Um diese Konflikte zu schlichten und die anstehenden Probleme zu lösen, wurden immer wieder – auch von auswärts kommende – Männer als Schlichter und Schiedsrichter ausgewählt. Aufgrund der Leistungen dieser Männer, unter denen die Athener Drakon und Solon wohl am berühmtesten sind, kam es vielerorts zur Aufzeichnung von Gesetzen, wobei einerseits traditionelles, ererbtes Recht erstmals schriftlich fixiert wurde, andererseits aber auch neue und zukunftsträchtige Regelungen getroffen werden konnten. Trotz dieser Entwicklung gelang es ab der Mitte des 7. Jh. v. Chr. immer wieder einzelnen Persönlichkeiten, im Zuge innerer Auseinandersetzungen, die aus den unterschiedlichsten – wirtschaftlichen oder sozialen – Gründen ausbrechen konnten, die Alleinherrschaft an sich zu reißen und als Tyrannen über die jeweiligen Städte zu regieren.

Die erfolgreiche Abwehr zweier persischer Angriffe auf Griechenland in den Jahren 490 und 480/479 v. Chr. konnte vor allem von den Athenern politisch ausgenutzt werden. Wenn damit auch Athen, wo in klassischer Zeit eine radikale Demokratie entwickelt wurde, als politisch, kulturell und wirtschaftlich führende Polis in Hellas keine typische Stadt des antiken Griechenland, sondern vielmehr einen – freilich auch prägenden – Sonderfall darstellt, stehen nur für diese Stadt ausreichende Quellenzeugnisse zur Verfügung, um die Bedeutung der Sklaverei im wirtschaftlichen und sozialen Leben einschätzen zu können. Athens großer Rivale und Gegner in der größten innergriechischen Auseinandersetzung der klassischen Zeit, dem Peloponnesischen Krieg (431–404 v. Chr.), die Stadt Sparta, beschritt – wie in vielen anderen Dingen – auch in Bezug auf den Umgang mit Unfreiheit einen eigenen Weg, und auch die Quellenlage zur Beurteilung der lakedaimonischen Verhältnisse ist schwierig. Noch unzureichender kann vielfach die Lage in den zahlreichen weiteren Gemeinwesen der griechischen Welt, dem „dritten Griechenland jenseits von Athen und Sparta" (Hans-Joachim Gehrke), beurteilt werden. Nur für Athen sind daher die wirtschaftliche Bedeutung unfreier Arbeit und die sozialen Auswirkungen der Sklaverei klar erkennbar. Freilich ist es auch im Fall Athens nicht möglich, die exakte Anzahl der Unfreien zu bestimmen. Wenn man jedoch von etwa 80.000 bis 100.000 Sklaven bei einer Gesamtbevölkerung Attikas von ca. 300.000 Personen ausgeht, wird man wohl nicht weit fehlgehen.

Mit der Eroberung des Achaimenidenreichs durch Alexander den Großen erreichte die griechische Kultur weite Verbreitung. Die hellenistische Welt erstreckte sich von Sizilien und Süditalien im Westen bis Afghanistan und Indien im Osten. Die gesellschaftlichen Strukturen in diesem gewaltigen geographischen Raum, der in zahlreiche Staaten und Gemeinwesen zerfiel, waren außerordentlich vielfältig, nicht zuletzt deshalb, weil sich überall lokale Traditionen und griechische Sitten und Gebräuche gegenseitig beeinflussten. Dies gilt auch für die verschiedenen Erscheinungsformen von Unfreiheit, die in der hellenistischen Staatenwelt begegnen; hier müssen gewöhnliche Sklaven, die sich in den hellenistischen Königreichen und Stadtstaaten in großer Anzahl finden, ebenso erwähnt werden wie Angehörige abhängiger Landbevölkerungen (*laoi*), unfreie Tempeldiener (*hierodouloi*) oder Schuldknechte. Die Sklaverei war jedenfalls auch in der hellenistischen Welt omnipräsent und spielte eine ökonomisch wichtige Rolle (auch wenn etwa in der Landwirtschaft vor allem freie Arbeiter zum Einsatz kamen). Nicht zuletzt aufgrund der zwar zahlreichen, aber weit verstreuten und heterogenen Quellen ist die hellenistische Sklaverei bisher nur ungenügend erforscht. Eine Ausnahme bildet nur das ptolemäische Ägypten: Hier können die Lebensumstände und Arbeitsbedingungen von Sklaven besonders gut studiert werden, da papyrologische Quellen Einblicke ermöglichen, die für andere Regionen verwehrt bleiben.

Rom

Die römische Geschichte beginnt mit einer kleinen Siedlung am Unterlauf des Tibers. Der Tradition zufolge im Jahr 753 v. Chr. gegründet, wurde die Stadt angeblich zunächst von einheimischen, später von etruskischen Königen regiert, deren letzter, Tarquinius Superbus, im späten 6. Jh. v. Chr. vertrieben wurde. Zu dieser Zeit hatte sich Rom, das auch kulturell stark von Etruskern beeinflusst worden war, bereits zu einer regional bedeutenden Stadt entwickelt und einen beachtlichen architektonischen Ausbau erlebt, als dessen Höhepunkt die Einweihung des monumentalen Kapitolstempel (der Überlieferung zufolge im Jahr 509 v. Chr.) gelten kann.

Grundlegend für unser Verständnis der sozialen und rechtlichen Verhältnisse im frühen Rom sind die um 450 v. Chr. verfassten Zwölftafelgesetze, die uns auch die ersten verlässlichen Hinweise zur Lage von Unfreien in Rom liefern. Die Entstehung der Zwölftafelgesetze ist vor allem im Zusammenhang mit den politischen Auseinandersetzungen der regierenden Patrizier und den von der politischen Teilhabe ausgeschlossenen Plebejern zu sehen, die, entsprechend dem Beitrag, den sie zum Wehrpotenzial der Stadt leisteten, auch politische Mitsprache einforderten. Bereits im Jahr 494 v. Chr. soll es im Zuge dieser sogenannten *Ständekämpfe* zu einem Auszug der Plebejer aus der Stadt gekommen sein. Seinen endgültigen Abschluss fand das gut 200 Jahre andauernde politische Ringen zwischen Patriziern und Plebejern erst mit dem 3. Jh. v. Chr., nachdem eine Reihe von Teilerfolgen erkämpft worden war: die licinisch-sextischen Gesetze (366 v. Chr.), die den Plebejern den Zugang zum höchsten politischen Amt, dem Konsulat, ermöglichten, die *lex Ogulnia* (300 v. Chr.), die den Plebejern den Zugang zu den Priesterämtern eröffnete, und schließlich die *lex Hortensia* (287 v. Chr.), die Beschlüssen der Plebejer Gesetzeskraft für das ganze römische Volk zubilligte. Einen wesentlichen Schritt stellte auch die *lex Poetelia Papiria* (326 v. Chr.) dar, denn sie verbot die bis dahin verbreitete Schuldknechtschaft, die in der frühen römischen Republik als Mittel zur Beschaffung abhängiger Arbeitskräfte von größerer Bedeutung als die Sklaverei gewesen war. Die Anzahl wirklicher Sklaven, bei denen es sich vor allem um Kriegsgefangene handelte, war insbesondere im 5. Jh. v. Chr. wohl recht gering. Einen Wendepunkt bedeutete der Sieg im Krieg mit der etruskischen Stadt Veji (396 v. Chr.), auch wenn uns keine Angaben über die exakte Anzahl der Kriegsgefangenen vorliegen. Mit den Samnitenkriegen des 4. Jh. v. Chr., den ersten beiden Punischen Kriegen des 3. Jh. v. Chr. und dem zunehmenden Ausgreifen Roms in den östlichen Mittelmeerraum kamen immense Sklavenmassen nach Italien und veränderten das römische Wirtschaftsleben und auch das Sozialgefüge nachhaltig. Die nun forcierte extensive Viehwirtschaft und die spezialisierten Gutsbetriebe zogen ebenso einen erhöhten Bedarf an unfreien Arbeitskräften nach sich wie die Ausweitung und Intensivierung der Fernhandelsbeziehungen oder die zahlreichen nun anfallenden administrativen Aufgabenbereiche. Der Anteil von Sklaven an der Gesamtbevölkerung erreicht im Italien der späten Republik mit 15 bis 25 % einen Spitzenwert. Dies legte auch den Grundstein für die großen Sklavenerhebungen im späten 2. und frühen 1. Jh. v. Chr. auf Sizilien und in Italien. Der letzte dieser Aufstände, die Erhebung unter der Führung des berühmten Spartacus, fiel bereits in die Zeit einer tiefgehenden Krise des politischen Systems der römischen Republik. Erst Augustus gelang es, das erbitterte Ringen um die Macht für sich zu entscheiden und die jahrzehntelangen Bürgerkriege zu beenden. Mit ihm als erstem Kaiser beginnt das Zeitalter des sogenannten *Prinzipats*, das im 2. Jh. v. Chr. die größte Ausdehnung des *Imperium Romanum* sehen sollte. Große Eroberungskriege wurden nun seltener, doch immer noch sorgten militärische Unternehmungen wie etwa der Jüdische Krieg während der Regierungszeit Vespasians, Traians Kampagnen gegen die Daker und die Parther oder Mark Aurels Kämpfe jenseits der Donau für reichen Nachschub an Kriegsgefangenen; daneben sind jetzt wohl andere Quellen von Sklaven, vor allem die Geburt von Sklavenkindern, bedeutender geworden. Immer noch war die Anzahl der Sklaven im *Imperium Romanum* hoch, auch wenn sie nicht sicher bestimmt werden kann; realistischen Schätzungen zufolge machten Unfreie während der hohen Kaiserzeit reichsweit etwa 10 % der Gesamtbevölkerung aus, die vor der sogenannten *antoninianischen Pest* der 2. Hälfte des 2. Jh. n. Chr. etwa 60 Millionen Menschen betragen haben mag. Allerdings variierte das Verhältnis zwischen Freien und Sklaven zeitlich und regional durchaus.

Die Sozialstruktur der Spätantike (284 bis 6. Jh. n. Chr.) beruhte auf Grundlagen, die während der sogenannten Krise des dritten Jahrhunderts gelegt wurden. Obwohl in der Spätantike verstärkt andere Abhängigkeitsformen wie etwa der Kolonat zu beobachten sind, war die Sklaverei im strengen Sinn immer noch von großer Bedeutung. Insbesondere die Kriege der Spätantike führten – entgegen früherer Ansichten – zu einem immensen Sklavennachschub. Die tragende Rolle, die das Christentum nun zu spielen begann, hatte auf die Sklaverei kaum Auswirkungen. An eine Abschaffung dieser Institution wurde nicht gedacht, vielmehr trat die Kirche als einer der größten Sklavenbesitzer auf. Propagiert wurde lediglich der humane Umgang mit den Unfreien, und es wurde vorgeschrieben, dass Christen ihre Sklaven nur an Christen verkaufen sollten – Juden und Paganen wurde es schließlich verboten, christliche Sklaven zu besitzen.

1.4 Antike Sklavereidiskurse

Bereits in der antiken Literatur lassen sich verschiedene Zugänge und Betrachtungsweisen der damals zeitgenössischen Sklaverei greifen. Die Allgegenwart der Sklaverei in der antiken Welt hat zur Folge, dass sich in zahllosen aus dem Altertum überlieferten Schriften Erwähnungen der Sklaverei finden. Werke der Dichtung – wie Epen, Dramen, Gedichte oder Romane – stellen ebenso wertvolle Quellen dar wie Rechtstexte, Reden, philosophische Abhandlungen, historiographische Darstellungen, Biographien oder Schriften zur Landwirtschaft. Dazu treten inschriftliche Quellen, die von Grabinschriften von oder für Sklaven über Freilassungsinschriften, Weihinschriften und von Unfreien gestellten Orakelanfragen bis hin zu einem auf einem Bleitäfelchen geschriebenen Brief eines Sklaven reichen, der sich über die ihm angetanen Misshandlungen beklagt. Besondere Einblicke in das antike Sklavenleben erlauben auch im ägyptischen Wüstensand erhalten gebliebene Papyri; zu nennen sind hier etwa Kaufverträge für Sklaven, Steckbriefe von entlaufenen Sklaven, Ausbildungsverträge für Sklaven oder unzählige Privatbriefe, in denen von Unfreien die Rede ist. Wertvoll ist schließlich auch der Beitrag, den archäologische

Quellen zur Erforschung der antiken Sklaverei leisten können. Darstellungen von Unfreien und ihrer Lebens- und Arbeitswelt gehören ebenso zu diesen wie Fesseln und Sklavenhalsbänder oder Sklavenquartiere, die man in Grabungsbefunden identifizieren konnte.

Erwähnenswert ist der Umstand, dass sich in den antiken Quellen zahlreiche unterschiedliche Begriffe für Unfreie finden. Im Griechischen ist die häufigste, bereits in den mykenischen Linear B-Texten belegte Bezeichnung δοῦλος, daneben finden sich regelmäßig die Termini ἀνδράποδον „Menschenfüßer", θεράπων „Diener" bzw. θεράπαινα „Dienerin", οἰκέτης „(Haus-) Sklave", παῖς „Kind" und σῶμα „Körper". Im Lateinischen ist der Terminus *servus* am verbreitetsten, Sklavinnen werden meistens als *ancilla* angesprochen, weitere Bezeichnungen für Sklaven stellen *mancipium* und *puer* „Knabe" bzw. *puella* „Mädchen" dar.

Was in der antiken Literatur fehlt, das sind autobiographische Schilderungen antiker Unfreier, wie sie uns als wertvolle Dokumente für das Studium der neuzeitlichen Sklaverei zur Verfügung stehen. Selbstzeugnisse griechischer und römischer Sklaven liegen nur in Form von Inschriften vor. Obwohl von mehreren griechischen und römischen Autoren – z. B. Aesop, Livius Andronicus, Terenz, Phaedrus, Epiktet (→ Quelle 14), Phlegon von Tralleis, Antoninus Liberalis, vielleicht auch Longos – bekannt ist oder zumindest vermutet wird, dass sie Freigelassene gewesen seien und somit das Schicksal der Unfreiheit aus eigener Erfahrung gekannt hätten, hat sich keiner von diesen explizit über das Los der (eigenen) Sklaverei geäußert und/oder über dieses reflektiert. Es gab aber durchaus Literatur, die die Erfahrungswelt von Sklaven in den Mittelpunkt stellte, so die *Satyrica* Petrons (→ Quellen 45, 84, 91, 114, 124), *Der goldene Esel* des Apuleius (→ Quellen 58, 93), *Die entlaufenen Sklaven* des Lukian oder der *Äsop-Roman* eines unbekannten Verfassers. Es bleibt aber festzuhalten, dass die meisten Texte, die uns überliefert sind, von frei geborenen Männern der Oberschicht verfasst wurden.

Über eine Definition der Unfreiheit oder eine Theorie der Sklaverei wurde freilich nur in vereinzelten Fällen systematisch nachgedacht.

Ein früher Sklavereidiskurs[9] lässt sich allerdings bereits in den homerischen Epen greifen, wo sich eine fundamentale Kritik an der Sklaverei, die jeden treffen kann, findet: Die Hälfte seiner Tüchtigkeit und seiner Tugend, heißt es da, verliert ein Mensch zu dem Zeitpunkt, an dem er seine Freiheit verliert. Das liegt freilich nicht daran, dass Sklaven von Natur aus schlecht wären, sondern es ist die Sklaverei selbst, die ihre Tugend nachhaltig schädigt (→ Quelle 4). Einen anderen Ton schlägt dann aber mehr als drei Jahrhunderte später der Philosoph Aristoteles (384–322 v. Chr.) in seiner staatstheoretischen Schrift *Politika* an. Er vertritt die Ansicht, dass es zwei Arten von Menschen gebe: diejenigen, die von Natur zum Herrschen geboren sind, und diejenigen, die beherrscht werden müssen und zum Sklaven geboren sind. Diese „Sklaven von Natur" seien dadurch gekennzeichnet, dass ihnen das Vermögen zu selbstständiger Überlegung abgehe. Sie seien, um überhaupt durchs

9 Zu den antiken Sklavereidiskursen ist grundlegend Garnsey 1996.

Leben zu kommen, auf die Führung durch einen Herrn angewiesen (→ Quelle 6).[10]

Das aristotelische Konzept des „Sklaven von Natur" ist in der Antike freilich nicht allgemein akzeptiert worden und blieb nicht unwidersprochen. Widerspruch, den wir freilich nur ansatzweise greifen können, regte sich aus den Reihen der Sophisten, aber auch bei den Dramatikern; heißt es doch in einem Fragment des *Ion* des Euripides (→ Quelle 8), dass es nur eines gebe, was dem Sklaven Schande bringe, und zwar den Namen. In jeder anderen Hinsicht sei nämlich ein Sklave einem Freien ebenbürtig. Ein anderes, besonders deutliches Statement ist vom Redner Alkidamas erhalten. Leider handelt sich dabei nur um einen isoliert erhaltenen Satz aus einer Rede, die Alkidamas anlässlich der Befreiung der Messenier hielt und in der er festhielt, dass die Natur niemanden zum Sklaven gemacht habe (→ Quelle 9).

In hellenistischer Zeit entwickelte die philosophische Schule der *Stoa* eine differenzierte Sicht auf die Sklaverei. Sie kennt nämlich keine Sklaverei von Natur aus. Alle Menschen seien gleichwertig, das sie vereinende Band sei die alles durchdringende Vernunft. Freiheit sei kein sozialer Status, sondern vielmehr ein intellektueller Habitus. Gemeint ist dabei vor allem die Freiheit von jeglichen Affekten, die die Menschen zu ihren Sklaven machen. Ein äußerlich Unfreier, ein Sklave, könne in seinem Inneren frei und edel sein, während ein äußerlich Freier moralisch ein Sklave sein könne. Die Stoiker relativierten und marginalisierten durch ihr Konzept der inneren Freiheit[11] in gewisser Weise die faktische Sklaverei. Der Weise sei ihrer Ansicht nach nämlich über äußere Umstände wie über die persönliche Unfreiheit erhaben. Auch wenn der Stoiker in der sozialen Realität lieber frei wäre, so müsse er doch seiner Lehre zufolge die Sklaverei als Schicksal akzeptieren. Nichtsdestotrotz sei die Sklaverei gegen die Natur gerichtet. Freie und Unfreie haben die gleiche Herkunft; die Sklaverei ist ein Schicksal, das jeden treffen kann; schon aus diesem Grund solle der Herr seine Sklaven gut behandeln. Deutlich wird die stoische Einstellung zur Sklaverei in den Schriften des römischen Philosophen, Schriftstellers und Staatsmanns Lucius Annaeus Seneca (1–65 n. Chr.), insbesondere in seinem 47. *Brief an Lucilius* (→ Quelle 12), ebenso in den beiden Reden „Über Sklaverei und Freiheit" (→ Quelle 15) des griechischen Redners und Philosophen Dion von Prusa (ca. 40–120 n. Chr.).

Es ist unklar, inwieweit stoische Gedankengänge die antike, insbesondere die römische Gesetzgebung beeinflusst haben. In deren Rahmen hat sich jedenfalls ein weiterer eigenständiger Sklavereidiskurs entwickelt.[12] Die römischen Juristen gehen davon aus, dass die Sklaverei eine Einrichtung des Völkergemeinrechts (*ius gentium*) darstellt (→ Quelle 2). Sie ist bei allen Völkern bekannt; überall ist es üblich, dass Herren Gewalt über Leben und Tod von Sklaven ausüben. Auch im bürgerlichen Recht (*ius civile*) findet sich die Sklaverei; ihm zufolge hört der Sklave auf, eine Person zu sein: Sklaven waren vielmehr Sachen (*res*). Nach dem Naturrecht (*ius naturale*) sind aber alle Menschen

10 Vgl. Schütrumpf 1993; Papadis 2001.
11 Zum Konzept der inneren Freiheit vgl. Wöhrle 2005.
12 Herrmann-Otto 2005b.

gleich. Die Sklaverei ist somit eine widernatürliche Institution, die aber deshalb nicht gegen das Recht verstößt, da sie eben in den menschlichen Rechtssetzungen verankert ist. Sie kann aber, da sie keine Einrichtung des Naturrechts, sondern des Völkergemeinrechts ist, jederzeit beendet werden. Der Widerspruch zwischen *ius naturale* und *ius gentium*, die erkannte Widernatürlichkeit der Sklaverei, hat aber nicht dazu geführt, dass man an die Aufhebung der Institution der Sklaverei gedacht hätte.

Von besonderem Interesse sind schließlich die Äußerungen früher Christen zur Sklaverei. Bereits in den Schriften des Paulus wird diese wiederholt thematisiert, so etwa im *Brief an Philemon*, wo es um den Sklaven Onesimos geht, der seinem Herrn Philemon entflohen ist und bei Paulus Zuflucht gesucht hat, der ihn allerdings zu seinem Herrn zurückschickt (→ Quelle 17). Es wird deutlich, dass die frühen Christen die sozialen Verhältnisse nicht umwälzen wollten; nichts lag ihnen ferner als eine gesellschaftliche Revolution. Jeder sollte in seinem Stand bleiben. Wenn jemand als Sklave zum Christentum kommt, soll er Sklave bleiben; die Unfreien sollen nicht ihre Freilassung begehren, sondern gehorsam ihren Herren dienen. Freilich sollen die Herren ihre Sklaven gut behandeln, denn alle sind Brüder in Christus und gleich vor Gott. Dennoch bestanden Probleme mit der Institution der Sklaverei. Eine der grundlegenden Fragen war dabei, wie ein Mensch Besitz eines anderen Menschen sein kann, wo doch alle Menschen Ebenbilder Gottes und Brüder in Christus sind. Augustinus stellt in seiner Schrift *Über den Gottesstaat* fest, dass die Freiheit der eigentlich natürliche Zustand des Menschen ist und die Sklaverei erst durch die Sünde in Erscheinung getreten sei, wobei er insbesondere auf die auch in späterer Zeit wirkmächtige Geschichte von der Verfluchung Hams durch seinen Vater Noah verweist. Die Sklaverei stelle eine Strafe Gottes für den sündhaften Menschen dar, sie sei daher auch nicht ungerecht, sondern verdient und der Mensch müsse sie deswegen demütig hinnehmen (→ Quelle 19).[13]

Diese Rechtfertigung provozierte aber – speziell in der östlichen Kirche – auch eine christliche Kritik an der Sklaverei, die am deutlichsten der kappadokische Kirchenvater Gregor von Nyssa in seiner vierten Homilie zum Buch Kohelet äußert: Alle Menschen seien gleich; kein Mensch dürfe über einen anderen herrschen, zumal der Mensch nach Gottes Ebenbild geschaffen und von Gott als Herrscher über alle anderen Lebewesen eingesetzt wurde. Das Institut der Sklaverei stelle daher eine Anmaßung und eine Sünde dar (→ Quelle 20).[14] Praktische Auswirkungen hatte diese Erkenntnis für die christlichen Sklavenbesitzer jedoch kaum.

13 Klein 1988.
14 Klein 2000.

1.5 Wege in die Sklaverei

Griechenland

Bereits in archaischer (ca. 700–480 v. Chr.) und klassischer (ca. 480–330 v. Chr.) Zeit gehörten kriegerische Ereignisse zu den häufigsten Ursachen der Unfreiheit. Die Männer einer eroberten Stadt wurden in der Regel getötet, die Frauen und Kinder in die Sklaverei geführt, ein Schicksal, das sowohl als Strafe für bestimmte Vergehen gedacht sein konnte, das aber auch durch die Absicht der Abschreckung oder den Wunsch, durch Sklavenhandel die Einnahmen zu vergrößern, bedingt war. In den Quellen lassen sich zahlreiche Beispiele für solche Maßnahmen finden (→ Quelle 23). Die Konfrontation mit derartigen Ereignissen ließ die damaligen Menschen zwar nicht gleichgültig – man denke in diesem Zusammenhang etwa an die Wirkung der Aufführung des Stückes *Die Einnahme Milets* des Phrynichos 493 v. Chr. in Athen –, doch zeigte diese Erschütterung kaum Folgen.

Nicht nur bei der Eroberung von Städten wurden gefangen genommene Feinde versklavt, auch Gefangenen bei Feldschlachten und anderen militärischen Operationen drohte dieses Schicksal. Dass nichtgriechische Feinde ohne Bedenken versklavt wurden, verwundert nicht weiter, so z.B. nach der Schlacht von Himera 480 v. Chr., als eine große Anzahl von Gefangenen in die Hände des sizilischen Tyrannen Gelon fiel, oder nach der Schlacht am Eurymedon, als der athenische Feldherr Kimon zahllose Perser versklavte. Es fällt aber auf, dass in diesem Zusammenhang offenbar keine Skrupel hinsichtlich der Versklavung von Griechen geherrscht haben. Umso mehr ist die Aussage des spartanischen Nauarchen Kallikratidas 406 v. Chr. bei der Eroberung der Stadt Methymna hervorzuheben, der verkündete, dass unter seinem Kommando kein Grieche versklavt werde (→ Quelle 24). Mit dem Ende des Peloponnesischen Krieges scheint man sich in Griechenland allgemein gegen eine Versklavung von anderen Hellenen gewandt zu haben; die Versklavung von Barbaren war jedoch weiterhin unproblematisch.

Die Versklavung war aber nicht die einzige Verfahrensweise mit gefangenen Feinden; oft wurden diese auch bis zu ihrer Freilassung gegen Lösegeld festgehalten. Ein Anspruch auf eine Auslösung bestand natürlich nicht. Einen Mitbürger freizukaufen, galt aber in der Öffentlichkeit als ein großes Verdienst, wobei der Freigekaufte bis zur Rückerstattung des Lösegelds Eigentum des Freikäufers blieb.

Auch in hellenistischer Zeit blieb die Massenversklavung durch siegreiche Heere eine wesentliche Quelle des Sklavennachschubs. Die Feldzüge Alexanders des Großen sorgten für einen derartigen Überschuss an Unfreien, dass die Preise erheblich sanken. Auch in der Folgezeit kam es wiederholt zur Versklavung von Kriegsgefangenen, so führte etwa der Diadoche Ptolemaios, der spätere ägyptische Pharao Ptolemaios I. Soter, im Jahr 312 v. Chr. nach seinem Sieg gegen Demetrios bei Gaza 8000 Gefangene nach Ägypten.

Neben staatlich organisierten Kriegen bedeuteten auch verbrecherische Raubzüge und Plünderfahrten für viele Menschen das Ende ihrer Freiheit. Die Piraterie war weitverbreitet, besonders nach dem Zusammenbruch der attischen Seeherrschaft nach der Niederlage Athens im Peloponnesischen Krieg blühte sie im 4. Jh. v. Chr. auf.

Die Piraten brachten ihre Gefangenen teils selbst zum Markt, teils arbeiteten sie mit professionellen Sklavenhändlern zusammen. Gegen Menschenräuber ging man zwar streng vor (diese mussten neben der Verachtung ihrer Mitmenschen in Athen und anderen Städten auch mit der Todesstrafe rechnen), dennoch war es offensichtlich ein einträgliches Gewerbe.

Die Piraterie blieb als Quelle von Sklaven auch in hellenistischer Zeit bedeutend. Menschen wurden oft systematisch zu Land und zu Wasser geraubt und in die Sklaverei verkauft. Auch Piraten und Menschenräuber ließen die von ihnen gefangen genommenen Personen bisweilen gegen die Stellung von Lösegeld wieder frei. So wurde etwa gegen 200 v. Chr. eine große Anzahl von Einwohnern der Stadt Teos versklavt und gegen eine immense Summe wieder freigelassen. Das Lösegeld musste nicht immer direkt an den Menschenräuber gezahlt werden, es wurde manchmal auch an den Käufer des jeweiligen Sklaven entrichtet, der diesen dann freilassen konnte. Wenn weder die eigene Familie noch seine Heimatstadt einem Gefangenen halfen, hing das Schicksal des Versklavten von Geldverleihern ab, in deren Abhängigkeit er nun geriet.

Menschenraub und die Erpressung von Lösegeld wurden freilich nicht nur von Piraten praktiziert, auch Staaten wandten diese Vorgehensweisen an, wobei die Grenze zwischen Kriegszügen und staatlich organisiertem Menschenraub oftmals fließend war. Zwischen einzelnen Städten bestanden dementsprechend auch oftmals Verträge, in denen sie versicherten, sich gegenseitig nicht zu plündern; darüber hinaus bestanden Beteuerungen einzelner Städte, dass sie die Bewohner der jeweiligen anderen Stadt nicht kaufen würden. Von der jeweils vorherrschenden Seemacht wurde erwartet, die Piraten zu bekämpfen bzw. zu beseitigen. Woran hellenistische Potentaten jedoch scheiterten, das gelang schließlich den Römern 67 v. Chr. mit dem Sieg des Pompeius. Zuweilen kam es zu Kooperationen zwischen den Seeräubern und der Schutzmacht, die sie eigentlich hätte bekämpfen sollen, manchmal fanden sich Piratenkontingente etwa in den Truppen hellenistischer Könige. Der Hegemon ließ sich seinen Schutz auch bezahlen, so musste etwa im Jahr 298 v. Chr. Delos – wohl an die Rhodier – mindestens 5.000 Drachmen für den Schutz gegen tyrrhenische Piraten entrichten. Ebenso sind Zahlungen direkt an die Piraten belegt, damit diese ein bestimmtes Gebiet verschonten. Wurde der Kampf gegen die Seeräuber tatsächlich aufgenommen, brachte er vor allem der Schutzmacht Gewinne: Die Piraten und deren Opfer fielen in ihre Hände.

Ein weiterer Weg in die Sklaverei war die Schuldknechtschaft, die allerdings in Athen bereits im frühen 6. Jh. v. Chr. verboten worden war. In den Jahren um 600 v. Chr. hatte die Stadt eine schwere wirtschaftliche und soziale Krise erlebt. Ein Anzeichen dieser Krise war es, dass viele der Kleinbauern verarmt waren, sich hoch verschulden und ihre Grundstücke verpfänden sowie einen bestimmten Anteil ihrer Ernteerträge an die Gläubiger abliefern mussten. Immer häufiger kam es dabei vor, dass Schuldner ihre Außenstände nicht mehr begleichen konnten, in Schuldknechtschaft gerieten und sogar als Sklaven ins Ausland verkauft wurden. Um diese Missstände zu beheben, die auch mit einer gravierenden politischen Krise einhergingen, bestellten die Athener den adligen Solon (ca. 640–560 v. Chr.) zum *diallaktés* („Schiedsrichter") und beauftragten ihn, Lösungen für die anstehenden Probleme zu suchen. Tatsächlich nahm Solon nun ein umfassendes Reformprogramm in Angriff, zu dessen zentralen Punkten die sogenannte *seisáchtheia* („Lastenabschüttelung") zählte, womit eine Tilgung der Schulden und eine Rückgabe der verpfändeten Grundstücke gemeint war; plakative Geste dieser Rückgabe war das Herausreißen der sogenannten *hóroi*, der Schuldsteine, die auf den entsprechenden Ländereien aufgestellt waren. Außerdem führte er die in die Sklaverei verkauften Athener in ihre Heimat zurück und verbot hinkünftig die Schuldknechtschaft (→ Quellen 30, 31).

Weiterhin möglich blieb aber die Versklavung als Strafe. In Athen wurden vor allem Delikte, die die Exklusivität der Bürgerrechte gefährdeten, mit Versklavung geahndet. Ein berühmter Fall ist etwa der Prozess gegen die Hetäre Neaira, der vorgeworfen wurde, sie habe sich als *Metoikin* (das heißt als ortsansässige Fremde) den Status einer Athenerin angemaßt und auch ihre Tochter als vollbürtige Athenerin ausgegeben und verheiratet. Leider ist nicht bekannt, wie dieser berühmte Prozess ausging, doch im Fall ihrer Verurteilung hätte Neaira die Versklavung gedroht (→ Quelle 87).[15]

Auch durch Geburt konnte ein neugeborenes Kind zum Sklaven werden. Kinder von Sklavinnen waren unfrei, denn zumindest in Athen richtete sich der Status des Kindes nach dem der Mutter.

Nicht selten kam es wohl auch vor, dass Findelkinder versklavt wurden. Die Kindesaussetzung war ein im klassischen Griechenland durchaus übliches Mittel der Familienplanung. Dabei wurden die Kinder häufig wohl so abgelegt, dass damit gerechnet werden konnte, dass sie gefunden wurden. Und wenn der Finder dies so wollte, konnte er das Findelkind als seinen Sklaven aufziehen.

Zudem wurde der Sklavenmarkt im klassischen Griechenland durch den Sklavenhandel von außen, vor allem aus Kleinasien, Thrakien und dem Schwarzmeergebiet, gespeist. In Athen fand der Sklavenverkauf vor allem auf der Agora statt. Die zu verkaufenden Personen wurden auf einem Gerüst präsentiert und mussten sich, wenn dies gewünscht wurde, auch entkleiden. Der Preis wurde zwischen Verkäufer und Käufer vereinbart, wenn man nicht die Form der Versteigerung wählte. Ein durchschnittlicher Sklavenpreis betrug etwa 200 Drachmen, wenngleich die Preise nach Alter, den körperlichen und geistigen Eigenschaften bzw. der spezifischen Ausbildung der Unfreien erheblich schwanken konnten. Neben Athen waren in klassischer Zeit etwa Korinth, Aigina, Chios, Samos, Ephesos, Milet, Side, Heraklion oder Sidon bedeutende Umschlagplätze für Sklaven. Sklavenhändler hatten in der griechischen Antike, anders als bei den Römern, keinen besonders schlechten Ruf, es wurde ihnen aber manchmal nachgesagt, durch das Verschweigen von Fehlern der Sklaven ihre Kunden zu betrügen. Bei der Verheimlichung bestimmter Mängel konnte der Kauf allerdings wieder rückgängig gemacht werden.

In hellenistischer Zeit erfuhr die Insel Delos nach der Zerstörung Korinths 146 v. Chr. aufgrund ihrer günstigen Lage zwischen Griechenland und Asien

15 Hamel 2004.

einen besonderen Aufschwung und wurde zu einem der bedeutendsten Sklavenumschlagplätze, an dem täglich bis zu 10.000 Unfreie den Besitzer gewechselt haben sollen (vgl. Strab. 14, 5, 2; freilich ist diese Zahl nur als eine Rundzahl zu betrachten, die ausdrücken sollte, dass es „sehr viele" Sklaven waren). Die Blütezeit von Delos dauerte freilich nur knapp 50 Jahre und endete 88 v. Chr., als die Insel von Truppen des pontischen Königs Mithradates VI. Eupator geplündert wurde, bzw. 69 v. Chr., als Piraten Delos verwüsteten und die Bevölkerung in die Sklaverei wegführten.

Wert- und Preisangaben finden sich vereinzelt auf hellenistischen Inschriften oder in Verkaufsurkunden, die auf Papyrus erhalten blieben (→ Quelle 18).

Rom

Nicht nur im archaischen Griechenland, auch im frühen Rom war die Schuldknechtschaft (*nexum*) bekannt. Wie die Zwölftafelgesetze (→ Quelle 32) verdeutlichen, wurde einem zahlungsunfähigen Schuldner vom Gericht eine Rückzahlungsfrist von 30 Tagen zugestanden. Danach wurde er nochmals vor Gericht geführt und, wenn er immer noch nicht zahlen konnte bzw. auch niemand für ihn einsprang, dann kam er in die Gewalt seines Gläubigers, wurde in Ketten gelegt und musste seine Schuld abarbeiten. Der Gläubiger musste den Schuldknecht dreimal auf dem Markt vorführen, und wenn sich niemand fand, der ihn auslöste, dann wurde der Schuldner, wie dies auch im archaischen Athen geschehen war, als Sklave ins Ausland verkauft. Die Schuldknechtschaft existierte in Rom bis ins Jahr 326 v. Chr., als sie durch eine *Lex Poetelia Papiria de nexis* abgeschafft wurde.

Auch die Sklaven im frühen Rom sind vor allem durch Kriegsgefangenschaft in einen unfreien Status geraten. Waren die Sklavenzahlen anfangs noch recht bescheiden, hören wir ab dem 4. Jh. v. Chr. zunehmend von der Versklavung größerer Menschenmassen. Erste konkrete Angaben über Massenversklavungen besitzen wir aus der Zeit der Samnitenkriege sowie dann im 3. Jh. v. Chr. für die sogenannten Punischen Kriege zwischen Rom und Karthago. So sollen den Römern bei der Eroberung der mit den Puniern verbündeten Stadt Tarent im Jahr 209 v. Chr. 30.000 Sklaven in die Hände gefallen sein. Andererseits sind nach der für die Römer katastrophal verlaufenen Schlacht von Cannae angeblich 10.000 Römer in Kriegsgefangenschaft geraten. Insgesamt sollen im 1. Punischen Krieg 84.000 Menschen gefangen und versklavt worden sein und im 2. Punischen Krieg mehr als 60.000 Menschen.

Im Zuge der nun einsetzenden Eroberung der Mittelmeerwelt durch Rom kamen im 2. Jh. v. Chr. ungeheure Massen an Sklaven nach Italien, was zu tief greifenden Umwälzungen der sozialen Verhältnisse führte.

Für die größten Massenversklavungen der Antike zeichnete sich schließlich der Römer Gaius Iulius Caesar verantwortlich, der während seiner Feldzüge in Gallien etwa eine Million Gallier versklavt haben soll (→ Quelle 26). Zwar mag es in der Zeit nach Augustus zu einer geringfügigen Abnahme der Anzahl von Kriegsgefangenen gekommen sein, militärische Auseinandersetzungen wie die jüdische Revolte (66–70 n. Chr.) oder die dakischen Kriege Kaiser Trajans verursachten aber weiterhin unzählige Gefangene.

Neben den Kriegsgefangenen gerieten viele Menschen auch als Opfer von Banditen, Piraten und Menschenräubern in die Sklaverei und sie waren wohl nur in den seltensten Fällen in der Lage, ihre Freiheit auf dem Rechtsweg geltend zu machen.

Die enorme wirtschaftliche Bedeutung des Sklavenhandels in der römischen Kaiserzeit zeigt sich etwa darin, dass Kaiser Augustus eine Steuer von 2 % auf Sklavenverkäufe einführte, die genug Gewinn abwarf, um damit neben anderen Regierungsaufgaben die Löhne der ca. 7.000 *vigiles* in der Stadt Rom abzudecken. Zwar wurden Sklaven auch von außen in das Römische Reich importiert, meist ist in den antiken Quellen aber von Unfreien die Rede, die aus den Provinzen des *Imperium Romanum* kamen. Importe und Exporte von Sklaven dokumentieren jedenfalls der Zolltarif von Zarai in Numidien (202 n. Chr.) oder das Steuergesetz von Palmyra (137 n. Chr.), bei denen Unfreie an jeweils prominenter Stelle genannt werden.

Der Sklavenhandel ging in jedem Dorf und jeder Stadt des Römischen Reiches vor sich, wo einzelne Sklaven von einem Besitzer zum anderen weiterverkauft wurden. Dazu kamen größere Sklavenverkäufe, wenn an einem bestimmten Ort ein besonderer Grund dafür bestand, etwa direkt an den Schauplätzen kriegerischer Ereignisse. Der Verkauf von Kriegsgefangenen wurde als *sub hasta vendere* („unter der Lanze verkaufen") oder als *sub corona vendere* („unter dem Kranz verkaufen") bezeichnet. Selbst in kleineren Ortschaften fanden regelmäßig Märkte statt. In den Metropolen des Reiches spielte sich der Sklavenhandel in weit größerem Umfang ab. Der größte Markt befand sich in Rom auf dem *Forum Romanum* beim Kastortempel, ein anderer stadtrömischer Verkaufsplatz für Sklaven war bei der *Saepta Iulia* auf dem Marsfeld. Wichtige Umschlagsorte waren z.B. auch Brundisium, Puteoli, Byzantion, Ephesos, Milet, Side oder Palmyra.

Beim Verkauf wurden die Unfreien auf einem Gerüst (*catasta*), das in Einzelfällen auch gedreht werden konnte, angeboten. Zuweilen mussten sich die Sklaven ihren potenziellen Käufern auch nackt präsentieren. Beim Verkauf von Sklaven wurden Kaufverträge abgeschlossen, die zum Teil erhalten sind (→ Quellen 35, 36). Sklavenhändler sind in den Quellen nur schwer zu fassen; das liegt zum einen wohl daran, dass die Angehörigen dieses Berufsstandes meist nicht besonders angesehen waren, und zum anderen, dass sie auch häufig mit anderen Waren handelten. Einige Sklavenhändler, die als *mercator venalicius* bzw. *mango* bezeichnet wurden, sind aber dennoch literarisch oder epigraphisch belegt. Eines der bekanntesten Denkmäler ist das Grabmal des Aulos Kapreilios Timotheos aus Amphipolis am Strymon (Makedonien), der in seiner Grabinschrift als Freigelassener sowie als Sklavenhändler bezeichnet wird. Dieses Gewerbe wird auch im Bild des unteren Reliefs thematisiert, auf dem acht männliche Personen dargestellt sind, die – gefolgt von zwei Frauen mit je einem Kind an ihrer Seite – nach rechts schreiten. Die Männer tragen Halsringe, die mit einer Kette untereinander verbunden sind. Die Vermutung, dass es sich um Sklaven handelt, liegt also nahe. Der Zug wird von einem Mann im Kapuzenmantel angeführt, wahrscheinlich der Sklavenhändler Aulos Timotheos Timotheos selbst (→ Abb. 2, S. 113).

Sklavenhändler kamen aus allen Schichten, auch aus der Oberschicht. Ein bekannter Vertreter dieser Zunft war etwa Toranius Flaccus, ein Zeitgenosse des Augustus (→ Quelle 40). Sklavenhändler galten als hinterlistig und betrügerisch und versuchten mit allen Mitteln, einen hohen Preis für die von ihnen angebotenen Menschen zu erzielen. Einen Schutz des Käufers bot die genaue Besichtigung des Sklaven beim Kauf, außerdem mussten, entsprechend gesetzlicher Vorschriften – etwa den *edicta aedilium curulium de mancipiis vendundis*, den Verordnungen der kurulischen Aedile über den Sklavenverkauf –, körperliche Gebrechen und Mängel auf Täfelchen deklariert werden, die die Sklaven trugen. Krankheiten konnten den Kaufvertrag nichtig machen bzw. Schadenersatz rechtfertigen. Der Käufer musste auch über bisherige Verfehlungen des Sklaven aufgeklärt werden, über vergangene Fluchtversuche, über Selbstmordversuche oder über Strafen (z.B. die Verurteilung zum Kampf mit wilden Tieren in der Arena), zu denen der Sklave bisher verurteilt worden war. Auch die Herkunft des Unfreien musste bekannt gegeben werden, denn die Volkszugehörigkeit galt einerseits als ein Hinweis auf den Charakter der jeweiligen Unfreien, und andererseits wollten viele Sklavenbesitzer nicht zu viele Unfreie eines Volkes besitzen, da diese sich leichter verbünden und erheben konnten.

Sklavenhändler waren oft gut vernetzt und arbeiteten mit weit entfernt wohnenden Handelspartnern zusammen. Auch waren die Wege, die Sklaven – sei es per Schiff oder zu Fuß auf dem Landweg – von ihrem Herkunftsort zu ihrem Umschlagplatz oder zu ihrem letztlichen Bestimmungsort zurücklegen mussten, oft sehr weit und extrem beschwerlich, zumal sie unterwegs auch häufig aneinandergekettet und gefesselt gewesen zu sein scheinen.

Interessante Angaben zu den Sklavenpreisen überliefern spätantike Quellen. Das Höchstpreisedikt Diokletians aus dem Jahr 301 n. Chr., dessen praktische Umsetzung jedoch fragwürdig bleiben muss, unterscheidet etwa acht Preisklassen: Männer zwischen 16 und 40 Jahren sollten höchstens 30.000 Denare kosten, Männer zwischen 40 und 60 Jahren 25.000 Denare, Knaben zwischen acht und 16 Jahren 20.000 Denare, Männer über 60 Jahre und Knaben unter acht Jahren 15.000 Denare. Frauen zwischen 16 und 40 Jahren kosteten 25.000 Denare, Frauen zwischen 40 und 60 Jahren 20.000 Denare, Mädchen zwischen 8 und 16 Jahren ebenso, Frauen über 60 Jahre und Mädchen unter acht Jahren kosteten 10.000 Denare. Je nach Ausbildung konnten sich die Preise jedoch erhöhen.

Einen wichtigen Beitrag zur Sicherung des benötigten Sklavennachschubs leistete auch die Geburt von Sklavenkindern (→ Quelle 42–44). Diese hatten ihren unfreien Status von ihrer Mutter, ganz egal, ob der Vater ein Sklave oder ein Freier war. Unter Einwirkung des sogenannten *favor libertatis*, also des Grundsatzes, dass im Zweifelsfall immer für die Freiheit eines Betroffenen zu entscheiden ist, wurde diese Regel dahingehend erweitert, dass eine Sklavin, die zu irgendeinem Zeitpunkt zwischen Empfängnis und Geburt eines Kindes frei gewesen ist, ein freies Kind zur Welt brachte.

Die Wichtigkeit des Selbstverkaufs in die Sklaverei ist umstritten, war aber wohl untergeordnet. Da er in den Quellen aber immer wieder genannt wird, muss er eine gewisse Rolle gespielt haben. Obwohl frei geborene Menschen sich nicht selbst in die Sklaverei verkaufen durften, taten sie dies trotzdem, um durch den Verkaufspreis finanziellen Profit zu erlangen; für dieses Vergehen wurden sie hart bestraft, nämlich paradoxerweise eben durch ihre Versklavung. Die Strafe ist deswegen so hart, weil diese Menschen leichtfertig Freiheit und Bürgerrecht gegen Geld eingetauscht und zusätzlich den Käufer getäuscht hatten.

Der Verkauf von eigenen Kindern in die Sklaverei spielte kaum bzw. nur bei der nicht-römischen Provinzialbevölkerung eine Rolle. Von Diokletian verboten, wurde der Verkauf von Kindern von Konstantin wieder erlaubt; Konstantin ordnete zusätzlich an, dass Eltern das Kind wieder zurückkaufen oder gegen einen anderen Sklaven eintauschen konnten, während Theodosius 391 n. Chr. befahl, alle in die Sklaverei verkauften Kinder freizulassen.

Nicht zu unterschätzen ist in ihrer Bedeutung auch die Versklavung von Findelkindern. Die Aussetzung neugeborener freier sowie unfreier Kinder ist eine der wichtigsten Quellen der römischen Sklaverei. Aus den ausgesetzten Kindern (*expositi*) konnte der jeweilige Finder und Erzieher völlig rechtmäßig Sklaven machen (→ Quelle 46).

Weniger bedeutend war die Strafversklavung, doch auch sie kam durchaus vor. Sie konnte anstelle der Todesstrafe vor allem über die Angehörigen der Unterschichten verhängt werden. Die härteste Form war sicherlich die Verurteilung zur Zwangsarbeit in den Bergwerken (*ad metallum*), die mit Sicherheit todbringend war. Daneben gab es auch die Verurteilung zu den Gladiatorenspielen (*ad ludos* bzw. *ad gladium*) oder zu den Tierhatzen (*ad bestias*). Hier bestand für den Verurteilten immerhin die Chance eines Sieges und damit die vage Hoffnung auf eine Freilassung, die freilich nur durch den Kaiser möglich war.

Eine weitere Art der Versklavung nach *ius civile* bestand in dem *Senatus consultum Claudianum* aus dem Jahr 52 n. Chr. (→ Quelle 48). Es geht in diesem Senatsbeschluss darum, dass eine freie Frau, die mit einem fremden Sklaven verkehrte und diese Beziehung auch nach dreimaliger Verwarnung durch dessen Herrn nicht beendete, ihre Freiheit, das Bürgerrecht und das Eherecht verlor. Sie wurde zur Sklavin des Herrn des fremden Sklaven. Sollte der Herr dieser Beziehung zustimmen, wurde sie zu seiner Freigelassenen, was bedeutete, dass sie ihm gegenüber zu bestimmten Leistungen verpflichtet war. Diese Regelung, die über Jahrhunderte Bestand und Geltung hatte, hatte weniger moralische Gründe, wie dies vereinzelt antike Autoren berichten, sondern wohl fiskalische und erbrechtliche: Freie illegitime Kinder beerbten die Mutter, der fremde Sklave konnte so als Freigelassener und Ehemann der Mutter *pater familias* werden, was man verhindern wollte.

1.6 Herren und Sklaven

Griechenland

Als Herren von Sklaven konnten sowohl Institutionen – wie religiöse Einrichtungen oder die Polis – als auch Privatpersonen – Männer wie Frauen, Bürger wie Nichtbürger, Freie wie Unfreie – in Erscheinung treten.[16] Wie viele Sklavenbesitzer es im klassischen Athen gab, ist wie die Frage nach der Gesamtzahl der Unfreien nicht sicher zu beantworten, keinesfalls war jeder Bürger Herr eines Sklaven. Auch die Anzahl der Unfreien, die ein einzelner Herr besaß, variierte stark. Zwar hören wir von einzelnen Herren, die Scharen von 300, 600 und 1.000 Sklaven besaßen (→ Quelle 76), doch war dies die Ausnahme. Typischer sind vielmehr Berichte von Werkstätten mit zehn, zwanzig oder dreißig Unfreien (→ Quelle 49). Der Sklave war Besitz des Herrn, dessen Macht über den Unfreien absolut und gesetzlich kaum eingeschränkt war. In klassischer Zeit hatte sich allerdings ein gewisser „guter Ton" im Umgang mit den eigenen Unfreien eingebürgert, der auf die Vermeidung von Willkür und übermäßiger Gewalt Wert legte – freilich vor allem wegen des Nutzens für die Herren. Das Einhalten dieses gesellschaftlichen Komments konnte allerdings nicht erzwungen werden – besonders neureiche Familien und soziale Aufsteiger scheinen sich diesbezüglich durch Härte ausgezeichnet zu haben.

Der Sklave konnte nicht über seinen eigenen Körper verfügen, denn dieser gehörte dem Herrn. Nicht nur hatten Sklavinnen ihren Herren wohl oft sexuell zur Verfügung zu stehen (Beziehungen zwischen Herrinnen und männlichen Sklaven bzw. homosexuelle Verbindungen zwischen Herren und Sklavenjungen waren gesellschaftlich allerdings nicht akzeptiert), die Herren entschieden auch, ob Sklaven, die weder untereinander noch mit Freien eine rechtsgültige Ehe eingehen konnten, sexuelle Partnerschaften aufrechterhalten und eine Familie gründen durften. Solche Familien waren immer davon bedroht, auseinandergerissen zu werden, da die Kinder einer Sklavin immer deren Herrn gehörten. Die Erlaubnis von Partnerschaften und Familien wurde wohl vor allem als Mittel der Disziplinierung der Unfreien verstanden (→ Quellen 56, 89).

Der Herr konnte seinen Sklaven, dem er nach Gutdünken einen Namen gab, nach freiem Willen verkaufen, verschenken, testamentarisch vermachen, vermieten oder verpfänden. Der Herr konnte den Sklaven zu Lebzeiten oder testamentarisch freilassen bzw. ihm gestatten, sich freizukaufen. Sklaven unterlagen der Strafgewalt ihres Herrn, von dem allein abhing, nach welchen Normen er seine Unfreien verurteilte. Strafen, die nicht selten wohl willkürlich verhängt wurden, konnten das Kürzen der Essensrationen sein, die Vergrößerung oder Erschwerung des Arbeitspensums (etwa die Verurteilung zur Arbeit in der Mühle, der gänzliche oder teilweise Entzug von Besitz, die Verweigerung sexueller Beziehungen oder einer Familie, der Strafverkauf, Prügel, die Auspeitschung, die Brandmarkung [vor allem bei wieder eingefangenen flüchtigen Sklaven] oder die Fesselung).

---

16 Zum Sklavenleben im klassischen Griechenland vgl. Klees 1998.

Im Rahmen der Hausjustiz konnte der Herr den Sklaven foltern, bei Gerichtsverfahren waren Aussagen von Sklaven ohnehin nur glaubwürdig, wenn die Unfreien der Folter, der allerdings der Prozessgegner zustimmen musste, unterzogen wurden. Die Redewendung „schonungsloser bestrafen als Herren" (Xenophon, *Kyroupädie* 4, 2, 47) legt die Härte der Bestrafung durch die jeweiligen Herren nahe. Die Angst vor Flucht oder Erhebung der Unfreien hat aber manche Auswüchse verhindert. Ob der Herr das Recht auf die Tötung des eigenen Sklaven hatte oder ob nur die staatlichen Behörden einen Unfreien zum Tod verurteilen durften, ist umstritten. Selbst wenn ein diesbezügliches Verbot herrschte, sind die Täter aber wohl nur selten ihrer Strafe zugeführt worden. In jedem Fall blieb aber eine sakrale Befleckung des Herrn, von der dieser gereinigt werden musste. Weder die vorsätzliche noch die fahrlässige Tötung eines Unfreien kamen aus wirtschaftlichen Überlegungen wohl allzu häufig vor, da ein toter Sklave verlorenes Kapital darstellte.

Die Sklaven hatten nicht das Recht, sich gegen Entscheidungen ihres Herrn zur Wehr zu setzen. Erhoben sich Unfreie gegen ihre Besitzer, griff der Staat hart durch. Es blieb nur, den Herrn um Gnade zu bitten oder in das Asyl sakraler Plätze zu fliehen. Ob die Flucht an den Hausaltar, die zu den typischen Szenen des antiken Dramas zählt, mehr als einen vorübergehenden Aufschub brachte, muss fraglich bleiben. Bestimmte Plätze, in Athen etwa das Theseion oder der Altar der Eumeniden, entwickelten sich im Lauf der Zeit zu förmlichen Sklavenasylen, in denen die Unfreien Zuflucht finden und bei Berechtigung ihrer Beschwerden den Verkauf an einen anderen Herrn erwirken konnten. Genaueres über die Arbeitsweise dieser Asyle und ihre Beurteilungsmaßstäbe (oder ob Sklaven, deren Anliegen abgeschlagen wurden, in irgendeiner Weise vor den Repressalien ihrer Herren geschützt waren) ist allerdings nicht bekannt. Die Asyle besaßen aber wohl einen wichtigen Ventilcharakter. Ihre diesbezügliche Wirksamkeit wird auch dadurch belegt, dass von größeren Sklavenerhebungen in Griechenland nichts bekannt ist und Massenfluchten von Unfreien sich nur in außergewöhnlichen Situationen ereigneten – freilich war dies auch durch andere Faktoren bedingt.

Staatliche Eingriffe in die Gewalt des Herrn stellten eine Ausnahme dar. In Notfällen konnte der Staat auch Privatsklaven zu Kriegsdiensten heranziehen, diese konnten dann auch auf Volksbeschluss freigelassen werden. Für andere besondere Leistungen oder als Anzeigenprämie wurden Unfreie ebenfalls von Staats wegen freigelassen.

Eine gesetzliche Regelung zur Versorgung der Sklaven hat es im klassischen Griechenland (im Gegensatz zu entsprechenden Richtlinien in den amerikanischen Südstaaten in der Neuzeit) nie gegeben. Dennoch war es üblich, dass die Herren – auch in ihrem eigenen Interesse – ihre Unfreien mit dem Notwendigsten versorgten. Die Erfüllung seiner Grundbedürfnisse war gewissermaßen der „Lohn" des Sklaven (→ Quelle 56). Eine Unterkunft erhielten die Unfreien meist im Haus des Herrn, auf dessen Landgütern, in dessen Werkstätten bzw. in oder in der Nähe ihrer Arbeitsstätten (z.B. Prostituierte in den Bordellen). Sklaven, die nicht mit ihrem Herrn wohnten und ihre Arbeit selbstständig organisierten, konnten auch zur Miete wohnen. Staatssklaven waren vielfach in öffentlichen Gebäuden untergebracht (die skythischen Bogenschützen, die in Athen Polizeifunktionen wahrnahmen, lebten gemeinsam in Zelten, erst auf der Agora, dann auf dem Areopag), Tempelsklaven im Tempelbereich. Des Weiteren versorgten die Herren ihre Unfreien nicht nur mit Kleidung, sondern auch mit ausreichender Nahrung, wenngleich diese in der Regel rationiert war. Ein erkrankter Sklave wurde wohl nicht seinem Schicksal überlassen, sondern betreut und gepflegt, war dies nötig, auch von professionellen Ärzten. Starb ein Sklave, hatte der Herr für dessen ordentliche Bestattung zu sorgen. Wurden Sklaven nicht bereits als geschulte Arbeiter gekauft, ließ ihnen der Herr in vielen Fällen eine Ausbildung angedeihen, die sie auf ihre vorgesehene Verwendung vorbereiten sollte. Dies galt besonders für jene Sklaven, die als Aufseher oder Verwalter tätig sein sollten (→ Quelle 78). Eine über die beruflichen Anforderungen hinausgehende Ausbildung erhielten die Unfreien in der Regel nicht, auch wenn Aristoteles (→ Quelle 6) von einem Sklavenlehrer in Syrakus berichtet. In welchem Beruf die Sklaven tätig zu sein hatten, lag im Ermessen des Herrn. Die Unterweisung der Unfreien erfolgte sowohl innerhalb des eigenen *oikos* als auch außerhalb. Sklaven erhielten aber wohl keinen Unterricht beim *grammatistes*, auch nicht beim *kitharistes* (außer dies sollte dem Beruf dienen). Eine Ausbildung im Lesen und Schreiben erhielten nur wenige Unfreie, darunter etwa diejenigen Staatssklaven, die den Zahlmeistern der Heere als Schriftführer beigegeben wurden, oder die Privatsklaven, die im Bankwesen tätig waren. Der Zutritt zu Einrichtungen wie Gymnasion und Palaistra war den Sklaven verboten.

Dem Herrn gehörte alles, was der Sklave erwirtschaftete, doch konnte er ihm nach Gutdünken eigenen Besitz überlassen. Dies sollte vor allem als Mittel der Sklavendisziplinierung dienen, war damit doch auch die Hoffnung verbunden, einmal die Freikaufsumme aufzubringen. Manche Unfreien durften relativ selbstständig wirtschaften und hatten ihrem Herrn lediglich eine Abgabe (*apophora*) zu entrichten. Vereinzelt konnten Sklaven es sogar zu einem gewissen Reichtum bringen, doch blieb ihre Lage stets prekär, da dieser Besitz jederzeit vom Herrn wieder entzogen werden konnte. Auch Verdächtigungen bezüglich der Rechtmäßigkeit ihres Besitzes standen Unfreie wehrlos gegenüber.

Für Schäden, die ein Sklave verursachte, war sein Herr grundsätzlich haftbar, wobei der Herr im Fall seiner Mittäter- oder Komplizenschaft direkt angeklagt werden konnte, während ansonsten nur der Sklave vor Gericht gestellt wurde – das Urteil richtete sich freilich auch dann sowohl gegen den Unfreien als auch seinen Herrn.

Rom

Die Anzahl der Sklavenbesitzer im *Imperium Romanum* kann nicht mit Sicherheit eruiert werden. Auf alle Fälle konnten sich nicht alle Freien den Besitz von Sklaven leisten, da deren Kauf und Unterhalt für Arme zu teuer war. Somit war der Einsatz von Sklavenarbeit für viele Klein- und Mittelbetriebe nicht rentabel. Auch wenn wir also Sklavenbesitzer quer durch alle Schichten der römischen Gesellschaft antreffen, so waren die meisten Sklaven doch im Besitz der Oberschicht. Sklavenbesitzer konnten darüber hinaus nicht nur Einzelpersonen sein, sondern auch Gruppen von Personen oder Körperschaften; Unfreie waren etwa im Besitz von Tempeln, Gemeinden oder des römischen Staates selbst.

Die Anzahl der Sklaven einzelner Besitzer konnte stark variieren. Während manche Herren sich nur einen oder zwei Sklaven leisteten, gehörte es für die senatorische Oberschicht zum „guten Ton", eine *familia* von mehreren Hundert Unfreien zu besitzen. Verfügte ein Mitglied der Nobilität über (zu) wenige Sklaven, konnte das sogar als politisches Argument gegen ihn vorgebracht werden!

Die Sklaven im Römischen Reich bildeten keine homogene Gruppe; ihre Lebens- und Arbeitsverhältnisse waren höchst unterschiedlich und von den unterschiedlichsten Faktoren bestimmt: Die individuellen Erfahrungen, die etwa Bergwerkssklaven, Sklaven, die in der Landwirtschaft tätig waren, oder Sklaven in einem senatorischen Haushalt in Rom (oder gar im Palast des römischen Kaisers) machten, waren grundverschieden. Es gab arme und reiche, gebildete und ungebildete, einflussreiche und wohlhabende Unfreie. Für sie alle galt aber, dass sie in jeder Hinsicht Eigentum ihrer Herren und diesen in allen Belangen ausgeliefert waren. Diese bestimmten ihre Identität bis ins letzte Detail; so oblag ihnen auch die Entscheidung über den Namen der Unfreien. Die Sklaven mussten ihre alten Namen ablegen und bekamen von ihren Herren neue Namen. Durch diesen Akt von hohem Symbolwert erhielten die Unfreien eine neue Identität, während ihr altes Selbst gleichsam ausgelöscht wurde (→ Quelle 41).

Das Leben der Sklaven war stets von größter Unsicherheit geprägt, denn als Teil des Besitzes ihrer Herren konnten sie jederzeit verkauft, verschenkt, vererbt, verpfändet oder vermietet werden. Mehr noch: Der Herr hatte, zumindest in republikanischer Zeit, die volle Gewalt über ihr Leben und ihren Tod. Sklaven konnten keine legitimen und gesetzlich geschützten Familienbeziehungen eingehen. Von sich aus konnten die Sklaven, die im Zivil- und Strafrecht auch anders behandelt wurden als Freie, keinen Gerichtsprozess anstreben; sie erhielten andere Strafen als Freie, und Delikte, die an ihnen begangen wurden, wurden anders beurteilt als Straftaten, die an Freien verübt wurden. Wurden Sklaven von Dritten verwundet oder getötet, so galt dies nicht als ein Unrecht, das dem Sklaven zugefügt wurde, sondern vielmehr als ein Angriff auf den Besitz seines Herrn, der Schadenersatzansprüche geltend machen konnte. Vor Gericht wurden Sklaven überdies stets unter der Ausübung von Folter verhört. War dies in republikanischer Zeit ohne Zustimmung des Herrn noch verboten gewesen, wurde diese Praxis in der Kaiserzeit ausgeweitet.

Mit Billigung ihrer Herren durften Sklaven allerdings Geschäfte aller Art tätigen und bindende Verträge abschließen. Letztendlich war freilich der Besitzer für die Handlungen seines Sklaven verantwortlich. In der Regel war es den Sklaven gestattet, über ein eigenes Sondergut (*peculium*) zu verfügen. Dieses blieb allerdings rechtlich immer im Besitz des Herrn, der es seinen Sklaven auch wieder entziehen konnte; denn alles, was ein Sklave erwarb, erwarb er für seinen Herrn. Somit stellte das *peculium* ein wichtiges Druck- und Disziplinierungsmittel dar. In einzelnen Fällen stellten derartige Sondergüter durchaus beträchtliche Vermögenswerte dar, die aus Bargeld, Wertgegenständen, Immobilien, Werkzeugen, Vieh, Bekleidung, Nahrung oder auch Sklaven bestehen konnten. Sie wurden von den Unfreien zu den unterschiedlichsten Zwecken genutzt, vielfach etwa zum Freikauf der eigenen Person bzw. ihrer Partner oder Kinder.

Zwar waren rechtskräftige Ehen (*matrimonia iusta*) zwischen Sklaven verboten, doch gingen Unfreie durchaus längerfristige Partnerschaften (*contubernia*) ein. Solche Beziehungen wurden von den Herren nicht nur deshalb akzeptiert, weil sie sich bewusst waren, dass die sozialen und sexuellen Bedürfnisse der Unfreien gestillt werden mussten, sondern diese Partnerschaften wurden von vielen Besitzern sogar gefördert, da durch die Kinder aus solchen Beziehungen, die selbstverständlich auch Sklaven waren, der Sklavenbestand vergrößert werden konnte. Der Agrarschriftsteller Columella propagierte ein Belohnungssystem für besonders fruchtbare Sklavinnen, das sogar zu deren Freilassung führen konnte (→ Quelle 81). Solche hausgeborenen Sklaven (*vernae*) waren besonders begehrt, da sie als leicht lenkbar und steuerbar galten. Sklavenkinder wurden auch bereits in sehr jungen Jahren, wohl ab einem Alter von fünf oder sechs Jahren, zu Arbeiten herangezogen. Sklaven gingen in der Regel Partnerschaften innerhalb desselben Haushalts ein; unausgewogene Geschlechterverhältnisse erschwerten es aber sicher häufig, innerhalb eines Haushalts einen Partner zu finden. Die Wohn- und Lebensverhältnisse beeinträchtigten überdies das Familienleben, denn an Privatsphäre war wohl meist nicht zu denken. Durch den Wunsch, zusammenzubleiben, waren Sklaven, die in solchen Familien lebten, vielfach loyaler und kooperativer. Freilich waren diese Beziehungen und Familien dennoch stets davon bedroht, auseinandergerissen zu werden. Oft wurden Sklavenkinder bereits früh von ihren Eltern getrennt. Auch sind Fälle überliefert, bei denen sich Herren aus eigenem sexuellen Interesse an einem der beiden Partner in solche Beziehungen drängten.

Das soziale Leben der Unfreien war aber nicht auf Sklavenfamilien beschränkt. Auch jenseits dieser Verbindungen gibt es vielfältige Belege für Freundschaft und Solidarität zwischen Sklaven, die sich etwa auch in ihrem religiösen Leben oder in Begräbnisgesellschaften organisierten. Das religiöse Leben der Sklaven war sehr facettenreich. Sie nahmen einerseits am Hauskult teil, waren aber auch außerhalb des Haushaltes religiös aktiv. Sie richteten Stiftungen ein und brachten den verschiedensten Gottheiten Opfer dar, wobei Iuppiter Liber, Bona Dea oder Silvanus offenbar für Sklaven besonders attraktiv waren. Zahlreiche Fluchtäfelchen zeigen, dass Unfreie auch oft magische Praktiken anwandten. Von besonderer Bedeutung waren die Sklavenfeste, allen voran die im Dezember gefeierten Saturnalien.

Nur Sklaven, deren grundlegende Bedürfnisse erfüllt wurden, waren in der Lage, entsprechende Arbeitsleistungen zu erbringen. Die Herren kümmerten sich daher um ihre Versorgung mit Nahrung, Kleidung und einer adäquaten Unterkunft. Die Wichtigkeit, deren Qualität auch zu überprüfen und sicherzustellen, wird in den Quellen betont (→ Quelle 81). Mehr und/oder bessere Nahrung, bessere Bekleidung, angenehmere Wohnverhältnisse und zusätzliche Freizeit waren auch Möglichkeiten, besonders fleißige und gehorsame

Sklaven zu belohnen. Freilich war die Versorgung oft genug wohl nicht angemessen. Vielfach war sie auch je nach Tätigkeit der Sklaven oder auch einfach je nach Jahreszeit sehr unterschiedlich. Eigene Sklavenquartiere konnten zwar in manchen Fällen in Gutsbetrieben oder in städtischen Villen in Form kleiner Räumlichkeiten archäologisch nachgewiesen werden, vielfach konnten solche Unterkünfte aber nicht festgestellt werden. In vielen Fällen verfügten die Unfreien wohl über keine für sie reservierten Räumlichkeiten, sondern sie schliefen in den Korridoren, unter den Treppen, in den Ställen und in den Werkstätten. Persönliche Dienerinnen und Diener übernachteten häufig wohl auch in den Schlafgemächern ihrer Herrinnen und Herren, während Hirtensklaven gleich auf freiem Feld schliefen. Gab es eigene Sklavenunterkünfte, so teilten sich nicht nur zahlreiche Sklaven die einzelnen Zimmer, sondern auch die zur Verfügung gestellten Betten bzw. Matratzen und Decken.

Die Bekleidung römischer Sklaven war meist recht einfach; sie trugen in der Regel eine einfache Tunika und unterschieden sich damit im Alltagsleben kaum von armen Bürgern oder anderen Freien. Bei offiziellen Anlässen hatten Bürger allerdings das Recht, die *toga* zu tragen, während Bürgerinnen eine *stola* tragen durften, was den Sklavinnen und Sklaven verwehrt war.

Wenn Sklaven krank wurden, kümmerten sich die Herren wohl oft um deren Pflege und Betreuung; freilich gibt es auch Nachrichten von Sklavenbesitzern, die ihre kranken Unfreien einfach aussetzten oder alte und schwache Sklaven freiließen, damit sie sich nicht länger um sie kümmern mussten.

Vielfältige Belege sind auch für die Ausbildung von Sklaven vorhanden. Wohlhabende Herren hatten eigene Pädagogen und sogar Ausbildungsstätten (*paedagogia*) für ihre Unfreien, andere schickten ihre Sklaven auch in die weitverbreiteten Straßenschulen. Zahlreiche Ausbildungsverträge aus Ägypten belegen die berufliche Weiterqualifikation von Unfreien. Eine entsprechende Ausbildung brachte ja nicht nur direkten Nutzen für den Herrn, der von der qualifizierteren Arbeit dieser Sklaven profitierte, sie erhöhte auch im Fall eines Weiterverkaufs den Marktwert der Unfreien.

Zu den Schattenseiten des Sklavenlebens gehörte auch in römischer Zeit der Umstand, dass Unfreie von ihren Herren teils grausam misshandelt und bestraft wurden. Belegt sind etwa der Essensentzug, die Wegnahme des *peculium* oder die Verweigerung von Partnerschaften; Sklaven konnten überdies gefesselt und in Ketten gelegt, geschlagen und ausgepeitscht, gebrandmarkt, vergewaltigt oder sogar getötet werden. Die Misshandlung von Sklaven erfolgte als Bestrafung für Verfehlungen, zur Förderung von erwünschtem Verhalten oder – oft genug – bloß aus Ärger, Frust oder Sadismus des Herrn (→ Quellen 59, 60). Gewalt wurde den Sklaven so oft angetan, dass diese auch ein Topos im antiken Humor wurde. Besonders bestialische Grausamkeiten, wie sie gelegentlich von den Quellen überliefert werden (→ Quelle 61), sind aber nicht repräsentativ. Trugen Sklaven nämlich dauerhafte Schäden davon, minderte dies ihren Wert, starben sie, bedeutete dies für den Besitzer einen empfindlichen Kapitalverlust. Brutalität im Umgang mit Unfreien scheint auch ein Kennzeichen von Neureichen (unter denen sich auch zahlreiche Freigelassene befanden) gewesen zu sein, während es innerhalb der Oberschicht zumindest in der Kaiserzeit einen gewissen ungeschriebenen Verhaltens- und Sittenkodex in Bezug auf die Behandlung von Unfreien gegeben zu haben scheint, an dem man sich orientierte. Zudem wurde die Willkür der Herren durch Gesetze und Erlasse zunehmend eingeschränkt; während der Kaiserzeit übernahm der Staat immer mehr die Kontrolle über das Verhältnis zwischen Herren und Sklaven. Claudius verordnete, dass kranke Sklaven, die von ihren Herren auf der im Tiber gelegenen Insel des Aesculapius ausgesetzt worden waren, frei sein sollten, wenn sie sich erholten (→ Quelle 69). Ein vor 79 n. Chr. verabschiedetes Gesetz verbot den Herren, ihre Sklaven als Strafe gegen die wilden Tiere in der Arena kämpfen zu lassen, wenn nicht ein Beamter dies vorher gestattet hatte (→ Quelle 68). Domitian verbot die Kastration von Sklaven, die auch als Kunst des Sklavenhändlers (*ars mangonis*) bezeichnet wurde (→ Quelle 70). Auch die Prostitution von Sklavinnen wurde gesetzlich eingeschränkt. Hadrian verbot die Unterbringung der Freien in Zuchthäusern (*ergastula*) und den Verkauf von einzelnen Sklaven an Zuhälter und Gladiatorentrainer (→ Quelle 71). Antoninus Pius zog Sklavenbesitzer für die Tötung ihres Sklaven zur Verantwortung wegen Mordes, wenn diese Tötung ohne Grund geschehen war. Derselbe Kaiser verordnete auch, dass Sklaven, die sich in einen Schrein oder an eine Kaiserstatue ins Asyl geflüchtet hatten, falls ihre Behandlung von offizieller Seite ebenfalls als ungerechtfertigt anerkannt wurde, an einen neuen Besitzer verkauft werden mussten.

Der Umgang von Herren mit ihren Sklaven war freilich nicht nur durch Gewalt und Willkür geprägt. Die Quellen berichten auch von vielen Fällen, in denen Herren und Sklaven respektvoll miteinander umgingen, harmonisch miteinander lebten und sogar innige Beziehungen zueinander entwickelten. Seneca (→ Quelle 13) überliefert etwa Beispiele für außerordentliche Treuebeweise von Sklaven gegenüber ihren Herren. Diese sind umso bemerkenswerter, wenn sie Fälle von Loyalität bezeugen, die nicht nur durch die Angst vor Bestrafung hervorgerufen worden waren. Andere Quellen belegen die ehrliche Betroffenheit von Sklavenbesitzern, wenn einer ihrer Unfreien erkrankt war oder starb (→ Quelle 62).

Das Verhältnis zwischen Herren und Sklaven konnte in manchen Fällen auch dadurch recht eng sein, da sich beide unter Umständen schon von Kindheit an kannten. Die Kinder des Herrn und die Sklavenkinder wuchsen in vielen Fällen gemeinsam auf und wurden mitunter auch von denselben Ammen gestillt. Manchmal gingen die Gemeinsamkeiten auch noch weiter: Nicht selten waren die Kinder des Herren sogar Halbgeschwister der Sklavenkinder. Denn die Herren hatten volles sexuelles Zugriffsrecht auf die Unfreien (→ Quellen 90 und 91) und viele unterhielten sexuelle Beziehungen mit ihren Sklavinnen und zeugten gemeinsame Kinder. Diese Kinder wurden vielfach von ihren Vätern besonders begünstigt und gefördert. Auch die Mütter konnten darauf spekulieren, von ihrem Herrn freigelassen oder sogar geheiratet zu werden. Enge Beziehungen bestanden vielfach zwischen den Herren und einzelnen Knaben, die ihre besonderen Lieblinge (*delicia*) waren.

Solche Nahbeziehungen verhinderten aber nicht, dass Unfreie mit zahlreichen Vorurteilen zu kämpfen hatten. Sie galten als zügellos, gierig und sexsüchtig, maßlos beim Essen und Trinken, ungehorsam, aufbrausend, unverschämt, rücksichtslos, faul und unehrlich.

1.7 Arbeitswelt

Griechenland

Sklaven konnten in den unterschiedlichsten Berufen tätig sein. Auf der einen Seite finden wir die zahllosen Sklaven, die unter äußerst widrigen Bedingungen in den Bergwerken und Aufbereitungsbetrieben tätig waren (→ Quelle 76). Das waren sicherlich die Unfreien, deren Los am schlechtesten war. Zahlreiche Unfreie waren im Hafen von Piräus als Dockarbeiter beschäftigt; ebenso finden sich Sklaven als Arbeiter in Steinbrüchen sowie als Arbeitskräfte am Bau. Wie Bauabrechnungen für die Arbeiten am Erechtheion im Jahr 409/408 v. Chr. zeigen, arbeiteten Sklaven und Freie in einer Arbeitsgruppe nebeneinander und erhielten auch denselben Lohn. Auch als Arbeitskräfte in der Landwirtschaft, als Hirten, Feldarbeiter, Knechte und Mägde sind Unfreie seit frühester Zeit belegt. In welchem Ausmaß Sklaven freilich in der Landwirtschaft im klassischen Griechenland zum Einsatz kamen, ist in der Forschung durchaus umstritten. Offensichtlich waren kleinere Familienbetriebe, auf denen Freie und nur wenige Sklaven gemeinsam arbeiteten, eher die Regel als große Gutsbetriebe mit zahlreichen unfreien Arbeitskräften, wie sie etwa Xenophon in seinem *Oikonomikos* (→ Quelle 78) beschreibt.[17] Auf derartigen Gütern war es üblich, dass die Sklaven von einem ebenfalls unfreien Verwalter (*epitropos*) bzw. einer Wirtschafterin (*tamia*), die meist wohl auch eine Sklavin war, beaufsichtigt wurden. Sklaven waren aber auch in den unterschiedlichsten Gewerbebetrieben zu finden, in Waffenschmieden genauso wie in Möbelwerkstätten, in Töpfereien genauso wie in der Textilproduktion. Dazu kamen zahlreiche Sklaven, die als Hausbedienstete tätig waren, als Pförtner, als Köche, als Begleitsklaven, als Ammen oder als Pädagogen.[18] Häufig begegnen Unfreie auch als Musiker, Tänzerinnen und als Prostituierte. Von Solon wird berichtet, dass er im 6. Jh. v. Chr. als Erster ein Bordell eingerichtet und dafür Sklavinnen gekauft haben soll.

Unfreie waren aber auch im Handel sowie im Bankwesen anzutreffen. Hier ist der Fall zweier Sklaven besonders bekannt: Ein gewisser Pasion zeichnete sich durch seine Arbeit in der Bank seines Herrn so aus, dass er von diesem freigelassen wurde. Als er sich einige Zeit später aufgrund seines großen Vermögens um den Staat verdient machte, wurde ihm sogar das Bürgerrecht verliehen. Das war für einen Mann, der aus dem Sklavenstand kam, außerordentlich selten. Bei seinem Tod hinterließ er eine Witwe und zwei Söhne, der ältere

17 Vgl. dazu Ameling 1998; Schmitz 2013.

18 Unter Pädagogen sind im griechischen Altertum freilich keine Lehrer zu verstehen, sondern unfreie Bedienstete, die die Kinder zu beaufsichtigen und auf dem Weg zum und vom Unterricht zu begleiten hatten.

24 Jahre alt, der jüngere zehn. Da er in die finanzielle Begabung seines Ältesten kein Vertrauen hatte, ordnete er per Testament an, dass sein Angestellter Phormion, ebenfalls ein freigelassener Sklave, die Geschäftsführung der Bank und anderer Betriebe übernehmen sollte. Außerdem ordnete er an, dass Phormion seine Witwe heiraten und die Vormundschaft seines jüngeren Sohnes übernehmen solle. Dieses Testament wurde selbstverständlich vom älteren Sohn angefochten, wie wir aus den entsprechenden Gerichtsreden erfahren. Pasion und Phormion sind zwei Beipiele dafür, dass Sklaven manchmal zu ganz außergewöhnlichen Stellungen aufsteigen konnten.

Ein interessantes Beispiel für den Einsatz von Sklaven im klassischen Athen stellt auch jene Truppe von skythischen Staatssklaven dar, die im klassischen Athen Polizeiaufgaben wahrnahmen. Diese vom attischen Politiker Speusinos eingerichtete Truppe existierte ab der Mitte des 5. Jh. v. Chr. und umfasste zunächst 300, später 1.000 Mann, die anfangs auf der Agora kampierten, ehe sie auf den Areopag umgesiedelt wurden. Zu den Aufgaben der Skythen gehörte es, vor Gericht und bei Volksversammlungen für Ruhe und Ordnung zu sorgen und diejenigen, die sich unpassend verhielten oder verbotene Dinge sagten, in Schranken zu halten. Sie hatten die Menschenmengen zu kontrollieren und Unruhestifter zu fesseln und festzunehmen; manchmal schlugen sie diese sogar mit Peitschen, was besonders bemerkenswert ist. In der öffentlichen Verwaltung kamen Sklaven auch als Schreiber und Archivare zum Einsatz. Als Soldaten in den normalerweise von den Bürgern gebildeten Heeren finden sich Unfreie erstmals bei den Perserkriegen, doch blieb ihr Einsatz, auch in Funktionen wie als Ruderer, stets eher die Ausnahme.

Rom

Wie in der griechischen Welt, so waren auch in der römischen Welt Sklaven in den verschiedensten Sektoren und Branchen tätig und spielten eine wesentliche Rolle im römischen Wirtschaftsleben. Sie waren im Grunde in allen Berufssparten zu finden, mit der Ausnahme des Dienstes als Soldaten in den römischen Legionen. Sie wurden in der Keramikproduktion und in Ziegeleien genauso eingesetzt wie als Steinmetze, Maurer, Zimmerleute im Bauwesen, als Weber, Walker, Filzarbeiter oder Färber in der Textilproduktion oder als Gerber und Schuster in der Lederherstellung und -verarbeitung. Viele Unfreie waren in der Landwirtschaft tätig (*familia rustica*). Ihr Leben gilt meist als besonders mühsam, da sie – im Gegensatz zu den Sklaven in der Stadt, der *familia urbana* – meist von Sonnenauf- bis Sonnenuntergang arbeiten mussten. Sie waren beispielsweise in der Viehzucht beschäftigt und wurden etwa als Hirten eingesetzt. Die Quellen berichten von riesigen Herden, für die Tausende von Unfreien zuständig waren. Die weitgehende Selbstständigkeit und auch die Bewaffnung der Hirten, die zum Schutz der Herde notwendig waren, kann als eine der Grundvoraussetzungen für den Ausbruch der großen sizilianischen Sklavenaufstände betrachtet werden.

Zahlreiche Unfreie kamen auch im Acker- und Gartenbau, vor allem im Olivenanbau und der Ölgewinnung sowie im arbeitsintensiven Weinbau zum Einsatz (→ Quellen 79–82). Vielfach arbeiteten sie, da die Gutsbesitzer häufig abwesend waren, unter der Aufsicht eines ebenfalls unfreien Verwalters (*vilicus*), während dessen Lebensgefährtin als Wirtschafterin (*vilica*) den Haushalt des Gutes führte. Die in der Landwirtschaft tätigen Unfreien mussten in manchen Fällen ihrer Arbeit gefesselt nachgehen, was ihre Flucht oder eine unerwünschte Zusammenrottung von Sklaven verhindern sollte, und wurden teilweise in besonderen Zuchthäusern untergebracht, wie dies etwa Columella berichtet (→ Quelle 81). Auch im Transportwesen wurden Sklaven als Ochsentreiber, Land- und Transportarbeiter eingesetzt, desgleichen im Handwerk. Zu den Haushalten der römischen Oberschicht gehörten oft große Sklavengruppen. Die Unfreien waren dabei als Ammen und Pädagogen, als Köche, Kämmerer, Kellermeister, Heizer, Boten, Begleiter, Sänftenträger, Sekretäre, Buchhalter, Bibliothekare, Türhüter, Namenrufer oder Vorleser tätig, ebenso als Friseusen, Weberinnen, Schreiber oder Sekretäre. Als Kombattanten im römischen Heer stellten Sklaven eine Ausnahmeerscheinung dar. Zwar gab es bereits während des 2. Punischen Krieges Aushebungen von Unfreien, doch wurden diese nie zur Regel, sondern stellten eine Notmaßnahme dar. Das galt grundsätzlich auch für die Flotte: Den berühmt-berüchtigten Galeerensklaven hat es in der römischen Armee nicht gegeben! Und auch bei den Landstreitkräften war der Dienst von Unfreien bis in die Spätantike ausgeschlossen. Durchaus kamen Sklaven aber im Tross sowie im Dienst von Offizieren zum Einsatz.

Wertvolle Arbeit leisteten unfreie Personen auch in der militärischen und zivilen Verwaltung, im Stab von römischen Beamten, etwa als Schreiber, Gehilfen oder Begleiter, oder als Wachpersonal. Sklaven kamen im Rahmen der Feuerbekämpfung, der Wasserversorgung, der Getreideverteilung und der Münzproduktion zum Einsatz, ebenso wurde ihre Arbeitskraft bei der Marktaufsicht, im Rahmen der Instandhaltung öffentlicher Gebäude, bei der Aufrechterhaltung der öffentlichen Sicherheit, im Strafvollzug sowie im Sakralwesen herangezogen. Die Sklaven im Hofstaat der römischen Kaiser (die sogenannten *familia Caesaris*) erfüllte Aufgaben vergleichbar denen in Privathaushalten, so etwa als Ammen, Ärzte, Pädagogen, Köche, Bäcker, Kammerdiener, Mundschenke, Vorkoster, Boten, Bademeister oder Aufseher über Magazine.

Während in der griechischen Welt freie Lehrer tätig waren, sind bei den Römern auch zahlreiche unfreie Lehrer belegt. Ähnlich verhält es sich mit Ärzten: während diese in Griechenland in der Regel frei waren, kennen wir im antiken Rom auch zahlreiche unfreie Ärzte. Vielfältige Tätigkeiten nahmen Sklaven auch im Unterhaltungssektor wahr: Musiker, Tänzer, Vorleser, Schauspieler (auf römischen Bühnen traten hauptsächlich Sklaven auf, während ihnen dies in Griechenland untersagt gewesen war). Auch Gladiatoren und Wagenlenker waren in der Regel Sklaven oder Freigelassene. Ebenso waren in Rom und anderen Städten des Römischen Reiches zahlreiche unfreie Prostituierte tätig.

1.8 Besondere Formen der Unfreiheit

1.8.1 „Zwischen Freiheit und Unfreiheit“: Heloten, Penesten und Klaroten

Im 2. Jh. n. Chr. schrieb der Grammatiker Iulius Pollux (→ Quelle 126), dass zahlreiche Personengruppen, namentlich die Heloten bei den Spartanern, die Penesten der Thessaler, die Klaroten und Mnoiten der Kreter, die Mariandyner an der Südküste des Schwarzen Meeres, die Gymneten bei den Argivern und die Korynephoroi bei den Sikyoniern, als „zwischen Freien und Sklaven“ stehend zu betrachten seien. Wie ist das zu verstehen? Hinweise kann die genauere Betrachtung dreier dieser Gruppen, nämlich der Heloten, der Penesten und der Klaroten, im Folgenden geben.

Heloten

Die Helotie[19] (→ Quellen 127–129) entstand nach der Einwanderung dorischer Griechen in Lakonien in einem lang andauernden Prozess, durch den bestimmte Bevölkerungsgruppen auf einen unfreien Status herabgedrückt wurden. Diese ursprünglichen lakonischen Heloten sind freilich von den messenischen Heloten zu unterscheiden. Denn die Messenier wurden erst im Rahmen zweier Kriege im 7. Jh. von den Spartanern erobert und ebenfalls helotisiert. Für beide Gruppen von Heloten gilt, dass sie nicht persönliches Eigentum einzelner spartanischer Bürger waren, sondern sie waren offensichtlich vielmehr an ein bestimmtes Grundstück gebunden. Dies war anscheinend auch bei einem Besitzerwechsel von Grund und Boden der Fall. Sie durften nicht verkauft oder verschenkt werden, und sie durften auch nicht von ihren Herren freigelassen werden. Dies konnte nur durch die Gemeinschaft der spartanischen Bürger erfolgen. Die Heloten hatten einen bestimmten Anteil ihres Ernteertrages, wohl die Hälfte, an ihre Herren abzuliefern. Den Rest durften sie offensichtlich behalten; auch sonst konnten sie anscheinend auf ihrem Land mit ihren Familien recht eigenständig leben. Freilich waren sie völlig der Willkür ihrer Herren ausgeliefert. Sie wurden gedemütigt, misshandelt und auch getötet. Jedes Jahr erklärten die Ephoren sogar den Heloten formell den Krieg, damit deren Tötung nicht gegen göttliches Recht verstieß. Die Tötung eines Menschen war nämlich im griechischen Denken immer eine Sünde, auch wenn es sich dabei „nur“ um einen Heloten oder einen Sklaven handelte. Durch die permanente Kriegserklärung wurden die spartanischen Heloten aber völlig recht- und schutzlos, denn diese bewirkte, dass jeder Spartiate jeden Heloten straflos töten durfte. Die Quellen überliefern auch die Institution der sogenannten *krypteia*, die teils als militärisches Abhärtungstraining unter härtesten Bedingungen, teils als Terrorinstrument geschildert wird, mit dem die Spartiaten die ihnen zahlenmäßig weit überlegenen Heloten in Angst und Schrecken versetzten. Es sollen dabei nämlich junge Spartaner die Aufgabe erhalten haben, nur mit

19 Vgl. Ducat 1990; Luraghi 2002; Luraghi – Alcock 2003; Luraghi 2009.

einem Schwert bewaffnet eine Zeit lang allein auf sich gestellt in der Wildnis zu überleben, wobei sie sich tagsüber verborgen halten mussten, während sie nachts Nahrung stehlen und Heloten töten sollten. Die Historizität dieser Nachrichten ist in der wissenschaftlichen Forschung freilich umstritten. Ein solches Vorgehen der Spartaner wäre – abgesehen davon, dass es moralisch zu verurteilen ist – auch militärisch und ökonomisch kaum sinnvoll, beraubt man sich doch wertvoller Helfer im Krieg und kräftiger Arbeiter. Die *krypteia* erklärt sich jedoch vielleicht aus dem Umstand, dass die Spartaner einem Feind, der im eigenen Land wohnte, durch Terror jede gesellschaftliche und rechtliche Integration verwehren wollten. Die Angst vor den Heloten wurde bereits in der Antike als die Antriebskraft aller Maßnahmen der Spartaner betrachtet, und diese Angst war nicht zuletzt dadurch begründet, dass die Spartiaten gegenüber den Heloten deutlich in der Minderzahl waren. Dennoch fanden sich Heloten als Tross- und Waffenknechte regelmäßig im lakedaimonischen Heer; bereits in der Schlacht von Plataiai sollen jedem der 5.000 dort kämpfenden Spartiaten je sieben Heloten als Knappen zur Seite gestanden haben. In der Ausnahmesituation des Peloponnesischen Krieges kam es dann sogar zur Bildung von Kampfverbänden aus Heloten und Neodamoden („Neubürgern", das heißt freigelassenen Heloten, die allerdings nicht das Bürgerrecht erhielten). Im Jahr 424 v. Chr. wurde eine aus 1.000 Söldnern und 700 Heloten gebildete Einheit unter dem Befehl des Brasidas nach Thrakien geschickt. Da sich dieser Kampfverband bewährte, wurden seine überlebenden Mitglieder freigelassen; später wurde diese Truppe als Grenzschutz in Lepreon stationiert. Im Jahr 413 v. Chr. wurden 600 Heloten und Neodamoden unter der Führung des Ekkritos zur Unterstützung der Syrakusaner nach Sizilien geschickt. Trotz der beständigen Gefahr, die den Spartiaten durch die Heloten drohte, war deren Rekrutierung offenbar kein größeres Problem. Zwischen 420 und 370 v. Chr. kamen Neodamoden auf vielen, vorwiegend auswärtigen Kriegsschauplätzen zum Einsatz und wurden zu einem bewährten Instrument spartanischer Machtpolitik. Diese Praxis endete mit der spartanischen Niederlage in der Schlacht von Leuktra im Jahr 371 v. Chr.; als im folgenden Jahr Epameinondas nach Lakonien vorstieß, meldeten sich angeblich über 6.000 Heloten freiwillig zum Waffendienst. Die hohe Anzahl führte erneut zu Befürchtungen, die Unfreien könnten sich erheben, und tatsächlich sollen viele Heloten zum Feind übergelaufen sein; zahlreiche Heloten haben sich aber im Kampf bewährt und wurden mit ihrer Freilassung belohnt.

Wie ist aber nun die Ansicht des Pollux, dass die Heloten „zwischen Freien und Sklaven" standen, zu bewerten? Der von der modernen Forschung gelegentlich angestellte Vergleich mit mittelalterlichen Hörigen und Leibeigenen ist schwierig und hinkt, wie dies historische Vergleiche meistens tun. Eine „Halb(un)freiheit", wie sie bei Pollux anklingt, gab es im antiken Recht nicht. Andere antike Autoren, etwa Plutarch, bezeichnen die Heloten durch die Verwendung des Begriffs *doulos* durchaus als Sklaven. „Normale" Sklaven waren die Heloten aber auch nicht, was die antiken Autoren auch vor Schwierigkeiten stellte. Insgesamt nahmen die Heloten eine zwiespältige Rechtsstellung ein: Sie waren einerseits bereits Unterworfene, also Sklaven, andererseits aber ständig zu bekämpfende Kriegsgegner, also Freie. Ihre Lage ist nur aus dem Versuch der Lakedaimonier zu erklären, ein widerspenstiges und erst nach mühevollen Kämpfen gebändigtes Volk auf Dauer zu knechten.

Penesten

Eine weitere von Pollux genannte Personengruppe waren die thessalischen Penesten (→ Quellen 131–133).[20] Ihr Name ist etymologisch wahrscheinlich mit dem griechischen Begriff *pénes* „arm" zu verbinden. Wie bei den Heloten soll es sich bei diesen ebenfalls um eine unterdrückte Vorbevölkerung handeln. Archemachos, ein euboiischer Lokalhistoriker wohl des 3. Jh. v. Chr., kolportiert, dass sich diese Menschen einst freiwillig den Thessalern unterworfen und sich zu Arbeitsleistungen und Abgaben verpflichtet hätten unter der Bedingung, dass man sie weder töten noch von ihrem Land vertreiben dürfe (→ Quelle 1). Freilich sind die antiken Überlieferungen vom Ursprung der Penestie problematisch. Wie genau diese Institution entstanden ist, kann nicht mehr mit Sicherheit nachvollzogen werden. Auf jeden Fall handelte es sich auch in Thessalien um einen lang andauernden Prozess, der zur kollektiven Abhängigkeit einer Bevölkerungsgruppe geführt hat. Wann genau dies zeitlich anzusetzen ist, bleibt unklar. Eindeutig belegt ist die Penestie jedenfalls erst in klassischer Zeit. Auch das genaue Ende dieser Institution ist nicht bekannt; ab hellenistischer Zeit sind Penesten jedenfalls nicht mehr nachgewiesen. Ein grundlegender Unterschied zwischen den spartanischen Heloten und den thessalischen Penesten bestand jedenfalls darin, dass die Penesten nicht der Allgemeinheit, sondern einzelnen thessalischen Aristokraten gehörten. Diese waren offensichtlich dazu verpflichtet, ihre Penesten mit Nahrung zu versorgen. Dafür, dass die Penesten regulär im thessalischen Heer Kriegsdienst zu leisten hatten, wie von manchen Forschern vermutet wurde, gibt es dagegen keine überzeugenden Beweise. Der Tyrann Jason von Pherai soll allerdings im Jahr 373 v. Chr. geplant haben, eine große thessalische Flotte zu bauen und die Ruderbänke mit Penesten zu besetzen, doch kam es dazu nicht mehr. Durchaus kamen Penesten allerdings in Privatheeren thessalischer Aristokraten als Kämpfer zum Einsatz. So unterstützte etwa der Magnat Menon von Pharsalos im Jahr 476/475 v. Chr. eine athenische Expedition gegen die Polis Eion mit 300 eigenen Penesten. Ansonsten wissen wir wenig über die Situation dieser abhängigen Bevölkerung. Einer kurzen Nachricht des Aristoteles ist allerdings zu entnehmen, dass diese mit ihrer Lage durchaus nicht zufrieden waren und wiederholt Aufstände gegen ihre Herren unternommen haben (→ Quelle 133). Diese Unruhen blieben offenbar aber lokal begrenzt und scheiterten allesamt.

Klaroten

Bei der Beschäftigung mit der unfreien Bevölkerung auf Kreta ist man zunächst mit terminologischen Problemen konfrontiert. Pollux (→ Quelle 126)

---

20 Ducat 1994; Welwei 2008a; Welwei 2008b.

spricht von Klaroten und Mnoiten der Kreter, Aristoteles (→ Quelle 130) nennt Perioiken, mit denen es sich genauso wie mit den spartanischen Heloten verhalte, und in der Zusammenstellung bei Athenaios (→ Quelle 1) ist zusätzlich von Aphamioten die Rede. All diese Begriffe, die wie alle Termini einem chronologischen Wandel unterlagen und für die auch mit regionalen Unterschieden gerechnet werden muss, beziehen sich wohl auf dieselbe Personengruppe. In der modernen Forschung wird durchgängig die Bezeichnung Klaroten gebraucht, und sie bezeichnet unfreie Menschen, die – entsprechend den spartanischen Heloten – auf den Landlosen (*klaroi*), die den Bürgern zugeteilt worden waren, arbeiteten. Wie die Heloten mussten sie Abgaben leisten, deren Höhe uns allerdings nicht bekannt ist. Auf welche Weise der Stand der Klaroten entstanden ist, bleibt ebenfalls unklar. Ähnlich wie in Thessalien ist hier mit länger andauernden Entwicklungen in archaischer Zeit (und wohl kaum bereits in den sogenannten dunklen Jahrhunderten) zu rechnen. Unsere wichtigste Informationsquelle für die Lebensbedingungen der unfreien Bevölkerung auf Kreta sind jedoch nicht literarisch überlieferte Texte, sondern inschriftlich tradierte Gesetzestexte, allen voran die große Rechtsinschrift von Gortyn. Dabei handelt es sich um eine im dorischen Dialekt verfasste Inschrift in zwölf Kolumnen zu je 53 bis 55 Zeilen. Der Text, der in die erste Hälfte des 5. Jh. v. Chr. datiert, stellt zwar keine systematische Kodifikation des in der Stadt Gortyn geltenden Rechts dar, jedoch behandelt er eine Vielfalt von Fragen des Vermögens-, Privat-, Familien- und Strafrechts. Es geht um Adoptionen, Scheidungen, die Rechtsstellung von Witwen und Kindern aus Mischehen, um Erbrecht, um Verkauf und Verpfändung von Eigentum oder um Strafen für Ehebruch und Vergewaltigung. In Bezug auf Unfreie werden auf dieser Inschrift unglücklicherweise nicht die bereits erwähnten, in den literarischen Quellen überlieferten Begriffe verwendet, sondern zwei andere Termini: *dolos* bzw. *woikeus*. Ob diese Bezeichnungen die gleiche Personengruppe bezeichneten und ob diese mit den Klaroten gleichzusetzen war, ist in der althistorischen Forschung durchaus umstritten. Aus den Regelungen ist jedenfalls zu entnehmen, dass diese Unfreien gekauft, verkauft und verpfändet werden konnten und dass sie im Strafrecht anders behandelt wurden als Freie. Ihre Herren waren für von den Unfreien verursachte Schäden haftbar. Erstaunlich sind die Regelungen zum Familienrecht: Die Unfreien konnten nicht nur untereinander, sondern auch mit Freien gesetzlich geregelte Beziehungen eingehen. Ihr Status war erblich und richtete sich jeweils nach dem Vater. War der Vater unfrei, so waren dies auch die Kinder und diese gehörten seinem Herrn; war der Vater jedoch frei und die Mutter unfrei, so waren auch die Kinder frei!

1.8.2 Kolonen

Charakteristisch für die Landwirtschaft der Spätantike war der Kolonat (*colonatus*),[21] der die Sklaverei im Agrarsektor zwar nicht ersetzte, diese aber an

21 Zum Kolonat vgl. etwa Johne 1994; Schipp 2009.

Bedeutung übertraf. Kolonen (*coloni*) sind als Pächter von landwirtschaftlich nutzbarem Land schon in der Zeit der römischen Republik gut belegt. Es handelte sich bei ihnen ursprünglich um freie Menschen, die ihren Grundherren als gleichberechtigte Partner gegenübertraten. Sie pachteten Grundstücke und mussten dafür Abgaben leisten; nach Ablauf des zeitlich – zumeist wohl auf fünf Jahre – befristeten Pachtvertrages durften sie vom Grundherrn nicht festgehalten werden.

In einem längeren Prozess, der von der Mitte des 3. Jh. bis in das frühe 5. Jh. n. Chr. dauerte, sanken sie jedoch zu einer abhängigen Landbevölkerung herab, die an die von ihr bearbeitete Scholle gebunden war. Mehrere Faktoren hatten diese Entwicklung begünstigt. Einer davon war die wohl nicht seltene Verschuldung der Pächter bei ihren Grundherren gewesen, die bereits zu einer faktischen Bodenbindung der Kleinbauern führen konnte. Dazu kam, dass in etlichen Fällen die Grundherren nicht nur die Verpächter von Land, sondern auch die Patrone ihrer Kolonen waren, sodass sich diese nicht nur in ökonomischer, sondern auch in klientelartiger Abhängigkeit befanden. Dies galt in besonderem Maß für jene Kolonen, die Freigelassene ihrer Grundherren waren. Bereits im 2. Jh. n. Chr. war es im Rahmen solcher Abhängigkeitsverhältnisse offenbar nicht unüblich, dass Kolonen auch dazu verpflichtet werden konnten, mehrere Tage im Jahr unentgeltlich für ihren Grundherrn zu arbeiten.

Die letztendliche Entstehung des Kolonats kann als eine Folge der politischen und ökonomischen „Krise des 3. Jh." betrachtet werden, insbesondere scheinen steuerliche Überlegungen eine entscheidende Rolle gespielt zu haben. Die weitere Entwicklung wird vor allem durch ein Edikt Konstantins des Großen aus dem Jahr 332 n. Chr. deutlich, in dem es heißt, dass ein Kolone fremden Rechts (*colonus iuris alieni*), der auf einem fremden Grundstück angetroffen wird, an seinen Ursprungsort zurückkehren müsse und dass auch derjenige, bei dem der geflohene Kolone Zuflucht gefunden habe, die Steuern für die Zeit von dessen Aufenthalt bei ihm bezahlen müsse (→ Quelle 134). Die Kolonen „gehörten" nun also einem Grundherrn, der für sie Steuern bezahlen musste und an dessen Gut sie gebunden waren. Streng genommen war der Kolone freilich nicht Eigentum seines Herrn, sondern dessen Rechte waren durch das Eigentum an dem Grundstück begründet, auf dem die Kolonen lebten.

Zu diesem Zeitpunkt lag dem Kolonenverhältnis aber immer noch ein Pachtvertrag zugrunde. Während der Pachtdauer durften die Kolonen zwar das Land nicht verlassen, aber sie durften auch nicht vom Grundherrn auf ein anderes Grundstück transferiert oder bei einem Verkauf des Grundstücks zurückbehalten werden. Die Bodenbindung der Kolonen, die ab den 90er-Jahren des 4. Jh. dem *dominium* ihrer Grundherren unterworfen waren und gegen diese außer in Fällen von Hochverrat oder finanzieller Ausbeutung auch keine Anklage mehr erheben durften, weitete sich jedoch aus. Ihre Verfügungsfähigkeit über ihr Vermögen war nun deutlich eingeschränkt.

Auch wurde es immer schwieriger, ein Kolonatsverhältnis zu beenden. Auswege aus dem Kolonat hatten lange Zeit der niedere Staatsdienst sowie der Dienst im Militär oder in der Kirche geboten. Dies wurde jedoch sukzessive untersagt und mit dem frühen 5. Jh. n. Chr. hatten Kolonen nur noch mit Zustimmung des Grundherrn die Möglichkeit, den Kolonat abzustreifen: Noch vor 408 n. Chr. wurde Kolonen der Eintritt in die Armee untersagt, ab 409 n. Chr. durften sie nur mehr mit Zustimmung ihres Herrn Geistliche werden, und ab 426 n. Chr. war ihnen jedes Staatsamt verwehrt.

Bereits gegen Ende des 4. Jh. n. Chr. war allen Kolonen die Einheirat in den Dekurionat und in die Korporationen verwehrt worden (bei kaiserlichen Kolonen war dies schon früher geschehen). Mit dem Jahr 419 n. Chr. wurde der Kolonat als Geburtsstand konstituiert. Kolonen konnten also nur noch untereinander rechtsgültige Ehen eingehen, ihre Kinder waren ebenfalls Kolonen. Bei Mischehen fielen die Nachkommen immer dem Grundherrn zu. Vom Kolonat konnte man sich nur noch durch dreißigjährige Ersitzung befreien, das heißt, die Kolonen und deren Kinder konnten durch andauernde Flucht von ihren Grundherren freikommen, wenn diese es 30 Jahre lang versäumten, sie zurückzufordern.

Die Institution des Kolonats wurde in den nachrömischen Königreichen der Ost- und Westgoten, der Burgunder und der Franken übernommen und erlebte in karolingischer Zeit eine Erneuerung. Eine wesentliche Entwicklung stellte jedoch dar, dass in den frühmittelalterlichen Gesetzen die Bodenbindung getilgt wurde; sie wandelte sich vielmehr zu einer Zuordnung zu einem freien Grundherrn (*condicio*). Eine Lockerung der Bodenbindung war auch unausweichlich gewesen, da Arbeitskräfte auf den Landgütern eines Großgrundbesitzers ökonomisch sinnvoll aufgeteilt werden mussten.

1.9 Flucht und Rebellion

Griechenland

Sklavenflucht war im klassischen Griechenland wohl relativ selten, da eine Flucht auch kaum realistische Chancen auf Freiheit bot. Andererseits ist für Aristophanes ein Stück mit dem Titel *Der Sklavenjäger* überliefert, was wiederum auf eine gewisse Häufigkeit von entlaufenen Sklaven schließen lässt. Nur in ausgesprochenen Krisenzeiten kam es zu Massenfluchten von Unfreien, etwa als während des Peloponnesischen Kriegs spartanische Truppen in Attika einfielen und einen festen Stützpunkt errichten konnten. Über Fluchtversuche einzelner Sklaven oder kleinerer Gruppen von Unfreien sind wir vor allem aus dem ptolemäischen Ägypten gut unterrichtet. Nicht nur ist in mehreren Privatbriefen von entflohenen Sklaven die Rede, sondern es haben sich auch auf Papyri Steckbriefe (→ Quelle 96) erhalten, mittels derer mit genauen Beschreibungen nach den Entflohenen gefahndet wurde.

In Griechenland kam es auch kaum zu größeren Aufständen. Lokal begrenzte Erhebungen gab es freilich durchaus. So überliefern die Quellen etwa eine Massenflucht von Unfreien auf der Insel Chios, die sich in die Berge flüchteten, von den Chiern nicht mehr besiegt werden konnten und mit diesen einen

Waffenstillstand schlossen. Ihr Anführer Drimakos soll über die Sklaven mit strenger Hand wie ein König geherrscht haben (→ Quelle 1).

Aufstände sind auch von den messenischen Heloten, bei denen es sich freilich nicht um Sklaven im engeren Sinn handelte, überliefert. Im späten 8. oder im frühen 7. Jh. v. Chr. hatten ja Auseinandersetzungen mit den Bewohnern Messeniens zur Eroberung dieser Landschaft durch die Spartaner geführt (1. Messenischer Krieg). Als die Einwohner Messeniens zwei Generationen später, also in der zweiten Hälfte des 7. Jh. v. Chr., gegen die lakedaimonische Oberherrschaft rebellierten, wurden sie in einem erneuten Krieg (2. Messenischer Krieg) völlig unterworfen. Zu einem 3. Messenischen Krieg kam es dann im 5. Jh. v. Chr.: im Jahr 466/465 v. Chr. erschütterte ein schweres Erdbeben die Landschaft Lakonien und verursachte schwere Zerstörungen. In dieser Notlage des lakedaimonischen Staates versuchten die Messenier im folgenden Jahr nochmals einen Aufstand, um das spartanische Joch abzuschütteln. Den lakedaimonischen Streitkräfte missglückte es, die Erhebung schnell wieder unter Kontrolle zu bekommen; den Aufständischen gelang es nämlich, sich auf dem Berg Ithome zu verschanzen und so den Spartiaten standzuhalten. Die Lakedaimonier hatten derartige militärische Schwierigkeiten, dass sie im Jahr 463/462 v. Chr. sogar eine Gesandtschaft nach Athen sandten, um dort militärische Unterstützung zu erbitten. Der spartafreundliche Politiker Kimon brach daraufhin im Jahr 462 v. Chr. mit Truppen auf, um militärische Hilfe zu leisten. In Messenien hatte sich die militärische Lage aber inzwischen zugunsten der Spartaner gewandelt und die spartanische Elite fürchtete die Anwesenheit der demokratisch gesinnten Athener in ihrem Staatsgebiet. Deshalb wurden Kimon und seine Hopliten schnellstmöglich wieder zurück nach Athen geschickt, was in Athen natürlich als außenpolitischer Affront gewertet wurde und die Beziehungen zwischen den zwei Poleis nachhaltig belastete. Endgültig gelang es den Messeniern dann nach der Schlacht von Leuktra im Jahr 371 v. Chr., als die Thebaner unter Epameinondas die Spartaner besiegten, ihre Freiheit wiederzuerlangen. Im Jahr 369 v. Chr. wurde dann am Fuß des Berges Ithome die neue messenische Hauptstadt Messene gegründet. In Lakonien blieb die Helotie dagegen bis zur Zeit der römischen Herrschaft bestehen. Hier kam es auch nicht zu größeren Aufständen. Warum sich die lakonischen Heloten immer loyaler zu ihren Herren verhalten haben, ist in der Forschung wiederholt diskutiert worden, ohne dass dabei überzeugende Ergebnisse erzielt worden wären. Es gibt jedenfalls keine Hinweise darauf, dass die lakonischen Heloten besser behandelt worden wären als ihre messenischen Leidensgenossen.

Rom

Die bekannten großen Sklavenaufstände[22] der römischen Zeit (→ Quellen 101–106) waren ein zeitlich wie geographisch recht begrenztes Phänomen. Sie ereigneten sich im späten 2. und frühen 1. Jh. v. Chr. und hatten ihr Zentrum in Süditalien und Sizilien. Natürlich gab es vorher und nachher einzelne

22 Zu den römischen Sklavenaufständen vgl. Rubinsohn 1993.

Erhebungen und Aufstände von Unfreien, die von ihren Herren fliehen und sich gelegentlich auch zu Banden zusammenschließen und bestimmte Landstriche unsicher machen konnten, doch erreichten diese nie die Dimension der drei großen Sklavenaufstände.

Ein Grund dafür, dass es gerade in dieser Zeit und in dieser Gegend zu so großen Erhebungen kam, liegt sicher darin, dass im 2. Jh. v. Chr. eine besonders große Anzahl von Sklaven aus dem griechischen Osten nach Süditalien und Sizilien kam. In der modernen Forschung geht man bisweilen von etwa 250.000 Menschen aus, die als Kriegsgefangene oder über den Sklavenhandel in den Westen verfrachtet wurden. Die meisten von ihnen waren als Jugendliche oder Erwachsene versklavt worden, waren also nicht bereits in Unfreiheit geboren worden und konnten sich noch an die verlorene Freiheit erinnern. Aus der gesamten Antike ist immer wieder belegt, dass solche Personen schwieriger in Zaum zu halten waren als bereits in Unfreiheit geborene Menschen (*oikogeneis* bzw. *vernae*). Dazu kommt, dass der Großteil dieser Unfreien denselben kulturellen und sprachlichen Hintergrund besaß. Sie konnten sich also gut miteinander verständigen, organisieren und gemeinsam handeln. Die meisten dieser Sklaven kamen in der Landwirtschaft zum Einsatz, da dort nach den großen sozialen Veränderungen des 2. Jh. v. Chr. besonderer Bedarf an Arbeitskräften bestand. Denn vielen kleinbäuerlichen Betrieben war einerseits durch die Verwüstungen, die das Land besonders im 2. Punischen Krieg erlebt hatte, andererseits durch die oft lange Abwesenheit der Bauern von ihren Feldern die Existenzgrundlage geraubt worden, was zur Folge hatte, dass viele Bauernstellen aufgegeben und von Großgrundbesitzern aufgekauft worden waren. Und natürlich hatten auch die Römer in den Kriegen enorme menschliche Verluste hinnehmen müssen – allein in der Schlacht von Cannae im Jahr 216 v. Chr. sollen etwa nach Polybios 70.000 Römer gefallen sein –, sodass ein Mangel an freien Männern herrschte. Als ein wesentlicher Punkt kann auch die weite Verbreitung der Weidewirtschaft neben dem Ackerbau auf Sizilien und in Süditalien hervorgehoben werden. Die unfreien Viehhirten weideten ihre Herden oft relativ autark und außerhalb der Aufsicht ihrer Herren. Es war ihnen daher leichter möglich, sich zu verschwören, als das bei im Ackerbau oder in *ergastula* untergebrachten Sklaven der Fall war. Um ihre Herden vor Tieren und Viehdieben zu schützen, waren diese Hirtensklaven in der Regel auch bewaffnet. Unter diesen Bedingungen bargen gerade die unfreien Hirten natürlich ein besonderes Gefahrenpotenzial für ihre Herren.

Der erste Sklavenkrieg (→ Quellen 101 und 102) auf Sizilien brach schließlich im Jahr 136 v. Chr. aus. Anführer der Erhebung soll ein aus Apamea stammender Syrer namens Eunus gewesen sein. Als eigentlichen Auslöser des Aufstandes nennen die Quellen das besonders grausame Verhalten eines Damophilos und seiner Frau Megallis, für das die Sklaven Vergeltung forderten. Doch die Situation eskalierte rasch. Eunus, der nur aufgrund seiner vermeintlichen Wunderkräfte Anführer geworden war und nicht wegen seiner möglichen Führungsqualitäten, wurde nun zum König gemacht, er ernannte eine Königin und berief einen Kronrat ein. Die Unfreien schufen sich also einen eigenen Staat im Staate. Eunus nahm den Thronnamen Antiochos an, womit er an die Tradition der Seleukiden, der Herrscher seiner syrischen Heimat, anknüpfte. Er prägte auch Münzen, womit er seine Anerkennung als legitim gewählter König zum Ausdruck brachte. Derartige Münzen des Eunus/Antiochos wurden auch bei archäologischen Ausgrabungen gefunden. Das Vorbild des Eunus führte zu weiteren Erhebungen, so etwa eine in der Gegend von Agrigent unter der Führung eines gewissen Kleon, eines Kilikiers und damit ebenfalls eines Mannes aus dem griechischsprachigen Osten. Dieser verbündete sich mit Eunus und ordnete sich dem Sklavenkönig unter. Den Sklaven ging es dabei nur darum, innerhalb dieses eigenen Staates ihre eigene persönliche Freiheit wiederzuerlangen. Darüber hinausgehende Ziele, etwa eine generelle Abschaffung der Sklaverei, lag diesen Männern fern. Einen sozialreformatorischen Charakter haben die antiken Sklavenaufstände nie besessen. Rom unterschätzte diese Aufstände zunächst; die römische Regierung sah hier anfangs nur eine der schon früher immer wieder vorgekommenen Erhebungen von Sklaven gegen ihre Herren, deren Niederschlagung eine Sache der lokalen Behörden war. Freilich waren diese lokalen Behörden mit der Angelegenheit überfordert, und die Armeen der Praetoren wurden von den Sklaven besiegt. Erst nach insgesamt vier Jahren konnte die Erhebung niedergeschlagen werden, als man die Aufstände zur „Chefsache" machte und ein Heer unter der Führung des Konsuls losschickte. Und sogar dieser, Publius Rupilius, konnte seine Erfolge zunächst nur durch Verrat erringen.

Nach der Niederschlagung dieses ersten großen Sklavenaufstandes im Jahr 132 v. Chr. herrschte auf Sizilien zunächst Ruhe, doch war diese nicht von langer Dauer. Bereits eine Generation später, in den Jahren 104–100 v. Chr. erhoben sich auf der Insel nämlich erneut Sklaven. Dieser zweite große Sklavenkrieg hatte auch einige kleinere „Vorboten" (→ Quelle 103), so etwa in Kampanien den Aufstand des Titus Vettius, eines römischen Bürgers, der sich aus Liebe an die Spitze einer Truppe von Sklaven gesetzt haben soll. Wie Eunus versuchte auch Vettius, mithilfe der Unfreien einen eigenen Staat innerhalb des Römischen Reiches zu erschaffen, er ließ sich zum König ausrufen, setzte sich ein Diadem auf und legte sich einen purpurnen Umhang um – das sind die beiden typischen Zeichen monarchischer Herrschaft. Als dann der römische Praetor Lucullus mit einer kleinen Armee anrückte, konnte sich Vettius nicht lange halten – freilich soll auch im Fall dieses römischen Sieges Verrat mit im Spiel gewesen sein. Das Gleiche gilt für einen weiteren kleineren Aufstand, der nicht lange danach unter der Führung eines gewissen Varius in Westsizilien ausbrach.

Der Erfolg der Römer war aber nicht von Dauer, denn kurz danach kam es zum Ausbruch des zweiten großen Sklavenkrieges (→ Quelle 104). Sein historischer Hintergrund ist, dass der römische Feldherr Gaius Marius, weil er für den Kampf gegen germanische Stämme zusätzliche Truppen benötigte, den mit Rom verbündeten König von Bithynien am Schwarzen Meer um die Stellung von Hilfstruppen bat. Dieser lehnte aber mit der Begründung ab, dass viele seiner Landsleute Opfer von Menschenraub geworden seien und jetzt im Römischen Reich als Sklaven dienten. Der römische Senat beschloss daraufhin, dass kein Freigeborener aus den Gebieten römischer Verbündeter in einer römischen Provinz Sklave sein dürfe. Das nährte die Hoffnung vieler

Männer, insbesondere auch auf Sizilien, die durch Kriegsgefangenschaft oder Menschenhandel in die Unfreiheit geraten waren, dass sie ihre Unabhängigkeit wiedererlangen könnten. Und als sich diese Hoffnungen dann als unerfüllt herausstellten, waren der Frust darüber und die Unzufriedenheit natürlich umso größer und entluden sich in einer großen Aufstandsbewegung.

Es war wiederum in Westsizilien, wo sich erneut Hirtensklaven erhoben, und, weil die römischen Behörden diesem Aufstand nicht vehement genug entgegentraten, konnte er sich immer weiter ausbreiten. Als Anführer wählte man den Wahrsager Salvius, der seine Untergebenen klug und maßvoll führte. Wie schon im ersten großen Sklavenkrieg hatte dieser erste Aufstand einen zweiten zur Folge: Auch in Ostsizilien erhoben sich unfreie Landarbeiter. Ihr Anführer Athenion stammte – wie Kleon im ersten Sklavenkrieg – aus Kilikien; wie Eunus im ersten Sklavenkrieg und sein Zeitgenosse Salvius war auch Athenion ein Wahrsager und auch er wurde von seinen Anhängern zum König gemacht. Diese Koinzidenz kann die wiederholt ausgesprochene Warnung vor dem Umgang von Unfreien mit Wahrsagern erklären (→ Quellen 79, 81). Die Römer hofften nun, dass sich die beiden Sklavenkönige gegeneinander wenden würden, doch ebenso, wie es im ersten Sklavenkrieg zu keiner Auseinandersetzung zwischen Eunus und Kleon gekommen war, kam es nun zu keinem Konflikt zwischen Salvius, der bald den Namen Tryphon annahm, und Athenion. Es ist bemerkenswert, dass Salvius – wie bereits Eunus und Titus Vettius vor ihm – in seinem gesamten Erscheinungsbild nun einem hellenistischen König bzw. einem römischen Amtsinhaber gleichen wollte. Er trug eine purpurgesäumte Toga, was nur Senatoren durften, und er ließ sich von Liktoren begleiten, die Rutenbündel (*fasces*) trugen, was nur Amtsinhabern gebührte. Der Name Tryphon, den er annahm, stellt dagegen eine klare Bezugnahme auf den seleukidischen König Diodotos Tryphon dar, der von 142 bis 138 v. Chr. regierte. Wiederum war es also Plan der Sklaven, einen regulären Staat im Staate mit einem eigenen König an der Spitze zu gründen. Die Römer taten sich zunächst erneut schwer damit, diesen Aufstand unter Kontrolle zu bringen. Dann gelang es ihnen allerdings, einen Teil des Sklavenheeres unter der Führung des Athenion zu besiegen. Durch eigenes Unvermögen aber konnten sie den Aufstand vorerst nicht ganz unter Kontrolle bringen. Tryphon starb kurz danach, und sein Nachfolger wurde Athenion, der mit Glück den Römern hatte entkommen können. Dann aber wurde den Römern endlich der Ernst der ganzen Angelegenheit klar, und sie übertrugen die Leitung des Krieges einem der amtierenden Konsuln, Manius Aquilius. Dieser konnte den Sklavenaufstand schließlich niederschlagen, nachdem er Athenion selbst in einem Zweikampf bezwungen haben soll.

Um weitere Erhebungen auf Sizilien zu unterbinden, setzte wenige Jahre nach dem zweiten Aufstand der Praetor Lucius Domitius Ahenobarbus die Entwaffnung der Hirten auf Sizilien durch. Die von diesen ausgehende Gefahr war damit ein wenig gebannt, doch kam es wiederum eine Generation später, nämlich in den Jahren 73 bis 70 v. Chr., zu einer erneuten Erhebung von Sklaven (→ Quellen 105 und 106). Diesmal nahm sie allerdings nicht auf Sizilien ihren Ausgang, sondern in Capua auf dem italischen Festland. Dieser Sklavenaufstand brach auch nicht unter Unfreien, die in der Landwirtschaft tätig waren, aus, sondern in einem *ludus*, einer Gladiatorenschule, in Capua. Als Anführer dieses Aufstandes ist ein Mann namens Spartacus bekannt. Der Aufstand begann mit der Flucht von etwa 70 Gladiatoren unter der Führung dieses Spartacus aus ihrer Kaserne, denen sich rasch eine große Anzahl von Sklaven anschloss. An Spartacus' Seite standen als weitere Anführer die beiden Gallier Krixos und Oenomaos. Diese Sklavenarmee, die zu ihren erfolgreichsten Zeiten auf über 70.000 Mann angewachsen war (manche Quellen sprechen sogar von 120.000 Mann), konnte sich über lange Zeit und in zahlreichen Schlachten gegen die Heere römischer Praetoren und sogar Konsuln halten. Spartacus hatte die Sklaven zunächst nach Oberitalien geführt, vermutlich, um mit ihnen Italien zu verlassen und in ihre ursprünglichen Heimatländer zurückzukehren. Es ist nicht klar, warum dieser Plan kurz vor seiner Realisierung fallen gelassen wurde. Vermutlich verweigerten seine Gefolgsleute Spartacus den Gehorsam. Das Heer von Unfreien setzte sich also wieder Richtung Süden in Marsch. Der Plan, auf den Schiffen von Piraten nach Sizilien überzusetzen, scheiterte am Verrat der Seeräuber. Schließlich setzte Marcus Licinius Crassus der Erhebung ein Ende. Spartacus fiel in der entscheidenden Schlacht; 6.000 gefangene Rebellen wurden entlang der *Via Appia* gekreuzigt.

Große Sklavenaufstände gab es danach im Römischen Reich nicht mehr. Sehr wohl kam es aber immer wieder zu kleineren Erhebungen von Unfreien gegen ihre Herren. Ungerechte und allzu grausame Behandlung von Sklaven provozierte immer wieder Ungehorsam und Widerstand. Dieser konnte sich in der Form von Arbeitsverweigerung, Diebstahl, Sachbeschädigung oder Sabotage äußern. In einigen Fällen berichten die Quellen auch von der Ermordung von Herren durch ihre Sklaven, so etwa in den bekannten Fällen des Stadtpräfekten Pedanius Secundus (→ Quelle 99) oder des Larcius Macedo (→ Quelle 98). Diese latente Bedrohung, der alle Sklavenbesitzer ausgeliefert waren, wird im lateinischen Sprichwort *Quot servi, tot hostes* („Wie viele Sklaven [man hat], so viele Feinde [hat man]" zum Ausdruck gebracht. Spätestens ab 10 n. Chr. bestimmte das *Senatus Consultum Silanianum*, dass alle Sklaven, die sich zum Zeitpunkt eines Mordanschlages auf den Herrn im selben Haus befanden, getötet würden. Denn nur, wenn die Sklaven dazu gezwungen würden, ihren Herrn gegen Feinde von außen wie von innen zu beschützen, sei ein Haushalt wirklich sicher (Digesten 21, 1, 17, 4).

Nicht selten kam es auch zur Flucht von Sklaven. Das Problem für die Sklaven war in vielen Regionen des *Imperium Romanum* allerdings die Frage, wohin sie überhaupt fliehen sollten. In allen Regionen des Reiches waren sie davon bedroht, entdeckt, aufgegriffen und zu ihren Herren zurückgeschickt zu werden. Ihre Hoffnung bestand meistens darin, unerkannt zu bleiben und für einen armen Bürger gehalten zu werden. Die Quellen berichten von eigenen Kopfgeldjägern, die auf deren Wiederaufgreifung spezialisiert waren. Wurde ein entlaufener Sklave wieder gefangen, wurde ihm häufig ein Sklavenhalsband (→ S. 161 Abb. 5) mit einer Inschrift umgelegt oder er wurde durch Brandmarkung oder Tätowierung markiert.

1.10 Freilassung

Griechenland

Im Hinblick auf die Freilassungspraxis[23] gibt es zwischen den Gepflogenheiten in der griechischen und in der römischen Welt deutliche Unterschiede. In Griechenland existierten mehrere Formen der Freilassung: Oft erfolgte sie durch die Übereignung an eine Gottheit oder ein Heiligtum, was wohl einerseits den Zweck hatte, den neuen Status publik zu machen bzw. die Gottheit oder das Heiligtum zum Garanten der Freiheit zu machen, andererseits sollte dies wohl auch die vom Freigelassenen zu erbringenden Leistungen sichern. Daneben gab es aber auch die nicht sakrale, formlose Art der Freilassung. Besondere Formen stellten überdies ein fiktiver Statusprozess (*dike apostasiou*), in dem der Herr – wie vorher abgesprochen – unterlag, oder die Freilassung auf Beschluss der Volksversammlung nach einem Antrag des Freilassers dar. Nicht unüblich war der Freikauf, für den der Sklave die notwendigen Mittel entweder während seiner Unfreiheit erwirtschaftet und angespart hatte oder durch einen Kredit (etwa vom Freilasser selbst) erlangte, den er nach seiner Freilassung abarbeiten und zurückzahlen musste. Ein Rechtsanspruch auf irgendeine Art der Freilassung bestand freilich nicht. Freilassungen, die ebenfalls als ein Mittel der Sklavenbeherrschung betrachtet wurden, kamen im klassischen Athen wohl nicht allzu häufig vor. Auch wurden freigelassene Sklaven nicht mit vollen Rechten in die Bürgerschaft aufgenommen. In Athen erhielten sie vielmehr den Status von ortsansässigen Fremden (Metoiken), was etwa bedeutete, dass sie keinen Grundbesitz erwerben durften, eine spezielle Steuer entrichten und sich vor Gericht und bei Rechtsgeschäften durch einen Bürger als ihren Patron vertreten lassen mussten. Vielfach blieben die Freigelassenen ihren ehemaligen Herren auch weiterhin, oft bis zu deren Tod, zu Dienstleistungen verpflichtet (sogenannte *paramoné*). Viele Inschriften in Delphi und aus anderen mittelgriechischen Poleis aus hellenistischer Zeit zeugen von der weiten Verbreitung solcher Verpflichtungen. Das Verhältnis zwischen dem Freigelassenen und seinem ehemaligen Herrn war gesetzlich geregelt. Dass Freilassungen keinesfalls immer als Akte der Menschlichkeit zu werten sind, zeigt das Beispiel alter und kranker Unfreier, die bis zur Erschöpfung ihrer Kräfte ausgenutzt und dann sich selbst überlassen werden konnten.

Rom

Auch in Rom existierten verschiedene Formen der Freilassung (*manumissio*). Dabei gab es bereits in der Zeit der römischen Republik drei feierliche und offizielle Formen der Freilassung nach dem *ius civile*: die Freilassung mit dem Stab (*manumissio vindicta*), die einem Scheinprozess nachgebildet war, in deren Verlauf der Sklave mit einem Stab, eben der *vindicta*, berührt wurde, die Freilassung zum Zensus (*manumissio censu*), bei der sich der Freizulassende mit Zustimmung seines Herrn in die Bürgerlisten eintragen ließ (diese Freilas-

23 Grundlegend zum Freilassungswesen ist Weiler 2003.

sung wurde in der Kaiserzeit aber nicht mehr praktiziert), und die testamentarische Freilassung (*manumissio testamento*). Als eine Sonderform der testamentarischen Freilassung kann die fideikommissarische Freilassung (*manumissio fideicommissaria*) betrachtet werden, bei der der Sklave testamentarisch dem Erben des Verstorbenen „auf Treu und Glauben" übergeben wurde, damit dieser ihn freiließ. Diese Freilassungsarten verliehen die volle Freiheit und das volle römische Bürgerrecht. Daneben gab es verschiedene formlose Freilassungen, die privat vor Zeugen vollzogen wurden, die auch als praetorische Freilassungen bezeichnet werden und ein minderes, latinisches Bürgerrecht verliehen: die Freilassung unter Freunden (*manumissio inter amicos*), die Freilassung durch einen Brief (*manumissio per epistulam*), die Freilassung beim Gastmahl oder am Tisch (*manumissio in convivio / per mensam*) und die Freilassung im Zirkus oder im Theater (*manumissio in circo / in theatro*). In späterer Zeit trat dazu die Freilassung in der Kirche (*manumissio in ecclesia*), ursprünglich eine Variante der *manumissio inter amicos*, die Konstantin dann auf eine Stufe mit den staatlichen Freilassungen stellte und die damit ebenfalls das volle römische Bürgerrecht vermittelte. Die Praxis der römischen Freilassung mit Bürgerrechtserwerb führte in der späten Republik zu einer merklichen Veränderung der Sozialstruktur, die römische Autoren als eine Überfremdung der römisch-italischen Bürgerschaft durch Freigelassene aus dem gesamten Mittelmeerraum werteten. Als Gegenmaßnahme veranlasste Kaiser Augustus zwei Gesetzesinitiativen. Zunächst beschränkte eine *lex Fufia Canisia* aus dem Jahr 2 v. Chr. die Anzahl der testamentarischen Freilassungen (→ Quelle 110). Ein zweites Gesetz aus dem Jahr 4 n. Chr., die *lex Aelia Sentia*, verfügte ein Mindestalter des Herrn von 20 Jahren und des Sklaven von 30 Jahren bei der prätorischen Freilassung. Zahlreiche Ergänzungsbestimmungen zielten auf eine Verminderung der Freilassungen insgesamt und eine Begrenzung des Bürgerrechtserwerbs von Sklaven. Darüber hinaus verfügte die *lex Aelia Sentia* (→ Quellen 111–113), dass Sklaven, die auf bestimmte Arten entehrt (z.B. durch Fesselung, Kennzeichnung mit Strafmalen, peinliche Vernehmung und Verurteilung wegen eines Deliktes, Verurteilungen *ad gladium* oder *ad bestias*) und später freigelassen wurden, die Freiheit im gleichen Rechtsstatus erlangten wie *dediticii peregrini*. So werden Leute genannt, die einmal mit Waffen gegen das römische Volk gekämpft haben, dann besiegt wurden und sich auf Gnade oder Ungnade ergeben mussten. Diese konnten, ungeachtet der Form ihrer Freilassung und ihres Alters, auch dann niemals römische Bürger oder *Latini* werden. Man verwehrte ihnen sogar den Aufenthalt in Rom bzw. im Umkreis von 100 Meilen. Übertraten sie dieses Verbot, so mussten sie mitsamt ihrem Besitz öffentlich unter dem Vorbehalt verkauft werden, dass sie weder in der Stadt Rom noch im Umkreis von 100 Meilen als Sklaven gehalten noch jemals freigelassen werden durften.

Warum ordneten die Sklavenbesitzer aber überhaupt so viele Freilassungen an, dass Augustus Handlungsbedarf sah? Ein Motiv für den Herrn war etwa die Vergrößerung seines Sozialprestiges durch Vergrößerung seiner Klientel, außerdem winkten Gewinne durch vor der Freilassung ausgehandelte und vertraglich fixierte Werke, die der Freigelassene seinem ehemaligen Herrn schuldete, die sogenannten *operae*. Zusätzlich stand dem ehemaligen Herrn die Dankbarkeit und moralische Ehrerbietung des Exsklaven zu (*obsequium*). Dies ging so weit, dass ein Sklave seinen ehemaligen Herrn versorgen musste, wenn dieser verarmte. Freilich hatte der ehemalige Herr und jetzige Patron nicht mehr das Recht über Leben und Tod seines vormaligen Sklaven und die totale Kontrolle über dessen Arbeitskraft und Besitz.

Der Staat profitierte natürlich auch von den Freilassungen, nicht zuletzt durch eine Freilassungssteuer. Die freigelassenen Sklaven, die das Bürgerrecht erhielten, konnten allerdings nicht alle staatsbürgerlichen Rechte ausüben, so waren ihnen etwa staatliche Ämter verwehrt, und sie durften auch nicht in den Legionen dienen. Sie konnten aber eine rechtsgültige Ehe eingehen (freilich nicht mit Mitgliedern senatorischer Familien), und ihre Kinder konnten bereits politisch aktiv werden. Vielfach entwickelten Freigelassene, denen freilich immer ein gewisses soziales Stigma anhaften blieb, einen besonderen wirtschaftlichen Ehrgeiz und brachten es zu großen Vermögen. Um die reichen *liberti* – bzw. deren Vermögen – für den Staat nutzbar zu machen, wurde das Amt der *seviri Augustales* geschaffen, die im Kaiserkult tätig waren.

2 Quellen

2.1 Eine antike „Textsammlung" zur Sklaverei

Der griechische Grammatiker Athenaios bietet in seinem „Gelehrtenmahl" eine umfangreiche Sammlung von Zitaten zu verschiedenen Aspekten der antiken Sklaverei; von den Anfängen der Unfreiheit ist genauso die Rede wie von ihren verschiedenen Formen, von der Benennung der Unfreien, ihrer Anzahl oder ihrer Behandlung.

Literatur:
Wiedemann 1981, Nr. 80

Quelle 1:
Athenaios, *Das Gelehrtenmahl* 6, 81–105
(Übersetzung: C. Friedrich)

81 Als Demokritos diese Ausführungen gemacht hatte und um Wein in einem *„bombylion* des Saurias" bat, ergriff Ulpianus das Wort: „Wer ist eigentlich dieser Saurias?" Und als er sich anschickte, zahlreiche ins Uferlose gehende Erläuterungen abzugeben, trat eine Menge Sklaven auf, die das, was zum Essen gehörte, hereinbrachten. Aus diesem Anlass nahm Demokritos die Rede mit folgender Bemerkung wieder auf: „Ich habe mich schon immer über den Sklavenstand gewundert, liebe Freunde, wie selbstbeherrscht er sich verhält, da er doch mit so vielem Luxus in Berührung kommt und beschäftigt ist. Denn diese erlesenen Sachen lassen sie nicht nur aus Furcht unbeachtet, sondern auch dank ihrer Ausbildung, nicht der im „Sklavenlehrer" des Pherekrates, sondern infolge ihrer Gewöhnung. Nicht als ob Derartiges ausdrücklich untersagt wäre wie auf der Insel Kos, wenn sie der Hera opfern: Denn Makareus berichtet im dritten Buch seiner „Geschichte von Kos", dass während des Opfers der Koer für Hera kein Sklave den Tempel betritt noch einer irgendetwas von dem Zubereiteten isst. Antisthenes sagt im „Schwerverkäuflichen": „Zu sehen, was da liegt, das Milchgebäck halb aufgezehrt und Stücke von Geflügel auch, von denen etwas wegzunehmen einem Sklaven, auch wenn's Reste sind, verwehrt bleibt, wie die Frauen sagen."

Epikrates lässt im „Schwerverkäuflichen" einen Sklaven auftreten, der seinem Ärger Luft macht: „Denn was ist schrecklicher, als dass man mit „He, Sklave, du" zum Wein gerufen wird, und das im Dienst für einen jungen Spund, dem noch kein Bart gewachsen ist, wie auch den Spucknapf bringen und das Milchgebäck da liegen sehn, halb aufgezehrt und Stücke von Geflügel auch, von denen etwas wegzunehmen einem Sklaven, auch wenn's Reste sind, verwehrt bleibt, wie die Frauen sagen. Was jedoch die Wut anheizt: Sie nennen unsereinen, der davon was isst, gleich einen Fettwanst oder einen Unersättlichen." Aus dem Vergleich der Iamben ergibt sich, dass Epikrates die des Antiphanes hierher versetzt hat. **82** Dieuchidas berichtet in seiner „Geschichte von

Megara": „… die Inseln, die man Araiai nennt (sie liegen zwischen Knidia und Syme), als unter denen, die zusammen mit Triopas ausgewandert waren, nach dessen Tod ein Streit entstand und die einen nach dem Dorion zurückgekehrt waren … Die einen, die bei Phorbas geblieben waren, gelangten nach Ialysos, die anderen, die bei Periergos geblieben waren, erreichten die Kamiris. Damals soll Periergos den Phorbas verflucht und die Inseln deswegen den Namen Araiai bekommen haben. Phorbas und Parthenia, die Schwester des Phorbas und des Periegos, erlitten Schiffbruch und schwammen hinüber nach Ialysos in die Nähe des Ortes, der Schedia heißt. Auf sie beide traf Thamneus, der zufällig im Gebiet von Schedia auf der Jagd war, und er nahm sie nach Hause, um sie zu verpflegen. Er schickte seine Sklaven voraus, um die Frau anzuweisen, Essen zu beschaffen und zuzubereiten, da er Gäste mitbringe. Als er aber zu Hause angelangte und nichts vorbereitet fand, schüttete er selbst die Körner in die Mühle, erledigte auch alles das, was dann kam, und lud sie zu Tisch. Phorbas freute sich so über die Beköstigung, dass er, als er starb, den Freunden auftrug, ihm die Totenopfer durch freie Männer darbringen zu lassen. An dieser Sitte wurde bei der Opferfeier für Phorbas festgehalten; denn die Bediensteten sind freie Männer, und für einen Sklaven bedeutet es einen Frevel, hinzuzutreten." **83** Da aber auch dies eine von den Fragen ist, die Ulpianus aufgeworfen hat, diejenige, die sich mit den Sklaven beschäftigt, wohlan, dann wollen auch wir etwas darüber nachdenken und beitragen aufgrund dessen, was wir früher von Fall zu Fall gelesen haben. Denn Pherekrates sagt in den „Wilden": „Denn damals gab es keine Sklaven, weder Manes noch Sekis, für irgendeinen Menschen, sondern Frauen trugen alle Last im Haus. Da mahlten sie noch obendrein am Morgen früh die Körnerfrucht, dass man im Dorf den Schall vernahm, wenn sie die Mühlen trieben."

Anaxandrides überliefert im „Anchises": „Für Sklaven gibt's, mein Lieber, nirgends eine Stadt, das Schicksal sendet ihre Körperkräfte weit herum. Gar viele haben keine Freiheit jetzt, und morgen schon gehören sie nach Sunion und dann, am dritten Tag, betreiben sie ein Marktgeschäft; das Ruder führt ein Gott bei jedem einzelnen."

84 Poseidonios von der Stoa erzählt im elften Buch seiner „Geschichte": „Ziemlich viele Menschen sind wegen ihrer schwachen geistigen Veranlagung nicht in der Lage, ihr Leben selbst in die Hand zu nehmen und überlassen sich daher dem Dienst bei denjenigen, die mehr Verstand haben, um mit deren Hilfe die Versorgung mit dem, was für sie notwendig ist, sicherzustellen. Sie selbst geben ihrerseits nun wieder jenen durch sich selbst das, womit sie ihnen zu Diensten sein können. Auf diese Weise ordneten sich die Mariandyner den Bewohnern von Herakleia unter und versprachen, ohne Unterlass für dies zu arbeiten, solange sie ihnen das Lebensnotwendige garantierten. Sie dehnten das noch auf die Forderung aus, dass keiner von ihnen außerhalb des Gebietes von Herakleia verkauft werde, sondern nur innerhalb ihres eigenen Landes." Vielleicht hat deswegen der Epiker Euphorion die Mariandyner „Gabenbringer" genannt: „Sie sollen Gabenbringer heißen, da sie insgeheim die Herren fürchteten." Ebenso berichtet Kallistratos, der Schüler des Aristophanes, dass man die Mariandyner „Gabenbringer" nannte. Damit nahm man dem Ausdruck „Sklave" den bitteren Beigeschmack, wie es die Spartaner mit den Heloten, die Thessaler mit den Penesten und die Kreter mit den Kleroten gemacht haben. Die Kreter aber nennen die Sklaven innerhalb einer Stadt *chrysonetoi* („für Gold gekauft") und die auf dem Land *amphamiotai*; diese sind einheimisch, allerdings im Krieg versklavt. *klarotai* („Ausgeloste") haben ihren Namen davon, dass über sie das Los geworfen wird. Ephoros berichtet im dritten Buch seiner „Geschichte": „Die Kreter nennen ihre Sklaven *klarotai*, weil man das Los (*kleros*) über sie geworfen hat. Diesen sind in Kydonia einige Feste bestimmt, zu denen keine freien Männer in die Stadt gehen, sondern die Sklaven alles beherrschen und berechtigt sind, die Freien auszupeitschen." Sosikrates schreibt im zweiten Buch seiner „Geschichte Kretas": „Die Kreter nennen die öffentliche Sklavenschaft *mnoia*, die private *aphamiotai*, die dienstbare Urbevölkerung *perioikoi*." Ähnliches berichtet auch Dosiades im vierten Buch seiner „Geschichte Kretas". **85** Während die Thessaler diejenigen Sklaven, die es nicht von Geburt sind, sondern im Krieg gefangen genommen wurden, *penestai* nennen, erweitert der Komödiendichter Theopompos die Bedeutung und sagt: „Runzlige Berater eines Herrschers, der *penestes* ist." Bei Philokrates steht im zweiten Buch seiner „Geschichte Thessaliens" (wenn die Schrift echt ist), dass die *penestai* auch *Thettaliketai* genannt wurden. Archemachos schreibt im dritten Buch seiner „Geschichte Euboias": „Von den Boiotern, die Arne besiedelten hatten, lieferten sich diejenigen, die nicht nach Boiotien abgewandert waren, sondern lieber im Land bleiben wollten, den Thessalern freiwillig zu Sklavendiensten aus, unter der Bedingung, dass man sie weder aus dem Lande trieb noch tötete, dass sie aber ihrerseits für jene arbeiteten und Abgaben entrichteten. Diese blieben nun gemäß den Vereinbarungen dort und unterwarfen sich. Damals wurden sie *menestai* („Bleibende") genannt, jetzt heißen sie *penestai*. Viele sind wohlhabender als ihre Herren." Euripides nennt sie *latriai* („Diensttuende") im „Phrixos" mit folgendem Vers: „Mein *latris penestes* alter Häuser."

86 Timaios aus Tauromenium schreibt im neunten Buch seiner „Geschichte": „Bei den Griechen war es in alter Zeit nicht üblich, sich von gekauften Menschen bedienen zu lassen"; er fährt fort: „Allgemein warfen sie dem Aristoteles vor, dass er sich hinsichtlich der Sitten der Lokrer geirrt habe. Es sei nämlich bei den Lokrern, ebenso wie bei den Phokern, keineswegs Brauch, Mägde oder Sklaven zu besitzen, außer für eine begrenzte Zeit. Zuerst jedoch seien im Gefolge der Gattin des Philomelos, der Delphi eingenommen hatte, zwei Dienerinnen gewesen. In ähnlicher Weise war auch Mnason, der Freund des Aristoteles, der sich eintausend Sklaven beschafft hatte, bei den Phokern unbeliebt, weil er so viele Bürger um ihre Lebensgrundlage gebracht hatte; denn es war eine feste Gewohnheit, dass in den Haushalten die jüngeren Mitglieder für die älteren die Dienste verrichteten." **87** Platon sagt im sechsten Buch der „Gesetze": „Das Sklavenwesen ist im ganzen eine schwierige Sache. Denn im Vergleich zu fast allen Griechen dürfte das Helotenwesen der Spartaner die größte Schwierigkeit und auch den stärksten Zweifel mit sich bringen: Für die einen ist es gut, für die anderen schlecht. Weniger strittig dürfte das Sklavenwesen der Herakleoten sein in Bezug auf die Unterwerfung der Mariandyner sowie der Stand der Penesten bei den Thessalern. Wie sollten wir es nun mit dem Erwerb von Sklaven halten, wenn wir all das in Betracht ziehen? Denn es ist nichts Heilbringendes in der Sklavenseele, und wer Verstand hat, darf auf sie nicht sein Vertrauen setzen. Der klügste aller Dichter sagt: „Denn vom Verstand nimmt der weitschauende Zeus wohl die Hälfte denen, die jemals ein Tag in die Knechtschaft entführte."

Dass nun diese Art Besitztum nicht leicht ist, hat sich oft in der Realität erwiesen, sowohl im Zusammenhang mit den dauernden Aufständen der Messener als auch mit den schlimmen Zuständen in den Städten derer, die viele Sklaven aus einem einzigen Sprachgebiet erwarben. Dazu kommen die Streiche und Gewalttätigkeiten aller Art, die von den sogenannten *peridinoi* („Landstreichern") überall in Italien verübt werden. In Anbetracht all dessen könnte wohl einer in Verlegenheit geraten und fragen, was man in allen derartigen Fällen tun sollte. Es bleiben zwei Wege übrig: erstens, dass diejenigen, die zum Sklavenstand bestimmt sind, nicht Landsleute voneinander sind, sondern so weit wie möglich unterschiedliche Sprachen sprechen. Zweitens, dass man sie unter guten Bedingungen leben lässt, nicht nur um jener selbst willen, sondern mehr noch, indem man sich selbst einen Vorteil sichert, und dass man gegen sie keinesfalls Gewalt anwendet. Rechtmäßig bestrafen muss man Sklaven natürlich, und man darf sie nicht nur mit Worten mahnen, wie Freie, und sie somit übermütig werden lassen. Die Anrede an einen Sklaven sollte grundsätzlich jedes Mal ein Auftrag sein, und man sollte keineswegs mit Sklaven irgendwie Scherz treiben, weder mit weiblichen noch mit männlichen. Mit diesem Verhalten Sklaven gegenüber pflegten freilich viele Menschen, indem sie jene in einer ganz unvernünftigen Weise verwöhnen, den Umgang miteinander zu erschweren: Jenen das Beherrschtwerden und sich selbst das Beherrschen."

88 Ich weiß, dass von den Griechen als erste die Bewohner von Chios für Geld gekaufte Sklaven gehalten haben, wie Theopompos im siebzehnten Buch seiner „Geschichte" nachweist: „Die Chier haben als erste der Griechen – nach den Thessalern und den Spartanern – von Sklaven Gebrauch gemacht; allerdings erwarben sie diese nicht auf dieselbe Weise wie jene … Die Spartaner und die Thessaler haben nämlich – so wird sich herausstellen – ihren Sklavenbestand aus den Griechen genommen, die das Land, das sie jetzt haben, früher bewohnten, die einen aus Achaiern, die Thessaler aus Perrhaibern und Magneten. Jene nannten diejenigen, die sie versklavten, Heloten, diese Penesten. Die Einwohner von Chios jedoch besitzen als Sklaven Nicht-Griechen, und sie zahlen einen Preis für sie." Soweit Theopompos. Ich glaube jedoch, dass die Gottheit deswegen an den Chiern Rache geübt hat. Denn in späteren Zeiten wurden sie durch ihre Sklaven in bedrohliche Kriege verwickelt. Nymphodoros aus Syrakusai zum Beispiel berichtet darüber in der „Umsegelung Kleinasiens" Folgendes: „Die Sklaven der Chier entliefen ihren Herren, begaben sich in die Berge und verwüsteten die Ländereien, nachdem sie eine beträchtliche Anzahl zusammengebracht hatten; denn die Insel ist rauh und dicht bewaldet. Die Chier selbst erzählen, dass kurz vor unserer Zeit ein Sklave weggelaufen war und seinen Aufenthalt in den Bergen genommen hatte. Er war tapfer und in Kriegen erprobt und führte die entlaufenen Sklaven an wie ein König sein Heer. Die Chier zogen mehrmals gegen ihn zu Felde, konnten aber nichts ausrichten, und da Drimakos (das war der Name des einst Entlaufenen) sah, dass sie vergebens ihr Blut vergossen, richtete er folgende Botschaft an sie: „Für euch, Bewohner von Chios und unsere Herren, soll die Sache, die ihren Ausgang von den Sklaven genommen hat, niemals aufhören! Wieso auch, wenn sie gemäß einem Spruch abläuft, den der Gott gegeben hat? Wenn ihr aber mit mir einen Vertrag schließt und uns in Ruhe leben lasst, dann will ich euch viel Gutes bringen." **89** So schlossen die Chier mit ihm einen Vertrag und handelten einen Waffenstillstand für eine gewisse Zeit aus. Er führte Maße, Gewichte und ein eigenes Siegel ein. Dies zeigte er den Chiern und sagte: „Alles, was ich von einem von euch empfange, das werde ich unter Anwendung dieser Maße und Gewichte entgegennehmen, und wenn ich genügend Geld in die Staatskasse bekommen habe, werde ich eure Schatzkammern mit diesem Siegel kennzeichnen und unangetastet lassen. Eure flüchtigen Sklaven werde ich je nach ihrer Schuld richten, und wenn ich den Eindruck bekomme, dass sie weggelaufen sind, weil sie etwas erlitten haben, was nicht wieder gut zu machen ist, und sich daraufhin entfernt haben, dann werde ich sie bei mir behalten. Wenn sie aber nichts zu ihrer Rechtfertigung sagen, werde ich sie zu ihren Herren zurückschicken." Als nun die übrigen Sklaven sahen, dass die Chier die Bedingungen gern annahmen, dachten sie viel seltener an Flucht, da sie die Untersuchung jenes Mannes fürchteten. Die Entlaufenen aber, die sich bei ihm befanden, hatten vor ihm noch viel mehr Angst als vor ihren eigenen Herren und erfüllten ihm gegenüber alle ihre Pflichten gleichsam in militärischem Gehorsam. Denn er bestrafte die Pflichtvergessenen und gestattete keinem, ohne seine Billigung ein Feld zu verwüsten und anderweitig Gewalt zu üben. An Festen machte er sich auf und holte Wein und Opfertiere, die in tadellosem Zustand waren, aus den Landgütern, sofern dies nicht die Gutsherren von sich aus gaben. Wenn er bemerkte, dass ihm einer nachstellte oder auflauerte, bestrafte er ihn. **90** Später (denn die Stadt hatte verkünden lassen, sie werde denjenigen mit einer großen Summe Geldes belohnen, der ihn in seine Gewalt bringt oder dessen Kopf abliefert) rief dieser Drimakos, als er älter geworden war, seinen Geliebten an einen bestimmten Ort und sagte zu ihm: „Du bist mir von allen Menschen der liebste gewesen, und du bist für mich Geliebter, Sohn und alles andere. Ich habe nun lange genug gelebt, doch du bist jung und stehst in der Blüte deines Lebens. Was gibt es nun noch? Du musst ein beispielhafter Mann mit allen Vorzügen werden. Da die Stadt der Chier dem, der mich tötet, viel Geld gibt und die Freiheit verspricht, musst du mir den Kopf abschlagen und nach Chios bringen, die Geldsumme von der Stadt entgegennehmen, und du wirst glücklich sein." Als dem der junge Mann widersprach, überredete ihn jener doch dazu, dies auszuführen. Und so schlug dieser ihm den Kopf ab, nahm von den Chiern das ausgelobte Geld, begrub den Leichnam des einst Entlaufenen und begab sich auf seinen Grund und Boden. Die Chier aber erlitten wiederum Gewalt von ihren Sklaven und wurden ausgeplündert, und sie dachten an das geschickte Vorgehen des Toten, errichteten auf dessen Landstück ein Heroon und widmeten es dem „freundlichen Heros". Noch heute bringen ihm die flüchtigen Sklaven Erstlinge von allem, was sie erzeugen. Man sagt aber auch, dass er vielen der Chier in ihren Träumen erschienen sei und sie vor Anschlägen der Sklaven gewarnt habe. Und diejenigen, denen er jeweils erscheint, die gehen zu der Stelle, wo sein Heroon liegt, und opfern ihm." **91** Dies also berichtet Nymphodoros. In vielen Abschriften jedoch habe ich ihn nicht beim Namen genannt gefunden. Ich bin aber gewiss, dass jedem bekannt ist, was der treffliche Herodotos über den Chier Panionios und über das geschrieben hat, was er gerechterweise erlitten hat, weil er freigeborene Jungen kastriert und diese dann verkauft hatte. Der Peripatetiker Nikolaos und der Stoiker Poseidonios sagen in ihren Geschichtswerken beide, dass die Chier von Mithridates von Kappadokien versklavt und von ihren eigenen Sklaven in Fesseln gelegt und ihm übergeben worden seien, damit sie im Lande der Kolcher angesiedelt wurden. So hat an ihnen wahrhaftig die Gottheit ihren Zorn ausgelassen, weil sie als erste von gekauften Sklaven Gebrauch gemacht haben, während doch die meisten Menschen die niedrigsten Dienste mit ihrer eigenen Hände Arbeit verrichteten. Vielleicht rührt daher auch das Sprichwort: „Ein Chier kaufte einen Beherrscher", das Eupolis in den „Freunden" anführt.

92 Die Athener machten sich Gedanken über das Schicksal der Sklaven und berücksichtigten sie in ihrer Gesetzgebung. Es waren sogar Anklagen von Seiten der Sklaven wegen tätlicher Übergriffe vorgesehen. Der Redner Hypereides zum Beispiel sagte in der Rede „Gegen Mantitheos" Misshandlungen betreffend: „Sie legten fest, dass es nicht nur zugunsten der freien Bürger Anklagen gab, sonder auch dass – für den Fall, dass jemand Leib und Leben eines Sklaven verletzte – gegen denjenigen, der Gewalt angewendet hatte, Anklage erhoben wurde." Dasselbe hat Lykurgos in der ersten Rede „Gegen Lykophron" geäußert sowie Demosthenes in seiner Rede „Gegen Meidias". Malakos berichtet in den „Annalen der Siphnier", dass eintausend Sklaven der Samier Ephesos besiedelten, die erst in das Gebirge auf der Insel entlaufen waren und den Samiern viele Schäden zugefügt hatten. Im sechsten Jahr danach schlossen die Samier aufgrund eines Orakelspruchs einen Vertrag mit den Sklaven, und nachdem diese unter freiem Geleit von der Insel weggezogen und abgesegelt waren, gingen sie in Ephesos an Land. Von diesen stammen die Einwohner von Ephesos ab.

93 Chrysippos schreibt im zweiten Buch „Über Einträchtigkeit", dass zwischen den beiden Bezeichnungen für Sklave (*doulos/oiketes*) insofern ein Unterschied besteht, als die *douloi* als Freigelassene ihre Sklaveneigenschaften behalten, *oiketai* dagegen unter keinen Umständen aus dem häuslichen Besitzstand ausscheiden. Wörtlich: „Denn der *oiketes* ist ein Sklave, der durch Kauf in Besitz genommen ist." Für die Sklaven gibt es aber, wie Kleitarchos in seinem „Glossar" nachweist, auch die Ausdrücke *azoi*, *therapontes*, *akolouthoi*, *diakonoi* und *hyperetai*, ferner *hepamones* und *latreis*. Amerias sagt, dass die in der Landwirtschaft tätigen Sklaven *herkitai*, Hermon in den „Dialekten Kretas", dass die aus vornehmen Familien stammenden Sklaven *mnotai*, Seleukos, dass die Dienerinnen und die Diener *azoi*, die Sklavin *apophrase* und *bolize*, der von einer Sklavin abstammende Sklave *sindron*, die im persönlichen Dienst einer Herrin stehende Sklavin *amphipolos* und die vorausgehende Dienerin *propolos* heißen. Proxenos führt im zweiten Buch seines „Spartanerstaates" aus, dass die weiblichen Bediensteten bei den Spartanern *chalkides* genannt werden, Ion von Chios hat im „Laertes" für einen Sklaven die Bezeichnung *oiketes* gesetzt, indem er formuliert: „Nun geh, mein Haustier, Sklave, wie auf Flügeln schließe ab, damit kein Mensch sich blicken lässt!"

Bei Achaios steht in der „Omphale", während er über den Satyros spricht:

„Wie freundlich er zu Sklaven (*eudoulos*) und zum dem Gesinde (*euoikos*) war!" Er sagt ganz speziell, dass er gerecht gegen die Sklaven (*douloi*) und die Betreuer des Hauswesens (*oiketai*) ist. Dass aber *oiketes* denjenigen bezeichnet, der im Hause arbeitet, auch wenn er freigelassen ist, das ist allgemein anerkannt.

94 Die Dichter der Alten Komödie behandeln das Leben in alter Zeit und stellen fest, dass es damals keine Sklavenhaltung gab. Es liegen folgende Äußerungen vor: Kratinos in den „Plutoi": „Als König hatten Kronos sie in alter Zeit, als sie mit Broten Würfel spielten und mit Gerstenbroten man auf Aigina in den Palaistren zahlte, die recht saftig und mit Süßem angereichert waren.

Krates in den „Wilden Tieren":

A: „Wird niemand einen Sklaven oder eine Sklavin je besitzen, ein alter Mann höchst selbst sich selbst bedienen?"

B: „Auf keinen Fall! Ich werde nämlich alles, was er braucht, zum Laufen bringen."

A: „Was kommt denn mehr dabei heraus?"

B: „Es wird ein jedes Stück der Ausstattung bei ihm erscheinen, wenn er ruft: „Tisch, decke dich! Bereite selbst dich zu! Und knete jetzt, mein Trog!" Und: „Schöpfe, Kanne! Wo ist denn der Becher? Geh doch, spüle dich! Komm her, mein Gerstenbrot! Die Schüssel müsste sich der Rüben gleich entledigen. Steh' auf jetzt, Fisch!" – „Noch bin ich auf der andern Seite nicht gebraten!" „Du drehst dich selbst nicht rum, bestreust dich nicht mit Salz?" Daran anschließend nimmt derjenige, der die Gegenrolle spielt, das Wort auf und sagt: „Tu du es deinerseits; denn ich will erst im Gegenzug das heiße Badewasser über eine Stützbahn hin zu meinen Gästen leiten wie durch das Paionion vom Meere her, so dass es jedem in die Badewanne fließt. Das Wasser wird dann sagen: „Haltet ein!" Dann wird sogleich der Salbnapf kommen mit dem Myrrhenöl, von selbst der Schwamm und die Sandalen."

95 Besser noch als diese Stelle ist Telekleides in den „Amphiktyonen":

„Ich will ein Leben, wie's im Anfang war, jetzt schildern, das ich für die Menschen vorgesehn: Zuerst war Frieden da für jedermann wie Wasser auf die Hand. Die Erde brachte weder Angst noch Leid hervor, von selbst kam alles Nötige, Denn alle Flüsse rannen voll von Wein, und Gerstenkuchen kämpften mit den Broten um die Menschenmünder mit dem Wunsch, verzehrt zu werden, je nach dem, wie sie die allerweißesten bevorzugten. Die Fische gingen in die Häuser rein, sie brieten sich selbst und verfügten sich auch auf die Tische hin. Ein Strom von fetter Brühe floss vorbei an jeder Liege und bespülte heißes Fleisch, und Bäche fein gewürzter Soßen für all dies gab es für jene, die sie wollten, zusätzlich, sodass es, Bissen aufzuweichen und bequem hinabzuschlucken, eine Menge gab. In Schüsseln standen Honigkuchen mit Gewürzen überstreut bereit, gebratne Drosseln flogen – mit Gebäck zusammen – in den Mund hinein. Es herrschte von den Kuchen, die sie kauten, im Gebiss ein Mahlgeräusch. Die Sklaven würfelten mit Scheiben einer Schweinsgebärmutter und Nascherei. Die Menschen waren damals dick und der Gestalt nach riesenhaft."

96 Bei der Demeter, wenn es euch, liebe Freunde, so erginge, brauchten wir dann irgendwie noch Sklaven? Denn die Alten haben uns daran gewöhnt, unsere Arbeit selbst zu tun, und uns mit ihren Dichtungen erzogen, indem sie uns mit Worten versorgten. Der höchst bewundernswerte Kratinos hat die oben erwähnten Verse gleichsam wie eine Fackel hinausgestoßen, und die Dichter nach ihm haben sie aufgenommen und vertieft [...].

101 Als er geendet hatte, sagte Massurius: „Da noch etwas zu dem Thema „Sklaven" aussteht, will auch ich selbst noch ein Gedicht auf die Liebe zu Ehren des klugen und hochgeschätzten Demokritos beitragen. Philippos aus Theangela spricht in der Abhandlung „Über die Karer und Leleger" von den Heloten der Spartaner und den thessalischen Penesten und sagt dann, dass die Karer – früher wie auch jetzt – die Leleger wie ihre Sklaven behandeln. Phylarchos schreibt im sechsten Buch seiner „Geschichte", dass auch die Bewohner von Byzantion die Bithyner so in Abhängigkeit hielten wie die Spartaner ihre Heloten. Über die bei den Spartanern *epeúnaktoi* genannten (auch diese sind Sklaven) äußert sich deutlich Theopompos im zweiunddreißigsten Buch seiner „Geschichte", indem er folgendermaßen schreibt: „Als im Messenischen Krieg viele Spartaner umgekommen waren, trafen die Übriggebliebenen Vorsorge, dass den Feinden ihre Verluste verborgen blieben, und sie ließen einige der Heloten die Betten der Gefallenen belegen. Diesen gaben sie später das Bürgerrecht und nannten sie *epeunaktoi*, weil sie anstelle der Gefallenen in deren Betten (*ep' eunais*) abgeordnet waren." Derselbe berichtet auch im dreiunddreißigsten Buch seiner „Geschichte", dass bei den Bewohnern von Sikyon bestimmte Sklaven *katonakophoroi* („Schaffellträger") heißen, die den *epeunaktoi* vergleichbar sind. Ähnliches erzählt auch Menaichmos in seiner „Geschichte Sikyons". Schließlich spricht Theopompos im zweiten Buch seiner „Geschichte des Philippos" davon, dass das Volk der Ardiaier dreihunderttausend Abhängige (*prospelatai*) wie Heloten gehalten habe. **102** Diejenigen, die man bei den Spartanern *mothakes* nennt, sind Freie, allerdings keine Spartaner. Phylarchos äußert sich über sei im 25. Buch seiner „Geschichte" wie folgt: „Die *mothakes* sind Menschen, die mit den Spartanern zusammenleben. Denn jeder Sohn eines spartanischen Bürgers unterhält je nach dem, wie es seine eigenen Mittel zulassen, manche einen, manche zwei und manche noch mehr „Pflegebrüder" bei sich. So sind die *mothakes* zwar frei, doch keine Spartaner, nehmen aber an der gesamten Erziehung teil. Einer von diesen – sagt man – ist auch Lysandros gewesen, der die Athener zur See besiegt hat. Er war aufgrund seines tapferen Einsatzes spartanischer Bürger geworden. Myron aus Priene überliefert im zweiten Buch seiner „Geschichte Messeniens": „Die Spartaner entließen oft ihre Sklaven in die Freiheit. Sie nannten die einen *aphetoi* („Entlassene"), die anderen *adespotoi* („Herrscherlose"), weitere *erykteres* („Zügelhalter"), wieder andere *desposionautai* („Schiffsmeister"; sie wurden zu den Seestreitkräften abgeordnet), schließlich welche *neodamodeis* („Neuentlassene"); diese alle sind nicht mit den Heloten vergleichbar." Theopompos behandelt im siebten Buch seiner „Geschichte Griechenlands" die Heloten und sagt, dass sie auch *heleatai* heißen, und schreibt Folgendes: „Der Stand der Heloten lebt unter ganz grausamen und harten Bedingungen; denn diese sind bereits seit langer

Zeit von den Spartanern unterjocht. Die einen von ihnen stammen aus Messenien, die *heleatai* aber bewohnten früher den Teil Lakoniens, der den Namen „Helos" trug." **103** Timaios aus Tauromenion sagte – indem er seiner eigenen Darstellung widersprach (Polybios aus Megalopolis überführte ihn dessen im zwölften Buch seiner „Geschichte") –, dass es bei den Griechen nicht üblich gewesen sei, sich Sklaven anzuschaffen, während andererseits dieser „Epitimaios" („Tadler") selbst (so nennt ihn Istros, der Schüler des Kallimachos, in den Streitschriften gegen ihn) gesagt hatte, dass Mnason aus Phokis mehr als eintausend Sklaven besaß. Auch im dritten Buch seiner „Geschichte" sagte „Epitimaios", dass die Stadt Korinth so wohlhabend war, dass sie vierhundertsechzigtausend Sklaven erwarb. Deswegen – so vermute ich – hat Pythia sie als *choinikometrai* („Zuteiler von je einer Choinix") bezeichnet. Ktesikles berichtet im dritten Buch seiner „Chroniken", dass während der 110. Olympiade in Athen unter Demetrios von Phaleron eine Zählung der Bewohner Attikas stattfand und ergeben hat, dass es 21.000 Athener, 10.000 Metoiken und 400.000 Sklaven gewesen sind. Nikias aber, der Sohn des Nikeratos, hatte, wie der berühmte Xenophon in seiner Abhandlung „Über die Einkünfte" feststellte, 1000 Sklaven und vermietete sie dem Thraker Sosias für die Silberbergwerke unter der Bedingung, dass er täglich jedem einen Obolos zahlte. Aristoteles überliefert in der „Verfassung der Aigineten", dass es auch bei ihnen 470.000 Sklaven gegeben hat. Agatharchides aus Knidos berichtet im 38. Buch seiner „Geschichte Europas", dass die Dardaner Sklaven gehabt haben, der eine 1000 …, der andere mehr. Jeder von diesen habe im Frieden auf dem Lande gearbeitet, im Krieg habe man sie in Trupps eingeteilt mit ihren eigenen Herren als Anführern."

104 Darauf erwiderte Larensis: „Jeder Römer, wie du genau weißt, mein lieber Massurius, besitzt so viele Sklaven wie möglich. Sehr viele verfügen ja über zehntausend, zwanzigtausend und noch mehr, allerdings nicht, um Einkünfte zu erzielen, wie der steinreiche Nikias bei den Griechen, sondern die Mehrzahl der Römer hält sich die meisten Sklaven als Begleiter bei Ausgängen. Die größte Menge von Sklaven, Zehntausende in Attika, arbeiteten als Gefangene in den Bergwerken. Der Philosoph Poseidonios zum Beispiel, den du immer wieder zitierst, berichtet, dass sie einen Aufstand anzettelten, die Wächter in den Bergwerken umbrachten, die Akropolis von Sunion besetzten und eine ganze Zeitlang Attika verwüsteten. Das war der Zeitpunkt, als auch in Sizilien der zweite Sklavenaufstand losbrach. Es ereigneten sich viele dieser Art, und es starben dabei über eine Million Sklaven. Eine Übersicht der Sklavenaufstände hat der Redner Caecilius aus Kale Akte veröffentlicht. Der Gladiator Spartacus entwich aus Capua, einer Stadt in Italien, zur Zeit der Mithridatischen Kriege und stachelte eine große Menge von Sklaven zu einem Aufstand an (er war auch selbst Sklave, von Geburt ein Thraker), zog eine geraume Zeit durch ganz Italien, und täglich strömten ihm Massen von Sklaven zu. Und wenn er nicht in der Schlacht gegen Licinius Crassus gefallen wäre, hätte er meine Landsleute ganz schön ins Schwitzen gebracht wie Eunus in Sizilien. **105** Die alten Römer hielten Maß und erwiesen sich in jeder Hinsicht als vorbildlich. Scipio, mit Beinamen Africanus, führte beispielsweise, als er vom Senat ausgesandt wurde, in der ganzen Welt die

Königreiche zur Ruhe zu bringen, damit sie wieder an die Berechtigten fielen, nur fünf Sklaven mit sich, wie Polybius und Poseidonios berichten. Als einer unterwegs starb, beauftragte jener seine Freunde, einen anderen als Ersatz für diesen zu kaufen und ihm zuzusenden. Iulius Caesar, der als erster von allen Menschen zu den Britischen Inseln auf 1000 Schiffen übergesetzt war, hatte als Begleitung im Ganzen drei Sklaven bei sich, wie Cotta, der damals sein Unterfeldherr war, in seiner Abhandlung „Über den Staat der Römer" festgehalten hat. Diese ist in unserer Muttersprache geschrieben. Smindyrides aus Sybaris war allerdings nicht so, liebe Griechen. Als dieser zur Hochzeit mit Agariste, der Tochter des Kleisthenes, aufbrach, hatte er eintausend Sklaven aus Lust an Luxus und verschwenderischer Pracht als Gefolge bei sich: Fischer, Vogelfänger und Köche. Dieser Mann wollte zur Schau stellen, in welchem Wohlstand er lebte, wie Chamaileon aus dem Pontos in seiner Abhandlung „Über Genuss" erzählt (dieselbe Schrift wird auch dem Theophrastos zugeschrieben). Er behauptet, er habe die Sonne innerhalb von zwanzig Jahren weder aufgehen noch untergehen gesehen. Das war für ihn wichtig und bewunderungswürdig als ein Beweis für seinen Reichtum. Wie es scheint, legte er sich früh am Morgen schlafen und wachte spät am Abend auf, beides für ihn nicht gerade rühmlich. Hestiaios aus dem Pontos dagegen pflegte – und das ehre ihn – zu verkünden, dass er noch nie habe die Sonne auf- oder untergehen sehen, weil er sich in jeder freien Minute der Bildung widme, wie Nikias aus Nikaia in den „Nachfolgern" (der Philosophen) berichtet. **106** Was gibt es nun noch? Scipio und Caesar, hatten die keine Sklaven? Sie hatten welche, aber sie beachteten die überkommenen Gesetze und lebten bescheiden, indem sie sich genau nach den Regeln der Gesellschaft richteten. Denn es liegt im Wesen verständiger Menschen, an dem festzuhalten, wonach die Vorfahren strebten, wodurch sie auf Feldzügen die anderen niederrangen, zugleich aber auch mit den erbeuteten Sklaven etwas übernahmen, wenn es bei jenen zur Nachahmung Gutes und Nützliches gab. Danach handelten die Römer in alten Zeiten. Denn genauso, wie sie an ihren Traditionen festhielten, eigneten sie sich von den Besiegten Fremdes an, wenn sie etwas Bewährtes fanden. [...]

2.2 Rechtliche Definitionen und Grundlagen

Literatur:
Wiedemann 1981, Nr. 1; Eck – Heinrichs 1993, Nr. 4; Garnsey 1996, 48, 64

Eine Definition von Freiheit und Sklaverei bzw. eine Erklärung des Ursprungs und Bedeutung zweier Termini zur Bezeichnung von Unfreien findet sich in den Digesten, die hier aus den Schriften des Juristen Florentinus zitieren. Entscheidend ist dabei die Feststellung, dass die Sklaverei als Einrichtung des Völkergemeinrechts eigentlich dem Naturrecht, dem zufolge alle Menschen gleich sind, widerspricht.

Quelle 2:
Florentinus, *Digesten* 1, 5, 4 (Übersetzung: Huchthausen)

(1) Freiheit ist die natürliche Fähigkeit, das zu tun, was zu tun beliebt, sobald man nicht durch Gewalt oder durch das Recht daran gehindert wird. Sklaverei ist die Einrichtung des Völkergemeinrechts (*ius gentium*), durch die ein

Mensch gegen die Gesetze der Natur der Herrschaft eines anderen unterworfen ist. (2) Das Wort Sklave (*servus*) kommt daher, dass die Feldherren die Gefangenen zu verkaufen und dadurch zu erhalten (*servare*) und nicht zu töten pflegen. *mancipia* aber werden sie genannt, weil sie vom Feind mit der Hand (*manus*) gefangen genommen werden.

Auch der römische Jurist Gaius (2. Jh. n. Chr.) kommt in seinem Rechtslehrbuch („Institutionen") auf die Sklaverei als Einrichtung des Völkergemeinrechts zu sprechen. Er berichtet überdies über Einschränkungen der Gewalt der Herren über ihre Sklaven.

Literatur:
Wiedemann 1981, Nr. 5

Quelle 3:
Gaius, *Institutionen* 1, 48–53 (Übersetzung: Eck/Heinrichs)

48 Es folgt eine weitere Einteilung hinsichtlich der Rechtsstellung der Personen. Manche Personen sind nämlich rechtlich selbstständig, manche sind fremdem Recht unterworfen. **49** Weiterhin stehen von den Personen, die fremdem Recht unterworfen sind, manche in Hausgewalt, andere in Ehegewalt, andere in Manzipiumgewalt. **50** Wir wollen nun diejenigen betrachten, die fremdem Recht unterworfen sind; denn wenn man begriffen hat, welche diese Personen sind, versteht man zugleich, welche rechtlich selbstständig sind. **51** Und zuerst wollen wir diejenigen untersuchen, die in fremder Hausgewalt stehen.

52 In Hausgewalt stehen nun die Sklaven der Herren; diese Hausgewalt ist freilich ein Rechtsinstitut des Völkergemeinrechts, denn man kann in gleicher Weise bei allen Völkern beobachten, dass Herren gegenüber ihren Sklaven Gewalt über Leben und Tod haben; und alles, was durch einen Sklaven erworben wird, wird für den Herrn erworben. **53** Aber heutzutage dürfen weder römische Bürger noch irgendwelche anderen Menschen, die unter der Herrschaft des römischen Volkes leben, ihre Sklaven über das Maß hinaus und ohne Grund misshandeln; denn eine Konstitution des hochverehrten Kaisers Antoninus befiehlt, dass derjenige, der ohne Grund seinen eigenen Sklaven getötet hat, ebenso strafbar ist wie derjenige, der einen fremden Sklaven getötet hat. Aber auch eine allzu große Strenge der Herren wird durch eine Konstitution desselben Kaisers gezügelt: Als er nämlich von manchen Provinzstatthaltern wegen solcher Sklaven, welche sich zu Götterhainen oder Kaiserstatuen flüchteten, um Rat gefragt wurde, befahl er, dass die Herren gezwungen werden sollten, ihre Sklaven zu verkaufen, wenn man ihre Grausamkeit als unerträglich ansehe. Und beides geschieht zu Recht, denn wir dürfen unser Recht nicht missbrauchen; aus dieser Überlegung heraus wird auch den Verschwendern die Verwaltung ihres Vermögens untersagt.

2.3 Sklavereidiskurse

Die homerischen Epen „Ilias" und „Odyssee" stehen am Anfang der literarischen Überlieferung der klassischen Antike. Sklaven spielen, auch wenn ihre Zahl überschaubar ist, in der homerischen Gesellschaft eine wich-

Literatur:
Wickert-Micknat 1983,

231 ff.; Weiler 2004, 272 f.; Herrmann-Otto 2009, 58

tige Rolle. In der „Odyssee“ findet sich auch der früheste Diskurs über die Natur der Sklaven. Wie der Dichter bei der Beschreibung des Hundes Argos darlegt, sind Sklaven nicht von Natur aus Freien unterlegen, doch büßen sie mit dem Verlust ihrer Freiheit auch gleichzeitig die Hälfte ihrer Tugend ein.

Quelle 4:
Homer, *Odyssee* 17, 300–323
(Übersetzung: J. H. Voss)

Hier lag Argos, der Hund, von Ungeziefer zerfressen.
Dieser, da er nun endlich den nahen Odysseus erkannte,
Wedelte zwar mit dem Schwanz, und senkte die Ohren herunter;
Aber er war zu schwach, sich seinem Herrn zu nähern.
Und Odysseus sah es, und trocknete heimlich die Träne,
Unbemerkt von Eumaios, und fragete seinen Begleiter:
Wunderbar ist es, Eumaios, dass dieser Hund auf dem Miste
Liegt! Sein Körper ist schön von Bildung; aber ich weiß nicht,
Ob er mit dieser Gestalt auch schnell im Laufe gewesen,
Oder so, wie die Hund' um der Reichen Tische gewöhnlich
Sind; denn solche Herren erziehn sie bloß zum Vergnügen.
Ihm antwortetest du, Eumaios, Hüter der Schweine:
Freilich! Denn dies ist der Hund des ferne gestorbenen Mannes.
Wär' er derselbige noch an Gestalt und mutigen Taten,
Als wie Odysseus ihn, gen Troia schiffend, zurückließ;
Sicherlich würdest du jetzo die Kraft und die Schnelle bewundern!
Trieb er ein Wildbret auf im dichtverwachsenen Waldtal,
Nimmer entfloh es ihm; denn er war auch ein weidlicher Spürhund.
Aber nun liegt er im Elend hier; denn fern von der Heimat
Starb sein Herr, und die Weiber, die faulen, versäumen ihn gänzlich.
Das ist die Art der Bedienten: Sobald ihr Herr sie nicht antreibt,
Werden sie träge zum Guten, und gehn nicht gern an die Arbeit.
Zeus' allwaltender Rat nimmt schon die Hälfte der Tugend
Einem Manne, sobald er die heilige Freiheit verlieret.

Literatur:
Garnsey 1996, 23 f., 53 ff., 89; Herrmann-Otto 2009, 17–19

Die folgende Passage ist den Nomoi („Gesetzen“) des Platon entnommen, dem letzten Werk des Philosophen, in dem er die Gesetze einer neu zu gründenden Stadt entwirft, die den zweitbesten möglichen Staat darstellen soll. Es handelt sich um ein Gespräch zwischen drei Greisen, nämlich einem namenlosen Athener, der vielleicht für Platon selbst oder seinen Lehrer Sokrates steht, Megillos aus Sparta und Kleinias aus Kreta. Es zeigt sich, dass es im Athen des 4. Jh. v. Chr. offenbar unterschiedliche Ansichten über die Sklaverei und über die Behandlung der Unfreien gab. Platon selbst hält aber an der Zuverlässigkeit und Notwendigkeit der Institution der Sklaverei fest und er wendet sich gegen eine Aufhebung des Unterschieds zwischen Freien und Sklaven. Er fordert deren zwar strenge, aber gerechte Behandlung und verwehrt sich gegen eine Verwischung der Grenzen zwischen Herren und Sklaven, da deren Verhältnis auf einer notwendigen Trennung beruhe. Wesentlich ist freilich seine Empfehlung, keine Griechen als Sklaven zu halten, sondern vielmehr Barbaren, die eine andere Sprache sprechen.

Quelle 5:
Platon, Gesetze 776b ff.
(Übersetzung: F. Susemihl)

Athener: Gehen wir nun zu den Besitztümern über, so fragt sich, an welchen von ihnen man wohl das beste Vermögen besitze. Die Mehrzahl derselben ist nun weder schwierig zu erkennen noch sich zu verschaffen, und nur der Punkt der Dienstboten bietet nach allen Seiten Schwierigkeiten dar. Der Grund dafür aber ist folgender: Wir drücken uns in gewissem Sinne richtig und in gewissem auch wieder nicht richtig über sie aus, denn wir sprechen ja auch bald so, als ob die Sklaven ganz wider unsern Nutzen, und bald so, als ob sie uns zum Nutzen seien.

Megillos: Was willst du denn wieder damit sagen? Ich verstehe doch durchaus nicht, wie du das meinst.

Athener: Das kann ich dir auch nicht verdenken, Megillos. Es ist nämlich wohl über nichts unter allen Griechen so viel Zweifel und Streit wie über die Heloten der Lakedaimonier, indem die einen sie für das Gemeinwohl nützlich, die andern für verderblich halten. Geringern Streit dürfte die Leibeigenschaft der Mariandyner bei den Herakleoten in Folge ihrer Unterjochung durch dieselben und die der Penesten bei den Thessalern erregen. Wenn wir nun alle diese und ähnliche Beispiele ins Auge fassen, welche Bestimmung müssen wir da über den Besitz von Sklaven treffen? Was ich nun schon im Vorbeigehen sagte, und worüber du mich mit Recht fragtest, was ich meine, ist dies: wir wissen, dass niemand in Abrede stellen wird, man müsse möglichst treue und gute Sklaven besitzen. Denn schon mancher hat an vielen seiner Sklaven Leute von einer in allen Stücken bewährteren Tugend gefunden als Brüder und Söhne, und sie haben ihre Herren und deren Besitztümer und ganze Häuser gerettet. So etwa, wissen wir, pflegt man sich über die Sklaven zu äußern.

Megillos: Gewiss.

Athener: Aber auch wiederum in ganz entgegengesetzter Weise, nämlich dass nichts Gesundes in einer Sklavenseele zu finden sei, und dass kein Verständiger jemals dieser Art in irgendeinem Stücke trauen werde. Und dies hat uns ja auch der weiseste der Dichter verkündet, indem er vom Zeus sagt:

„Halb schon nimmt die Tugend ja des Zeus allwaltende
Vorsicht jeglichem Manne den immer der Tag der Knechtschaft ereilet."

So sehr gehen die verschiedenen Leute in ihren Ansichten über die Sklaven auseinander, und so trauen denn die einen allem, was Sklave heißt, in nichts, sondern behandeln ihre Diener wie das Vieh mit Stachel und Peitsche, und wie man dadurch jenes immer wilder macht, so machen sie auf diese Weise auch die Seelen ihres Gesindes nicht bloß dreifach, sondern zehnfach zu Sklavenseelen, die andern aber handeln dem gerade entgegengesetzt.

Megillos: Freilich.

Kleinias: Gut denn, Freund, wenn denn die Leute in Bezug hierauf so ungleich denken und handeln, was müssen da wir in unserem Staate über den Besitz und die Bestrafung der Sklaven feststellen?

Athener: Ja nun, lieber Kleinias, es ist klar, dass der Mensch, wie er überhaupt ein schwer zu behandelndes Geschöpf ist, sich am Wenigsten die tatsächliche Unterscheidung zwischen einem Sklaven und einem Freien und Herrn, so notwendig dieselbe auch ist, in irgendeiner Weise gerne gefallen lässt und je gefallen lassen wird.

Kleinias: Jawohl.

Athener: Er ist folglich ein sehr schwer zu handhabendes Besitztum, und es hat sich dies oft durch die Tat gezeigt in den häufigen Aufständen der Messenier und überhaupt in all dem vielerlei Unheil, welches in den Staaten, die viele Sklaven von gleicher Sprache haben, geschieht, desgleichen auch in den von den so genannten Perideinen in Italien verübten mannigfachen Räubereien und den dadurch hervorgerufenen Leiden. Wenn jemand dies alles in Betracht zieht, so dürfte er wohl in Verlegenheit geraten, was er denn bei einer solchen Sache überhaupt anfangen soll. Nur zwei Mittel bleiben übrig, einmal nicht Landsleute, sondern vielmehr Leute von möglichst verschiedener Sprache zu Sklaven zu nehmen, da diese sich diesem Lose williger fügen werden, sodann aber sie auf die rechte Weise zu behandeln, nicht bloß um ihrer, sondern noch viel mehr um unser selbst willen. Diese richtige Behandlung aber wird darin bestehen, dass wir nicht in irgendeiner Weise Frevel und Übermut gegen unser Gesinde begehen, sondern im Gegenteil, wo möglich, ihnen noch weniger Unrecht als unseresgleichen tun. Denn solchen Leuten gegenüber, bei denen es keine Gefahr hat, ihnen Unrecht zu tun, zeigt es sich erst recht, ob man in seinem Wesen das Recht lieb hat und das Unrecht und Wahrheit verabscheut, und wer sich daher durch die Sitten und Handlungen seiner Dienstboten nicht dazu verleiten lässt, sich mit Ruchlosigkeit und Ungerechtigkeit gegen sie zu beflecken, der wird am geeignetsten sein, die Saat der Tugend auszustreuen, und das Gleiche lässt sich mit Grund auch von einem unumschränkten Monarchen oder Tyrannen und überhaupt von jedem, der in irgend einer Weise über Schwächere Gewalt ausübt, aussagen. Freilich muss man aber andererseits auch die Sklaven, sobald sie es verdienen, züchtigen und sie nicht etwa verwöhnen, indem man sie wie freie Leute bloß mit Worten zurechtweisen wollte. Die Anrede an einen Sklaven muss fast jederzeit ein Befehl sein, und man darf auf keine Weise Scherz mit ihnen treiben, mit Mägden so wenig wie mit Knechten, wie es viele zu tun pflegen, die dadurch in recht törichter Weise ihre Sklaven verwöhnen und so ihnen das Leben schwerer machen zum Gehorchen und sich selbst zum Befehlen.

Kleinias: Du hast Recht.

Literatur: Wiedemann 1981, Nr. 2; Schütrumpf 1993; Garnsey 1996, 23f., 35ff., 75ff., 108ff.; Herrmann-Otto 2009, 19–22

Aristoteles, der prominenteste Schüler Platons, entwickelt die Ideen seines Lehrers weiter und vertritt die Ansicht, dass es zwei Arten von Menschen gebe: diejenigen, die von Natur zum Herrschen geboren sind, und diejenigen, die beherrscht werden müssen und zum Sklaven geboren sind. Diese seien aufgrund ihrer mentalen sowie physischen Mängel unter allen Umständen Sklaven, und für sie sei es auch zu ihrem Besten, beherrscht zu werden. Von diesen Sklaven von Natur aus, bei denen es sich ausschließlich um Barbaren handeln könne, seien aber die Sklaven nach dem Gesetz, die etwa durch kriegerische Ereignisse in Unfreiheit geraten sind, zu unterscheiden.

Quelle 6: Aristoteles, *Politik* 1, 1253ff. (Übersetzung: F. F. Schwarz)

Da es offenbar ist, aus welchen Teilen ein Staat besteht, muss man zunächst über die Hausverwaltung reden. Jeder Staat setzt sich nämlich aus Häusern zusammen. Doch die Teile der Hausverwaltung sind die, aus denen wiederum das Haus besteht. Ein vollständiges Haus besteht aber aus Sklaven und Freien.

Weil man aber in seinen kleinsten Bestandteilen ein jedes zuerst untersuchen muss, die ersten und die kleinsten Teile des Hauses jedoch Herr und Sklave ausmachen, Gatte und Gattin, Vater und Kinder, so hat man wohl über diese drei Beziehungen seine Betrachtungen anzustellen, was und wie beschaffen jede einzelne sein sollte. Das bedeutet aber die Wissenschaft vom Herrenwesen und die vom Ehewesen – denn ohne Namen ist sonst die Verbindung von Frau und Mann – und drittens die vom Vaterwesen – denn auch sie ist nicht mit einem eigenen Namen bezeichnet. Kurz, das seien diese drei, die wir genannt haben. Doch es gibt noch einen Teil, der den einen die Hausverwaltung zu sein scheint, den anderen aber der größte Teil derselben. Wie es sich damit verhält, muss noch betrachtet werden. Ich spreche aber vom sogenannten Kapitalerwerbswesen. Doch zunächst mögen wir über den Herrn und den Sklaven reden, damit wir die Belange des notwendigen Nutzens sehen, und ob wir im Hinblick auf die Erkenntnis dieser Belange etwas Besseres in den Griff bekommen könnten, als das die jetzigen Annahmen tun. Den einen nämlich scheint die Herrenmacht eine Wissenschaft zu sein, und zwar ebenso eine wie die Hausverwaltung, die Herrenmacht, die Kunst des Staatsmannes und die des Königs, wie wir anfangs gesagt haben. Doch den anderen erscheint das Herrsein gegen die Natur zu laufen. Der eine sei nämlich nur nach dem gesetzlichen Brauch ein Sklave und der andere ein Freier, der Natur nach gebe es aber keinen Unterschied. Daher sei derlei auch nicht gerecht, denn es sei gewaltsam.

4 Weil nun der Besitz ein Teil des Hauses ist, so ist auch die Erwerbskunst ein Teil der Hausverwaltung, denn ohne das Notwendige ist sowohl das Leben unmöglich als auch das gute Leben. Wie es aber wohl für bestimmte Künste notwendig ist, dass dafür eigene Werkzeuge vorhanden sind, wenn das Werk fertiggestellt sein soll, so trifft das auch beim Hausverwalter zu. Von den Werkzeugen sind nun die einen unbelebt, die anderen belebt, wie etwa für den Steuermann das Steuerruder ein unbelebtes Werkzeug ist, der Untersteuermann aber ein belebtes; denn der Handlanger ist bei den Künsten zur Art des Werkzeuges zu rechnen. Auf diese Weise ist auch das Besitztum ein Werkzeug im Hinblick auf das Leben und der Besitz bedeutet nur eine Menge von Werkzeugen, und der Sklave ist eben ein belebtes Besitztum; wie ja jeder Handlanger ein Werkzeug für andere Werkzeuge darstellt. Wenn nämlich ein jedes Werkzeug in der Lage wäre, entweder auf einen Befehl hin oder indem es einen Befehl im Voraus bemerkt, sein Werk zu vollführen, wie man das von den Statuen des Daidalos berichtet oder von den Dreifüßen des Hephaistos, von denen der Dichter sagt, dass sie sich von selbst in die Schar der Götter mengten, wenn auf diese Weise die Weberschiffchen selbst webten und die Plektra die Kitharen schlügen, dann benötigten wohl weder die Baumeister Handlanger, noch die Herren Sklaven.

Die nun genannten Werkzeuge sind etwas hervorbringende Werkzeuge, das Besitztum aber ist ein Werkzeug zum tätigen Gebrauch. Denn durch das Weberschiffchen entsteht etwas, das verschieden ist von seinem Gebrauch, von der Kleidung aber und vom Bett gibt es nur den Gebrauch. Und ferner: da sich die Hervorbringung von der Handlung der Art nach unterscheidet und beide der Werkzeuge bedürfen, so muss auch bei diesen Werkzeugen derselbe Unterschied statthaben. Doch das Leben ist ein Handeln, nicht aber eine Hervorbringung. Daher gehört auch der Sklave zu den Dingen des Handelns. Vom Besitztum aber redet man wie von einem Teil. Denn der Teil ist nicht nur ein Teil des anderen, sondern gehört überhaupt ganz zum anderen. Und in gleicher Weise steht es mit dem Besitztum. Deswegen ist der Herr des Sklaven nur Herr, er gehört aber nicht zu jenem. Doch der Sklave ist nicht nur Sklave des Herrn, sondern er gehört jenem überhaupt an. Wer nämlich von Natur aus nicht sich selbst gehört, sondern als Mensch eben einem anderen, der ist von Natur aus ein Sklave. Doch einem anderen gehört der Mensch, der als Sklave ein Besitztum ist, aber ein Besitztum ist ein hervorbringendes und für sich bestehendes Werkzeug.

5 Ob es aber einen Menschen gibt, der von Natur aus solcher Art ist, oder nicht, und ob es besser ist und gerecht für jemanden Sklave zu sein oder nicht, ob vielmehr jede Art der Sklaverei wider die Natur ist, darüber muss man nun hernach Überlegungen anstellen. Es ist jedoch nicht schwer, dies sowohl vernunftmäßig zu betrachten als auch aus dem heraus zu begreifen, was sich tatsächlich entwickelt. Denn das Herrschen und das Beherrschtwerden gehören nicht nur zu den notwendigen Belangen, sondern auch zu den zuträglichen. Und zugleich von der Geburt her tritt einiges auseinander, das eine in Richtung auf das Beherrschtwerden und das andere in die auf das Herrschen. Und es gibt viele Arten von Herrschenden und Beherrschten. Und immer ist die Herrschaft die bessere, die über bessere Beherrschte ausgeübt wird, wie ja auch die Herrschaft über einen Menschen besser ist als die über ein Tier. Das nämlich, das von Besseren geschaffen wird, ist das bessere Werk. Denn wo immer das eine herrscht und das andere beherrscht wird, da gibt es ein Werk davon. Was immer nämlich aus Mehrerem besteht und zu einem Gemeinsamen wird, sei es aus eng Zusammenhängendem oder aus Getrenntem, in alldem zeigt sich das Herrschende und das Beherrschte; und dies ist von der gesamten Natur her beim Beseelten vorhanden. Freilich auch bei dem, das nicht am Leben Anteil hat, gibt es eine Art Herrschaft, wie etwa bei der Tonart. Doch das ist wohl Sache einer Überlegung, die außerhalb dieses Themas steht.

Das Lebewesen besteht zunächst einmal aus Seele und Körper, davon ist von Natur aus das eine das Herrschende, das andere aber das Beherrschte. Man muss nun eher an den Dingen, die sich der Natur gemäß verhalten, das, was von Natur aus ist, betrachten und nicht an denen, die verdorben sind. Also muss man auch den Menschen betrachten, der sich im besten körperlichen und seelischen Zustand befindet; an ihm wird das klar. Denn bei Menschen, die schlecht sind oder sich in einem schlechten Zustand befinden, scheint wohl des Öfteren der Körper über die Seele zu herrschen, weil sie sich in einem schlechten Zustand befinden und sich wider die Natur verhalten. Man kann demnach, wie wir ausführten, zunächst beim Lebewesen die zwingherrschaftliche und die staatsbezogene Herrschaft beobachten. Denn die Seele übt über den Körper eine Herrenherrschaft aus, die Verstandeseinsicht aber über das Streben eine staatsmännische und königliche. Dabei ergibt sich offenbar, dass es naturgemäß und zuträglich ist, dass der Körper von der Seele beherrscht wird, und ebenso, dass der affektive Seelenteil von der Verstandeseinsicht und somit von dem Teil, der über die Vernunft verfügt, beherrscht wird, dass aber eine Gleichberechtigung oder ein umgekehrtes Verhältnis für alle Teile schädlich wäre. Und ebenso steht es beim Menschen und seiner Beziehung zu den anderen Lebewesen. Denn die zahmen Tiere sind ihrer Natur nach besser als die wilden, und für all diese zahmen Tiere ist es besser, vom Menschen beherrscht zu werden; auf dies nämlich erlangen sie ihre Lebenserhaltung. Ferner aber ist die Beziehung des Männlichen zum Weiblichen von Natur aus so, dass das Erstere das Bessere ist, das Letztere aber das Schlechtere, das eine das Herrschende und das andere das Beherrschte. Auf dieselbe Art und Weise nun muss es mit allen Menschen stehen.

Alle die freilich, die so weit voneinander entfernt sind wie die Seele vom Körper und der Mensch vom wilden Tier – in dieser Situation befinden sich alle, deren Arbeit im Umgang mit dem Körper besteht, und das ist denn auch die von ihnen am besten geleistete Arbeit –, alle diese sind von Natur aus Sklaven, für die es besser ist, unter dieser genannten Herrschaft zu stehen, so wie das bei den eben abgehandelten Beispielen der Fall war. Es ist nämlich von Natur aus der ein Sklave, der einem anderen gehören kann – deshalb gehört er ja auch einem anderen –, und der nur soweit Anteil an der Vernunft hat, als er sie wahrnimmt, ohne aber über sie zu verfügen. Die übrigen Lebewesen nämlich machen mit der Vernunft keine Wahrnehmungen, vielmehr erbringen sie ihre Dienstleistungen nur zufolge von Empfindungen. Und ihr vorteilhafter Nutzen macht es nur wenig anders: Beide nämlich leisten im Hinblick auf das, was für den Körper notwendig ist, Hilfe, die Sklaven ebenso wie die zahmen Tiere. Demnach hat nun auch die Natur den Willen, die Körper der Freien und die der Sklaven unterschiedlich zu schaffen, die einen kräftig im Hinblick auf den Umgang mit dem Notwendigen, die anderen aber hochaufgerichtet und unbrauchbar für derartige Arbeitsleistungen, doch nützlich für ein staatsbürgerliches Leben; dieses jedoch teilt sich einerseits auf den kriegerischen und andererseits auf den friedlichen Nutzen auf. Es kommt aber auch des Öfteren das Gegenteil vor, dass nämlich die einen bloß über die Körper von Freien verfügen, die anderen aber lediglich über deren Seelen. Denn das ist wenigstens offenkundig: Sollten sich die einen Menschen so sehr nur körperlich unterscheiden wie die Statuen der Götter, so dürften wohl alle meinen, dass die anderen, die dahinter zurückbleiben, wert sind, für diese Sklaven zu sein. Wenn dies aber schon beim Körper die Wahrheit bedeutet, so gibt es diese Bestimmung mit mehr Recht bei der Seele. Freilich ist es nicht in gleicher Weise leicht, die Schönheit der Seele zu sehen, wie etwa die des Körpers. Dass demnach von Natur aus die einen Freie sind und die anderen Sklaven, ist offenbar; und für die Sklaven ist es zuträglich, Sklave zu sein, und gerecht.

6 Dass aber auch diejenigen, die gegenteilige Behauptungen aufstellen, in gewisser Hinsicht richtig sprechen, ist unschwer zu sehen. In zweifacher Weise spricht man nämlich vom Sklavensein und vom Sklaven. Denn es gibt auch dem Gesetz nach einen Sklaven und einen, der als Sklave dient. Das Gesetz bedeutet nämlich eine Übereinkunft, wonach das im Kriege siegreich Überwundene dem Sieger gehört. Dieses „Gerechte" nun klagen viele von denen, die sich mit den Gesetzen abgeben, als dem Gesetze zuwiderlaufend an, so wie man eben gegen einen Redner vorgeht, dass es nämlich schrecklich sei, wenn das in die Knie Gezwungene Sklave und Beherrschtes dessen sein müsste, der die Macht habe, in die Knie zu zwingen, und der seiner Macht nach eben überlegen sei. Und den einen unter den Weisen scheint es so richtig zu sein, doch den anderen eben in jener Art. Der Grund aber für diesen Streit und das, was die Ansichten auseinandergehen lässt, liegt darin, dass die Tüchtigkeit, wenn sie die Möglichkeit hat, auch ganz besonders in der Lage ist, jemanden in die Knie zu zwingen, und dass immer das, was überwindet, ein Übermaß hat an irgendeinem Gut, so dass allem Anschein nach ohne eine Tüchtigkeit keine Gewalt existiert, sondern lediglich um das „Gerechte" der Streit geht. Denn gerade deswegen scheint den einen das Gerechte ein Wohlwollen zu sein, den anderen hingegen eben das gerecht, dass der Stärkere herrscht. Hält man eben diese Begriffe auseinander, so verfügen die anderen Ansichten weder über Beweisstärke noch über überzeugende Argumente, dass das, was an Tüchtigkeit besser ist, nicht herrschen und gebieten soll.

Überhaupt aber die, die sich ihrer Meinung nach an ein gewisses Gerechtes halten – denn das Gesetz ist ein Gerechtes –, setzen die Sklaverei, die auf den Krieg zurückgeht, als eine gerechte an, zugleich aber behaupten sie das wieder nicht. Denn der Anfang von Kriegen kann ja durchaus ungerecht sein, und man darf wohl behaupten, dass jemand, der, ohne es verdient zu haben, als Sklave dient, keineswegs wirklich ein Sklave ist. Wäre dem aber nicht so, würde es dazu kommen, dass diejenigen, die besonders edelgeboren zu sein scheinen, Sklaven oder Abkömmlinge von Sklaven wären, falls es zuträfe, dass sie als Gefangene verkauft werden. Deswegen wollen diese auch nicht solche Menschen Sklaven nennen, sondern nur die Barbaren. Und doch, wenn sie dies sagen, suchen sie nichts anderes als das von Natur aus Dienende, wovon wir am Anfang gesprochen haben. Man muss nämlich die Behauptung vertreten, dass es Menschen gibt, die in jeder Hinsicht Sklaven sind, und Menschen, die es in keiner sind. Und in derselben Weise steht es um den Adel. Sie halten sich selber nämlich nicht nur bei sich zu Hause für edelgeboren, sondern allerorts, doch die Barbaren nur daheim; wie ja das Edelgeborene und das Freie einerseits schlechthin existieren, andererseits eben nicht schlechthin. So sagt auch die Helene des Theodektes: „Den beiderseits von göttlichem Ursprung sich herleitenden Spross, wer dürfte es wohl für Recht erachten, ihn eine Dienerin zu nennen?" Jedes Mal aber, wenn sie dies sagen, bestimmen sie durch nichts anderes als durch die Tugend bzw. die Schlechtigkeit das Dienende und das Freie, die edel und die unedel Geborenen. Sie nehmen nämlich an, dass, wie aus einem Menschen ein Mensch und aus Tieren ein Tier entsteht, so auch aus Tüchtigen ein Tüchtiger. Die Natur aber will dies öfters bewirken, kann es allerdings nicht.

Dass nun dieser Streit über eine gewisse Vernunftüberlegung zwar verfügt und nicht so gemeinhin die einen von Natur aus Sklaven sind und die anderen Freie, ist klar, aber auch, dass bei gewissen Menschen ein derartiger Unterschied bestimmt ist, bei denen es für den einen zuträglich ist und gerecht, ein Sklave zu sein, beim anderen aber, zu gebieten; klarerweise muss man auch einerseits beherrscht werden und andererseits herrschen, welche Herrschaft eben von Natur aus gegeben ist, so dass daraus auch das herrschaftliche Gebieten folgen kann; doch schlechtes Herrschen ist für beide Teile nicht zuträglich. Denn ein und dasselbe ist zuträglich für den Teil und für das Ganze, für den Körper und für die Seele; doch der Sklave ist gewissermaßen ein Teil des Herrn, wie ein beseelter, aber doch getrennter Teil des Körpers. Deswegen gibt es auch ein gemeinsam Zuträgliches und eine gegenseitige Freundschaft zwischen Sklaven und Herren, wenn sie dazu von Natur aus für wert erachtet sind. Für die aber, die nicht auf diese Weise von Natur aus einander wert sind, sondern nur nach einem Gesetz und mit Gewalt einander aufgezwungen sind, gilt das Gegenteil.

7 Aus alldem geht nun offenbar hervor, dass Herrenmacht und Staatskunst nicht ein und dasselbe sind und dass keineswegs alle Herrschaften einander gleich sind, wie das einige meinen. Denn die eine Herrschaft betrifft die von Natur aus Freien, die andere die Sklaven, und die Hausverwaltung bedeutet eine Alleinherrschaft – denn jedes Haus wird von einem Einzigen beherrscht –, doch die Staatskunst meint eine Herrschaft über Freie und Gleiche. Man spricht also von einem Herrn nicht im Hinblick auf eine Wissenschaft, die er hat, sondern deshalb, weil er eben ein solcher ist, und in gleicher Weise verhält sich das beim Sklaven und beim Freien. Es dürfte aber wohl eine Wissenschaft geben, die den Herrn angeht, und eine, die den Sklaven betrifft; um eine Sklavendienstwissenschaft handelt es sich etwa bei der, zu der man in Syrakus erzog. Dort lehrte nämlich einer gegen Entlohnung die jungen Sklaven in den allgemein gebräuchlichen Dienstleistungen. Es dürfte aber das Wissen um derartige Dinge noch weiter reichen, etwa auf die Kochkunst und die anderen diesbezüglichen Arten der Dienstleistung. Es gibt ja untereinander verschiedene Arbeiten, die einen sind geschätzter, die anderen notwendiger, und dem Sprichwort nach heißt es doch: „Der eine Sklave hat vor dem anderen Vorrang und ebenso der eine Herr vor dem anderen."

Alle derartigen Wissenschaften gehen nun die Sklaven an. Doch die Wissenschaft, die den Herrn betrifft, ist auf Sklaven anwendbar. Der Herr erweist sich nämlich nicht darin, dass er Sklaven erwirbt, sondern dass er Sklaven zu gebrauchen versteht. Diese Wissenschaft verfügt aber weder über Großes noch über Ehrwürdiges. Denn was der Sklave verstehen muss zu tun, das muss jener verstehen anzuordnen. Denen also die Möglichkeit gegeben ist, sich nicht selber mit dieser Mühsal abzurackern, bei denen übernimmt ein Aufseher diesen Ehrenrang, sie selbst aber befassen sich mit der Staatsverwaltung oder philosophieren. Die Wissenschaft jedoch vom Erwerb der Sklaven ist verschieden von diesen beiden; insoweit sie gerecht ist, stellt sie gewissermaßen eine Kriegs- oder Jagdkunst dar. Über den Sklaven also und über den Herren seien auf diese Weise die Bestimmungen getroffen.

In der wohl an seinen Sohn Nikomachos gerichteten „Nikomachischen Ethik" widmet sich Aristoteles der Frage nach der Führung eines guten und glücklichen Lebens. In der ausgewählten Passage beschäftigt er sich zunächst mit den drei guten Staatsformen Monarchie, Aristokratie und Timokratie sowie ihren Entartungen Tyrannis, Oligarchie und Demokratie. Aristoteles sieht in den Herrschaftsverhältnissen innerhalb eines Oikos Parallelen zu den Staatsformen. Einer Tyrannis entspricht dabei das Verhältnis zwi-

Literatur:
Garnsey 1996, 118 f.;
Herrmann-Otto 2009, 21

schen Herrn und Sklaven; dieses entspreche dem Verhältnis zwischen Werkmeister und Werkzeug oder zwischen Seele und Leib.

Quelle 7:
Aristoteles, Nikomachische Ethik 8,12–13 (1160a ff.)
(Übersetzung: E. Rolfes)

12 Der Staat aber hat drei Arten oder Formen, und es gibt ebenso viele Ausartungen, gleichsam Verderbnisse dieser Formen. Die Staatsformen sind das Königtum, die Aristokratie und drittens die auf dem Zensus beruhende Verfassung, die man eigentlich als Timokratie bezeichnen sollte, die aber meistens Verfassung schlechthin oder Freistaat genannt wird.

Von diesen ist die beste das Königtum, die schlechteste die Timokratie. Die Ausartung des Königtums ist die Tyrannis, die Gewaltherrschaft. Beide sind Alleinherrschaften, aber sehr stark voneinander verschieden. Der Tyrann ist auf seinen eigenen Vorteil bedacht, der König auf das Wohl seiner Untertanen. Denn König kann nur sein, wer sich selbst genügt, und durch den Besitz aller Güter die anderen überragt. So ausgestattet bedarf er niemandes und sucht nicht, was ihm, sondern, was den Untertanen frommt. Wäre er nicht so ausgestattet, so wäre er nur ein durch das Los gewählter König. Die Tyrannis ist das Gegenteil vom Königtum. Denn der Tyrann verfolgt seinen eigenen Vorteil. Auch ist es bei ihr so recht augenscheinlich, dass sie die schlechteste Staatsform ist; das aber ist das Schlechteste, was das Gegenteil vom Besten ist. Das Königtum geht in Tyrannis über, insofern diese eine Entartung der Monarchie, der Alleinherrschaft, ist und ein nichtswürdiger König zum Tyrannen wird. Die Aristokratie aber geht in die Oligarchie über durch die Schlechtigkeit der Machthaber, die die Güter des Staats wider Verdienst verteilen, alles oder das meiste davon für sich behalten, die Ämter immer in die gleichen Hände legen und den Reichtum als das höchste Glück ansehen. Da regieren also wenige und schlechte anstelle der Tugendhaftesten und Tüchtigsten. Die Timokratie endlich geht in die Demokratie über; denn diese beiden grenzen aneinander. Auch die Timokratie nämlich überträgt die Herrschaft an die Menge, und alle, die die Bedingung des Zensus erfüllen, hält sie als gleich. Die Demokratie ist am wenigsten schlecht, weil sie sich nur wenig von der richtigen Staatsform der Timokratie entfernt. Das ist also meistens die Weise, in der die Staatsformen wechseln, weil so der Übergang von der einen Form in die andere mit den geringsten Änderungen verknüpft ist und am leichtesten zustande kommt.

Zu diesen Staatsformen lassen sich nun im Familienleben Gegenstücke und gleichsam Beispiele nachweisen. Das Gemeinschaftsverhältnis des Vaters zu seinen Söhnen hat die Form des Königtums, da dem Vater seine Kinder am Herzen liegen, daher auch Homer den Zeus Vater nennt. Das Königtum will ja eine väterliche Herrschaft sein. Bei den Persern dagegen ist die Herrschaft des Vaters tyrannisch, da bei ihnen der Vater seine Söhne als Sklaven behandelt. Ebenfalls tyrannisch ist das Verhältnis des Herrn zu seinen Sklaven, indem bei diesem der Vorteil des Herrn maßgeblich ist. Hier freilich erscheint die Gewaltherrschaft richtig, die persische aber ist verkehrt. Denn die Herrschaft muss je nach den Personen, die ihr unterstehen, verschieden sein. Das Verhältnis von Mann und Frau erscheint als aristokratisch. Denn der Mann herrscht gebührender Weise, und zwar auf dem dem Mann zustehenden Gebiet, und überlässt dagegen der Frau, was sich für diese schickt. Will der Mann aber in allem gebieten, so verkehrt er das naturgemäße Verhältnis in Oligarchie, weil er das wider Gebühr tut, nicht insofern er der Bessere ist. Zuweilen aber, wenn die Frauen Erbtöchter sind, herrschen sie. Da entscheidet denn nicht die Tugend über die Gewalt, sondern Reichtum und Macht; wie in den Oligarchien. Der timokratischen Verfassung gleicht das Verhältnis unter Brüdern: sie sind einander gleichberechtigt, außer insoweit sie im Alter verschieden sind; ist daher der Abstand im Alter groß, so ist die Freundschaft zwischen ihnen keine brüderliche mehr. Die Demokratie findet sich vorzüglich in den Häusern, wo der Herr fehlt – denn da sind doch alle gleich –, und wo das Oberhaupt schwach ist und jeder tut, was ihm gefällt.

13 Gemäß einer jeden Staatsverfassung gibt es nun eine entsprechende Freundschaft, weil auch ein Recht; beim König gegenüber seinen Untertanen, wenn anders er in edler Gesinnung für sie sorgt, dass es ihnen wohl ergehe, wie ein Hirt für seine Schafe. Darum hat auch Homer den Agamemnon einen Hirten der Völker genannt. Dieser Art ist auch die väterliche Freundschaft, nur dass sie sich von der königlichen durch die Größe der Wohltaten unterscheidet. Denn dem Vater danken die Kinder das Dasein, das als das größte gilt, die Ernährung und Erziehung. Das gleiche Verdienst schreibt man den Vorfahren zu, und es ist die Natur selbst, die dem Vater die Herrschaft über die Kinder, den Vorfahren die über die Nachkommen und dem König die über die Untertanen zuweist. Diese Freundschaften beruhen auf Überlegenheit, daher werden auch die Eltern geehrt. Und deshalb ist auch das Recht unter solchen Freunden nicht dasselbe, sondern es bestimmt sich nach Verhältnis und Würdigkeit, weil gleiches von der Freundschaft gilt. Die Freundschaft ferner des Mannes mit der Frau ist dieselbe wie die in der Aristokratie. Sie richtet sich nach den Vorzügen jedes Teils und gesteht den Besseren das größere Gut zu, und doch jedem das Gebührende; und gleiches gilt von dem Recht. Die Freundschaft zwischen Brüdern aber gleicht der zwischen Hetären, d.h. gemeinsam erzogenen Genossen. Denn sie sind einander gleich an Stellung und Alter, und die so sind, stimmen auch meistens in Gemütslage und Charakter überein. Mit ihr kann daher die Freundschaft verglichen werden, der man in der Timokratie begegnet. Denn die Bürger eines Verfassungsstaats beanspruchen gleiches Recht und gleichen Wert; somit ist die Herrschaft gleichmäßig unter sie verteilt, und danach gestaltet sich denn auch ihre Freundschaft.

In den Auswüchsen und Ausartungen dieser Staatsformen aber findet sich nur wenig Recht und Gerechtigkeit, so auch nur wenig Freundschaft, am wenigsten in der ärgsten, der Tyrannis; in ihr trifft man wenig oder gar keine Freundschaft an; denn wo Herrscher und Beherrschter nichts gemeinsam haben, da ist, weil kein Recht, auch keine Freundschaft, sondern nur ein Verhältnis wie das des Werkmeisters zu seinem Werkzeug, der Seele zum Leib und des Herrn zum Sklaven. Denn all dies ist zwar Gegenstand der Fürsorge für den, der es zu seinem Dienst verwendet, aber ein Freundschaftsverhältnis gibt es zum Leblosen so wenig wie ein Rechtsverhältnis. Aber auch nicht zu einem Pferd oder Ochs, oder zu einem Sklaven, insofern als er Sklave ist. Denn hier fehlt jedes Gemeinsame: der Sklave ist ein beseeltes Werkzeug, wie das Werkzeug ein unbeseelter Sklave. Sofern er also Sklave ist, ist keine Freundschaft mit ihm möglich, wohl aber sofern er Mensch ist. Denn jeder Mensch, kann man sagen, steht im Rechtsverhältnis zu jedem Menschen, der Gesetz und Vertrag mit ihm gemeinsam haben kann, und damit ist auch die Möglichkeit eines Freundschaftsbandes gegeben, insofern der Sklave ein Mensch ist. Auch in der Tyrannis ist also Freundschaft und Recht nur wenig zu finden, in der Demokratie aber noch am meisten. Denn wo man sich gleich steht, hat man vieles gemeinsam.

Literatur:
Garnsey 1996, 65

Der Dichter Euripides wendet sich in diesem Zitat aus seinem Stück „Ion" gegen das aristotelische Modell des Sklaven von Natur aus: Zwischen Freien und Unfreien bestehen keine grundlegenden qualitativen Unterschiede, einzig die Standesbezeichnung unterscheide sie.

Quelle 8:
Euripides, *Ion* 854 ff.
(Übersetzung: J. J. Donner)

Denn was dem Sklaven Schande bringt, ist einzig nur der Name: sonst in allem ist ein Sklave ja nicht schlechter als die Freien, wenn er wacker ist.

Literatur:
Garnsey 1996, 75 f.; Herrmann-Otto 2009, 17

Ein (scheinbar) besonders deutliches Statement ist vom Redner Alkidamas erhalten. Leider handelt sich dabei nur um einen isoliert erhaltenen Satz aus einer Rede, die Alkidamas anlässlich der Befreiung der Messenier hielt. Diese waren bereits in früharchaischer Zeit von den Spartanern erobert und auf den Status unfreier Heloten herabgedrückt worden und erst nach mehr als 300 Jahren, nach der Schlacht von Leuktra im Jahr 371 v. Chr., konnten sie durch die Unterstützung der Thebaner unter ihrem Feldherrn Epameinondas die Freiheit wiedergewinnen. Für sich genommen, liest sich dieses Statement als eine pauschale Verurteilung der Sklaverei. Im ursprünglichen Kontext mag sich das relativiert und vielleicht nur auf Griechen bezogen haben.

Quelle 9:
Alkidamas, *Rede für die Messenier* (Scholion zu Aristoteles, Rhetorik 13, 1373b 18 ff.)
(Übersetzung: F. G. Sievecke)

Der Gott hat alle frei geschaffen, und keinen hat die Natur zum Sklaven bestimmt.

Literatur:
Garnsey 1996, 78 f., 157 ff.

Philon, der wichtigste Denker des jüdischen Hellenismus, unterscheidet in seinem Traktat „Jeder Tugendhafte ist frei" (ihr korrespondierendes Gegenstück „Jeder schlechte Mensch ist ein Sklave" ist leider verloren) zwischen der äußerlichen, körperlichen Sklaverei, die vom Schicksal abhängig ist, und der inneren, seelischen Unfreiheit, der Abhängigkeit von Begierden, Lüsten und Ängsten, die bekämpft werden muss.

Quelle 10:
Philon, *Jeder Tugendhafte ist frei*, 17 ff.
(Übersetzung: K. Bormann)

Unter Sklaverei versteht man teils eine Knechtschaft der Seele, teil des Leibes; Herren über den Leib sind Menschen, über die Seele herrschen Boshaftigkeit und Affekte. Dasselbe gilt von der Freiheit: teils gewährt sie dem Körper Schutz vor mächtigeren Menschen, teils bewirkt sie, dass der Geist von der Herrschaft der Affekte frei ist. Das erstere nun macht niemand zum Gegenstand einer Erörterung; denn es gibt zahllose menschliche Schicksale, und oft verloren viele sehr Vortreffliche durch widrige Zeitläufe die Freiheit, die sie ihrer Herkunft nach besaßen. Vielmehr befasst sich unsere Untersuchung mit Charakteren, die sich von Begierden, Ängsten, Lüsten und Trauer nicht fesseln ließen, die gleichsam aus einem Gefängnis entkamen und die Fesseln, an die sie gekettet waren, abstreiften. Wir wollen die spitzfindigen Vorwände und die Bezeichnungen wie „im Haus geborener Sklave", „gekaufter Sklave" oder „Kriegsgefangener" gänzlich außer Acht lassen, da sie mit dem Wesen des Menschen nichts zu tun haben, sondern nur auf Meinungen basieren. Demgemäß wollen wir den wahrhaft Freien zum Gegenstand unserer Untersuchungen machen, der allein Unabhängigkeit besitzt, auch wenn Unzählige sich zum Herrn über ihn aufwerfen. Denn laut wird er jenes Wort des Sophokles rufen, das sich in nichts von einem Orakelspruch unterscheidet: „Gott ist mein Herr, jedoch kein Sterblicher."

Cicero widmet sich hier dem Paradoxon, das sich aus dem stoischen Konzept der inneren Unfreiheit ergibt: Ein Freier kann moralisch ein Sklave sein, wenn er von seinen Affekten gesteuert wird, und ein – rechtlich – Unfreier kann innerlich frei sein, weil er der Vernunft folgt und die innerlich gesteckten Ziele erreicht. Er ist ein guter Mensch und glücklich, weil er über sich selbst herrscht. Er kann zwar äußerlich unfrei, aber innerlich frei sein.

Literatur:
Wöhrle 2005, 43; Herrmann-Otto 2009, 23

Also sind alle schlechten Menschen Sklaven, ja, Sklaven. Diese Feststellung ist in Wirklichkeit nicht so überraschend und erstaunlich, wie sie klingt. Denn das heißt nicht, dass diese Menschen in dem Sinne Sklaven sind wie unsere Sklaven, die aufgrund eines Vertrags oder einer zivilrechtlichen Entscheidung zum Eigentum ihrer Herren wurden; aber wenn Sklavenschaft, wie es der Fall ist, die Unterwerfung einer gebrochenen, zerstörten und der eigenen Urteilsfähigkeit beraubten Seele bedeutet, wer könnte dann verneinen, dass alle verantwortungslosen, alle von Begierden besessenen und schließlich alle schlechten Menschen Sklaven sind?

Quelle 11:
Cicero, *Paradoxien der Stoiker* 5, 34f.
(Übersetzung: R. Nickel)

Die stoische Auffassung der Sklaverei wird im 47. Brief Senecas an Lucilius besonders deutlich. Nach Ansicht der Stoiker waren Freie und Unfreie gleich und gleichwertig. Die rechtliche Sklaverei, deren Bedeutung hinter der inneren Freiheit zurückblieb, war für sie ein Schicksal, das jeden treffen konnte. Deshalb sprachen sie sich, wenn sie auch keine Abschaffung der real existierenden Sklaverei forderten, zumindest für eine humane Behandlung der Unfreien aus. So sollte der Herr seinen Sklaven stets so behandeln, wie er selbst von seinem Herrn behandelt werden möchte.

Literatur:
Wiedemann 1981, Nr. 238; Eck – Heinrichs 1993, Nr. 155; Garnsey 1996, 55ff.; Herrmann-Otto 2009, 24f.

(1) Es freut mich, von Deinen Besuchern zu erfahren, in welch gutem Einvernehmen Du mit Deinen Sklaven zusammenlebst! Das beweist mir Deine praktische Klugheit und Deine philosophische Bildung. „Es sind ja nur Sklaven!" – Aber sind es nicht auch Menschen? „Sklaven sind's!" – Gehören sie aber nicht auch zur Hausgemeinschaft? „Es sind Sklaven!". Sind sie aber nicht auch unsere Freunde, wenn auch aus niedrigerem Stand? „Es sind Sklaven!" – Sind sie

Quelle 12:
Seneca, *Brief an Lucilius* (47. Brief)
(Übersetzung: H. Berthold)

nicht eher unsere Mitsklaven? Denn Du musst ja bedenken, dass das Schicksal uns alle in seiner Gewalt hat! (2) Ja, ich lache über jene, die es für schimpflich halten, gemeinsam mit einem Sklaven zu speisen; und das nur, weil ein hochmütiger Brauch will, dass den Herrn an der Tafel eine Schar stehender Diener zu umgeben hat. Der Herr isst mehr, als er vertragen kann: mit unvorstellbarer Gier belastet er seinen übervollen Magen, der längst nicht mehr weiß, was ihm zukommt, so dass letztlich seine Entlastung mehr Mühe macht als der Nachschub. (3) Die unglücklichen Sklaven aber dürfen den Mund nicht einmal zum Sprechen öffnen. Die Peitsche unterdrückt jedes Flüstern. Nicht einmal unwillkürliche Regungen wie Husten, Niesen, Schlucken bleiben ungestraft. Für jeden Laut, der das Schweigen unterbricht, drohen schwerste Strafen. Hungrig und stumm, so stehen sie ganze Nächte hindurch. (4) Kein Wunder, dass die über ihren Herren sprechen, denen verboten ist, vor ihm zu reden. Im Gegensatz dazu waren alle Sklaven, die nicht nur vor ihrem Herrn, sondern sogar mit ihm reden durften und denen man den Mund nicht zustopfte, bereit, für ihn den Nacken hinzuhalten, jede ihm drohende Gefahr auf sich zu nehmen. Zu den Mahlzeiten wurde geplaudert, aber unter der Folter geschwiegen. (5) Das gleichermaßen überhebliche Sprichwort „Soviel Sklaven, soviele Feinde!" wird einem oft entgegengeschleudert. Dabei sind sie gar nicht unsere Feinde, wir machen sie erst dazu.

Ich übergehe nun andere grausame Unmenschlichkeiten wie den Missbrauch von Menschen als Lasttiere. Legen wir uns zu Tisch, muss einer unseren Speichel aufwischen, ein anderer muss unter den Tisch kriechen und die Sachen der Trunkenbolde zusammensuchen. (6) Wieder ein anderer muss erlesenes Geflügel vorschneiden: mit sicheren Schnitten trennt seine geschickte Hand Brust und Keulen und teilt die Portionen zu. Ein Unglücklicher, der nur dazu da ist, Geflügel geschickt zu zerteilen! Es sei denn, der noch weit Elendere ist der, der andere für sein Vergnügen abrichten lässt, gegenüber dem, der es der Not gehorchend lernen muss. (7) Ein anderer wird als Mundschenk wie ein junges Mädchen herausgeputzt. Er, der gezwungenermaßen ein Knabe bleiben soll, muss ständig gegen seine reifende Jugend ankämpfen. Er ist schon zum Kriegsdienst fähig und muss seine lästige Behaarung abschaben oder ausreissen, um unbehaart nächtelang für die Gelage und die sexuellen Ausschweifungen seines Herrn bereit sein zu können: im Bett als Mann, beim Gelage als Knabe! (8) Einem anderen wiederum ist die Betreuung der Gäste anvertraut. Dieser Unglückliche muss dastehen und aufpassen, wer sich durch Schmeichelei und Übertreibungen bei Fressen oder Schwatzen für eine erneute Einladung empfehlen könnte. Dazu dann die Einkäufer für die Küche. Sie haben die gründlichste Kenntnis des herrschaftlichen Geschmacks, sie wissen genau, was ihm besonders schmeckt, was er gern sieht, welches Modeessen seinen überreizten Magen überhaupt noch lockt, woran er sich überessen hat, worauf er gerade heute Appetit hat. Mit diesen Leuten gemeinsam zu speisen dünkt ihn unzumutbar; er hält es für unter seiner Würde, mit einem seiner Sklaven Tischgemeinschaft zu halten. Bei gnädigen Göttern! Wie vielen von ihnen mag er untertan sein! (9) Vor des Callistus Tür habe ich dessen ehemaligen Herrn stehen sehen. Aber während andere eintreten durften, bleib der, der den Callistus früher unter die unbrauchbaren

Sklaven einreihte und ihn dementsprechend gekennzeichnet hatte, ausgeschlossen! Das war der Dank des ehemaligen Sklaven, der vom Ausrufer lauthals als billigste Verkaufsware angepriesen worden war. Auch er wies nun seinerseits den anderen zurück und erklärte ihn seines Hauses für unwürdig. Ein Herr verkaufte einst den Callistus – Callistus aber, wieviel bringt der jetzt an den Herrn!

(10) Zwinge Dich, ständig daran zu denken, dass der, den Du Deinen Sklaven nennst, gleichen Ursprungs ist wie Du, dass er sich an demselben Himmel erfreut, dass er wie Du atmet, lebt und stirbt. Wie Du in ihm den Freien, kann er in Dir den Sklaven sehen. Nach der Niederlage des Varus warf das Schicksal viele vornehme Bürger aus der Bahn, die sich im Kriegsdienst den Senatorenrang zu verdienen hofften: den einen machte es zum Hirten, den anderen zum Türwächter. Kannst Du einen Menschen, dem das widerfuhr, noch verachten, da Dich, den Verächter, dasselbe Los treffen kann? (11) Ich will mich nun nicht auf ein unerschöpfliches Thema einlassen und vom Umgang mit Sklaven sprechen, die wir so hochmütig, grausam und kränkend behandeln. Kurz zusammengefasst lautet mein Grundsatz: Gehe mit einem Untergebenen so um, wie Du wünschst, dass ein Höhergestellter mit Dir umgehe. Sooft Du an Deine Befugnisse gegenüber Deinen Sklaven denkst, solltest Du auch bedenken, dass Deinem Herrn Dir gegenüber das Gleiche erlaubt sein könnte. (12) „Ich habe aber doch gar keinen Herrn", sagst Du. Du stehst jetzt im besten Alter, aber vielleicht wirst Du mal einen haben. Hast Du vergessen, in welchem Alter für Hekuba der Knechtsdienst begann oder für Krösus, für die Mutter des Darius, für Plato, für Diogenes? (13) Sei mild im Umgang mit einem Sklaven, verkehre freundschaftlich mit ihm, ziehe ihn ins Gespräch, berate Dich mit ihm, lass ihn Dein Tischgenosse sein. Hier höre ich schon, wie mir der Chor der Lebemänner zuschreit: „Wie erniedrigend, wie schimpflich!" Gerade diese aber werde ich noch ertappen, wie sie den Sklaven anderer Herren die Hand küssen. (14) Wollt ihr denn nicht einmal anerkennen, dass unsere Vorfahren das Verhältnis zwischen Herren und Sklaven von jeglicher Missgunst und Kränkung freihielten? Den Herrn nannten sie Hausvater, die Sklaven – in den Mimen hat sich das bis heute erhalten – Hausgenossen! Sie setzten einen Festtag ein, an dem die Herren mit ihren Sklaven zusammen speisen sollten. Dies war nun keine Ausnahme, war aber besonders geregelt: sie gestanden ihnen die Ehrenstellung im Hause zu, ließen sie Recht sprechen und betrachteten so das Haus als einen Staat im Kleinen. (15) „Wie denn? Soll ich meine ganze Sklavenschar zu Tisch bitten?" Genausowenig wie alle Freien! Du irrst Dich aber, wenn Du meinst, ich würde einige wegen ihrer schmutzigen Beschäftigung zurückweisen, wie zum Beispiel einen Maultiertreiber oder einen Kuhhirten. Ich beurteile jemanden doch nicht nach seiner Tätigkeit, sondern nach seinem Lebenswandel. Den bestimmt jeder selbst, die Tätigkeit ist Werk des Zufalls. Einige sollen mit Dir speisen, weil sie dessen würdig sind, andere, damit sie's werden. Haften ihnen aus ihrem niedrigen Umgang noch sklavische Gewohnheiten an, wird der Umgang mit Gebildeteren das bald beseitigen.

(16) Einen Freund, Lucilius, soll man nicht nur bei Rechts- und Amtsgeschäften suchen; wenn Du aufmerksam achtgibst, findest Du ihn auch bei Dir zu Hause. Fehlt ein Künstler, liegt oft der beste Stoff brach: versuch's nur und Du

wirst's erfahren! Ein Narr is freilich, wer einen Menschen nach seiner Kleidung beurteilt oder nach der Stellung, die er bekleidet. (17) „Es ist ein Sklave!" – Aber vielleicht innerlich frei? „Es ist ein Sklave!" Ist er's zu seinem Schaden? Zeige mir den, der kein Sklave ist! Der eine ist Sklave seiner Begierde, ein anderer seines Geizes, jeder seines Geltungsbedürfnisses und alle zusammen der Hoffnung und der Furcht. Ich kann Dir einen ehemaligen Konsul zeigen, der vor einem alten Weibe kriecht, einen Reichen, der einer jungen Magd hörig ist, Jünglinge aus besten Familien, die völlig den Pantomimen verfallen sind. Und nicht wahr, freiwillige Knechtschaft ist doch die allerverächtlichste? Du hast also überhaupt keinen Grund, Dich von jenen Hochmütigen abschrecken zu lassen, zu Deinen Sklaven weniger freundlich zu sein und nicht den stolzen Gebieter herauszukehren. Ehren sollen sie Dich, nicht fürchten! (18) Hier könnte nun einer einwenden, mit meinem Satz „Sie sollen den Herrn mehr ehren als fürchten" wolle ich alle Sklaven zu Freien erklären und die Herren entthronen. „Kurz", so könnte einer einwenden, „sie sollen ihn ehren wie Klienten beim morgendlichen Besuch?" Wer das sagt, vergisst, dass das, was einem Gotte genügt, für einen Herrn nicht zu wenig sein kann. Wer so Verehrung genießt, wird auch geliebt, und Liebe verträgt sich nicht mit Furcht! (19) Ich meine also, Du handelst genau richtig, dass Du von Deinen Sklaven nicht gefürchtet sein willst und sie nur mit Worten strafst. Mit Schlägen erzieht man Tiere! Nicht alles, was uns kränkt, ist eine wirkliche Beleidigung. Doch unsere Verwöhntheit treibt uns zwangsläufig zu Zornesausbrüchen, so dass alles, was sich nicht freiwillig unterwirft, unsere Wut anstachelt. (20) Wir benehmen uns wie Tyrannen. Ohne ihre Macht und die Ohnmacht der anderen zu bedenken, brausen sie auf und wüten herum, als ob sie Unrecht erlitten hätten. Wo doch die Höhe ihrer Stellung sie vor einer derartigen Gefahr völlig bewahrt. Natürlich wissen sie das auch, aber sie suchen förmlich die Gelegenheit, anderen zu schaden. Um Unrecht tun zu können, geben sie vor, Unrecht erlitten zu haben. (21) Ich will dich nicht länger aufhalten. Du hast Ermahnung nicht nötig. Unter anderem ist dies ein Merkmal guten sittlichen Verhaltens; es ist ausdauernd und findet an sich selbst Gefallen. Schlechtigkeit dagegen ist unbeständig und liebt häufigen Wechsel, aber nicht zum Besseren, sondern nur – zu anderem! Leb wohl!

Literatur:
Wiedemann 1981, Nr. 239

In seiner Schrift „Über die Wohltaten" kommt Seneca auf jene Wohltaten zu sprechen, die Sklaven freiwillig ihren Herren erwiesen haben. Diese belegen nachdrücklich die stoische Lehre, dass Unfreie moralisch um nichts schlechter als Freie sind. Auch Sklaven können innerlich frei, gerecht und zu großherzigen Taten imstande sein. Dies verdeutlicht Seneca mit einer Reihe von historischen Beispielen.

Quelle 13:
Seneca, *Über die Wohltaten* 3,18–28
(Übersetzung: M. Rosenbach)

18 (1) Gleichwohl wird von manchen die Frage gestellt, wie von Hekaton, ob eine Wohltat erweisen darf ein Sklave seinem Herrn. Manche unterscheiden so: manches sei Wohltat, manches Verpflichtung, manches Dienst; eine Wohltat sei, was ein Fremder gibt (ein Fremder ist, wer ohne Kritik unterlassen darf); um eine Verpflichtung handle es sich bei einem Sohn, bei der Gattin, bei den Personen, die das Band der Verwandtschaft zur Tat ermuntert und Hilfe bringen heißt; um eine Dienstleistung handle es sich beim Sklaven, den seine Aufgabe auf einen solchen Platz gestellt hat, sodass er nichts von dem, was er leistet, einem an Rang Höheren darüber hinaus als Verdienst in Rechnung setzt.

(2) Wer bestreitet, ein Sklave erweise gelegentlich seinem Herrn eine Wohltat, ist ohne Kenntnis des Menschenrechts; es kommt nämlich darauf an, welcher Gesinnung ein Mensch ist, der eine Wohltat erweist, nicht welchen Standes. Niemandem ist die sittliche Vollkommenheit verschlossen; allen ist sie zugänglich, alle lässt sie zu, alle lädt sie ein, frei Geborene, Freigelassene, Sklaven, Könige und Verbannte; nicht sucht sie aus Familie noch Vermögen, mit dem nackten Menschen ist sie zufrieden. Was nämlich gab es, das sicher vor plötzlichen Ereignissen, was dürfte sich der Geist Großes versprechen, wenn das Schicksal die wahre sittliche Vollkommenheit veränderte? (3) Wenn eine Wohltat nicht erweist ein Sklave seinem Herrn, dann weder jemand seinem König noch seinem Kommandeur ein Soldat; denn was für einen Unterschied macht es, von was für einer Herrschaft einer gebunden ist, wenn er von der höchsten gebunden ist? Denn wenn den Sklaven der Zwang der Verhältnisse sowie die Furcht, das Äußerste zu erleiden, daran hindert, die Bezeichnung Wohltäter für sich zu gewinnen, dann wird dieser selbe Sachverhalt sowohl den hindern, der einen König, als auch den, der einen Kommandeur hat, da sie ja unter ungleichem Titel Gleiches jenen gegenüber dürfen. Und doch erweisen sie ihren Königen, erweisen sie ihren Feldherrn Wohltaten: also auch ihren Herren. (4) Es kann ein Sklave gerecht sein, kann tapfer, kann von großer Gesinnung sein: also kann er auch eine Wohltat erweisen; denn auch das ist ein Merkmal von sittlicher Vollkommenheit. In solchem Maße sogar können ihren Herren Sklaven Wohltaten erweisen, dass sie sie oft zu Geschöpfen ihrer Wohltat gemacht haben.

19 (1) Kein Zweifel besteht, dass ein Sklave eine Wohltat erweisen kann einem beliebigen Menschen; warum sollte er sie also nicht auch seinem Herrn erweisen können? „Weil er nicht", heißt es, „Gläubiger seines Herrn werden kann, wenn er ihm Geld gegeben hat. Sonst verpflichtet er täglich seinen Herrn; auf einer Reise folgt er ihm, bei Krankheit dient er ihm, sein Land bestellt er mit höchster Mühe; alle diese Verrichtungen jedoch, die, leistete sie ein anderer, Wohltaten genannt würden, sind, leistet sie ein Sklave, Dienstleistungen. Denn eine Wohltat ist das, was einer gegeben hat, obwohl ihm freistand, es auch nicht zu geben; ein Sklave aber hat keine Möglichkeit zum Verweigern; so gewährt er nicht, sondern gehorcht, und nicht macht er das als Tat geltend, was nicht zu tun er nicht konnte." (2) Alsbald werde ich unter eben dieser Bedingung gewinnen und den Sklaven soweit bringen, dass er zu vielem frei ist; inzwischen sag mir, wenn ich dir einen Sklaven zeige, wie er für das Wohl seines Herrn ohne Rücksicht auf die eigene Person kämpft und, von Wunden durchbohrt, dennoch den Rest seines Blutes gerade aus seinen lebenswichtigen Organen verströmt und, damit jener Zeit zu fliehen habe, durch seinen Tod Verzug sucht – er habe eine Wohltat erwiesen, wirst du bestreiten, weil er ein Sklave ist? (3) Nimm an, ich zeige dir einen Sklaven: die Geheimnisse seines Herrn zu verraten würde er durch keine Versprechung des

Gewaltherrschers verführt, durch keine Drohungen erschreckt, durch keine Martern überwunden; ferngehalten hat er dennoch, soweit er konnte, Verdächtigungen Suchende und aufgebracht den Geist der Treue – er habe seinem Herrn eine Wohltat erwiesen, wirst du bestreiten, weil er ein Sklave ist? (4) Sieh zu, dass sie nicht desto größer ist, je seltener solch ein Beispiel von Charakterstärke bei Sklaven ist, und desto willkommener, als – wo doch nahezu verhasst ist alle Herrschaft und jeder Zwang belastend – den allgemeinen Hass auf die Knechtschaft bei einem Sklaven die Liebe zum Herrn überwunden hat. So handelt es sich nicht deswegen nicht um eine Wohltat, weil sie von einem Sklaven herrührt, sondern deswegen um eine besonders große, weil ihn davon abzuschrecken nicht einmal die Knechtschaft vermochte.

20 (1) Es irrt, wenn einer meint, das Sklaventum dringe in den Menschen völlig ein. Sein besserer Teil ist davon ausgenommen: der Körper ist unterworfen und zugeschrieben den Herren, der Geist freilich ist von eigenem Recht, denn er ist so frei und beweglich, dass er nicht einmal von dem Kerker, in dem er eingeschlossen ist, gehindert werden kann, sich seines Schwunges zu bedienen, Großes zu betreiben und, den Göttern ein Begleiter, in das Unendliche zu gehen. (2) Der Körper ist daher, was dem Herrn das Schicksal gegeben hat; ihn kauft er, ihn verkauft er; jener innere Wesenskern kann nicht der Eigentumsübertragung ausgeliefert werden. Was immer aus diesem Kern kommt, ist frei; nicht nämlich können wir alles befehlen oder werden Sklaven in allen Punkten zu gehorchen gezwungen: gegen den Staat erteilte Befehle werden sie nicht ausführen, für ein Verbrechen werden sie die Hand nicht hergeben.

21 (1) Es gibt Dinge, die die Gesetze zu tun weder befehlen noch verbieten; hier hat der Sklave Stoff für eine Wohltat. Solange geleistet wird, was von einem Sklaven ausgeübt zu werden pflegt, handelt es sich um eine Dienstleistung; wenn mehr, als es für einen Sklaven nötig ist, handelt es sich um eine Wohltat; sobald es in Zuneigung zu einem Freund übergeht, hört es auf, Dienstleistung zu heißen. (2) Es gibt etwas, das der Herr dem Sklaven gewähren muss, wie Lebensmittel, wie Kleidung. Niemand hat das eine Wohltat genannt; doch er war nachsichtig, er erwog großzügiger, er vermittelte Fertigkeiten, in denen frei Geborene ausgebildet werden: eine Wohltat ist es. Dasselbe geschieht umgekehrt in der Person des Sklaven: was immer es ist, das über die Norm des Sklavendienstes hinausgeht, das nicht auf Grund eines Befehls, sondern aus freiem Willen geleistet wird – eine Wohltat ist es, sofern es nur so groß ist, dass es so auch genannt werden könnte, wenn irgendein anderer es gewährte.

22 (1) Ein Sklave, so scheint es Chrysippos richtig, ist ein Lohndiener auf Dauer. Wie ein Lohndiener eine Wohltat gewährt, wenn er mehr leistet, als wozu er seine Arbeitskraft vermietet hat, so ein Sklave: wenn sein guter Wille gegenüber seinem Herrn über das Maß seiner Stellung hinausgeht, er etwas Höheres wagt, das auch glücklicher Geborenen zur Zierde gereichte, und der Hoffnung seines Herrn zuvorkommt, handelt es sich um eine Wohltat, die sich innerhalb des Hauses findet. (2) Oder scheint es dir gerecht, wenn wir Menschen, sofern sie weniger als das Geschuldete tun, zürnen, ihnen aber nicht dankbar sind, sofern sie mehr als das Geschuldete und Übliche getan haben?

Wissen willst du, wann es sich nicht um eine Wohltat handelt? Wenn man sagen kann: „Was, wenn er nicht wollte?" Sobald er aber das geleistet hat, was nicht zu wollen ihm freistand, muss sein Wollen gelobt werden. (3) Zueinander im Gegensatz stehen Wohltat und Ungerechtigkeit; man kann eine Wohltat erweisen seinem Herrn, wenn man von seinem Herrn eine Ungerechtigkeit erleben kann. Und doch ist, wer von Ungerechtigkeiten der Herren gegenüber ihren Sklaven hört, in der Lage, Grausamkeit, Willkür und Geiz bei der Gewährung des zum Lebensunterhalt Notwendigen zu dämpfen. Was also? Eine Wohltat empfängt ein Herr von seinem Sklaven? Nein, ein Mensch von einem Menschen. (4) Schließlich hat er, was in seiner Macht liegt, getan; eine Wohltat hat er seinem Herrn erwiesen; dass du sie nicht von einem Sklaven entgegennähmest, läge in deiner Macht! Wer aber ist so groß, dass ihn das Schicksal nicht zwingen könnte, auch das Niedrigste zu entbehren?

23 (1) Viele Beispiele von Wohltaten will ich nun aufführen sowie zwischen ihnen bestehende Unähnlichkeiten und Gegensätze. Gegeben hat einer seinem Herrn das Leben, gegeben hat er ihm den Tod, gerettet hat er ihn, als er in Gefahr war zu sterben, und ihn, wenn dies zu wenig ist, durch eigenes Sterben gerettet; einer hat dem Tod seines Herrn geholfen, ein anderer ihn getäuscht.

(2) Claudius Quadrigarius berichtet im 18. Buch seiner *Annalen*, als Grumentum belagert wurde und es bereits zur äußersten Verzweiflung gekommen war, seien zwei Sklaven zum Feind übergelaufen und hätten einen wichtigen Dienst geleistet. Als sodann die Stadt eingenommen worden war und überall die Sieger umherliefen, seien sie über bekannte Wege zu dem Haus, in dem sie gedient hatten, vorausgelaufen und hätten ihre Herrin vor sich her getrieben; als man sie fragte, um wen es sich handle, behaupteten sie, sie führten ihre – und zwar äußerst grausame – Herrin zur Hinrichtung. Als sie sie schließlich vor die Stadt gebracht hatten, hätten sie sie mit größter Besorgtheit verborgen, bis sich der Zorn der Feinde legte; schließlich, sobald die Soldateska genug hatte und zu römischen Sitten zurückgekehrt war, seien auch sie zu den Ihren zurückgekehrt und hätten sich eine Herrin selbst gegeben.

(3) Frei ließ sie beide auf der Stelle und hielt es nicht für ihrer unwürdig, von denen ihr Leben empfangen zu haben, denen gegenüber sie Gewalt über Leben und Tod gehabt hatte. Sie konnte sich dafür sogar eher Glück wünschen; auf andere Weise gerettet, hätte sie das Geschenk einer bekannten und alltäglichen Milde erhalten, so gerettet, wurde sie eine berühmte Geschichte und Beispiel beider Städte. (4) In der so großen Verwirrung einer eroberten Stadt, als ein jeder für sich sorgte, flohen alle außer den Überläufern; hingegen sie, um die Gesinnung zu zeigen, aus der jenes frühere Überlaufen geschehen war, liefen von den Siegern zur Gefangenen über und trugen dabei die Masken von Mördern; das war bei jener Wohltat am bedeutsamsten – für so wichtig hielten sie es, damit die Herrin nicht getötet würde, den Eindruck zu erwecken, sie hätten sie getötet. Nicht ist es, glaub mir, die Art einer – nicht sage ich Sklavenseele, sondern einer – wertlosen Seele, eine hervorragende Tat mit dem Ruf eines Verbrechens erkauft zu haben.

(5) Vettius, Führer der Marser, wurde zum römischen Feldherrn geführt; sein Sklave entwand das Schwert eben jenem Soldaten, von dem er abgeführt

wurde, und tötete zunächst seinen Herrn, dann rief er: „Zeit ist es, auch für mich zu sorgen! Eben habe ich meinen Herrn freigelassen", und so durchbohrte er sich mit einem einzigen Hieb. Zeig mir jemanden, der großartiger seinen Herrn gerettet hat.

24 Caesar belagerte Corfinium, eingeschlossen gehalten wurde Domitius; er befahl seinem Arzt, zugleich seinem Sklaven, er solle ihm Gift geben Als er ihn zögern sah, sagte er: „Was zauderst du, als ob das völlig in deiner Gewalt sei? Den Tod suche ich bewaffnet." Da sicherte jener es zu und gab ihm ein unschädliches Medikament zu trinken; als er davon betäubt war, ging er zu seinem Sohn und sagte: „Befiehl mich bewachen zu lassen, bis du aus dem Ausgang erkennst, ob ich deinem Vater Gift gegeben habe." Es lebte Domitius und wurde von Caesar gerettet; vorher hatte ihn dennoch sein Sklave gerettet.

25 Im Bürgerkrieg verbarg ein Sklave seinen geächteten Herrn, lief, nachdem er seine Ringe aufgesetzt und seine Kleidung angezogen hatte, den Häschern entgegen, sagte, er bitte nicht, dass sie ihre Befehle nicht ausführen sollen, und bot sodann den Nacken dar. Was für eines Mannes Art ist es, für den Herrn zu einer Zeit sterben zu wollen, zu der es seltene Treue war, nicht zu wollen, dass der Herr sterbe! In der allgemeinen Grausamkeit einen sanften Menschen zu finden, in der allgemeinen Treulosigkeit einen zuverlässigen! Obwohl riesige Belohnungen für Verrat gezeigt wurden, als Belohnung der Treue den Tod zu begehren!

26 Beispiele aus unserem Jahrhundert werde ich nicht übergehen. Unter Kaiser Tiberius gab es eine häufige und nahezu allgemeine Sucht, Menschen vor Gericht zu bringen, die schlimmer als jeder Bürgerkrieg in tiefem Frieden den Staat gefährdete. Man belauschte der Betrunkenen Gerede, die Einfalt der Scherzenden; nichts war mehr sicher; jede Gelegenheit zum Wüten gefiel, und nicht mehr wartete man auf die Folgen für die Angeklagten, weil es nur eine einzige gab. Es speiste der ehemalige Praetor Paulus auf irgendeinem Gastmahl und trug dabei ein Bildnis des Kaisers Tiberius auf einem Kameo. (2) Etwas sehr Unpassendes werde ich tun, wenn ich jetzt nach Worten suche, wie ich sagen kann, dass er einen Nachttopf genommen hat; diese Bewegung bemerkten zugleich Maro, einer von den bekanntesten Denunzianten jener Zeit, und ein Sklave des Mannes, der gerade in eine Intrige verwickelt wurde. Der war ihm in der Trunkenheit behilflich und zog ihm den Ring vom Finger; als nun Maro die Gäste als Zeugen dafür nahm, berührt habe das Bildnis unanständige Organe, und bereits die Klageschrift abfassen wollte, zeigte auf seiner Hand der Sklave den Ring. Wenn einer diesen einen Sklaven nennt, wird er auch jenen einen „Gast" nennen.

27 Unter dem Divus Augustus waren den Menschen ihre Worte noch nicht gefährlich, doch schon belastend. Rufus, ein Mitglied des Senats, hatte beim Mahl den Wunsch geäußert, der Kaiser solle nicht wohlbehalten zurückkehren von der Reise, die er gerade plante; und er hatte hinzugefügt, denselben Wunsch hätten auch alle Stiere und Kälber. Es gab Menschen, die diese Worte aufmerksam gehört hatten. Sobald es Tag geworden war, berichtete der Sklave, der dem Herrn beim Mahl zu Füßen gestanden hatte, was er beim Mahl im Rausch gesagt hatte, und riet ihm, er solle dem Kaiser zuvorkommen und sich selbst anzeigen. (2) Er folgte dem Rat und trat dem Kaiser entgegen, als er den Palast verließ; nachdem er geschworen hatte, er habe am Tage zuvor schlechte Gesinnung bekundet, sprach er den Wunsch aus, das möge auf ihn und seine Söhne zurückfallen, und bat den Kaiser, er möge ihm verzeihen und sich mit ihm aussöhnen. (3) Als der Kaiser erwidert hatte, das tue er, sagte er: „Niemand wird glauben, dass du dich mit mir ausgesöhnt hast, wenn du mir nicht etwas schenkst." Und er bat den Gnädigen um eine nicht zu verachtende Summe und erhielt sie. Der Kaiser sagte: „Um meinetwillen gebe ich mir Mühe, niemals dir zu zürnen. (4) Sittlich handelte der Kaiser, dass er ihm verzieh, dass er Großzügigkeit der Milde hinzufügte; wer immer dieses Beispiel hört, muss den Kaiser loben, aber erst, nachdem er zuvor den Sklaven gelobt hat. Nicht erwartest du, dass ich dir erzähle, es sei freigelassen worden, der das getan hatte; und dennoch nicht umsonst: das Geld für seine Freilassung hatte der Kaiser bezahlt.

28 (1) Nach so vielen Beispielen besteht kein Zweifel, dass ein Herr eine Wohltat von einem Sklaven entgegennehmen kann? Warum sollte eher die Person den Wert eines Sachverhaltes mindern, als der Sachverhalt selbst die Person adeln? Dieselben Anfänge haben alle Menschen, denselben Ursprung; niemand ist vornehmer als ein anderer, außer wenn er eine geradere und durch gute Charaktereigenschaften bessere Gesinnung hat. (2) Die da Ahnenbilder im Atrium aufstellen und die Namen ihrer Familie in langer Reihe sowie in vielen Verzweigungen der Stammbäume miteinander verbunden im vordersten Teil ihres Hauses anbringen – sind sie nicht bekannt eher als vornehm? Einziger Vater von allen ist das All; sei es über glänzende, sei es über unansehnliche Stufen wird dorthin der erste Ursprung eines jeden zurückgeführt. Kein Grund besteht, dass solche Menschen dich blenden, die, wenn sie ihre Vorfahren oft durchmustern, immer dort, wo ein berühmter Name fehlt, einen Gott einfügen. (3) Niemanden achte gering, auch wenn die Namen in seiner Umgebung keinen Wert haben und zu wenig Hilfe in einem gütigen Schicksal finden. Mögt ihr Freigelassene vor euch haben oder Sklaven oder Menschen auswärtiger Völker, richtet kühn die Herzen auf, und was immer Unansehnliches sich mitten im Weg befindet, setzt euch darüber hinweg; es erwartet euch zuletzt großer Adel. (4) Was erheben wir uns aus Hochmut zu solch einem Grad an Eitelkeit, dass wir es für unter unserer Würde halten, eine Wohltat von Sklaven entgegenzunehmen, und ihre Stellung sehen, ohne an ihre Verdienste zu denken? Einen Sklaven nennst du jemanden, du, der Wollust und der Kehle Sklave und deiner Buhlerin, nein, deiner Buhlerinnen gemeinsames Eigentum? (5) Einen Sklaven nennst du jemanden? Wohin lässt du dich von diesen Trägern bringen, die dein Lager umhertragen? Wohin bringen dich die livrierten Diener, in militärischer, gewiss nicht gewöhnlicher Art uniformiert, wohin sage ich, bringen sie dich? Zur Haustür irgendeines Türhüters, zu den Gärten irgendeines Menschen, der nicht einmal ein gewöhnliches Amt innehat; und dann bestreitest du, von deinem Sklaven könne dir eine Wohltat erwiesen werden, für den der Kuss eines fremden Sklaven eine Wohltat ist? (6) Was ist das für ein großer Zwiespalt in deiner Seele? Im selben Augenblick verachtest du Sklaven und verehrst sie, befehlshaberisch im Hause und herrschsüchtig, unterwürfig draußen und so verachtet, wie du verachtest;

denn keine Menschen lassen den Mut tiefer sinken als sie, die ihn unverschämt erheben, und keine sind eher dazu bereit, andere Menschen mit Füßen zu treten, als die, die Beleidigungen auszuteilen durch deren Empfangen gelernt haben.

29 (1) Das musste gesagt werden, um zu zermalmen die Unverschämtheit von Menschen, die vom Schicksal abhängen, und für die Sklaven das Recht, eine Wohltat zu erweisen, zu sichern.

Literatur:
Eck – Heinrichs 1993, Nr. 264; Garnsey 1996, 48f.

Epiktet, selbst ein freigelassener Sklave, betont in seinem Lehrgespräch über die Freiheit, dass die Freilassung für einen Sklaven nicht nur bedeutet, sich fortan selbst versorgen zu müssen, sondern, dass sie nicht zuletzt durch neue Begehrlichkeiten, die dadurch entstanden, mitunter andere Abhängigkeiten mit sich bringen konnte. Auch Epiktet erweist sich hier als ein Vertreter der stoischen Lehre von der inneren und äußeren Sklaverei, die unabhängig vom rechtlichen Status besteht.

Quelle 14:
Epiktet, *Diatriben* 4, 1, 33–40 (Übersetzung: W. Eck / J. Heinrichs)

(33) Seine Freilassung wünscht sich der Sklave ohne langes Nachdenken. Weshalb? Meint ihr, weil er den Einnehmern der fünfprozentigen Freilassungssteuer unbedingt Geld zahlen möchte? Nein; sondern weil er sich vorstellt, er werde in seinem Glück gehindert, da er bisher (die Freiheit) noch nicht erlangt habe. (34) „Wenn ich freigelassen werde", sagt er, „wird sogleich alles glückverheißend, auf niemanden nehme ich Rücksicht, zu allen rede ich von gleich zu gleich, ich reise, wohin ich will, ich komme, woher ich will, und gehe, wohin es mir passt." (35) Darauf wird er freigelassen und hat alsbald keine Nahrung mehr; so sucht er denn nach jemandem, dem er schmeicheln und bei dem er tafeln kann. Darauf verdient er Geld mit seinem Körper und hat Schlimmstes zu erdulden; und findet er eine Krippe, so ist er in eine Sklaverei gefallen, die weit drückender ist als die frühere. (36) Oder: es geht ihm wirtschaftlich gut, er ist aber unerfahren im Umgang mit schönen (Frauen) und hat sich in ein junges Mädchen verliebt: er bleibt erfolglos, fühlt sich elend und wünscht sich sehnlich seine Zeit als Sklave zurück: (37) „In welcher Hinsicht ging es mir denn damals schlecht? Ein anderer kleidete mich, ein anderer gab mir Schuhwerk, ein anderer sorgte für meine Nahrung, ein anderer pflegte mich bei Krankheit, nur in wenigen Dingen hatte ich ihm zu dienen. Jetzt aber, in meinem Leid, was habe ich nicht alles zu erdulden als Sklave mehrerer Herren, nicht mehr eines einzelnen? (38) Vielleicht aber", fährt er fort, „wenn ich mir die Ringe (d.h. die ritterlichen Ehrenrechte) erwerbe, werde ich auf höchst angenehme und glückliche Weise mein Leben führen." Zunächst also, um (die Ringe) zu erwerben, erduldet er, was er denn auch verdient! Hat er sie erlangt, dann noch einmal dasselbe. (39) Hierauf äußert er: „Ich werde im Heer (als ritterlicher Offizier) dienen und all das Unglück abschütteln." Er dient, er duldet dasselbe wie ein gerissener Sklave, verlangt nichtsdestotrotz nach einer zweiten Dienststellung und nach einer dritten. (40) Steigt er hierauf zu höchsten Höhen auf und wird Senator, so wird er ein Sklave durch die Teilnahme an den Sitzungen: nun hat er die herrlichste und fetteste Art der Sklaverei erreicht.

Literatur:
Loffredo 2015, 86ff.

In seiner ersten Rede über Knechtschaft und Freiheit versucht der stoisch geprägte Philosoph und Redner Dion von Prusa, genannt Chrysostomos, eine Definition der Freiheit zu finden. Er kommt dabei zu dem Schluss, dass das Entscheidende nicht sei, von niemandem abhängig zu sein oder sich niemandem unterzuordnen, auch nicht, ob für jemanden Geld bezahlt wurde oder ob man ausgepeitscht, gefesselt oder getötet werden könne, auch nicht, ob man tun und lassen könne, was man wolle, sondern vielmehr die Vernunft und die Kenntnis dessen, was erlaubt und verboten ist.

Quelle 15:
Dion von Prusa, *Über Knechtschaft und Freiheit* (14. Rede)
(Übersetzung: W. Elliger)

1 Lieber als alles andere wollen die Menschen frei sein, und in der Freiheit sehen sie das höchste Gut, in der Knechtschaft aber das schimpflichste und unglücklichste Los. Was Freisein und Knechtsein aber eigentlich ist, das wissen sie nicht. Und so tun sie auch so gut wie nichts, um dem Schimpflichen und Beschwerlichen, der Knechtschaft, zu entgehen und, was ihnen so wertvoll erscheint, die Freiheit, zu erringen, vielmehr machen sie genau das, was alle, die sich darauf einlassen, notwendig in ewige Knechtschaft führt und niemals die Freiheit erlangen lässt. **2** Indes darf man sich vielleicht nicht einmal darüber wundern, dass diese Leute weder erreichen noch vermeiden können, was sie nicht kennen. Wenn sie zum Beispiel nicht wüssten, was Schaf und Wolf sind, trotzdem aber glaubten, das eine sei nützlich und seine Anschaffung gut, das andere schädlich und abträglich, so wäre es doch keineswegs verwunderlich, wenn sie das Schaf fürchteten und gegebenenfalls vor ihm flöhen, als wäre es ein Wolf, den Wolf aber im Glauben, er sei ein Schaf an sich herankommen ließen und nicht fortliefen. Denn so macht es die Unwissenheit mit den Unwissenden; sie zwingt sie, jeweils das Gegenteil von dem, was sie beabsichtigen und was ihnen nützlich ist, zu fliehen oder zu verfolgen.

3 Wir wollen nun sehen, ob die große Menge eine genaue Kenntnis von Freiheit und Knechtschaft hat. Denn vielleicht sind unsere Vorwürfe unberechtigt, und sie versteht recht viel davon.

Wenn jemand sie fragte, was Freisein eigentlich ist, würde sie vielleicht antworten: von niemand abhängig sein, sondern einfach tun, was einem gefällt. **4** Wenn man auf diese Antwort hin weiter fragte, ob es wohl schön sei und einem freien Mann anstehe, als Sänger in einem Chor nicht auf den Dirigenten zu achten und sich ihm unterzuordnen, sondern richtig oder falsch zu singen, wie es einem gerade in den Sinn kommt; ob das Gegenteil aber, auf den Chorleiter zu achten und ihm zu folgen und dann mit dem Singen anzufangen und aufzuhören, wenn er das Zeichen gibt, schimpflich und sklavenhaft sei, so wäre der Betreffende damit wohl kaum einverstanden. **5** Und auch nicht, wenn man ihn fragte, ob es seiner Meinung nach den freien Mann verrate, sich auf See nicht um den Steuermann zu kümmern und nicht zu tun, was er sagt, dass man also zum Beispiel auf seinen Befehl, sich zu setzen, im Boot steht, wenn es einem nicht passt, oder auf den Befehl, Wasser zu schöpfen oder beim Hissen der Segel zu helfen, kein Wasser schöpft und kein Tau anrührt; auch diesen Mann wird er nicht für frei und nachahmenswert halten, da er tut, was ihm gerade einfällt. **6** Gewiss wird er auch die Soldaten nicht deswegen Sklaven heißen, weil sie ihrem Führer gehorsam sind und dann aufstehen, wenn er es befiehlt, Proviant fassen, die Waffen aufnehmen, sich in

Reih und Glied aufstellen, angreifen und zurück gehen genau nach dem Befehl ihres Führers. Auch wird man die Kranken nicht Sklaven nennen, weil sie den Anweisungen der Ärzte folgen. **7** Und doch sind es keine kleinen und leichten Dinge, in denen sie sich nach ihnen richten, vielmehr müssen sie manchmal Hunger und Durst ertragen. Befindet es der Arzt einmal für gut, den Kranken zu binden, zu schneiden oder zu brennen, so wird er auf der Stelle gebunden, gebrannt und geschnitten, solange es jener für gut hält. Und wenn sich der Kranke sträubt, springen alle im Haus dem Arzt bei, und nicht nur die Freien, auch die Diener des Kranken binden oftmals ihren Herrn, bringen Feuer, damit er gebrannt werden kann, und leisten sonstige Dienste. **8** Du wirst nun doch nicht behaupten wollen, dieser Mann sei nicht frei, weil er auf Geheiß eines anderen viele Unannehmlichkeiten über sich ergehen lässt? Den Perserkönig Dareios zum Beispiel würdest du wohl kaum unfrei nennen, weil er, als er sich auf der Jagd bei einem Sturz vom Pferd den Knöchel verrenkt hatte, sich den Ärzten fügte, die seinen Fuß zerrten und renkten, um das Gelenk wieder einzurichten, und obendrein noch Ägypter waren. Oder den Xerxes, der auf dem Rückzug von Griechenland in einen Sturm geraten war und an Bord des Schiffes allen Anweisungen des Steuermannes folgte und sich nicht einmal erlaubte, gegen dessen Meinung sich zu bücken oder sich von der Stelle zu bewegen. – Man wird also nicht sagen können, Freiheit bestehe darin, von keinem Menschen abhängig zu sein und zu tun, was man wolle.

9 Aber vielleicht wird man einwenden, dass diese Menschen sich zu ihrem eigenen Vorteil unterordnen, wie die Passagiere dem Steuermann, die Soldaten dem Führer, die Kranken dem Arzt gerade aus diesem Grund gehorchen, denn sie würden doch nichts anderes anordnen, als was den von ihnen Abhängigen nütze; die Herren aber trügen ihren Dienern nicht auf, was jenen nütze, sondern was sie für sich selbst für vorteilhaft hielten. **10** Wie steht es damit? Ist es für den Herrn ein Vorteil, wenn sein Diener stirbt oder krank oder ein Nichtsnutz ist? Das wird niemand behaupten wollen, vielmehr, glaube ich, das Gegenteil: wenn er am Leben bleibt und gesund und tüchtig ist. Und genau das stellt sich auch für den Diener als vorteilhaft heraus. Daher trägt der Herr, wenn er vernünftig ist, seinem Diener nur auf, was diesem genauso zuträglich ist, denn das erweist sich auch für ihn selbst als Vorteil.

11 „Aber für wen Geld bezahlt worden ist, der ist doch unbedingt ein Sklave." Nun, haben nicht schon viele Menschen für viele Freie Geld aufgebracht und Feinden oder Räubern Lösegeld bezahlt? Haben nicht andere ihren Herren den für sie bezahlten Kaufpreis erstattet? Deswegen sind sie doch nicht ihre eigenen Sklaven geworden!

12 „Wen aber ein anderer peitschen, binden, töten und behandeln darf, wie er will, der ist doch gewiss des andern Sklave." Wie steht es damit? Können das nicht auch Räuber mit ihren Gefangenen tun? Deswegen sind diese doch noch nicht Sklaven. Und ferner: Können nicht Richter viele der Angeklagten zu Gefängnis, zum Tode oder zu allem anderen, was sie wollen, verurteilen? Und doch ist der Angeklagte kein Sklave. Wenn er es aber für den einen Tag, an dem er vor Gericht steht, sein sollte, so hat das nichts zu sagen. Denn hat man schon einmal gehört, dass jemand für einen einzigen Tag Sklave gewesen ist?

13 „Aber will man es in einem Satz zusammenfassen, muss man eben doch sagen: Wer tun kann, was er will, ist frei; wer das nicht kann, ist ein Sklave." Von den Passagieren, den Kranken, den Soldaten und denen, die lesen und schreiben, Zither spielen, ringen oder eine andere Fertigkeit lernen, wirst du das nicht behaupten wollen; denn sie können nicht machen, was ihnen gefällt, sondern müssen tun, was ihnen der Steuermann, der Arzt und der Lehrer vorschreibt. Und so können auch alle anderen nicht einfach tun, was sie wollen, vielmehr wird jeder, der gegen die bestehenden Gesetze verstößt, bestraft.

14 „Nun gut, wer in allem, was von den Gesetzen weder verboten, noch geboten ist, handeln kann, wie er will, der ist frei, und wer dazu nicht in der Lage ist, ein Sklave." Wie, glaubst du alles tun zu dürfen, was von den Gesetzen nicht ausdrücklich verboten ist, im Übrigen aber den Menschen als hässlich und verkehrt gilt? Ich meine etwa, Zoll einzunehmen, ein Bordell zu halten oder sonst etwas dergleichen zu tun.

„Nein, keineswegs möchte ich behaupten, die Freien dürften so etwas tun. denn auch das wird bestraft, mit dem Hass und dem Unwillen der Leute."

15 Also gut, was unbeherrschte Menschen in ihrer Unbeherrschtheit, unverständige in ihrem Unverstand tun – ob sie nun ihr Vermögen oder ihren Leib vernachlässigen oder sich ungerecht und rücksichtslos gegeneinander betragen –, das alles ist doch schon eine Strafe für die, die es tun, denn sie leiden Schaden an ihrem Leib, ihrem Vermögen oder, was das Wichtigste ist, an ihrer Seele.

„Da hast du Recht."

Also auch diese Dinge darf man nicht tun.

„Nein."

16 Kurz, was schlecht, verkehrt und schädlich ist, darf man nicht tun, vom Rechten, Nützlichen und Guten aber muss man sagen, dass es sich empfiehlt und erlaubt ist?

„Ich glaube, ja."

Niemand tut also ungestraft etwas Schlechtes oder Schädliches, weder ein Grieche noch ein Ausländer noch jemand, für den man Geld bezahlt hat.

„Nein."

Die entgegengesetzten Dinge aber sind allen gleich gestattet, und wer das Erlaubte tut, bleibt von Strafe verschont, wer aber das Verbotene tut, wird bestraft. **17** Glaubst du nun, dass jemand etwas anders das Erlaubte tut als der, der es kennt, und jemand anders das Verbotene tut als der, der es nicht kennt?

„Auf keinen Fall."

Also dürfen auch die vernünftigen Leute alles tun, was sie wollen, die unvernünftigen aber nicht. Daher sind die Vernünftigen notwendig auch frei und dürfen handeln, wie sie wollen, die Unvernünftigen aber Sklaven, die tun, was sie nicht dürfen.

„Vielleicht."

18 Demnach müssen wir die Freiheit als Kenntnis von dem, was erlaubt und verboten ist, bestimmen, und die Unfreiheit als Unkenntnis von beidem. Nach dieser Definition würde den Großkönig nichts hindern, auch wenn er eine noch so große Tiara auf dem Kopf trüge, ein Sklave zu sein und lauter Dinge zu tun, die er nicht tun dürfte; denn mit allem, was er tut, wird er sich selbst strafen und schädigen. Jemand anders aber, der aussieht wie ein Sklave und auch so genannt wird, der nicht nur einmal, sondern, wenn es sich trifft, vielmals verkauft worden ist, ja sogar, wenn es der Zufall will, ganz dicke Fesseln trägt, ist vielleicht eher frei als der Großkönig.

19 „Mir kommt es höchst merkwürdig vor, dass einer, der in Fesseln geht, dem ein Zeichen eingebrannt ist oder der in einer Mühle arbeiten muss, eher frei sein soll als der Großkönig."

Nun, warst du schon einmal in Thrakien?

„Ja."

Hast du da nicht gesehen, dass die freigeborenen Frauen dort voller Tätowierungen sind, dass diese Tätowierungen um so zahlreicher und bunter sind, je größeres Ansehen die Trägerinnen und ihre Familien genießen?

„Was willst du damit sagen?"

20 Dass eine Königin, wie es scheint, nichts daran hindert, tätowiert zu sein. Glaubst du, bei einem König sei das anders? Du hast wohl noch nie von jenem Volk gehört, bei dem der König auf einem sehr hohen Turm bewacht wird und nicht vom Turm herabsteigen darf? Hättest du davon gehört, so wüsstest du, dass ein König sehr wohl eingeschlossen sein kann. Und vielleicht hättest du, wenn du ihnen vom Großkönig erzählt hättest, die Verwunderung dieser Leute bemerken können und ihr Misstrauen, dass es da einen König gibt, der auf einem Wagen durch die Gegend fährt und geht, wohin er will.

„Aber ein Beispiel für einen König in Fesseln wirst du nicht nennen können."

21 Vielleicht nicht gerade bei den Menschen. Aber wenn wir Hesiod, Homer und anderen weisen Männern, die diese Geschichte von Kronos erzählen, glauben dürfen, ist der erste und älteste König der Götter gefesselt worden, und das ist ihm, beim Himmel, nicht von einem Feind und zu Unrecht widerfahren, sondern von dem gerechtesten und ihm liebsten Gott, der offensichtlich glaubte, königlich und ihm zum Nutzen zu handeln. **22** Die Leute wissen das aber nicht, und sie würden niemals glauben, dass ein Bettler, ein Gefangener oder namenloser Mann König sein konnte, und doch hören sie, dass Odysseus, obwohl er ein Bettler war und bei den Freiern betteln ging, trotzdem König und Herr des Hauses war. Antinoos und Eurymachos aber, die Homer Könige nennt, waren armselige und unglückliche Menschen. Aber wie gesagt, das wissen die Leute nicht, und damit man sie ja als Könige erkennt, legen sie sich als Zeichen ihrer Würde Tiara, Zepter und Diadem zu wie Eigentümer ihr Vieh mit Zeichen versehen, um es leichter erkennen zu können. **23** So war auch der Perserkönig darauf bedacht, dass er allein eine aufrecht stehende Tiara habe. Wagte das jemand anders, musste er sofort sterben, da es nicht richtig und ratsam schien, dass unter solch zahllosen Menschen zwei eine aufrechte Tiara trügen. Dass er aber eine aufrechte Gesinnung und niemand klügere Gedanken habe als er, darauf achtete er überhaupt nicht. **24** Daher fürchte ich, dass wir, wie es damals für die Königswürde Zeichen gab, jetzt solche Zeichen für die Freiheit brauchen und mit einem Filzhut auf dem Kopf einhergehen müssen; sonst werden wir den Freien vom Sklaven nicht unterscheiden können.

In seinen „Tischgesprächen am Saturnalienfest" stellt Macrobius eine Vielzahl von Belegen dafür zusammen, dass Sklaven um nichts schlechter als Freie sind, und bringt zahlreiche Beispiele von großen Taten, die von Sklaven vollbracht wurden. Er zitiert dabei lange Passagen aus früheren Texten, etwa aus dem 47. Brief Senecas an Lucilius (→ Quelle 12).

Literatur: Wiedemann 1981, Nr. 243

Quelle 16:
Macrobius, *Tischgespräche am Saturnalienfest* 1, 10, 22 – 1, 11, 46
(Übersetzung: O. und E. Schönberger)

10 [...] (22) Philochoros sagt, als erster habe Kekrops in Attika für Saturn und Ops einen Altar errichtet und diese Götter anstelle von Iuppiter und Terra verehrt; zudem habe er den Brauch begründet, dass Familienväter nach der Ernte der Feld- und Baumfrüchte in allen Häusern mit den Sklaven zu Tisch säßen, mit denen sie die Mühe des Feldbaues geteilt hatten. Die Gottheit erfreue sich nämlich an der Ehrung, die man den Sklaven in Würdigung ihrer Mühe erweise. Davon kommt es auch, dass wir nach fremdem Brauch diesem Gott mit unbedecktem Haupt opfern. [...]

11 (1) Nun polterte Euangelus: Zwei Dinge sind es, die ich in dem nicht ertragen kann, was unser Praetextatus vortrug, um seinen Geist glänzen zu lassen und seine Redekunst vorzuführen: Er wollte es eben einem Gott als Ehre anrechnen, dass Sklaven mit ihren Herren speisten, gerade als ob sich Gottheiten um Sklaven kümmerten oder ein Weiser in seinem Haus eine so schmähliche und hässliche Gemeinsamkeit zuließe. [...]

(2) Während nun alle entsetzt waren, entgegnete Praetextatus lächelnd: Mein lieber Euangelus, du kannst mich gern für abergläubisch halten oder für unglaubwürdig, wenn ich dir nicht für beide Ansichten zuverlässige und beweisende Gründe beibringe. Und um zuerst von den Sklaven zu sprechen: Meinst du im Spaß oder im Ernst, dass es eine Art von Menschen gibt, die die unsterblichen Götter ihrer Fürsorge und Vorsehung nicht für würdig halten? Oder gibst du etwa nicht zu, dass Sklaven zu den Menschen gehören? So höre, welche Empörung über die Hinrichtung eines Sklaven im Himmel herrschte!

(3) Im Jahr 474 nach der Gründung Roms ließ nämlich ein gewisser Autronius Maximus einen Sklaven peitschen, an den Kreuzbalken binden und vor Beginn der Spiele durch den Circus treiben. Darüber empörte sich Iuppiter und befahl einem Mann namens Annius im Traum, er solle dem Senat melden, dieses grausame Schauspiel habe ihn empört. (4) Als aber Annius dies nicht beachtete, raffte ein rascher Tod seinen Sohn hinweg, und nach dem zweiten Hinweis fiel er wegen derselben Gleichgültigkeit selbst in eine plötzliche, zehrend schwächende Krankheit. Nun erst ließ er sich auf den Rat seiner Freunde hin auf einer Bahre in den Senat tragen, erstattete Bericht und erhielt, kaum dass er geendet hatte, auf der Stelle seine volle Gesundheit zurück und konnte die Kurie auf eigenen Füßen verlassen. (5) Daher wurde auf Beschluss des Senates und nach dem Maenischen Gesetz, um Iuppiter zu versöhnen, zu diesen Circusspielen ein Tag hinzugefügt und als Tag der Wiederherstellung [*instauraticius*] bezeichnet, nicht, wie manche meinen, nach dem Kreuzbalken

[griechisch: *stauros*], sondern nach der Wiederherstellung, wie Varro erklärt, der sagt, das Wort *instaurare* bedeute *instar novare* [soviel wie: erneuern]. (6) Du siehst, welche Fürsorge der höchste Gott einem Sklaven angedeihen ließ.

Woher aber kommt deine tiefe, grundlose Verachtung der Sklaven, als ob sie nicht aus denselben Elementen bestünden wie du, sich von denselben Elementen ernährten und nicht den gleichen Atem aus demselben Quell schöpften? (7) Bedenke doch, dass diese, die du dein Eigentum nennst, aus denselben Ursprüngen herkommen, denselben Himmel genießen und ganz wie auch du leben und sterben! „Es sind Sklaven!" Nein! Es sind Menschen! „Es sind Sklaven!" Nein, es sind Mitsklaven, wenn du bedenken willst, dass das Glück gleiche Macht über euch beide hat. Ebenso leicht kannst du jenen als Freien erleben wie er dich als Sklaven. Weißt du nicht, in welch hohem Alter Hekuba Sklavin wurde, in welchem Kroisos, in welchem die Mutter des Dareios, in welchem Diogenes, ja selbst Plato? (8) Und schließlich, weshalb schaudern wir vor dem Wort „Sklave" so zurück? Einer ist Sklave, aber er ist ein Opfer der Notwendigkeit, und vielleicht ist er ein Sklave mit freier Seele. Seinen Sklavenstand kannst du ihm dann vorwerfen, wenn du zeigen kannst, wer kein Sklave ist. Der eine ist ja Sklave der Lust, ein anderer der Habgier, ein dritter der Geltungssucht, und alle sind Sklaven der Hoffnung, alle Sklaven der Furcht. Und sicher ist keine Sklaverei schändlicher als eine freiwillige. (9) Wir aber trampeln, als wäre er ein Elender und Minderwertiger, auf einem Menschen herum, den das vom Glück auferlegte Joch niederdrückt, das Joch freilich, das wir selbst uns auf den Nacken legen, lassen wir nicht tadeln. (10) Du wirst unter Sklaven einen finden, der der Lockung des Geldes widersteht, und du wirst einen Herrn finden, der in Erwartung eines Gewinns den Sklaven eines anderen beflissen die Hände küsst. Daher will ich die Menschen nicht nach ihrer Lage einschätzen, sondern nach ihrem Charakter. Für seinen Charakter ist nämlich jeder selbst verantwortlich, während unsere Lage der Zufall gestaltet. Ein Tor ist, wer beim Kauf eines Pferdes nicht das Tier selbst ansieht, sondern seinen Sattel und die Zügel, und noch viel törichter ist einer, der meint, er müsse einen Menschen entweder nach seiner Kleidung beurteilen oder nach seiner Lage, die uns wie ein Kleid umgibt. (11) Man muss, Euangelus, sich einen Freund nicht nur auf dem Forum oder in der Curie suchen; wenn du sorgsam darauf achtest, findest du ihn auch im eigenen Haus. Behandle nur deinen Sklaven mit Milde, ja sogar freundlich, sprich mit ihm und ziehe ihn manchmal selbst in wichtigen Dingen zu Rate! Auch unsere Voreltern wollten ja den Herren jeden Vorwurf und den Sklaven jede Kränkung ersparen und nannten den Herrn Hausvater und die Sklaven Hausgesinde. (12) Daher sollen dich, glaube mir, deine Sklaven eher verehren als fürchten.

Nun könnte jemand behaupten, ich wolle die Herren ihrer Würde berauben und die Sklaven geradezu freilassen, weil ich sagte, diese sollten <ihre Herren> eher verehren als fürchten. Wer so denkt, vergisst, dass den Herren nicht zu gering sein darf, was den Göttern genug ist. Zudem: Wen man verehrt, den liebt man auch, denn Liebe und Furcht können nicht zusammen bestehen. (13) Woher, meinst du, kommt denn jenes anmaßende Sprichwort, nach dem wir uns rühmen, so viele Feinde zu haben wie Sklaven? Wir haben sie doch nicht als Feinde, nein, wir machen sie zu Feinden, weil wir gegen sie höchst arrogant sind und sie wegwerfend und grausam behandeln; auch reißt uns eigene Verwöhntheit zu solchem Jähzorn hin, dass alles, was nicht unserem Wünschen entspricht, uns sogleich in Wut und Raserei versetzt. (14) Wir, die Herren, haben uns nämlich die Art von Tyrannen zugelegt und wollen unsere Sklaven nicht behandeln, wie es sich gehört, sondern wie es uns erlaubt ist. Um nämlich alle sonstigen Arten von Grausamkeiten zu übergehen: Es gibt Herren, die, während sie gierig eine Menge von Speisen in sich hineinstopfen, den umherstehenden Sklaven nicht erlauben, die Lippen auch nur zum Reden zu bewegen; mit der Rute wird jedes Flüstern unterdrückt, und selbst bei Ungewolltem gibt es Schläge: Husten, Niesen, Aufstoßen wird schwer bestraft. (15) So kommt es, dass jene über ihren Herren reden, die vor ihrem Herrn nicht reden dürfen. Jene aber, die nicht nur in Gegenwart ihrer Herren reden durften, sondern mit diesen selbst, jene, deren Mund man nicht vernähte, waren bereit, ihren Nacken für den Herrn hinzuhalten und eine drohende Gefahr auf das eigene Haupt zu lenken. Bei Gastmählern sprachen sie, auf der Folter schwiegen sie.

(16) Soll ich die tapferen Taten aufzählen, die der Brust von Sklaven entsprangen? Zuerst sei Urbinus erwähnt. Als dieser zum Tod verurteilt war und sich in seinem Landgut in Reate verbarg, wurde sein Versteck verraten. Doch legte sich einer seiner Sklaven, bekleidet mit Ring und Gewand seines Herrn, für diesen in das Schlafgemach, in das die Verfolger eindrangen, hielt den anstürmenden Soldaten den Nacken hin und empfing für Urbinus den <tödlichen> Schlag. Urbinus, der später rehabilitiert wurde, erbaute ihm ein Denkmal und brachte eine Inschrift an, die jene edle Tat rühmte.

(17) Aesopus, ein Freigelassener des Demosthenes, der von der ehebrecherischen Verbindung seines Herrn mit Iulia wusste, verriet auf der Folter seinen Herrn so lange nicht, bis Demosthenes, gezwungen durch die Aussagen anderer Mitwisser, selbst ein Geständnis ablegte.

(18) Und damit du nicht meinst, nur ein einzelner könnte ein Geheimnis leicht verschweigen: Als sich Labienus mit Hilfe seiner Freigelassenen verborgen hatte, konnte man diese Freigelassenen durch keine Art von Folter zwingen, ihn zu verraten.

Damit aber niemand behauptet, bei Freigelassenen beruhe solche Treue eher auf der Wohltat der erhaltenen Freiheit als auf ihrer eigentlichen Denkweise, so höre von der Großmut eines Sklaven gegenüber seinem Herrn, obschon ihn dieser bestraft hatte. (19) Als Antius Restio proskribiert wurde, floh er allein in der Nacht, und die übrigen Sklaven plünderten seinen Besitz. Ein Sklave jedoch, den er in Eisen legen und an der Stirn hatte brandmarken lassen und der nach der Verurteilung seines Herrn durch das Mitleid eines anderen freigekommen war, folgte dem Fliehenden, ermahnte ihn, er solle ihn nicht fürchten (er wisse ja selbst, dass seine schmähliche Bestrafung dem Glück anzurechnen sei und nicht dem Herrn), verbarg ihn und ernährte ihn mit seiner Hände Arbeit. (20) Als er dann merkte, dass die Verfolger da waren, tötete er einen alten Mann, den ihm der Zufall in den Weg führte, errichtete einen Scheiterhaufen und warf ihn darauf. Als das Feuer loderte, lief er zu Restios Verfolgern, prahlte, der Verurteilte habe ihm gebüßt, denn er habe ihn viel schlimmer gequält, als jener ihn gefoltert habe, und weil man ihm das glaubte, kam Restio davon.

(21) Sodann Caepio: Er hatte den Plan gefasst, Augustus zu töten, doch entdeckte man den verbrecherischen Plan und verurteilte ihn. Da schaffte ihn sein Sklave in einer Kiste zum Tiber hinab, transportierte ihn nach Ostia und führte ihn von dort in einem nächtlichen Marsch ins Gebiet von Laurentum zur Villa seines Vaters. Als sie dann zusammen auf dem Meer flohen und bei einem Schiffbruch gemeinsam an Land geworfen wurden, verbarg er seinen Herrn in Neapel insgeheim in einem Versteck, und als ihn ein Centurio abfing, konnten ihn weder Kopfgeld noch Drohungen dazu bringen, seinen Herrn preiszugeben.

(22) Als Asinius Pollio die Einwohner von Padua scharf bedrängte, Geld und Waffen auszuliefern, sich die Herren aber deshalb verbargen, versprach er den Sklaven eine Belohnung und die Freiheit, wenn sie ihre Herren verrieten. Es steht jedoch fest, dass keiner der Sklaven sich durch die Belohnung verleiten ließ und seinen Herrn auslieferte.

(23) Höre weiter, dass Sklaven nicht nur Treue besitzen, sondern auch einen Geist, der zu kluger Erfindung fähig ist. Bei der Belagerung der Stadt Grumentum verließen Sklaven ihre Herrin und gingen zum Feind über. Als dann die Stadt erobert wurde, sprachen sie sich ab, bestürmten ihr altes Haus, zerrten mit rachsüchtiger Miene ihre Herrin hervor und versicherten allen, die begegneten, nun hätten sie endlich Gelegenheit, ihre grausame Tyrannin zu bestrafen. Und indem sie diese angeblich zur Hinrichtung wegführten, schützten sie sie voller Respekt und Ergebenheit.

(24) Und sieh nur, wie in solcher Lage <als Sklave> eine große Seele sogar den Tod der Entehrung vorzieht! Den Gaius Vettius, einen Paeligner aus Italica, hatten seine eigenen Kohorten festgenommen, um ihn an Pompeius auszuliefern; da erstach ihn sein eigener Sklave und tötete sich dann selbst, um seinen Herrn nicht zu überleben.

(25) Als Gaius Gracchus vom Aventin floh, begleitete ihn sein Sklave Euporus oder (wie manche überliefern) Philocrates, so lang noch Hoffnung auf Rettung bestand, als unzertrennlicher Gefährte und beschützte ihn, so gut er nur konnte; als Gracchus aber getötet war, warf er sich über ihn, schlitzte sich mit eigener Hand den Leib auf und tötete sich so.

(26) Ja, den Publius Scipio, den Vater des <Scipio> Africanus, der in einer Schlacht gegen Hannibal verwundet wurde, setzte sein Sklave auf ein Pferd und führte ihn allein (die anderen waren geflohen) ins Lager zurück.

(27) Und als ob es zu wenig wäre, den Herren bei Lebzeiten gedient zu haben: Was sagst du, wenn sich sogar bei Sklaven ein Hochsinn findet, der den Herrn rächt? Als nämlich ein Sklave des Königs Seleukos den Freund dessen zum Herrn erhielt, der Seleukos getötet hatte, durchbohrte er den Mörder bei einem Gastmahl und rächte so seinen Herrn.

(28) Ich finde sogar zwei hohe Eigenschaften, die selbst bei Adeligen als ungewöhnlich hervorragen, in einem einzigen Sklaven vereint: Die Fähigkeit, ein Reich zu regieren, und die Seelengröße, auf die Herrschaft zu verzichten. (29) Es war nämlich Anaxilaos aus Messenien, derselbe, der Messana in Sizilien gründete, Tyrann von Rhegion. Als dieser bei seinem Tod zwei kleine Knaben

hinterließ, war es ihm genug, sie seinem Sklaven Mikythos anzuvertrauen. Dieser nahm sein Amt als Vormund gewissenhaft wahr und führte das Regiment so mild, dass die Leute von Rhegion es nicht für unwürdig hielten, von einem Sklaven beherrscht zu werden. Als die Knaben dann herangewachsen waren, übergab er ihnen Vermögen und Herrschaft; er selbst bedang sich eine bescheidene Wegzehrung aus, begab sich nach Olympia und verlebte dort in tiefer Zurückgezogenheit sein Alter.

(30) Zudem lehren nicht wenige Beispiele, von welchem Nutzen der Sklavenstand für das Gemeinwohl war: Als im Punischen Krieg Mangel an Wehrpflichtigen herrschte, versprachen die Sklaven, sie wollten für ihre Herren kämpfen, wurden als Bürger angenommen und *volones* genannt, weil sie aus freiem Willen kämpfen wollten (*voluerunt*). (31) Als die Römer dann bei Cannae besiegt waren, wurden achttausend Sklaven gekauft und trugen Waffen, und obschon gefangene Soldaten um geringeren Preis freigekauft werden konnten, zog es der Staat vor, in dieser Notzeit auf Sklaven zu bauen. Doch auch in der Bedrängnis nach der bekannten Niederlage am Trasimenischen See wurden Freigelassene zum Fahneneid gerufen.

(32) Im Bundesgenossenkrieg gaben zwölf Kohorten, die aus Freigelassenen ausgehoben waren, ein Beispiel ausgezeichneter Tapferkeit. Auch ist überliefert, dass Gaius Caesar, als er Ersatz für verlorene Soldaten einstellte, sogar Sklaven von seinen Freunden erhielt und dass diese Sklaven sich als tapfere Krieger erwiesen. Caesar Augustus bildete in Germanien und Illyrien mehrere Cohorten aus Freigelassenen, die er Freiwillige nannte.

(33) Und man soll nicht meinen, solches sei nur in unserem Staat geschehen. Als die Bürger von Borysthenes von Zopyrion belagert wurden, entließen sie ihre Sklaven in die Freiheit, gaben Fremden das Bürgerrecht, erließen sämtliche Schulden und konnten so dem Feind widerstehen. (34) Auch hob, als nur mehr tausendfünfhundert waffenfähige Lakedaimonier übrig waren, der Lakedaimonier Kleomenes aus freigelassenen Sklaven 9000 Kämpfer aus. Ebenso gaben die Athener, als ihre öffentlichen Mittel erschöpft waren, ihren Sklaven die Freiheit.

(35) Und damit du nicht meinst, nur beim männlichen Geschlecht wären Sklaven zu Großem fähig gewesen, so höre von einer Tat von Sklavinnen, die nicht weniger rühmlich und die ebenso nützlich für den Staat war wie die Handlungsweise Adeliger. (36) Dass an den Nonen des Juli der Festtag der Sklavinnen gefeiert wird, ist so allgemein bekannt, dass jedermann Ursprung und Ursache dieses Festes weiß. An diesem Tag nämlich bringen freie Frauen und Dienerinnen gemeinsam unter einem wilden Feigenbaum der Iuno Caprotina Opfer dar zum Gedenken an den hochherzigen Opfersinn, der sich in der Seele von Sklavinnen zur Wahrung der öffentlichen Würde offenbarte. (37) Als nämlich nach Einnahme der Stadt Rom [durch die Gallier] zwar der Krieg gegen die Gallier beendet, der Staat jedoch völlig machtlos war, ergriffen Nachbarn die Gelegenheit, das römische Volk anzugreifen, und ernannten Postumius Livius, den Diktator von Fidenae, zu ihrem Anführer; dieser schickte eine Botschaft an den Senat und forderte, wenn sie den Rest des Staates erhalten sehen wollten, solle man ihm Roms Hausmütter und Jungfrauen ausliefern. (38) Da nun die Senatoren in dieser schwierigen Lage berieten und keine

Lösung fanden, versprach eine Sklavin namens Tuela oder Philotis, sie wolle mit den übrigen Sklavinnen an Stelle der Herrinnen zu den Feinden gehen. So wurden die Sklavinnen in der Kleidung von Hausmüttern und Jungfrauen den Feinden zugeführt, wobei die ‚Männer' sie unter Tränen begleiteten, um ihren Schmerz glaubhaft zu machen. (39) Nachdem Livius die Dienerinnen im Heer verteilt hatte, reizten diese die Männer zu üppigem Weingenuss, indem sie vorgaben, bei ihnen sei heute Festtag. Als die Feinde dann schliefen, gaben die Frauen den Römern von einem wilden Feigenbaum aus, der nahe beim Lager stand, ein Zeichen. (40) Jene gewannen in plötzlichem Überfall den Sieg. Der Senat erkannte das Verdienst an, befahl, alle Sklavinnen freizulassen, gab ihnen eine Mitgift aus der Staatskasse und erlaubte ihnen, die schönen Kleider, die sie damals getragen hatten, weiter zu tragen. Auch nannte er den Tag selbst nach jenem wilden Feigenbaum, von dem aus das Zeichen zum siegreichen Überfall gegeben wurde, *Nonae Caprotinae* und legte fest, man solle jedes Jahr ein feierliches Opfer darbringen, bei dem man zum Andenken an die erwähnte Tat die Milch verwendet, die aus dem wilden Feigenbaum quillt.

(41) Doch nicht einmal zur Philosophie war der Geist von Sklaven untauglich oder ungeeignet. Jener Phaidon, ein Anhänger des Sokrates und Sokrates und Plato so nahe stehend, dass Plato sein herrliches Buch über die Unsterblichkeit der Seele seinem Namen widmete, war ein Sklave, doch nach Art und Geist ein Freier. Ihn soll der Sokratesschüler Kebes auf Mahnung des Sokrates gekauft und philosophisch gebildet haben, und später wurde Phaidon ein bedeutender Philosoph, von dem man sehr feine Dialoge über Sokrates lesen kann.

(42) Es gab auch sonst nicht wenige Sklaven, die später berühmte Philosophen wurden; zu diesen gehörte jener Menippos, dessen Werke Marcus Varro in seinen Satiren nachahmte, die manche Kynische Satiren nannten, Varro aber Menippische. Weiterhin lebten in jener Zeit Pompylos, der Sklave des Peripatetikers Theophrast, dazu der Sklave des Stoikers Zenon, der Perseus hieß, und ein Sklave Epikurs mit Namen Mys; auch diese waren namhafte Philosophen. Dann gab es noch den Kyniker Diogenes, der freilich aus einem Freien erst ein Sklave geworden war. (43) Da Xeniades aus Korinth diesen kaufen wollte, fragte er ihn, ob er eine Kunst verstehe, worauf Diogenes antwortete: „Ich verstehe es, über Freie zu herrschen." Da bewunderte Xeniades diese Antwort, ließ ihn frei und vertraute ihm seine Söhne an, indem er sprach: „Hier hast du meine freigeborenen Kinder. Herrsche über sie! (44) Von dem berühmten Philosophen Epiktet aber weiß man, dass auch er ein Sklave war, und zwar aus jüngerer Überlieferung, so dass man die Tatsache nicht als längst schon vergessen abtun kann. (45) Man kennt zwei Verse von ihm, die er über sich selbst verfasste und aus denen man zusätzlich den verborgenen Sinn entnehmen kann, dass nicht alle den Göttern von Grund auf verhasst sind, die in diesem Leben mit den verschiedensten Kümmernissen kämpften, sondern dass es hier geheime Ursachen gibt, zu denen nur wenige Wissbegierige vordringen konnten. Die Verse lauteten:

> Ich, Epiktet, war ein Sklave und war am Leibe verkrüppelt,
> war auch wie Iros arm, geliebt jedoch von den Göttern.

(46) Ich denke, du hast hier den gesicherten Hinweis, dass man nicht jeden Sklaven hochmütig verachten darf, hat doch auch Iupiter für einen Sklaven gesorgt, und zudem steht fest, dass viele Sklaven treu, klug, tapfer, ja sogar Philosophen waren.

Die Einstellung der frühen Christen zur Sklaverei wird besonders in diesem Schreiben des Apostels Paulus deutlich, in dem es um den Sklaven Onesimos geht, der seinem Herrn Philemon entflohen ist und bei Paulus Zuflucht gesucht hat. Paulus schickt den Flüchtling jedoch zu seinem Herrn zurück, bittet diesen aber, den entlaufenen Sklaven als einen Bruder im Geist aufzunehmen und ihn nicht zu bestrafen. Für den von Onesimos möglicherweise verursachten Schaden will Paulus aufkommen. Eine Freilassungsempfehlung gibt der Apostel jedoch nicht, denn er will keine Umwälzung der sozialen Verhältnisse.

Literatur:
Wiedemann 1981, Nr. 213; Garnsey 1996, 176f.

Quelle 17:
Paulus, *Brief an Philemon* (Einheitsübersetzung)

Paulus, Gefangener Christi Jesu, und der Bruder Timotheus an unseren geliebten Mitarbeiter Philemon, an die Schwester Aphia, an Archippus, unseren Mitstreiter, und an die Gemeinde in deinem Haus: Gnade sei mit euch und Friede von Gott, unserem Vater, und dem Herrn Jesus Christus. Ich danke meinem Gott jedes Mal, wenn ich in meinen Gebeten an dich denke. Denn ich höre von deinem Glauben an Jesus, den Herrn, und von deiner Liebe zu allen Heiligen. Ich wünsche, dass unser gemeinsamer Glaube in dir wirkt und du all das Gute in uns erkennst, das auf Christus gerichtet ist. Es hat mir viel Freude und Trost bereitet, dass durch dich, Bruder, und durch deine Liebe die Heiligen ermutigt worden sind. Obwohl ich durch Christus volle Freiheit habe, dir zu befehlen, was du tun sollst, ziehe ich es um der Liebe willen vor, dich zu bitten. Ich, Paulus, ein alter Mann, der jetzt für Christus Jesus im Kerker liegt, ich bitte dich für mein Kind Onesimos, dem ich im Gefängnis zum Vater geworden bin. Früher konntest du ihn zu nichts gebrauchen, doch jetzt ist er dir und mir recht nützlich. Ich schicke ihn zu dir zurück, ihn, das bedeutet mein eigenes Herz. Ich würde ihn gern bei mir behalten, damit er mir an deiner Stelle dient, solange ich um des Evangeliums willen im Gefängnis bin. Aber ohne deine Zustimmung wollte ich nichts tun. Deine gute Tat soll nicht erzwungen, sondern freiwillig sein. Denn vielleicht wurde er nur deshalb eine Weile von dir getrennt, damit du ihn für ewig zurückerhältst, nicht mehr als Sklaven, sondern als weit mehr: als geliebten Bruder. Das ist er jedenfalls für mich, um wie viel mehr dann für dich, als Mensch und auch vor dem Herrn. Wenn du dich mir verbunden fühlst, dann nimm ihn also auf wie mich selbst! Wenn er dich aber geschädigt hat oder dir etwas schuldet, setz das auf meine Rechnung! Ich, Paulus, schreibe mit eigener Hand: Ich werde es bezahlen – um nicht davon zu reden, dass du dich selbst mir schuldest. Ja, Bruder, um des Herrn willen möchte ich von dir einen Nutzen haben. Erfreue mein Herz; wir gehören beide zu Christus. Ich schreibe dir im Vertrauen auf deinen Gehorsam und weiß, dass du noch mehr tun wirst, als ich gesagt habe. Bereite zugleich eine Unterkunft für mich vor! Denn ich hoffe, dass ich euch durch eure Gebete wiedergeschenkt werde. Es grüßen dich Epaphras, der mit mir um Christi Jesu willen im Gefängnis ist, sowie Markus, Aristarch, Demas und Lukas, meine Mitarbeiter.

Die frühchristliche Haltung zur Sklaverei offenbart sich auch im Ersten Petrusbrief. Nach Ansicht des Apostels sollte jeder in seinem Stand bleiben. Die Sklaven sollten sich ihren Herren fügen und in der Nachfolge Christi ihr Schicksal erdulden.

Quelle 18:
Erster Petrusbrief 2,18–25

18 Ihr Sklaven, ordnet euch in aller Ehrfurcht euren Herren unter, nicht nur den guten und freundlichen, sondern auch den launenhaften.

19 Denn es ist eine Gnade, wenn jemand deswegen Kränkungen erträgt und zu Unrecht leidet, weil er sich in seinem Gewissen nach Gott richtet.

20 Ist es vielleicht etwas Besonderes, wenn ihr wegen einer Verfehlung Schläge erduldet? Wenn ihr aber recht handelt und trotzdem Leiden erduldet, das ist eine Gnade in den Augen Gottes.

21 Dazu seid ihr berufen worden; denn auch Christus hat für euch gelitten und euch ein Beispiel gegeben, damit ihr seinen Spuren folgt.

Literatur:
Garnsey 1996, 47 ff., 216 ff.

Dem Kirchenvater Augustinus zufolge ist die Freiheit der eigentlich natürliche Zustand des Menschen, während die Sklaverei erst als Strafe Gottes für den sündhaften Menschen in Erscheinung trat. Da sie von Gott kommt, ist die Sklaverei auch nicht ungerecht, sondern verdient. Der hochgebildete und mit stoischem Gedankengut wohlvertraute Augustinus vertritt überdies die Ansicht, dass die äußere Sklaverei gegenüber der inneren Sklaverei gering einzuschätzen ist: Glücklicher lebe man als Sklave eines Menschen denn als Sklave seiner Begierden.

Quelle 19:
Augustinus,
Der Gottesstaat 19, 15
(Übersetzung: A. Schröder)

Die Freiheit ist das ursprünglich Natürliche; die Sklaverei hat ihre letzte Ursache in der Sünde, wie sich deutlich darin zeigt, dass ein Mensch mit bösem Willen, auch ohne der Sklave eines anderen zu sein, Sklave der eigenen Begierde ist.

Das schreibt die natürliche Ordnung vor, so hat Gott den Menschen erschaffen. Denn er hat gesagt: „Er soll herrschen über die Fische des Meeres und über die Vögel des Himmels und über alle kriechenden Tiere, die hinkriechen über der Erde." Vernunftbegabt, nach Gottes Ebenbild erschaffen, sollte der Mensch nur über die vernunftlosen Wesen herrschen, nicht über Menschen, sondern über das Tier. Darum war den ersten Gerechten nicht eine Stellung als Könige über Menschen, sondern eine Stellung als Hirten über Tiere angewiesen, damit auch dadurch Gott nahelege, was die Rangordnung der Geschöpfe erfordere, und was hingegen das Missverdienst der Sünden erheische. Denn mit Recht nimmt man an, dass die Sklaverei ein erst dem Sünder auferlegter Stand sei. Wir lesen denn auch nirgends in der Schrift von einem Sklaven, bis der gerechte Noah als Strafe für die Sünde dieses Wort über seinen Sohn aussprach. Also hat eine Schuld diesen Namen veranlasst, nicht die Natur. Im Lateinischen soll sich der Ursprung des Wortes *servus* davon ableiten, dass die, die man nach Kriegsrecht hätte töten können, von den Siegern, indem sie sie reservierten, zu *servi* gemacht wurden, so genannt von *servari*; und auch das hat seinen Grund in Sündenschuld. Denn auch wenn es sich um einen gerechten Krieg handelt, so wird eben auf Seiten der Gegenpartei für die Sünde gekämpft; und jeglicher Sieg, auch wenn er den Bösen zufällt, ist ein Gottesgericht zur Erniedrigung der Besiegten, um Sünden entweder zu bessern oder zu strafen. Zeuge dafür ist der Gottesmann Daniel, wenn er in der Gefangenschaft seine und seines Volkes Sünden vor Gott bekennt und in frommer Klage sie als Ursache jener Gefangenschaft bezeichnet.

Also hat die Sklaverei, die darin besteht, dass ein Mensch an einen anderen durch die soziale Stellung in Unterwürfigkeit gekettet wird, ihren letzten Grund in der Sünde; denn dazu kann es nur kommen durch einen Urteilsspruch Gottes, und bei Gott gibt es keine Ungerechtigkeit, und er weiß die verschiedenen Strafen je nach den Missverdiensten der Schuldigen zuzuteilen. Allein, wie der oberste Herr sagt, „jeder, der Sünde tut, ist ein Sklave der Sünde"; und so befinden sich viele Frommen in dienender Stellung bei ungerechten Herren, die aber deshalb, weil sie Herren sind, doch nicht frei sind; „denn wem einer unterliegt, dem ist er als Sklave verfallen", und gewiss glücklicher lebt sich's als Sklave eines Menschen denn als Sklave einer Begierde, da ja, um von anderen Begierden zu schweigen, gerade die Herrschsucht mit überaus grausamer Tyrannei im Menschenherzen wütet. Übrigens ist nach jener Friedensordnung, wonach ein Teil der Menschheit dem anderen untergeben ist, wie für die Dienenden Demut ein Vorteil, so für die Herrschenden Hochmut ein Nachteil. Niemand aber ist von Natur aus, so wie Gott ursprünglich den Menschen erschaffen hat, Sklave eines Menschen oder einer Sünde. Trotzdem jedoch die Sklaverei den Charakter einer Strafe trägt, ist doch auch sie ein ordnender Ausfluss des Gesetzes, das die natürliche Ordnung zu wahren befiehlt und zu stören verbietet; denn wäre nicht gegen dieses Gesetz verstoßen worden, so gäbe es nichts durch die Strafe der Sklaverei zu büßen. Deshalb mahnt auch der Apostel die Sklaven, ihren Herren ergeben zu sein und ihnen von Herzen mit gutem Willen zu dienen, damit sie, wenn sie von ihren Herren die Freiheit nicht erlangen können, ihre Sklaverei in einem gewissen Sinne selbst zu einer freien machen dadurch, dass sie nicht in arglistiger Furcht, sondern in treuer Liebe dienen, bis die Bosheit vorübergeht und jegliche Herrschaft und menschliche Gewalt abgetan wird und Gott alles in allem ist.

Literatur:
Garnsey 1996, 80 ff.;
Klein 2000, 205 ff.;
Herrmann-Otto 2009, 33

Deutlich wie kein anderer antiker Denker wendet sich der kappadokische Kirchenvater Gregor von Nyssa gegen die Sklaverei. Er führt aus, dass alle Menschen gleich seien und dass kein Mensch über einen anderen herrschen solle, zumal der Mensch nach Gottes Ebenbild geschaffen und von Gott als Herrscher über alle anderen Lebewesen eingesetzt wurde. Das Institut der Sklaverei stelle daher eine Anmaßung und eine Sünde dar.

Quelle 20:
Gregor von Nyssa,

Ich kaufte Sklaven und Sklavinnen. Was meinst du damit? Du verurteilst Menschen zur Sklaverei, deren Natur frei ist und die einen freien Willen haben,

4. Homilie zum Buch Kohelet (Prediger) 335,5ff. (Übersetzung nach E. Herrmann-Otto)

und du gibst Gesetze im Wettstreit mit Gott, indem du sein Gesetz für die Menschheit umstürzt. Ein Gesetz, das er speziell zu diesem Problem erließ, lautete, dass der Mensch sich die Erde untertan machen sollte, und diesen Menschen beugst du unter das Joch der Sklaverei, als ob du das göttliche Dekret bekämpfen und abschaffen wolltest?

Du hast die Grenzen deiner Autorität vergessen, und dass deine Herrschaft sich auf jene Dinge beschränken soll, die über keinen Verstand verfügen. Denn es heißt: Sie sollen herrschen über die Fische des Meeres, über die Vögel des Himmels, über das Vieh, über die ganze Erde und über alle Kriechtiere auf dem Land. Warum überschreitest du deine Befugnisse und erhebst dich gegenüber jene, die frei sind, indem du deine Artgenossen auf eine Stufe mit Vierfüßern und sogar Kriechtieren stellst? [...]

Gott sprach: Lasst uns den Menschen machen als unser Abbild, uns ähnlich. Wenn der Mensch nach dem Ebenbild Gottes geschaffen ist, und die ganze Welt regiert, und nach Gottes Willen Herrschaft über alles ausübt, wer kann dann sein Käufer sein? Sage es mir! Und wer sein Verkäufer? Gott allein gebührt diese Macht; oder eher: nicht einmal Gott selbst. Denn Gottes Gnaden sind unwiderrufbar. Gott würde daher die Menschheit nicht in die Sklaverei führen, denn er selbst hat uns, als wir durch die Sünde versklavt waren, zur Freiheit zurückgeführt. Aber wenn Gott nicht versklavt, was frei ist, wer ist es dann, der seine Gewalt höher als die göttliche setzt? [...]

Hat denn ein Stück Papier, ein geschriebener Vertrag, das Zählen der Obolen dich zu dem Gedanken verleitet, du wärst der Herr über das Ebenbild Gottes? Was für eine Torheit! Wenn der Vertrag verloren würde, wenn das Geschriebene von Würmern zerfressen würde, wenn ein Wassertropfen es irgendwie auslöschen würde, welchen Beweis hast du für ihr Sklaventum? Was berechtigt dich dazu, ihr Herr zu sein? Ich sehe nichts, was dich über deine Untergebenen erhebt als den bloßen Titel. Was verleiht dir dieser? Nicht Langlebigkeit, nicht Schönheit, nicht Gesundheit, nicht Überlegenheit in der Tugend. Du stammst von denselben Vorfahren ab, dein Leben ist von derselben Art, Leiden des Körpers und der Seele überwältigen dich auf genau die gleiche Weise wie jenen, dessen Besitzer du bist. Gibt es in diesen Dingen irgendeinen Unterschied zwischen dem Sklaven und seinem Herrn? Atmen sie nicht die gleiche Luft? Sehen sie nicht auf die gleiche Weise die Sonne? Erhalten sie sich nicht gleichermaßen durch den Verzehr von Nahrung am Leben? Ist ihr Körperbau nicht der gleiche? Sind nicht beide nach dem Tod ein und derselbe Staub? [...]

Wenn ihr in all diesen Belangen gleich seid, dann sage mir, in welcher Hinsicht hast du irgendeinen Vorzug, dass du glaubst, als Mensch Herr über andere Menschen sein und sagen zu können: „Ich habe mir Sklaven und Sklavinnen gekauft" wie Herden von Ziegen oder Schweinen?

2.4 Herkunft der Sklaven / Wege in die Unfreiheit

2.4.1 Kriegsgefangenschaft

Literatur:
Herrmann-Otto 2009, 55 f.

Bei den in der homerischen „Ilias“ erwähnten Sklaven handelt es sich in der Regel um Kriegsgefangene. Die folgende Szene, ein Gespräch zwischen Hektor, dem Sohn des troianischen Königs Priamos und größten Helden von Troia, und seiner Gattin Andromache, verdeutlicht dies: Sollte Troia fallen, so drohte den Männern der Tod, während die Frauen in die Sklaverei geführt würden. Andromache hat dies schon einmal erlebt, als nämlich Achilleus ihre Heimatstadt Thebe eroberte. Damals töteten die Griechen ihren Vater und ihre Brüder und verschleppten ihre Mutter, die sie erst gegen die Zahlung von Lösegeld wieder freiließen.

Quelle 21:
Homer, *Ilias* 6, 405–465
(Übersetzung: J. H. Voss)

Aber neben ihn trat Andromache, Tränen vergießend,
Drückt' ihm freundlich die Hand, und redete, also beginnend:
Trautester Mann, dich tötet dein Mut noch! Und du erbarmst dich
Nicht des stammelnden Kindes, noch mein, des elenden Weibes,
Ach bald Witwe von dir! Denn dich töten gewiss die Achaier,
Alle daher dir stürmend! Allein mir wäre das beste,
Deiner beraubt, in die Erde hinabzusinken; denn weiter
Ist kein Trost mir übrig, wenn du dein Schicksal vollendest,
Sondern Weh! Und ich habe nicht Vater mehr noch Mutter!
Meinen Vater erschlug ja der göttliche Streiter Achilleus,
Und verheerte die Stadt, von kilikischen Männern bevölkert,
Thebe mit ragendem Tor: den Eëtion selber erschlug er,
Doch nicht nahm er die Waffen; denn graunvoll war der Gedank' ihm;
Sondern verbrannte den Held mit dem künstlichen Waffengeschmeide,
Häufte darauf ihm einmal; und rings mit Ulmen umpflanzten's
Bergbewohnende Nymphen, des Aigiserschütterers Töchter.
Sieben waren der Brüder mir dort in unserer Wohnung;
Diese wandelten all' am selbigen Tage zum Aïs;
Denn sie all' erlegte der mutige Renner Achilleus
Bei weißwolligen Schafen und schwerhinwandelnden Rindern.
Meine Mutter, die Fürstin am waldigen Hange des Plakos,
Führet' er zwar hierher mit anderer Beute des Krieges;
Doch befreit' er sie wieder und nahm unendliche Lösung:
Aber sie starb durch Artemis Pfeil im Palaste des Vaters.
Hektor, siehe du bist mir Vater jetzo und Mutter,
Und mein Bruder allein, o du mein blühender Gatte!
Aber erbarme dich nun, und bleib' allhier auf dem Turme!
Mache nicht zur Waise das Kind, und zur Witwe die Gattin!
Stelle das Heer dorthin bei dem Feigenbaume; denn dort ist
Leichter die Stadt zu ersteigen, und frei die Mauer dem Angriff.

Dreimal haben ja dort es versucht die tapfersten Krieger,
Kühn um die Aias beid', und den hohen Idomeneus strebend,
Auch um des Atreus' Söhn', und den starken Held Diomedes:
Ob nun jenen vielleicht ein kundiger Seher geweissagt,
Oder auch selbst ihr Herz aus eigener Regung sie antreibt.
Ihr antwortete drauf der helmumflatterte Hektor:
Mich auch härmt das alles, o Trauteste; aber ich scheue
Troias Männer zu sehr, und die saumnachschleppenden Weiber,
Wenn ich hier, wie ein Feiger, entfernt das Treffen vermeide.
Auch versagt es mein Herz; denn ich lernete tapferen Mutes
Immer zu sein, und voran mit Troias Helden zu kämpfen,
Schirmend zugleich des Vaters erhabenen Ruhm, und den meinen!
Zwar das erkenn' ich gewiss in des Herzens Geist und Empfindung:
Einst wird kommen der Tag, da die heilige Ilios hinsinkt,
Priamos selbst, und das Volk des lanzenkundigen Königs.
Doch nicht kümmert mich so der Troer künftiges Elend,
Nicht der Hekabe selbst, noch Priamos auch des Beherrschers,
Noch der Brüder umher, die dann, so viel und so tapfer,
All' in den Staub hinsinken, von feindlichen Händen getötet:
Als wie dein's, wenn ein Mann der erzumschirmten Achaier
Weg die Weinende führt, der Freiheit Tag dir entreißend;
Wenn du in Argos webst für die Herrscherin, oder auch mühsam
Wasser trägst aus dem Quell Hypereia, oder Messeïs,
Sehr unwilligen Muts; doch hart belastet der Zwang dich!
Künftig sagt dann einer, die Tränenvergießende schauend:
Hektors Weib war diese, des tapfersten Helden im Volke
Rossebezähmender Troer, da Ilios Stadt sie umkämpften!
Also spricht man hinfort; und neu erwacht dir der Kummer,
Solchen Mann zu vermissen, der retten dich könnt' aus der Knechtschaft!
Aber es decke mich Toten der aufgeworfene Hügel,
Eh' ich deines Geschreies vernehm', und deiner Entführung!

Literatur:
Kuch 1974, 55 ff.

Polyxena, die Tochter des troianischen Königs Priamos und seiner Gattin Hekabe, beklagt in dieser Tragödie des Euripides das ihr nach dem Fall Troias drohende Los einer Sklavin: Sie müsste niedrige Arbeiten verrichten und einem anderen Unfreien sexuell zur Verfügung stehen. Der Tod, so meint die Königstochter, sei eine angenehmere Aussicht als dieses Schicksal. Tatsächlich wird ihr das Sklavenleben erspart bleiben, denn die Griechen werden sie am Grab des Achilleus opfern.

Quelle 22:
Euripides, *Hekabe* 332–378
(Übersetzung: J. J. Donner / R. Kannicht)

Chorführerin:
Ach welch ein Unglück, Sklave zu sein, Unwürdiges
Erdulden müssen, untertan der Übermacht!

Hekabe:
O Tochter, meine Worte flohn in leere Luft,
Fruchtlos verweht: nicht wehren kann ich deinen Tod!
Doch wenn du größre Zauber als die Mutter hast,
Versuche du dich: klage gleich der Nachtigall
In allen Tönen, dass du so dein Leben schirmst.
Umschling Odysseus' Kniee, jammre, stimm ihn um,
An einem Grunde fehlt dir's nicht: er hat ja selbst
Auch Kinder, dass dein Schicksal ihn wohl rühren kann!
Polyxene:
Ich seh, Odysseus, wie du schnell in dein Gewand
Die Rechte birgest und das Angesicht von mir
Abwendest, dass ich nicht dein Kinn berühren soll.
Getrost! Den Gott der Flehenden, Zeus, bemüh' ich nicht:
Ich werde folgen, folgen, weil's die Not gebietet
Und mich verlangt zu sterben. Wenn ich's weigerte,
Ich wär ein Weib nur, welches feig sein Leben liebt.
Was soll ich leben? König war mein Vater einst
Von allen Phrygern: so begann mein Lebenstag.
Von schönen Hoffnungen genährt erwuchs ich dann,
Die Braut von Fürsten und von mancher Jünglinge
Sehnsucht umworben, wer an seinen Herd mich führ.
Mich Arme nannten Königin die Troerfraun,
Vor allen Mädchen stand ich hochbewundert da
Und gleich den Göttern – außer dass ich sterblich war.
Nun bin ich Sklavin: dieser Name, den ich nie
Gekannt, macht erstlich mir das Sterben süß.
Dann muss ich wohl noch einen unbarmherzigen
Gebieter frönen, welcher mich um Geld erkauft,
Die Schwester Hektors und so vieler Helden sonst;
Er wird mich zwingen, Mehl zu mahlen in seinem Haus
Und sein Gemach zu scheuern und am Webstuhl
Gebannt zu stehn den jammervollen Tag hindurch.
Zuletzt entweiht noch irgendein gekaufter Knecht
Mein bräutlich Lager, das von Fürsten einst begehrt.
Nein! Freien Auges scheide ich vom Sonnenlicht
Und gebe frei dem Hades meinen Leib dahin.
Nun denn, Odysseus, führe mich und töte mich!
Denn keine Hoffnung, kein Gedanke weckt in mir
Vertrauen, dass mir je das Glück noch lächeln mag.
Doch du, o Mutter, werde mir kein Hindernis
Durch Wort und Tat: betreibe lieber selbst mit mir
Den Tod, bevor unwürdig niedre Schmach mich trifft.
Denn wer das Leid zu kosten nicht im Leid gelernt,
Der trägt's, doch seufzend fügt er sich dem Joche nur.
Entrückt dem Tageslichte, ist er glücklicher
Als lebend: Leben ohne Glück ist herbe Qual.

Literatur:
Fischer, Handwörterbuch der antiken Sklaverei, s. v. Sklavenhandel

Auch in klassischer Zeit war es üblich, bei der Einnahme einer feindlichen Stadt die Männer zu töten und die Frauen und Kinder zu versklaven. Diodor schildert in seinem Geschichtswerk diese Vorgehensweise anlässlich der Einnahme Mykenes im Jahr 468/467 v. Chr. durch die Argiver.

Quelle 23:
Diodor, *Historische Bibliothek* 11, 65 (Übersetzung: G. Wirth)

Sie sammelten daher in Argos und in den verbündeten Städten eine beachtliche Streitmacht, zogen damit gegen die Mykener, besiegten sie in einer Schlacht und schlossen sie in ihren Mauern ein. Um die Stadt aber legten sie einen Belagerungsring. Eine Zeitlang leisteten die Mykener den Belagerern kräftigen Widerstand, doch dann zeigten sie sich im Kampf unterlegen, und da die Lakedaimonier wegen der eigenen Kriege und ihres aus den Erdbeben herrührenden Unglücks ihnen nicht helfen konnten, andere Bundesgenossen sich aber nicht fanden, wurden sie schließlich, ohne Hilfe von außen gelassen, im Sturm bezwungen. Die Argiver machten die Mykener zu Sklaven und, nachdem sie ein Zehntel von ihnen dem Gott geweiht, die Stadt dem Erdboden gleich. So fand dieser Ort, wohlhabend in alten Zeiten, im Besitz großer Männer und nach Vollführung bemerkenswerter Taten, ein solch furchtbares Ende und blieb unbesiedelt bis in unsere Tage.

Literatur:
Volkmann 1990, 80

Nicht nur „Barbaren“ wurden ohne Bedenken versklavt, sondern auch griechischen Landsleuten raubte man in archaischer und frühklassischer Zeit ohne Skrupel die Freiheit. Erst mit der Wende vom 5. zum 4. Jh. v. Chr. scheint in dieser Hinsicht ein Prozess des Umdenkens stattgefunden zu haben. Dies lässt sich bereits in der Anordnung des spartanischen Nauarchen Kallikratidas erkennen, der im Jahr 406 v. Chr. bei der Einnahme der Stadt Methymna im Zuge des sogenannten Peloponnesischen Krieges bestimmte, dass unter seinem Kommando kein Grieche versklavt würde.

Quelle 24:
Xenophon, *Hellenika* 1, 6 (Übersetzung: G. Strasburger)

Da im Gegenteil dort (*scil.* in Methymna) eine athenische Besatzung lag und die Stadtväter zu den Athenern hielten, machte Kallikratidas einen Sturm auf die Stadt und nahm sie mit Gewalt. Das Gut und Geld nun raubten und verteilten die Soldaten völlig, die Kriegsgefangenen aber ließ Kallikratidas alle auf den Markt zusammen treiben, und, als die Bundesgenossen forderten, auch die Bürger von Methymna sollten verkauft werden, weigerte er sich und erklärte, jedenfalls solange er den Oberbefehl habe und soweit das in seiner Macht stehe, werde keiner der Hellenen zum Sklaven gemacht. Am folgenden Tag entließ er die freien Bürger, die Wachleute der Athener aber und die unfreien Gefangenen ließ er sämtlich verkaufen.

Literatur:
Fischer, Handwörterbuch der antiken Sklaverei, s. v. Sklavenhandel

Große Mengen von Kriegsgefangenen fielen den Römern während der Punischen Kriege in die Hände. Diodor überliefert, dass sich bei der Einnahme der Stadt Panormos (Palermo) im Jahr 254 v. Chr. 14.000 Kriegsgefangene freikaufen konnten, während 13.000 weitere in die Sklaverei verkauft wurden.

(4) Sie gingen im Hafen vor Anker, in der Nähe der Befestigung, und setzten ihre Streitkräfte an Land. Die Stadt umgaben sie mit Wall und Graben. Da aber das Land bis an die Tore mit Bäumen überzogen war, konnte man Aufschüttungen und Gräben von einem Teil des Meeres bis zum anderen errichten. Darauf unternahmen die Römer fortwährend Vorstöße unter Verwendung ihrer Kriegsmaschinen und brachten die Mauer zum Einsturz. Das Land außerhalb der Stadtmauer aber besetzten sie und töteten viele. Die anderen flohen in die alte Stadt, schickten Gesandte zu den Konsuln und erbaten von ihnen Sicherheit für ihr Leben. (5) Diese stimmten zu. Wer in der Lage war, 2 Minen pro Kopf zu zahlen, sollte frei sein. So nahmen die Römer die Stadt ein, 14.000 Menschen konnten um den Preis des vereinbarten Geldbetrages, den sie bei sich vorfanden, die Ausnahme erhalten und wurden frei. Die anderen, 13.000 an der Zahl, und die übrige Habe wurden verkauft.

Quelle 25:
Diodor, *Historische Bibliothek* 23, 18, 3–5

Für die größten Massenversklavungen von Kriegsgefangenen zeichnete der römische Feldherr Gaius Iulius Caesar verantwortlich, der im Verlauf seiner Gallischen Kriege mehr als eine Million Menschen versklavt haben soll.

Literatur:
Weber 1989, 144f.

Die letzten und gewaltigsten Taten, welche die Römer gegen die Gallier vollbrachten, waren die Feldzüge unter Gaius Caesar; denn in den zehn Jahren, da er dort den Oberbefehl führte, kämpfte er, wenn man alle Gegner zusammenfasst, mit mehr als vier Millionen Barbaren. Eine Million von ihnen wurde zu Gefangenen gemacht, die gleiche Zahl im Kampf getötet. 400 Stämme wurden unterworfen und mehr als 800 Städte erobert, von denen die einen abgefallen waren, die anderen das erste Mal eingenommen wurden.

Quelle 26:
Appian, *Römische Geschichte. Keltisches Buch* 1,6 (Übersetzung: O. Veh)

2.4.2 Menschenraub

Während in der „Ilias“ die Kriegsgefangenschaft die gewöhnliche Ursache von Unfreiheit darstellt, sind in der etwas jüngeren „Odyssee“ Menschenraub und Sklavenhandel weit bedeutender. Dies wird bei der Lebensgeschichte des Eumaios offenkundig, die dieser dem Odysseus erzählt. Eumaios ist eigentlich ein Königssohn von der Insel Syrie, doch wurde er von phoinikischen Händlern entführt und dann dem ithakischen Laertes, dem Vater des Odysseus, verkauft.

Literatur:
Wickert 1983, 117ff.

Ihm antwortete drauf der erfindungsreiche Odysseus:
Ei so bist du als Kind, Eumaios, Hüter der Schweine,
Fern von dem Vaterland und deinen Eltern verirret!
Aber verkündige mir, und sage die lautere Wahrheit:
Ward die prächtige Stadt von Kriegesscharen verwüstet,

Quelle 27:
Homer, *Odyssee* 15, 380ff. (Übersetzung: J. H. Voss)

Welche dein Vater einst und die treffliche Mutter bewohnten?
Oder fanden dich einsam bei Schafen oder bei Rindern
Räuber, und schleppten dich fort zu den Schiffen, und boten im Hause
Dieses Mannes dich feil, der dich nach Würden bezahlte?
Ihm antwortete drauf der männerbeherrschende Sauhirt:
Fremdling, weil du mich fragst und so genau dich erkundest,
Nun so sitze still, erfreue dich horchend, und trinke
Wein. Die Nächte sind lang; man kann ausruhen, und kann auch
Angenehme Gespräch' anhören. Es zwinget dich niemand,
Frühe schlafen zu gehn; auch vieles Schlafen ist schädlich.
Sehnt sich der übrigen einer in seinem Herzen zur Ruhe,
Dieser gehe zu Bett; und sobald der Morgen sich rötet,
Frühstück' er, und treibe des Königes Schweine zu Felde.
Aber wir wollen hier in der Hütte noch essen und trinken,
Um einander das Herz durch Erinnerung trauriger Leiden
Aufzuheitern; denn auch der Trübsal denket man gerne,
Wenn man so vieles erduldet, so viele Länder durchirrt ist.
Jetzo will ich dir das verkündigen, was du mich fragtest:
Eine der Inseln im Meer heißt Syrie, wenn du sie kennest,
Über Ortygia hin, wo die Sonnenwende zu sehn ist.
Groß ist diese nicht sehr von Umfang, aber doch fruchtbar,
Reich an Schafen und Rindern, an Wein und schönem Getreide.
Nimmer besucht der Hunger, und nimmer eine der andern
Schrecklichen Seuchen das Volk, die die armen Sterblichen hinrafft.
Sondern wann in der Stadt die Menschen das Alter erreichen,
Kommt die Freundin der Pfeil' und der Gott des silbernen Bogens,
Welche sie unversehens mit sanften Geschossen erlegen.
Allda sind zwei Städte, die zwiefach alles geteilet;
Und von diesen beiden war einst mein Vater Beherrscher,
Ktesios, Ormenos' Sohn, ein Bild der unsterblichen Götter.
Einst besuchten uns dort Phoiniker, berühmt in der Seefahrt
Und Erzschinder, und führten im Schiff unzähliges Spielzeug.
Aber im Hause des Vaters war eine phoinikische Sklavin,
Schöngebildet und groß und klug in künstlicher Arbeit.
Diese verführten mit List die ränkegeübten Phoiniker.
Einer von ihnen pflog, da sie wusch, beim schwärzlichen Schiffe,
Heimlicher Liebe mit ihr; die das Herz der biegsamen Weiber
Ganz in die Irre führt, wenn eine die Tugend auch ehret.
Dieser fragte darauf, wer sie wär', und von wannen sie käme;
Und sie zeigte sogleich zu des Vaters hohem Palaste:
Meine Geburtstadt ist die erzdurchschimmerte Sidon,
Und ich rühme mich dort des reichen Arybas' Tochter.
Aber mich raubeten einst, da ich vom Felde zurückkam,
Taphische Räuber, und brachten mich hier, und boten im Hause
Dieses Mannes mich feil, der mich nach Würden bezahlte.

Ihr antwortete drauf der Mann, der sie heimlich beschlagen:
Möchtest du jetzo denn nicht mit uns nach Hause zurückgehn,
Deiner Eltern hohen Palast, und Vater und Mutter
Wiedersehn? Denn sie leben noch beid', und man nennt sie begütert.
Und das phoinikische Weib antwortete jenem, und sagte:
Ja auch dieses geschehe, wofern ihr Schiffer mir eidlich
Angelobt, mich sicher und wohl nach Hause zu bringen.
Also sprach sie; und alle beschworen, was sie verlangte.
Als sie es jetzo gelobt, und vollendet den heiligen Eidschwur,
Hob die Phoinikerin an, und sprach zu der Männer Versammlung:
Seid nun still, und keiner von eures Schiffes Genossen
Rede mit Worten mich an, er begegne mir auf der Straße,
Oder beim Wasserschöpfen: dass niemand zu unserem Hause
Gehend dem Alten es sag', und dieser vielleicht mir aus Argwohn
Schwere Band' anlege, und euch das Verderben bereitet,
Sondern haltet die Sache geheim, und beschleunigt den Einkauf
Aber sobald ihr das Schiff mit Lebensgütern beladen;
Dann geh' einer geschwind' in die Burg, und bringe mir Botschaft,
Nehmen will ich, was mir an goldnem Geschirr' in die Hand fällt;
Und ich möcht' euch gerne die Fahrt noch höher bezahlen.
Denn ich erziehe den Sohn des alten Herrn im Palaste,
Welcher schon witzig ist, und aus dem Hause so mitläuft.
Diesen brächt' ich gerne zum Schiff; ihr würdet nicht wenig
Für ihn lösen, wohin ihr ihn auch in die Fremde verkauftet.
Also sprach das Weib, und kehrte zum schönen Palaste.
Und die Phoiniker weilten ein ganzes Jahr auf der Insel,
Kauften und schleppten ins Schiff unzählige Güter zusammen.
Als sie das hohle Schiff zur Heimfahrt hatten befrachtet,
Sandten sie einen Genossen, dem Weibe die Botschaft zu bringen.
Dieser listige Mann, der in des Vaters Palast kam,
Bracht' ein goldnes Geschmeide, besetzt mit köstlichem Bernstein,
Welches die Mägde des Hauses und meine treffliche Mutter
Mit den Händen befühlten und sehr aufmerksam besahen.
Als sie über den Preis nun handelten, winkt' er der Sklavin
Heimlich, und eilte zurück zu dem hohlen Schiffe. Die Sklavin
Nahm mich drauf bei der Hand, und führte mich aus dem Palaste.
Und sie fand in dem vorderen Saal Weinbecher und Tische
Für die Gäste gestellt, die meinen Vater besuchten;
Diese waren jetzt auf dem Markt' in des Volkes Versammlung.
Hurtig raubte sie drei der Gefäße, verbarg sie im Busen,
Eilte dann weg, von mir einfältigen Kinde begleitet.
Und die Sonne sank, und Dunkel umhüllte die Pfade.
Jetzo hatten wir schnell den berühmten Hafen erreichet,
Wo der Phoiniker Schiff das Meer zu durcheilen bereit lag.
Diese bestiegen mit uns das Verdeck des Schiffes, und steuerten

Über die Woge des Meers, von Gottes Winde getrieben.
Also durchsegelten wir sechs Tag' und Nächte die Wasser.
Als der siebente Tag von Zeus Kronion gesandt ward,
Tötete Artemis plötzlich das Weib mit ihrem Geschosse.
Rauschend fiel sie hinab in das Wasser des Raums, wie ein Seehuhn.
Und man warf sie, den Fischen und Ungeheuern zur Beute,
Über den Bord; allein ich blieb mit traurigem Herzen.
Wind und Woge trieben sie jetzt an Ithakas Ufer,
Wo Laertes mich mit seinem Vermögen erkaufte.

Literatur:
Schumacher 2001, 70 f.

Auch prominente Persönlichkeiten der Antike gerieten in die Gefangenschaft von Piraten und verloren so (zumindest auf bestimmte Zeit) ihre Freiheit. Ein berühmtes Beispiel ist jener Mann, der später selbst unzählige Menschen versklaven sollte: Gaius Iulius Caesar.

Quelle 28:
Velleius Paterculus, *Römische Geschichte* 2, 42 f.
(Übersetzung: M. Giebel)

(3) Später wurde er, ebenfalls noch in seinen jungen Jahren, von Piraten gefangen genommen, benahm sich aber während der ganzen Zeit seiner Gefangenschaft so, dass er ihnen ebensoviel Furcht wie Respekt einflößte. Auch legte er weder tags noch nachts seine Schuhe oder seine Kleider ab (warum sollte man eine solche, vielleicht doch höchst bedeutsame Einzelheit auslassen, nur weil sie sich nicht mit hochtrabenden Worten erzählen lässt?) – er tat dies sicher deshalb, um sich bei seinen Wächtern, die ihn nur mit den Augen bewachten, nicht verdächtig zu machen, wenn er etwas an seinem gewohnten Anzug veränderte.

42 (1) Es würde zu weit führen zu erzählen, was er alles unternahm und wie hartnäckig der römische Statthalter der Provinz Asien in seiner Furchtsamkeit diese Pläne vereitelte. Ich will nur das Folgende anführen, das beispielhaft auf Caesars künftige Größe hindeutet. (2) Als die Städte in Asien das Lösegeld für ihn bezahlt hatten – er hatte zuvor die Piraten dazu gebracht, diesen Städten Geiseln zu stellen. Da zog er in der Nacht nach seiner Befreiung als Privatmann eine Flotte zusammen, segelte zu dem Schlupfwinkel der Piraten und griff sie an. Einen Teil ihrer Schiffe jagte er in die Flucht, andere versenkte er, nahm eine Anzahl von Schiffen und machte viele Gefangene. (3) Voll Freude über dieses nächtliche Unternehmen kehrte er im Triumph zu den Seinen zurück, gab die Gefangenen in Gewahrsam und reiste nach Bithynien zum Prokonsul Iuncus (er war damals Statthalter von Bithynien wie von Asien) und bat ihn, die Hinrichtung der Gefangenen anzuordnen. Dieser weigerte sich und sagte, er wolle die Gefangenen als Sklaven verkaufen (seiner früheren Teilnahmslosigkeit ließ er nun Missgunst folgen). Da kehrte Caesar in unglaublicher Schnelligkeit zum Meer zurück und ließ, bevor ein diesbezüglicher schriftlicher Befehl des Prokonsuls jemanden erreichen konnte, alle Gefangenen ans Kreuz schlagen.

Der Kirchenvater Augustinus schildert in diesem Brief an seinen Freund Alypius, den Bischof von Thagaste, die Praktiken skrupelloser Menschenräuber in Nordafrika, die freie Menschen entführten und an Sklavenhändler verkauften, die diese in Gegenden jenseits des Meeres brachten.

Literatur:
Eck – Heinrichs 1993, Nr. 34; Garnsey 1996, 60ff.

Quelle 29:
Augustinus, *Brief an Alypius* (ep. 10* [CSEL 88]) 2–3; 6 (Übersetzung: W. Eck / J. Heinrichs)

2 (1) Ich mache auf einen weiteren Punkt aufmerksam: Von den Leuten, die gemeinhin Sklavenhändler (*mangones*) heißen, gibt es in Afrika eine solche Menge, dass sie das Land weitgehend entvölkern, da sie die Leute, mit denen sie handeln, in Provinzen jenseits des Meeres bringen, und fast ausschließlich Freie. (2) Denn kaum finden sich einige wenige, die von ihren Eltern verkauft wurden, aber auch die kaufen sie nicht in Einklang mit den römischen Gesetzen auf 25 Jahre für Dienstleistungen, sondern uneingeschränkt als Sklaven, und verkaufen sie nach jenseits des Meeres als Sklaven; wirkliche Sklaven aber kaufen sie von deren Herrn höchst selten. (3) Bedingt durch die große Anzahl solcher Kaufleute sind zudem Leute durchaus keine Seltenheit mehr, die fortlocken oder auf Menschenraub ausgehen, wobei sie in Gruppen auftreten und unter Geschrei in einem Aufzug, der Entsetzen erregt oder Soldaten oder Barbaren vortäuschen soll, bestimmte Landsiedlungen, wo nur wenige Menschen wohnen, überfallen – heißt es – und Leute gewaltsam entführen, die sie solchen Kaufleuten verkaufen können. **3** (1) Ich übergehe, was eben erst gerüchteweise zu unseren Ohren gelangte, dass nämlich in einer kleinen Siedlung durch solche Überfälle nach Niedermetzelung der Männer die Frauen und Kinder fortgeschleppt wurden, um verkauft zu werden. Wo das passiert ist, wenn es denn wirklich passierte, wurde nicht gesagt. (2) Als ich selbst aber unter Leuten, die aus derart jämmerlicher Gefangenschaft durch unsere Kirche befreit wurden, ein Mädchen fragte, unter welchen Umständen sie den Sklavenhändlern verkauft worden sei, sagte sie, sie sei aus dem Haus ihrer Eltern geraubt worden; (3) darauf fragte ich, ob man sie dort allein angetroffen habe; sie antwortete, es sei in Gegenwart ihrer Eltern und Brüder geschehen. (4) Zugegen war auch ihr Bruder, der gekommen war, um sie zurückzuholen, und da sie noch klein war, eröffnete er uns, wie sich alles abgespielt hatte. Nachts, sagte er, seien Räuber von der geschilderten Art eingebrochen, vor denen sie sich, so gut sie konnten, eher versteckt als ihnen entgegenzutreten gewagt hätten, da sie angenommen hätten, es handle sich um Barbaren. (5) Hätte es sich aber bei diesen Leuten nicht um Händler gehandelt, hätte das weitere nicht geschehen können. […]

6 (1) Indes lässt sich gar nicht sagen, wie viele Leute in diese gottlose Art des Erwerbs mit kaum begreiflicher Blindheit in ihrer Habgier und gewissermaßen durch Infizierung mit einer Art Krankheit abgeglitten sind. (2) Wer würde glauben, dass sich eine Frau findet – und das bei uns, bei Hippo Regius –, die sich zur Gewohnheit gemacht hatte, giddabensische Frauen angeblich zum Holzkauf fortzulocken, einzusperren, unter Druck zu setzen und zu verkaufen? (3) Wer sollte glauben, dass ein Kolone unserer Kirche, der hinreichend zahlungskräftig ist, einzig vom Grassieren dieses Fiebers erfasst, seine Frau, die Mutter seiner Söhne verkauft hat, ohne dass er durch ein Vergehen ihrerseits gekränkt gewesen wäre? (4) Ein junger Mann von kaum 20 Jahren, ein geschickter Rechner und Schreiber, wurde aus unserem Kloster fortgelockt und verkauft und konnte kaum durch unsere Kirche befreit werden.

2.4.3 Schuldknechtschaft

Literatur:
Schumacher 2001, 27; Herrmann-Otto 2009, 76

Um 600 v. Chr. war Athen in eine schwere soziale und wirtschaftliche Krise geraten, in deren Verlauf zahlreiche Bürger aufgrund von Schulden in Abhängigkeit und sogar in Sklaverei geraten waren.

Quelle 30:
Plutarch, *Lebensbeschreibung des Solon* 13 (Übersetzung: K. Ziegler)

Da nun damals die Ungleichheit zwischen arm und reich gleichsam den Gipfel erreichte, so befand sich die Stadt in einer höchst kritischen Lage, und es sah so aus, als ob sie allein durch Errichtung einer Tyrannis würde aus den Wirren heraus und zur Ruhe kommen können. Denn das ganze niedere Volk war den Reichen verschuldet. Entweder bearbeiteten sie das Land für sie und lieferten den Sechsten ihrer Erträge ab, wonach sie *Hektemorier* und Fronbauern hießen, oder wenn sie unter Verpfändung ihres Leibes Schulden aufgenommen hatten, so wurden sie von den Gläubigern abgeführt und dienten teils im Lande als Sklaven, teils wurden sie in die Fremde verkauft. Viele waren auch genötigt, ihre eigenen Kinder zu verkaufen – denn kein Gesetz verbot das – und vor der Hartherzigkeit der Gläubiger das Land zu verlassen.

Literatur:
Schumacher 2001, 27 f.; Herrmann-Otto 2009, 76

Mit der Lösung der in Athen anstehenden Probleme wurde Solon beauftragt. Eine seiner ersten Handlungen war die Aufhebung der Schulden (*seisachtheia* genannt) und das sofortige Verbot der Verpfändung des eigenen Leibes. In Gedichten, die Aristoteles überliefert, schildert Solon selbst seine Taten.

Quelle 31:
Aristoteles, Staat der Athener 12 (Übersetzung: M. Dreher)

Welches von den Vorhaben, wegen derer ich das Volk versammelte,
habe ich aufgegeben, bevor es erreicht war?
Zeugin dafür möge mir vor dem Richterstuhl der Zeit
die größte und beste Mutter der olympischen Götter sein,
die schwarze Erde, aus der ich einst
die überall eingesetzten Schuldscheine herausriss;
ehedem war sie versklavt, nun aber ist sie frei.
Viele führte ich nach Athen zurück, in das von Gott geschaffene Vaterland:
Der eine war unrechtmäßig, der andere rechtmäßig verkauft worden,
andere waren aus nackter Not geflohen;
die attische Sprache war ihnen nicht mehr geläufig,
da sie vielerorts umherirrten.
Die aber hier im Lande in schmachvoller Knechtschaft lebten
und vor den Launen ihrer Herren zitterten,
sie machte ich zu Freien. Das erreichte ich durch meine Macht,
indem ich Zwang und Recht verband,
und führte es zu Ende, wie ich es versprochen hatte.

Literatur:
Herrmann-Otto 2009, 113

Im frührepublikanischen Rom war die Schuldknechtschaft (*nexum*) von großer Bedeutung. Die um die Mitte des 5. Jh. v. Chr. aufgezeichneten Zwölftafelgesetze beschreiben, wie man mit Schuldnern zu verfahren habe.

Die Angabe, dass die Gläubiger von ihrem Schuldner Teile abschlagen durften, ist missverständlich. Die Lösung ist ganz einfach: Der Schuldner wurde, wie Aulus Gellius bereits richtig überliefert, als Sklave ins Ausland verkauft. Dass ehemalige Bürger im Inland zu Sklaven wurden, war verboten, ein gebürtiger Römer durfte nicht zum Sklaven eines ehemaligen Mitbürgers herabsinken. Dies hätte zu viel sozialen Sprengstoff in sich geborgen. Als Bezahlung erhielt der Verkäufer, da es zum Zeitpunkt der Abfassung der Zwölftafelgesetze um die Mitte des 5. Jh. v. Chr. in Rom noch kein Münzgeld gab, altrömisches Brockengeld, *aes rude* genannt. Dabei handelte es sich um einen unförmigen Kupfererzbrocken, von dem man die jeweils benötigten Beträge abgeschlagen oder abgesägt hat. Und genau das ist auch in den Zwölftafelgesetzen gemeint: Abgeschlagen sollten nicht die Gliedmaßen des Schuldners werden, sondern jener Teil des Verkaufserlöses, der der Schuld entsprach. Die Schuldknechtschaft existierte in Rom freilich nur eine bestimmte Zeit lang. Sie wurde im Jahr 326 v. Chr. durch eine *Lex Poetelia Papiria de nexis* abgeschafft.

Quelle 32:
Zwölftafelgesetze III
(Übersetzung: D. Flach)

Bei gerichtlich entschiedenen Fällen von eingestandener Geldschuld sollen dreißig Tage (Rückzahlungsfrist) rechtlich zulässig sein. Danach soll alsbald Hand aufgelegt werden (auf den säumigen Schuldner). Vor Gericht soll er [der Gläubiger] ihn führen. Wenn er [der säumige Schuldner] weder dem Gerichtsentscheid nachkommt, noch jemand vor Gericht für ihn eintritt, soll er [der Gläubiger] ihn mit sich führen und (zu Hause) fesseln entweder mit einem Riemen oder mit Fußketten von 15 Pfund wiegenden, keinen schwereren oder, wenn er [der Gläubiger] es will, leichteren. Wenn er [der säumige Schuldner] es will, soll er sich (in der Haft) von Eigenem ernähren. Wenn er sich nicht von Eigenem ernährt, soll ihm, wer ihn gefesselt hat, ein Pfund Emmer am Tag geben. Wenn er es will, soll er ihm mehr geben. Am dritten Markttag sollen sie (vom Brockengeld) Teile abschlagen. Wenn sie zu viel oder zu wenig abgeschlagen haben, soll es straffrei sein.

2.4.4 Sklavenhandel

Literatur:
Wiedemann 1981, Nr. 102;
Fischer 2013, 553 Anm. 3

Herodot überliefert die Geschichte eines skrupellosen Sklavenhändlers, der Knaben kaufte und sie zu Eunuchen machte, um sie dann besonders teuer weiterzuverkaufen. Eines Tages geriet er jedoch in die Hände eines seiner ehemaligen Opfer, das grausame Rache nahm.

Quelle 33:
Herodot, *Historien* 8, 105
(Übersetzung: J. Feix)

Aus diesem Pedasos also stammte Hermotimos, der meines Wissens einmal für eine Beleidigung von allen die grausamste Rache genommen hat. Als ihn Feinde gefangen hatten und als Sklaven verkauften, erwarb ihn Panionios aus Chios, der durch ein recht schändliches Gewerbe seinen Lebensunterhalt verdiente. Er kaufte nämlich besonders schöne Knaben, verschnitt sie und brachte sie in Sardes und Ephesos für teures Geld auf den Markt; denn bei den Barbaren werden die Verschnittenen wegen ihrer Treue in jeder Hinsicht mehr geschätzt als wirkliche Männer. Nun hatte Panionios schon viele verschnitten,

Abb. 1: Römisches Bankett
Aus dem sog. „Haus des Laokoon" stammt diese römische Wandmalerei des 1. Jh. n. Chr., die eine Gelageszene zeigt. Die deutlich unterlebensgroß widergegebene Figur ganz links kann dabei als ein wohl jugendlicher Begleitsklave angesprochen werden.

weil er davon lebte. So tat er es auch mit ihm. Hermotimos hatte noch das Glück, dass er von Sardes aus mit anderen Geschenken zum König geschickt wurde. Im Laufe der Zeit fand er bei Xerxes höheres Ansehen als alle seine anderen Eunuchen.

Als der König das Perserheer gegen Griechenland in Marsch setzte und in Sardes weilte, reiste Hermotimos in Geschäften nach Mysien in die Landschaft Atarneus, die von den Chiern bewohnt wird, und stieß dort auf Panionios. Er erkannte ihn, unterhielt sich lange und freundlich mit ihm und zählte ihm zunächst die Vorteile auf, die er ihm verdanke, und versprach ihm dazu recht viel Gutes dafür. Er solle nur seine Angehörigen nach Atarneus holen und dort Wohnung nehmen. Panionios war mit Freuden einverstanden und holte Weib und Kinder. Als Hermotimos jetzt ihn und alle seine Angehörigen in Händen hatte, sprach er zu ihm: „Du Meister des schändlichsten Gewerbes, das es auf Erden gibt, was habe ich oder einer meiner Verwandten dir oder einem der Deinen zuleide getan, dass du mich von einem Manne zu einem Nichts gemacht hast? Glaubst du etwa, die Götter hätten nicht gesehen, was du damals getan hast? Sie haben dich in ihrer Gerechtigkeit für deinen schändlichen Frevel in meine Hand geliefert, und du sollst

Abb. 2
Grabstele des Aulos Kapreilios Timotheos
Das inzwischen zerstörte Grabmal des um die Zeitenwende lebenden Aulos Kapreilios Timotheos wurde in Amphipolis am Strymon entdeckt. In der obersten Zone der Stele befindet sich die Darstellung einer Bankettszene, deren Protagonist der Grabherr selbst ist. Direkt darunter ist die Grabinschrift (SEG 28, 1978, 537) angebracht, wiederum unterhalb folgt die Wiedergabe von Männern, die Gefäße – möglicherweise Kulturgüter, die im Austausch gegen Sklaven verhandelt wurden – tragen, sowie in der untersten Zone die Darstellung eines Zuges von acht männlichen Sklaven, die durch eine um ihre Hälse gelegte Kette verbunden sind und von zwei Frauen und zwei Kindern, die nicht gefesselt sind, begleitet werden. An der Spitze des Zuges befindet sich eine männliche Gestalt im Kapuzenmantel, wohl der Verstorbene selbst. In der Inschrift bezeichnet sich dieser Mann, der selbst ein Freigelassener war, stolz als Sklavenhändler, σωματένπορος.

dich nicht beklagen können über die Strafe, die ich dir auferlegen werde." Nach diesen Schmähworten ließ er seine Kinder vorführen. Panionios wurde gezwungen, seine eigenen Söhne – es waren vier – zu verschneiden; unter Zwang tat er es. Als er damit fertig war, mussten die Kinder das gleiche an dem Vater vollziehen. So kam über Panionios das göttliche Strafgericht durch die Hand des Hermotimos.

Den Thrakern schreibt Herodot Sitten zu, die das Gegenteil dessen darstellen, was bei den Griechen üblich war. Unter anderem sollen diese häufig ihre Kinder in die Sklaverei verkauft haben.

Literatur:
Fischer 2010, 63 Anm. 23; Fischer 2016, 62

Die anderen Thrakerstämme haben folgende Sitten: Sie verkaufen ihre Kinder zur Ausfuhr in die Fremde. Um ihre jungen Mädchen kümmern sie sich nicht, sondern lassen sie verkehren, mit wem sie wollen. Ihre Frauen aber bewachen sie streng und kaufen sie den Eltern für hohe Preise ab. Es gilt bei ihnen als vornehm, Tätowierungen auf der Haut zu haben. Wer sie nicht aufweisen kann, gehört nicht zum Adel. Wer faul ist, wird hoch geehrt, wer sein Feld be-

Quelle 34:
Herodot, *Historien* 5, 6
(Übersetzung: J. Feix)

baut, zutiefst verachtet. Von Krieg und Raub zu leben ist das schönste. So sind ihre auffallendsten Sitten und Bräuche.

Literatur:
Scholl 1990, Nr. 37

Auf Papyrus haben sich in Ägypten zahlreiche Kaufverträge von Sklaven erhalten, die Einblick in den Handel mit Unfreien gewähren, so etwa dieser Vertrag des Jahres 259 v. Chr., bei dem es um den Verkauf einer siebenjährigen Sklavin namens Sphragis geht.

Quelle 35:
Kaufurkunde einer Sklavin
(Scholl Nr. 37)
(Übersetzung: R. Scholl)

Im 27. Jahr der Königsherrschaft des Ptolemaios, Sohn des Ptolemaios, und des Sohnes Ptolemaios, unter dem Priester des Alexander und der Geschwistergötter, unter der Kanephore der Bruderliebenden Arsinoe, derjenigen in Alexandrien, im Monat Xandikos, in Birta im Ammoniterland.

Es verkaufte Nikanor, Sohn des Xenikles, aus Knidos, einer der Leute bei Toubias, dem Zenon, Sohn des Agreophon, aus Kaunos, einem der Leute bei Apollonios, dem Dioiketen, eine sidonische Sklavin mit Namen Sphragis, ungefähr sieben Jahre alt, für fünfzig Drachmen.

Gewährsmann ist X, Sohn des Ananias, Perser, einer der Leute des Toubias, Kleruch.

Zeugen sind: der Richter X; Polemon, Sohn des Straton, Makedone, einer von den Reitern des Toubias, Kleruch; Timopolis, Sohn des Botes, aus Milet; Herakleitos, Sohn des Philippos, aus Athen; Zenon, Sohn des Timarchos, aus Kolophon; Demostratos, Sohn des Dionysios, aus Aspendos; alle vier von den Leuten bei Apollonios, dem Dioiketen.

Literatur:
Schumacher 2001, 62 f.

Auf einer Wachstafel aus dem ägyptischen Fayum blieb der folgende Vertrag erhalten, der den um 150 n. Chr. in Ravenna vollzogenen Verkauf einer Sklavin aus dem Gebiet des heutigen Libyen dokumentiert.

Quelle 36:
Sklavenkaufvertrag (AE 1922, 135)
(Übersetzung: L. Schumacher)

Im Konsulatsjahr des Caius Curtius Iustus und des Publius Iulius Nauto, am sechsten Tag vor den Nonen des Oktober. Schriftlich habe ich, Aeschines Flavianus, Sohn des Aeschines, aus Milet, bestätigt, von Titus Memmius Montanus, Soldat auf einem Kriegsschiff des Kaisers vom Typ der Fünfruderer, 625 Denare als Kaufpreis für eine erfahrene Sklavin aus der Marmarica empfangen zu haben, die ich ihm im Fall einer Rückforderung mit der Verpflichtung zur Erstattung der doppelten Summe in bestem Zustand verkauft und übergeben habe nach mündlicher Verhandlung vor Zeugen, beurkundet in den versiegelten Schrifttäfelchen. Geschehen im Lager der prätorischen Flotte von Ravenna. Unter denselben Konsuln und am selben Tag habe ich, Caius Domitius Theophilus, bestätigt, dass ich beim Verkauf der Sklavin aus der Marmarica, wie oben beschrieben, anwesend war als Kaufbürge für Aeschines Flavianus, Sohn des Aeschines. Das Geschäft wurde vollzogen.

Literatur:
Eck – Heinrichs 1993, Nr. 41

In den Verordnungen der kurulischen Aedile über den Sklavenverkauf wurden Garantieklauseln erlassen, die den Käufer davor schützen sollten, von einem betrügerischen Sklavenhändler übers Ohr gehauen zu werden. Jedem Sklaven musste eine Schrifttafel beigegeben werden, die über Krankheiten, frühere Vergehen oder andere Mängel informierte.

Die Aedilen verfügen: Wer Sklaven verkauft, soll den Käufer informieren, wer welche Krankheit oder welchen Fehler aufweist, wer ein Entlaufener oder Herumtreiber oder von den rechtlichen Auswirkungen eines Vergehens nicht entbunden ist: Alles das soll beim Sklavenverkauf öffentlich und wahrheitsgemäß erklärt werden. Wurde aber ein Sklave in Verstoß hiergegen verkauft oder in Verstoß gegen mündliche Zusagen und Versprechungen beim Verkauf, so steht im Folgenden, was (vom Verkäufer) für ihn (dem Käufer gegenüber) geleistet werden muss: dem Käufer und allen, die von diesem Geschäft betroffen sind, werden wir ein Gerichtsverfahren dahingehend gewähren, dass der betreffende Sklave zurückgenommen werden soll. Ist allerdings nach dem Zeitpunkt des Verkaufs und der Übergabe eine Wertminderung (des Verkauften) durch den Käufer selbst, seine An- und Zugehörigen oder seinen Verwalter eingetreten, wurde ferner nach dem Zeitpunkt des Verkaufs etwas durch (den Verkauften) geboren oder erworben oder etwas anderes zum Zeitpunkt des Verkaufs durch den Käufer miterworben oder erwuchs ihm daraus ein Ertrag, so soll er das alles (mit)zurückerstatten. Ferner soll (der Verkäufer) eventuell geleistete Zugaben zurückerhalten. Ferner muss beim Verkauf offen erklärt werden, wenn ein Sklave ein kapitales Delikt begangen oder Selbstmordversuche unternommen hat oder zu Tierkämpfen ins Amphitheater geschickt wurde. Bezüglich dieser Sachverhalte nämlich werden wir ein Gerichtsverfahren gewähren. Darüber hinaus werden wir ein Gerichtsverfahren gewähren, wenn von jemandem behauptet wird, er habe in Widerspruch hierzu wissentlich arglistig einen Verkauf vorgenommen.

Quelle 37:
Ulpian, *Digesten* 21, 1, 1
(Übersetzung: W. Eck / J. Heinrichs)

Auch die Herkunft und ethnische Zugehörigkeit eines Unfreien musste bei dessen Verkauf dem Käufer wahrheitsgemäß mitgeteilt werden.

Literatur:
Eck – Heinrichs 1993, Nr. 44

Wer Sklaven verkauft, muss die Volkszugehörigkeit eines jeden beim Verkauf angeben, denn sehr häufig motiviert die Volkszugehörigkeit eines Sklaven zum Verkauf oder hält davon ab. Deshalb ist es wichtig, dass wir die Volkszugehörigkeit kennen. Man geht nämlich gemeinhin davon aus, dass bestimmte Sklaven in Ordnung sind, weil sie Völkern zugehören, die nicht in schlechtem Ruf stehen, umgekehrt infolge ihrer Zugehörigkeit zu schlechter beleumundeten Völkern als schlecht gelten. Unterbleiben Angaben zur Volkszugehörigkeit, so wird dem Käufer und allen Personen, welche das Geschäft angeht, freie Entscheidung gewährt bezüglich einer Rückgabe des Sklaven durch den Käufer.

Quelle 38:
Ulpian, *Digesten* 21, 1, 31, 21
(Übersetzung: W. Eck / J. Heinrichs)

Falschangaben, die beim Verkauf eines Sklaven vonseiten des Verkäufers gemacht wurden, führten dazu, dass der Kauf rückgängig gemacht wurde bzw. der Käufer zumindest Teile des bezahlten Kaufpreises zurückerhielt.

Literatur:
Eck – Heinrichs 1993, Nr. 43

Quelle 39:
Paulus, *Sententiae* 2, 17, 6
(Übersetzung: W. Eck / J. Heinrichs)

Hat jemand in der Absicht, einen Sklaven teurer zu verkaufen, bewusst falsche Angaben zu dessen handwerklicher Qualifikation oder *peculium* gemacht, so wird er im Fall einer Klage, die auf den Kauf geht, gerichtlich gezwungen, dem Käufer zu erstatten, wie viel die Wertminderung ausmacht, sofern er nicht bereit ist, den fraglichen Sklaven zurückzunehmen.

Literatur:
Wiedemann 1981, Nr. 98;
Eck – Heinrichs 1993, Nr. 58

Sklavenhändler galten bei den Römern als betrügerisch und verschlagen. Ein Musterbeispiel dafür ist Toranius Flaccus, der dem Triumvirn Marcus Antonius zwei miteinander gar nicht verwandte, sondern sich nur zufällig ähnlich sehende Knaben für viel Geld als Zwillingspaar verkauft haben soll.

Quelle 40:
Plinius der Ältere, *Naturgeschichte* 7, 56
(Übersetzung: W. Eck / J. Heinrichs)

Der Sklavenhändler Toranius verkaufte an (Marcus) Antonius, der zu diesem Zeitpunkt schon Triumvir war, Knaben von außerordentlicher Schönheit, den einen aus Asien, den anderen von jenseits der Alpen, als Zwillinge: so sehr passten sie zusammen. Als dann die Sprache der Knaben den Betrug offenbarte und (Toranius) von dem tobenden Antonius beschimpft wurde, der unter anderem die Höhe des Preises beanstandete – er hatte sie für über 200.000 Sesterzen gekauft –, da antwortete der gewitzte Sklavenhändler, er habe sie gerade deswegen so teuer verkauft, weil Ähnlichkeit von Kindern aus dem selben Mutterleib nichts Staunenswertes sei. Dagegen seien Kinder, die aus verschiedenen Völkern stammten und in ihrer äußeren Erscheinung so sehr übereinstimmten, geradezu unschätzbar. Mit diesem Argument sicherte er (seiner Ware) zur rechten Zeit eine solche Wertschätzung, dass ein Mann, der ja vor Proskriptionen nicht zurückschreckte und eben noch ob der erlittenen Schmach vor Wut außer sich war, nun glaubte, nichts in seinem Besitz sei seinem Glücksstern angemessener.

Literatur:
Wiedemann 1981, Nr. 13;
Eck – Heinrichs 1993, Nr. 59;
Fischer 2013, 554

Sklaven erhielten gewöhnlich von ihren Herren neue Namen, die nach den unterschiedlichsten Gesichtspunkten ausgewählt werden konnten. Das in diesem Beipiel von Varro als Schauplatz eines Sklavenverkaufs angesprochene Ephesos war einer der wichtigsten Umschlagplätze für Unfreie im östlichen Mittelmeerraum.

Quelle 41:
Varro, *Über die lateinische Sprache* 8, 21
(Übersetzung: W. Eck / J. Heinrichs)

Haben beispielsweise drei Leute in Ephesos je einen Sklaven gekauft, so leitet der erste vielleicht den Sklavennamen vom Verkäufer Artemidoros ab und nennt ihn Artemas, der zweite von der Gegend, wo er ihn kaufte, Ion von Ionien, der dritte Ephesius von Ephesos, und so jeder nach einem anderen Kriterium seines Ermessens.

2.4.5 Sklavengeburt und Versklavung von Findelkindern

Literatur:
Wiedemann 1981, Nr. 4;
Eck – Heinrichs 1993, Nr. 10

In dieser Stelle aus den Digesten wird festgehalten, dass Menschen auf unterschiedliche Art und Weise zu Sklaven werden konnten, so etwa durch Selbstverkauf, durch Kriegsgefangenschaft oder durch die Geburt durch eine unfreie Mutter. Wenn die Mutter freilich zu irgendeinem Zeitpunkt während der Schwangerschaft frei war, war das Kind frei geboren.

Quelle 42:
Marcianus, *Digesten* 1, 5, 5 (Übersetzung: L. Huchthausen)

Der Stand der Sklaven ist ein und derselbe; von den freien Menschen sind die einen aber Freigeborene und die anderen Freigelassene. (1) Sklaven kommen entweder nach dem *ius civile* oder nach dem *ius gentium* in unser Eigentum: nach dem *ius civile*, wenn jemand, der älter als 20 Jahre ist, sich selbst hat verkaufen lassen, um Anteil am Kaufpreis zu haben; nach dem *ius gentium* sind diejenigen unsere Sklaven, die vom Feind gefangenengenommen oder von unseren Sklavinnen geboren wurden. (2) Freigeborene sind diejenigen, die von einer freien Mutter geboren wurden, denn es genügt, dass sie zum Zeitpunkt der Geburt frei war, auch wenn sie als Sklavin empfangen hat. Auch im umgekehrten Fall, wenn sie als Freie schwanger geworden ist und nachher als Sklavin geboren hat, hat man festgelegt, dass das Kind als Freies geboren werde. Es ist auch nicht einerlei, ob sie in rechtmäßiger Ehe empfangen hat oder nicht, weil der Leibesfrucht das Unglück der Mutter nicht schaden darf. (3) Daraus ist die Frage entstanden, wenn eine schwangere Sklavin freigelassen, aber nachher wieder Sklavin geworden oder aus dem Staate verwiesen worden ist und dann niederkommt, ob sie dann einen Freien oder einen Sklaven gebäre? Man hat es für richtiger gefunden, dass das Kind als Freies geboren würde und es für die Leibesfrucht genügt, auch nur in der dazwischenliegenden Zeit eine freie Mutter gehabt zu haben.

Literatur:
Eck – Heinrichs 1993, Nr. 17

Der Status eines Kindes richtete sich grundsätzlich nach dem Status der Mutter. Eine Ausnahme stellte das SC Claudianum des Jahres 52 n. Chr. dar, demzufolge das Kind einer Bürgerin, die von einem fremden Sklaven mit dem Einverständnis dessen Herrn schwanger wurde, ein unfreies Kind gebar. Diese Regelung wurde allerdings von Hadrian abgeändert, und fortan waren auch die Kinder aus solchen Verbindungen frei.

Quelle 43:
Gaius, *Institutiones* 1, 82–84 (Übersetzung: W. Eck / J. Heinrichs)

(82) Hieraus ergibt sich ferner, dass das Kind einer unfreien Mutter und eines freien Vaters nach (ungeschriebenem) Völkerrecht als Sklave, umgekehrt das Kind einer freien Mutter und eines unfreien Vaters als Freier geboren wird. (83) Wir müssen aber Acht geben, ob nicht in einem speziellen Fall ein Gesetz oder eine Regelung mit Gesetzeskraft dieses Prinzip des (ungeschriebenen) Völkerrechts abgeändert hat. (84) So nämlich konnte aufgrund eines von Claudius herbeigeführten Senatsbeschlusses eine Frau mit römischem Bürgerrecht, die sich mit einem ihr nicht gehörenden Sklaven unter Zustimmung seines Herren einließ, zwar im Fall einer zuvor getroffenen Vereinbarung selbst frei bleiben, ihr Kind jedoch als Sklaven gebären. Denn die zwischen ihr und dem Herrn des besagten Sklaven getroffenen Vereinbarungen werden nach dem Senatsbeschluss für gültig erklärt. Später jedoch stellte der vergöttlichte Hadrian mit Blick auf den sachlich unangemessenen und rechtlich unbefriedigenden Zustand das Prinzip des (ungeschriebenen) Völkerrechts wieder her, wonach die Frau ein freies Kind gebären soll, wenn sie selbst ihre Freiheit behält.

Literatur:
Eck – Heinrichs 1993, Nr. 80

Gaius führt die Regelungen zum Status von Kindern von Sklaven und Freien noch weiter aus: Wurde etwa eine Sklavin freigelassen, während sie schwanger war, so wurde das Kind frei geboren, da sein Rechtsstatus nach der Geburt festgelegt wurde. Wieder kommt er auch auf das SC Claudianum zu sprechen, dem zufolge eine freie Frau, die gegen den Willen des Besitzers ein Verhältnis mit einem Sklaven einging, dessen Sklavin wurde.

Quelle 44:
Gaius, *Institutionen* 1, 87–91
(Übersetzung:
L. Huchthausen)

(87) Es ist also sonnenklar, dass in den Fällen, in denen das Kind in seiner Rechtsstellung der Mutter und nicht dem Vater folgt, es auch nicht der Gewalt des Vaters unterstehen kann, selbst wenn dieser römischer Bürger ist. Und deshalb greift, wie ich weiter oben ausgeführt habe, in gewissen Fällen, wenn infolge eines Irrtums keine rechtmäßige Ehe geschlossen wurde, der Senat ein und hilft dem Mangel der Ehe ab und bewirkt auf diese Weise in den meisten Fällen, dass der Sohn der Gewalt des Vaters unterstellt wird. (88) Aber wenn eine Sklavin von einem römischen Bürger empfangen hat, dann freigelassen und römische Bürgerin geworden ist und dann das Kind zur Welt bringt, so wird es zwar römischer Bürger wie sein Vater, aber es untersteht nicht der Gewalt des Vaters, weil es nicht in rechtmäßiger Ehe empfangen ist und kein Senatsbeschluss eine solche Zeugung legalisiert. (89) Die Bestimmung aber, dass das Kind frei ist, wenn eine Sklavin es von einem römischen Bürger empfangen hat und vor seiner Geburt freigelassen wurde, beruht auf der natürlichen Vernunft: denn wer außerehelich empfangen ist, erhält seine Rechtsstellung nach der Zeit seiner Geburt; wenn die Kinder also von einer Freien geboren werden, so werden sie Freie, und es macht nichts aus, von wem die Mutter sie empfangen hat, als sie noch Sklavin war; aber diejenigen, die ehelich empfangen werden, erhalten ihre Rechtsstellung nach der Zeit der Empfängnis. (90) Wenn also eine schwangere römische Bürgerin verbannt und dadurch Peregrine wird und dann ein Kind zur Welt bringt, machen viele Juristen einen Unterschied und meinen, wenn sie in rechtmäßiger Ehe empfangen habe sei das Kind römischer Bürger, wenn es aber aus außerehelichem Verkehr stamme, sei es Peregrine. (91) Ebenso: wenn eine schwangere römische Bürgerin nach dem Senatus consultum Claudianum Sklavin wird, weil sie mit einem fremden Sklaven gegen den Willen und das ausdrückliche Verbot seines Eigentümers geschlechtlichen Verkehr gehabt hat, so machen viele Juristen einen Unterschied und meinen, wenn das Kind in rechtmäßiger Ehe empfangen sei, so werde es römischer Bürger, wenn es aber aus dem außerehelichen Verkehr stamme, werde es Sklave desjenigen, dessen Sklavin die Mutter geworden sei.

Literatur:
Wiedemann 1981, Nr. 82;
Eck – Heinrichs 1993, Nr. 13

Die Geburt von Sklavenkindern bedeutete für den Herrn der Mutter eine Vermehrung seines Besitzes. Sklavenbeziehungen wurden aus diesem Grund von vielen Besitzern wohl gefördert. Die Bedeutung der Sklavengeburt wird auch in der folgenden Passage aus dem „Satyrikon" des Petronius deutlich, wo dem neureichen Freigelassenen Trimalchio die Anzahl der auf seinem Landgut in Cumae geborenen Sklavenkinder gemeldet wird.

Quelle 45:
Petronius, *Satyrikon* 53
(Übersetzung: H. C. Schnur)

Die Tanzlust wurde aber durch die plötzliche Ankunft eines Buchhalters unterbrochen; der las vor wie aus dem Staatsanzeiger:

„Am 26. Juli, geboren auf dem Gut bei Cumae, 30 Knaben, 40 Mädchen. Von der Tenne in den Speicher überführt: 500.000 Scheffel Weizen. 500 Ochsen eingefahren. Am selben Tage: der Sklave Mithridates wurde gekreuzigt, weil er den Schutzgeist unseres Herrn Gaius gelästert hatte. Am selben Tage: mangels Anlagemöglichkeit auf Reservekonto übergebucht: 10 Millionen Sesterzen. Am selben Tag: Brand in den Gartenanlagen bei Pompeji; das Feuer brach aus im Haus des Gutsverwalters Nasta –"

„Was?" sagte Trimalchio, „wann hat man denn die Gartenanlagen in Pompeji für mich angekauft?"

„Vergangenes Jahr", antwortete der Buchalter, „deshalb sind sie noch nicht in den Büchern eingetragen.

Trimalchio wurde wütend und schrie: „Wenn man in Zukunft Grundstücke, die man für mich kauft, mir nicht innerhalb von sechs Monaten zur Kenntnis bringt, verbiete ich, dass man sie in meine Bücher einträgt."

Schon las man die Verfügungen der Ortsverwalter vor sowie Testamente von Förstern, in denen Trimalchio mittels Kodizill enterbt wurde; ferner eine Liste von Vorarbeitern; den Namen einer Freigelassenen, die ein Flurwächter verstoßen hatte, weil er sie bei Intimitäten mit einem Bademeister überrascht hatte; den Namen eines Haushofmeisters, der nach Baiae verbannt worden war; eines Kassiers, gegen den Anklage erhoben wurde, und eine Entscheidung von Streitigkeiten zwischen Kammerdienern.

Jetzt aber kamen Akrobaten herein. Ein ganz dämlich aussehender Kraftprotz balancierte eine Leiter; auf der ließ er einen Knaben hochklettern, der oben singen und tanzen, durch Feuerreifen springen und eine Amphora mit den Zähnen festhalten musste. Nur Trimalchio hatte Spaß an so etwas. Das ist ein undankbares Gewerbe", sagte er; die zwei Arten von Artisten, die er am liebsten sähe wären Akrobaten und Hornbläser; alles andere, Dressurakte oder Konzerte, wären bloß Possen. „Auch Komödianten habe ich gekauft", sagte er, „aber ich lasse sie lieber italienische Possen aufführen, und meinem griechischen Flötenbläser habe ich befohlen, auf Lateinisch zu pfeifen."

Literatur:
Eck – Heinrichs 1993, Nr. 31

Eine weitere Quelle für Sklaven waren Findelkinder, die von ihren Findern als Unfreie aufgezogen werden konnten.

Quelle 46:
Sententiae Syriacae 98
(Übersetzung: W. Eck / J. Heinrichs)

Ein Kind, das ausgesetzt gefunden wurde, schuldet zwanzig Jahre lang Sklavenarbeit zu erbringen, freilich nur, wenn der, welcher es aufgehoben hat, dieses Kind schweigend aufgehoben hat. Wenn er dieses aber vor dem *tabularius* in einer Urkunde aufgehoben hat, indem er kundtut, er nehme es nur deshalb an, damit es ihm alle Tage seines Lebens Sklavendienste leiste, dann soll es bis zu seinem Ende Sklave sein.

2.4.6 Strafsklaverei

Literatur:
Hartmann 2002, 52ff.

Im klassischen Athen wurden vor allem Delikte, bei denen es um die Anmaßung von Bürgerrechten ging, streng geahndet und mit der Versklavung bestraft. Plutarch berichtet, dass im Rahmen der Verteilung einer Getreidespende des ägyptischen Pharaos Tausende Bewohner der Stadt, die sich als Bürger ausgegeben hatten, es aber nicht waren, in die Sklaverei verkauft wurden. Die hier überlieferte Anzahl von Fremden, die sich das Bürgerrecht erschlichen haben, ist aber sicher zu hoch.

Quelle 47:
Plutarch, Leben des Perikles 37 (Übersetzung: K. Ziegler)

Perikles hatte vor vielen Jahren, als er auf der Höhe seines politischen Wirkens stand und zudem, wie schon erwähnt, rechtmäßige Söhne besaß, das Gesetz beantragt, es sollten nur diejenigen als Athener gelten, deren Eltern beiderseits Athener gewesen seien. Als nun der König von Ägypten dem Volk vierzigtausend Scheffel Weizen als Geschenk übersandte und das Getreide unter die Bürger verteilt werden sollte, gab es infolge dieses Gesetzes plötzlich eine Menge von Prozessen gegen die nicht vollbürtigen Athener, die bis dahin unbemerkt geblieben und übersehen worden waren. Mancher fiel auch falscher Anklage zum Opfer. Gegen fünftausend wurden auf diese Weise überführt und in die Sklaverei verkauft; die Zahl derer, die auf Grund der Prüfung das Bürgerecht behielten und als Athener bestätigt wurden, betrug vierzehntausend und vierzig.

Literatur:
Eck – Heinrichs 1993, Nr. 23

Die Versklavung zog es, entsprechend des im Jahr 52 n. Chr. erlassenen Senatus consultum Claudianum, nach sich, wenn eine freie Frau gegen den Willen des Herrn und trotz dessen ausdrücklichen Verbots ein Verhältnis mit einem fremden Sklaven einging (vgl. → Quelle 44).

Quelle 48:
Tacitus, *Annalen* 12, 53, 1 (Übersetzung: W. Eck / J. Heinrichs)

Unterdessen bringt (Claudius) im Senat eine Vorlage ein zur Bestrafung von Frauen, die Verbindungen mit Sklaven eingingen; zustande kam ein Senatsbeschluss, solche Frauen sollten als Sklavinnen (desselben Besitzers) gelten, falls sie sich ohne sein Wissen erniedrigt hätten, als (seine) Freigelassenen, wenn er zugestimmt habe.

2.5 Sklaven und ihre Herren

2.5.1 Anzahl der Unfreien

Literatur:
Wiedemann 1981, Nr. 86

Große Sklavenscharen waren im klassischen Athen eher die Ausnahme (vgl. aber → Quelle 76). Bereits als wohlhabend kann man Besitzer von Werkstätten mit 20 bzw. 30 Sklaven bezeichnen, wie hier in dieser Gerichtsrede des 4. Jh. v. Chr. erwähnt wird.

Quelle 49:
Demosthenes,

Aus diesen (Beweisen) ist nun die Menge des Vermögens offensichtlich. Für 15 Talente sind drei Talente die Steuerquote; einen solchen Betrag hielten sie für richtig zu verlangen. Noch genauer können Sie das Vermögen einschätzen, wenn Sie hören, woraus es bestand. Denn der Vater, o Richter, hinterließ zwei Werkstätten, beide von nicht geringer Kunstfertigkeit. In der Schwertfabrik arbeiteten 32 oder 33 Sklaven, die jeweils fünf oder sechs Minen wert waren, und keiner weniger als drei, von denen erwirtschaftete er ein abgabenfreies Einkommen von 30 Minen im Jahr. In der Klinenwerkstatt betrug die Anzahl der Arbeiter zwanzig, sie war für 40 Minen verpfändet, sie brachte ein abgabenfreies Einkommen von zwölf Minen pro Jahr. Er hat ein Talent Silber zu einem Zinssatz von einer Drachme (pro Mine) verliehen, dieser Zins brachte pro Jahr mehr als sieben Minen.

Gegen Aphobus I 9
(Übersetzung: J. Fischer)

Die Menge an Unfreien, die ein Angehöriger der römischen Oberschicht besaß, war ein vielfach diskutiertes Thema, und der Besitz von zu wenigen oder zu vielen Sklaven konnte schnell auch zum Argument in politischen Diskussionen werden.

Literatur:
Wiedemann 1981, Nr. 81

Ich weiß jedenfalls weder, noch kümmert's mich, ob du Sklaven hast, deinen Acker zu bebauen, oder selber zusammen mit deinen Nachbarn im Wechsel die Arbeit verrichtest. Du dagegen weißt, dass ich am gleichen Tage zu Oea drei Sklaven freigelassen habe, und das hat mir unter dem anderen, das du ihm verraten hast, dein Anwalt zum Vorwurf gemacht, obwohl er kurz vorher gesagt hatte, ich sei in Begleitung eines einzigen Sklaven nach Oea gekommen. Da möchte ich doch von dir eine Antwort haben, wie es möglich war, dass ich von dem einen dreien die Freiheit gab, wenn nicht etwa auch das Zauberei war. Soll ich sagen, so groß ist die Blindheit beim Lügen oder die Gewöhnung daran? „Apuleius kam mit nur einem Sklaven nach Oea." Dann nach wenigen dazwischengeschwatzten Worten: „Apuleius hat in Oea an einem Tag drei freigelassen." Selbst das wäre nicht glaublich gewesen, dass ich mit dreien gekommen sei und alle freigelassen hätte. Doch wenn ich's getan hätte, warum wolltest du eher drei Sklaven für ein Zeichen von Armut als drei Freigelassene als ein Zeichen von Reichtum ansehen? Du verstehst es wirklich nicht, nein, du verstehst es nicht, Aemilianus, einen Philosophen anzuklagen, wenn du ihm seine geringe Dienerschaft zum Vorwurf machst, die ich, wenn ich mich rühmen wollte, hätte erdichten müssen; weiß ich doch, dass nicht nur die Philosophen, als deren Anhänger ich mich bekenne, sondern auch Befehlshaber des römischen Volkes sich der geringen Anzahl ihrer Sklaven gerühmt haben. Haben denn deine Anwälte nicht einmal das gelesen, dass Mark Anton als gewesener Konsul in seinem Haus nur acht Sklaven gehabt hat, der bekannte Carbo, der an der Spitze des Staates gestanden hat, noch einen weniger, dagegen der durch seine vielen Siegeskränze weithin berühmte Manius Curius, der dreimal im Triumphzug durch das gleiche Tor von Rom gezogen, dass dieser Manius Curius nur zwei Trossknechte im Lager gehabt hat, so dass jener Mann, der über Sabiner, über Samniten und über Pyrrhos triumphiert hat, weniger Sklaven als Triumphe sein eigen nannte? Marcus Cato aber, der nicht erst darauf gewartet hat, dass andere ihn rühmten, hat selber in eigener Rede es niedergeschrieben und so der Nachwelt hinterlassen, dass er nur drei

Quelle 50:
Apuleius, *Apologie* 17
(Übersetzung:
J. Hammerstaedt)

Sklaven aus Rom mitgenommen habe, als er als Konsul nach Spanien aufbrach; erst als er zum Staatsgebäude (auf dem Marsfeld) gekommen war, schien es ihm doch zu seiner Bedienung zu wenig, und er befahl, auf dem Markt vom Sklavenstand noch zwei Knaben zu kaufen, so dass er also diese fünf mit nach Spanien nahm. Hätte Pudens das gelesen, so hätte er meiner Meinung nach entweder ganz auf diese Beschimpfung verzichtet, oder es vorgezogen, an drei Sklaven die Menge der Begleiter eines Philosophen als ihre zu geringe Zahl zu tadeln.

Literatur:
Wiedemann 1981, Nr. 84

In seiner Abhandlung „Von der Seelenruhe" spricht sich Seneca, selbst freilich ein schwerreicher Mann, dafür aus, sich von Besitztum unabhängig zu machen; als Beispiel dafür wählt er die Anzahl der Sklaven, die ein Herr besitzt, und argumentiert mit den Kosten, die diese verursachen.

Quelle 51:
Seneca, *Von der Seelenruhe* 8, 5–9
(Übersetzung: H. Berthold)

Wirf nur einen Blick auf das Weltganze; auf die Götter: nackt stehen sie da, haben nichts und geben alles. Hältst du nun einen Mann, der sich aller Zufallsgüter entäußert hat, für arm, oder vergleichst du ihn mit den unsterblichen Göttern? Würdest du den Demetrius Pompeianus glücklicher nennen, weil er sich nicht schämte, reicher als Pompeius zu sein? Täglich wurde ihm – wie einem Feldherrn die Heeresstärke – die Zahl seiner Sklaven gemeldet, ihm, dem zwei Hilfssklaven und ein geräumigeres Zimmer schon längst Reichtum hätten genug sein müssen. Dem Diogenes dagegen lief sein einziger Sklave davon, und als man ihn vorführte, legte er keinen Wert darauf, ihn wieder aufzunehmen. „Kann Manes ohne den Diogenes leben", sagte er, „wäre es doch eine Schande, wenn Diogenes nicht ohne den Manes auskommen könnte!" Damit wollte er ausdrücken: „Treibe dein Handwerk, Schicksal, bei Diogenes hast du nichts mehr zu suchen. Mein Sklave ist mir entlaufen; besser: ich bin frei davongekommen!" Die Schar der Bediensteten will gekleidet und verpflegt werden; für eine Riesenzahl hungriger Raubtiermägen muss gesorgt werden. Kleidungsstücke müssen angeschafft, diebische Hände überwacht werden – und bedienen lassen muss man sich unter Geschrei und Verwünschungen. Wieviel glücklicher ist da, wer keinem außer sich selbst – dem er's bequem abschlagen kann – etwas schuldet. Da wir nun aber nicht soviel Härte aufbringen, sollen wir, um weniger unter dem Schicksal leiden zu müssen, wenigstens unser Vermögen in Grenzen halten.

2.5.2 Behandlung der Sklaven

Literatur:
Fischer, HAS s. v. „Herr, Herrin"

Für den Sklaven ist sein Herr die höchste Instanz, die über alles bestimmt, wie folgendes Fragment des spätklassischen Komödiendichters Menander verdeutlicht.

Quelle 52:
Menander Fragment 789 (PCG) (Übersetzung: J. Fischer)

Für mich ist der Herr Staat und Zuflucht und Gesetz und Richter über alles Recht und Unrecht. Für ihn muss ich leben.

Ein ganz singuläres Dokument stellt dieser auf einem Bleitäfelchen geschriebene Brief des 4. Jh. v. Chr. dar, in dem sich ein Knabe namens Lesis, offensichtlich ein Sklave, über die ihm angetanen Misshandlungen beklagt.

Literatur:
Fischer 2012, 117f.

Lesis teilt Xenokles und seiner Mutter mit, dass er in der Schmiede, in der er sich befindet, beinahe zugrunde geht, und dass sie zu seinen Herren kommen und etwas Besseres für ihn finden mögen. Ich bin einem überaus bösartigen Mann übergeben worden! Ich gehe am Ausgepeitschtwerden zugrunde, ich werde gefesselt und wie Dreck behandelt und noch vieles mehr!

Quelle 53:
Brief eines Sklaven aus Athen (Hesperia 69, 2000, 91–103)
(Übersetzung: Josef Fischer)

Eine strenge, von Gewalt geprägte Behandlung der Sklaven im klassischen Griechenland war sicherlich keine Seltenheit, wie Xenophon hier verdeutlicht. Strafen und körperliche Züchtigung brachten die Unfreien dazu, sich entsprechend den Wünschen des Herrn zu verhalten.

Literatur:
Wiedemann 1981, Nr. 184; Garnsey 1996, 72

Betrachten wir ferner auch das, wie die Herren mit solchen Sklaven (scil. die nicht arbeiten wollen) verfahren. Vertreiben sie deren schlimme Begierden etwa nicht durch Hunger? Verhindern sie nicht auch das Stehlen durch Verschließen, dort wo etwas zu nehmen wäre? Hindern sie diese nicht auch an der Flucht durch Fesseln? Treiben sie ihnen nicht die Faulheit durch Schläge aus? Oder wie machst du es, wenn du feststellst, dass einer deiner Sklaven von dieser Art ist? Ich züchtige ihn, sagte jener, durch alle möglichen Strafen, bis ich ihn zwinge, seinen Dienst zu leisten.

Quelle 54:
Xenophon, *Erinnerungen an Sokrates* 2, 1, 16f.
(Übersetzung: P. Jaerisch)

Der namentlich nicht bekannte Autor dieses antidemokratischen Pamphlets hebt das gute Leben hervor, das die Sklaven im klassischen Athen angeblich führten, und er betont, dass sich Freie und Unfreie äußerlich nicht unterschieden.

Literatur:
Weber 1989, 202f.; Herrmann-Otto 2009, 71f.

(10) Bei den eigentlichen Sklaven hingegen und den Metöken herrscht in Athen größte Zuchtlosigkeit, und man darf daselbst den Sklaven weder hauen, noch wird er dir bescheiden ausweichen. Weswegen das aber landesüblich ist, will ich sofort erklären. Wenn es Brauch wäre, dass der Sklave von jedem beliebigen freien Mann geschlagen würde oder gar der Metöke und der Freigelassene, so hätte der schon oft auf den ersten Eindruck hin, der Athener vor ihm sei ein Sklave, dreingehauen; denn wie an Kleidung das Volk daselbst nichts Besseres ist als die Sklaven und die Metöken, so sind sie auch in ihrer ganzen Erscheinung um nichts besser. (11) Wenn aber einen auch das wundert, dass sie daselbst die Sklaven werden, ja einige sogar auf großem Fuß leben lassen, auch das tun sie, wie ich vielleicht zeigen kann, mit Absicht. Denn wo es eine Seemacht gibt, ist es eine Naturnotwendigkeit für die Sklaven, für Geld zu arbeiten, damit ich als Herr von ihrer Tätigkeit wenigstens die Abgaben bekomme, und sie freizugeben. Wo es aber einmal reiche Sklaven gibt, da lohnt es nicht mehr, dass mein Sklave sich vor dir fürchte wie in Lake-

Quelle 55:
Pseudo-Xenophon („Der alte Oligarch"), *Über den Staat der Athener* 1, 10f.
(Übersetzung nach E. Kalinka)

daimon, wo mein Sklave tatsächlich sich vor dir fürchtete; denn wenn sich einmal dein Sklave vor mir fürchtet, wird er immer Gefahr laufen, sogar sein Geld herzugeben, um dann nicht mehr an Leib und Leben Gefahr zu laufen. (12) Deshalb also haben wir sogar für die Sklaven freie Meinungsäußerung eingeführt in demselben Maße wie für die Freien; und auch für die Metöken in demselben wie für die Staatsbürger, weil der Staat Metöken braucht, sowohl um der Menge der Gewerbe als auch um des Seewesens willen; deshalb also haben wir naturgemäß auch für die Metöken dasselbe Recht der freien Meinungsäußerung eingeführt.

Literatur:
Wiedemann 1981, Nr. 206

Der Autor dieser früher dem Aristoteles zugeschriebenen Schrift spricht sich für eine maßvolle Behandlung der Sklaven aus, die einerseits versorgt werden mussten, andererseits auch hinlänglich Arbeit erhalten und bei Verfehlungen hart bestraft werden mussten.

Quelle 56:
(Pseudo-)Aristoteles, *Oikonomika* 1, 5 (1344a 23 ff.)
(Übersezung: R. Zoepffel)

Von den Besitztümern ist das erste und notwendigste auch das beste und dem Herrn am nächsten stehende: Das aber ist (bekanntlich) der Mensch. Deshalb muss man sich als erstes taugliche Sklaven beschaffen.

Es gibt aber zwei Arten von Sklaven: den Aufseher und den (einfachen) Arbeiter. Da wir aber sehen, dass Unterweisungen junge (Lebewesen) in bestimmter Weise prägen, ist es nötig, nach dem Kauf diejenigen aufzuziehen und zu unterweisen, denen (später) selbstständigere Tätigkeiten zugewiesen werden sollen.

Der Umgang mit den Sklaven aber (soll so sein), dass man sie weder frech noch nachlässig werden lässt, und denen unter ihnen, die eher Freien ähneln, soll man Anerkennung zukommen lassen, den einfachen Arbeitern aber reichliche Ernährung.

Und da das Weintrinken selbst Freie übermütig oder gar gewalttätig macht und bei vielen Völkern auch von Freien gemieden wird, wie bei den Karthagern auf Feldzügen, so ist es klar, dass man Wein entweder gar nicht oder (nur) selten (den Sklaven) zukommen lassen soll.

Da es aber dreierlei gibt, (was man Sklaven zuteilt): Arbeit, Strafe und Nahrung, so erzeugt es Übermut, wenn man sie weder straft, noch zur Arbeit anhält, sie aber Essen haben. Haben sie dagegen Arbeit und Bestrafungen, aber kein Essen, so ist das gewalttätig und ungerecht und erzeugt Arbeitsunfähigkeit. Es bleibt also übrig, dass man (angemessene) Arbeit und auch ausreichende Ernährung zuteilt. Denn über Leute zu herrschen, die keinen Lohn erhalten, ist unmöglich, für den Sklaven aber ist die Nahrung der Lohn. Wie aber auch bei den anderen Menschen, wenn den Besseren nicht etwas Besseres zuteil wird und es keine Preise für Tüchtigkeit und keine Bestrafungen für Schlechtigkeit gibt, die Leute schlechter werden, so auch beim Gesinde.

Deshalb muss man die Sklaven (genau) beobachten und jeweils nach Verdienst (ein jedes) zuteilen oder wegnehmen: Nahrung, Kleidung, Arbeitspausen, Strafen, indem man in Wort und Tat die Fähigkeit der Ärzte bei der Dosierung von Medikamenten nachahmt, dabei jedoch bedenkt, dass die Nahrung kein Heilmittel (im eigentlichen Sinn) ist, weil sie (dauernd) benötigt wird.

Am besten für die Arbeit geeignet ist der Sklaventyp, der weder zu zimperlich noch zu draufgängerisch ist. Denn beide Arten fügen Schaden zu. Die allzu zimperlichen nämlich halten nichts aus, und die Draufgänger lassen sich nicht so leicht unter Kontrolle halten.

Es ist aber auch nötig, allen ein Ziel zu setzen. Denn es ist sowohl gerecht als auch nützlich, die Freiheit als Preis zu setzen. Sie mühen sich nämlich gerne ab, wenn ein Lohn winkt und die Zeit begrenzt ist.

Man muss sich ihrer aber auch durch die Erlaubnis zur Kinderzeugung versichern. Und man darf nicht viele (Sklaven) aus demselben Volksstamm kaufen, wie man das auch in den Städten tut. Und die Opferfeiern und Erholungen muss man eher um der Sklaven als um der Freien willen veranstalten. Denn die Sklaven haben mehr Bedürfnisse an dem, um dessentwillen solche Gebräuche eingerichtet wurden.

Als ein Muster tugendhaften Verhaltens galt vielfach der römische Politiker, Redner und Autor Cato (der Ältere). Dieser kaufte seine Sklaven offenbar am liebsten sehr jung, um sie seinen Vorstellungen entsprechend erziehen zu können. Cato versuchte auch, alle Tätigkeiten seiner Sklaven weitestgehend zu kontrollieren. Die Unfreien durften kein anderes Haus betreten, keine Auskünfte über ihren Herrn geben und sie sollten am besten entweder schlafen oder arbeiten. Wenn sie sich etwas zuschulden kommen ließen, wurden sie, wie der letzte Absatz zeigt, hart bestraft. Bemerkenswert ist auch die Nachricht, dass Cato stets versuchte, dafür zu sorgen, dass innerhalb seiner Dienerschaft Streit herrschte. Damit wollte er eine gemeinsame Erhebung der Sklaven erschweren.

Literatur:
Herrmann-Otto 2009, 153f.

Quelle 57:
Plutarch, *Lebensbeschreibung Catos* 20–21
(Übersetzung: K. Ziegler)

Er war auch ein guter Vater, ein braver Ehemann und ein nicht zu verachtender Hauswirt, der die Beschäftigung mit diesen Dingen nicht als etwas Geringes und Bedeutungsloses nur nebenher betrieb. Daher glaube ich auch darüber das Nötigste sagen zu sollen. Er sah bei der Wahl seiner Gattin mehr auf die gute Herkunft als auf Reichtum, weil er meinte, dass zwar beides die Frauen dünkelhaft und hochfahrend mache, dass aber die von edler Geburt sich mehr des Niederen schämten und darum geneigter seien, sich ihrem Ehegatten in ehrenhaften Dingen zu fügen. Wer Frau oder Kinder schlage, sagte er, vergreife sich an den höchsten Heiligtümern; in seinen Augen sei es ein größeres Lob, ein guter Ehemann als ein großer Senator zu sein; er bewundere auch an dem alten Sokrates nichts anderes, als dass er gegen ein böses Weib und schwach begabte Kinder sich immer mild und freundlich verhalten habe. Als ihm der Sohn geboren war, gab es kein so dringendes Geschäft – es sei denn ein öffentliches –, das ihn hindern konnte, dabei zu sein, wenn seine Frau den Säugling badete und wickelte. Denn sie nährte ihn mit der eigenen Milch und nahm oft auch die Kinder der Sklaven an die Brust, um ihnen durch die Muttermilch Liebe zu ihrem Sohn einzuflößen. Sobald dieser zu begreifen begann, nahm er ihn selbst in die Lehre und brachte ihm Lesen und Schreiben bei, obwohl er einen tüchtigen Elementarlehrer an seinem Sklaven Chilon hatte, der viele Knaben unterrichtete. Aber er hielt es nicht für recht, wie er selbst sagt, dass sein Sohn von einem Sklaven gescholten oder am Ohr gezogen würde, wenn er nicht fleißig lernte, noch auch, dass er einem Sklaven für einen so wichtigen Unterricht Dank schuldete, sondern er war selbst der Lehrer im Lesen und Schreiben, in der Gesetzeskunde und in den Leibesübungen, indem er seinen Sohn nicht nur im Speerwerfen, im Gebrauch der Nahkampfwaffen und im Reiten unterwies, sondern auch im Boxen, im Ertragen von Hitze und Kälte und im kräftigen Durchschwimmen der Wirbel und der reißendsten Stellen des Flusses. [...]

Er erwarb viele Sklaven, und zwar kaufte er vor allem Kriegsgefangene, die noch sehr jung und wie junge Hunde oder Füllen noch für Zucht und Erziehung empfänglich waren. Keiner von ihnen durfte ein anderes Haus betreten, außer wenn Cato selbst oder seine Frau ihn schickte. Wurde er gefragt, was Cato mache, so durfte er nichts antworten als, er wisse es nicht. Der Sklave hatte entweder eine der notwendigen Arbeiten im Hause zu verrichten oder zu schlafen, und er war sehr zufrieden, wenn sie schliefen, weil er glaubte, dass sie gutmütiger wären als diejenigen, die wach blieben, und dass die Ausgeschlafenen besser zu allerlei Arbeit zu gebrauchen seien als die der Ruhe Bedürftigen. Da er ferner glaubte, dass die Sklaven um des Liebesgenusses willen zu den größten Dummheiten fähig wären, verordnete er, dass sie für ein bestimmtes Geld mit den Mägden Umgang haben dürften, aber mit keiner andern Frau.

Anfangs, als er noch in bescheidenen Verhältnissen lebte und viel im Feld war, ärgerte er sich niemals wegen des Essens, sondern erklärte es für die größte Schande, wegen des Bauches mit einem Diener zu zanken. Wenn er aber später, bei wachsendem Vermögen, Freunde und Amtskollegen zu Tische hatte, bestrafte er gleich nach der Mahlzeit diejenigen, die beim Aufwarten oder Zubereiten etwas versehen hatten, mit Peitschenhieben. Auch suchte er es einzurichten, dass die Sklaven immer Zank und Streit miteinander hatten, weil er ihre Eintracht beargwöhnte und fürchtete. Über diejenigen, die ein todeswürdiges Verbrechen begangen hatten, ließ er alle Sklaven zu Gericht sitzen und sie erst, wenn sie dort verurteilt wurden, hinrichten.

Literatur: Wiedemann 1981, Nr. 191; Eck – Heinrichs 1993, Nr. 156

In seinem Roman „Metamorphosen“, der auch „Der goldene Esel“ genannt wird, schildert Apuleius aus der Sicht seines Protagonisten, der in einen Esel verwandelt wurde, die Arbeitsbedingungen von Sklaven in einer Mühle.

Quelle 58: Apuleius, *Metamorphosen* 9, 12 (Übersetzung: E. Brandt / W. Ehlers)

Als der größte Teil des Tags schon vorüber ist und ich ohnehin erschöpft bin, nimmt man mir das Kummetband ab, macht mich von der Mahlmaschine los und bindet mich an die Krippe. Ich war zwar unendlich müde, sehr erholungsbedürftig und nahezu verhungert; aber die übliche Neugier lenkte mich ab und machte mich ziemlich unruhig, sodass ich das reichlich vorhandene Futter sein ließ und mir den unerquicklichen Fabrikbetrieb mit einem gewissen Vergnügen ansah.

Großer Gott, was gab es da für Kreaturen! Die ganze Haut mit blauen Striemen gezeichnet, den verprügelten Rücken mit ein paar verschlissenen Fetzen mehr betupft als bedeckt, einige nur mit einem winzigen Lendenschurz, – alle jedenfalls so angezogen, dass die Knochen durch die Lumpen zu sehen waren! Die Stirn gezeichnet, der Kopf halbrasiert, die Füße beringt; weiter, von der Geisterblässe entstellt, die Lider vom Qualm und Dunst in der Stockfinsternis entzündet bis zur Trübung des Augenlichts; und wie Boxer, die sich zum Kampf mit einer Sandkruste pudern, alle vom Mehlstaub schmutzigweiß!

Der Arzt Galen verdeutlicht in seiner Schrift „Über die Leidenschaften der Seele“ wie üblich es offenbar war, seine Sklaven zu schlagen oder auf andere Weise körperlich zu misshandeln; so soll etwa der Kaiser Hadrian einem Unfreien mit einem Schreibgriffel das Auge ausgestochen haben.

Literatur:
Wiedemann 1981, Nr. 198; Eck – Heinrichs 1993, Nr. 157

Quelle 59:
Galen, *Über die Leidenschaften der Seele* (an. affect.) 4, 6–8 (Übersetzung: W. Eck / J. Heinrichs)

(6) Ich selbst bin (diesem Grundsatz) mein Leben lang gefolgt: Niemals habe ich einen von meinen Sklaven mit der Hand geschlagen: das ist meine Gewohnheit und war bereits die meines Vaters … viele von seinen Freunden tadelte er, weil sie sich beim Schlagen ihrer Sklaven an deren Zähnen eine Ader verletzt hatten, wobei er bemerkte, es geschähe ihnen nur recht, wenn sie infolge der daraus resultierenden Entzündungen unter Krämpfen stürben, hätte ihnen doch freigestanden, (ihre Sklaven) mit dem Rohrstock oder einem Riemen wenig später Schläge zu verabreichen, so viele sie nur wollten, und nach reiflicher Überlegung ein solcher Vorhaben auszuführen. (7) Andere (schlagen) nicht nur den Hintern, sie versetzen auch Fußtritte und reißen Augen aus bzw. stechen mit Schreibgriffeln hinein, wenn sie in eine solche Lage kommen. Ich kannte jemanden, der mit einem Griffel, wie wir ihn zum Schreiben benutzen, im Zorn seinem Sklaven ins Auge stieß. (8) Auch der Kaiser Hadrian, heißt es, habe mit einem Schreibgriffel einem seiner Diener ins Auge gestoßen; als er dann erfuhr, durch diesen Stich habe der Sklave das Auge verloren, ließ er ihn rufen und gewährte ihm, als Wiedergutmachung für sein Leiden von ihm ein Geschenk zu verlangen. Als nun der Geschädigte in Schweigen verharrte, forderte Hadrian ihn abermals auf, er solle Mut fassen und verlangen, was er wolle. Da habe jener nichts als sein Auge zurückverlangt. Denn welches Geschenk wöge den Verlust eines Auges auf?

In derselben Schrift bietet Galen ein weiteres Beispiel für unkontrollierte Zornausbrüche, durch die Sklaven schwer verletzt wurden.

Literatur:
Eck – Heinrichs 1993, Nr. 158

Quelle 60:
Galen, *Über die Leidenschaften der Seele* (an. affect.) 4, 9–12 (Übersetzung: W. Eck / J. Heinrichs)

(9) Bei meiner Rückkehr aus Rom reiste ich in Begleitung eines Freundes aus dem kretischen Gortyn; er verdient wohl in allem anderen ein würdiges Wort – er war offen, herzlich, rechtschaffen und freigiebig bei unseren täglichen Mahlzeiten –, widerstand andererseits so wenig seinem Zorn, dass er sich gegen seine Sklaven seiner Hände bediente; es kam vor, dass er seine Beine, weit häufiger aber einen Riemen oder einen Stock zu Hilfe nahm, wenn es einen Anlass gab. (10) Während unseres Aufenthalts in Korinth beschlossen wir, das gesamte Gepäck und die Sklaven außer zweien von Kenchreai nach Athen mit dem Schiff zu schicken, er selbst aber wollte einen Karren (für das Handgepäck) mieten und zu Fuß über Megara weiterreisen. Als wir Eleusis passiert

hatten und in die Thriasische Ebene gelangt waren, fragte er die ihm folgenden Sklaven nach einem Gepäckstück. Die vermochten nicht zu antworten. (11) Da geriet er in Zorn, und weil er nichts anderes zur Hand hatte, womit er die jungen Männer hätte schlagen können, griff er ein in einer Scheide verwahrtes großes Messer und schlug es mitsamt der Scheide von oben auf beider Köpfte, bediente sich dabei aber nicht der flachen Seite – sonst hätte er nichts Schlimmes angerichtet –, sondern der Schneide des Messers. Sogleich wurde die Scheide zerschnitten und beiden gleich zweifach eine tiefe Kopfwunde beigebracht, denn je zweimal hatte er beide geschlagen. (12) Als er nun sah, wie jeder von ihnen sehr viel Blut verlor, ließ er uns stehen und eilte fort nach Athen, damit nicht einer von seinen Sklaven stürbe, während er noch zugegen war. Die Sklaven retteten wir (und brachten sie) bis nach Athen.

Literatur:
Eck – Heinrichs 1993, Nr. 159

In der antiken Literatur werden auch Beispiele exzessiver Grausamkeit gegenüber Sklaven erwähnt, die allerdings eher Ausnahmen dargestellt haben dürften. Derartige Gewalt wurde bereits von den Zeitgenossen nicht akzeptiert und verurteilt – wie im folgenden Beispiel durch Augustus.

Quelle 61:
Seneca, *Über den Zorn* 3, 40, 2–3 (Übersetzung: W. Eck / J. Heinrichs)

(2) Ebenso verhielt sich der vergöttlichte Augustus, als er bei Vedius Pollio speiste. Einer von dessen Sklaven hatte ein Kristallglas zerbrochen. Da befahl Vedius, ihn zu ergreifen; er sollte sterben, und zwar nicht auf gewöhnliche Weise: er sollte den Muränen vorgeworfen werden, wovon (Vedius) besonders große Exemplare in seinem Fischteich hielt. Nach allgemeiner Ansicht tat Vedius das aus Luxusstreben: tatsächlich war es Grausamkeit. (3) Der Knabe riss sich los und flüchtete zu Caesar, dem er sich zu Füßen warf, um nichts weiter zu erbitten, als auf andere Art zu Tode zu kommen und nicht Fischfutter zu werden. Betroffen durch die neuartige Grausamkeit befahl Caesar, den Knaben freizugeben, sämtliche Kristallgläser aber in seiner Gegenwart zu zerbrechen und (mit den Scherben) das Fischbecken anzufüllen.

Literatur:
Eck – Heinrichs 1993, Nr. 306

Auf der anderen Seite überliefern die Quellen auch enge persönliche Beziehungen zwischen Herren und Sklaven. In diesem Brief spricht etwa Plinius der Jüngere vom Schmerz, den ihm der Tod zweier Sklaven bereitet.

Quelle 62:
Plinius der Jüngere, *Briefe* 8, 16 (Übersetzung: A. Lambert)

Mein lieber Paternus!

Ich bin niedergeschlagen durch Krankheit, sogar Tod meiner Leute, und zwar noch ganz junger. Zwei Dinge verschaffen mir, wenn auch nicht ausreichenden Trost für einen solche Schmerz, aber immerhin Trost. Erstens, meine Bereitschaft, ihnen die Freiheit zu schenken; ich glaube nämlich, diejenigen nicht gar zu früh verloren zu haben, die ich bereits als Freie verlor; zweitens, weil ich auch den Sklaven zugestehe, eine Art Testament zu machen, und diese wie gesetzmäßige vollziehe. Sie erteilen Aufträge und bitten, wie sie wollen; ich gehorche wie einem Befehl. Sie verteilen, schenken, hinterlassen, freilich nur innerhalb des Hauses; denn für Sklaven ist das Haus gewissermaßen Staat und bürgerliche Heimat. Aber obschon ich bei solchem Trost Ruhe finde, werde ich doch geschwächt und gebrochen gerade durch diese Menschenfreundlichkeit, die mich eben zu solchen Zugeständnissen brachte. Und doch möchte ich deshalb nicht härter werden. Ich weiß wohl, dass andere Leute derlei Unglück nichts weiter nennen als einen Verlust und sich deshalb für große und weise Menschen halten. Ob diese groß und weise sind, weiß ich nicht – Menschen sind sie keine. Es nämlich menschlich, Schmerz zu empfinden, Gefühl zu haben, dennoch sich zu fassen und Trost anzunehmen – nicht keines Trostes zu bedürfen. Doch darüber habe ich vielleicht mehr gesprochen, als ich sollte – aber weniger, als ich wollte. Es gibt nämlich auch eine Lust am Schmerz, besonders wenn Du an der Brust eines Freundes weinen kannst, bei dem für Deine Tränen entweder Lob bereit ist oder Verzeihung.

Dein Gaius Plinius.

Der Verfasser dieses fiktiven Briefs aus der Kaiserzeit, der der in ihrer Historizität umstrittenen Pythagoreerin Theano zugeschriebenen wird, gibt der Hausherrin Empfehlungen für den richtigen Umgang mit Haussklaven und spricht sich für eine maßvolle Behandlung derselben aus, wobei er stoische Positionen vertritt.

Literatur:
Audring – Brodersen 2008, 234–235

Quelle 63:
Brief der Theano an Kallisto (Übersetzung: G. Audring / K. Brodersen)

Theano an Kallisto.

1 Euch Jüngeren ist vom Gesetz die Macht gegeben, die Sklaven zu leiten, sobald ihr verheiratet seid; die Unterweisung darin aber muss von den Älteren kommen, die über die Haushaltsführung stets Rat wissen. Denn es ist richtig, zunächst zu lernen, was ihr nicht wisst, und den Rat der Älteren für den nützlichsten zu halten; in diesen Dingen muss nämlich die junge Seele aus der Mädchenzeit herausgeführt werden. Die oberste Leitungsaufgabe im Hause ist für Frauen die Leitung der Sklavinnen. Das wichtigste gegenüber der Sklavenschaft aber ist, meine Liebe, das Wohlwollen; denn diesen Besitz kauft man nicht zusammen mit den Körpern, sondern erst im Nachhinein erwecken ihn die klugen Herren.

2 Ein sachgerechter Umgang mit den Sklaven ist die Ursache dafür, dass sie weder vor Überanstrengung ermüden noch durch Mangel ihre Kraft verlieren, denn sie sind Menschen von Natur aus. Manche (Herrinnen) aber halten für Gewinn, was keinerlei Gewinn bringt: eine schlechte Behandlung der Sklavinnen, indem sie sie einerseits mit Arbeiten überlasten, andererseits ihnen vom Lebensnotwendigen etwas abziehen; ferner werden sie, um ein paar Obolen Gewinn zu machen, mit schweren Schäden, Gehässigkeiten und übelsten Hinterlisten gestraft. Dir aber soll das Maß für die Lebensmittel leicht zur Hand sein für die täglichen Mühen entsprechend der Zahl der Wollarbeiten.

3 Dies also zum Lebensunterhalt; in Bezug auf die Disziplinlosigkeit jedoch soll das für Dich Schickliche, nicht das für jene Nützliche befolgt werden. Denn es ist erforderlich, die Sklavinnen nach ihrem Wert zu achten; Härte wird nämlich im Gemüt kein Wohlverhalten erwecken; zur Ablehnung des Schlechten führt Klugheit nicht weniger. Wenn jedoch das Übermaß an Schlechtigkeit der Sklaven unbezwingbar ist, muss ihm durch Verkauf aus dem Hause ein

Ende gesetzt werden; denn was dem Nutzen fremd ist, soll auch der bisherigen Herrschaft entfremdet werden. Dir soll das Verständnis dessen an erster Stelle stehen, dass Du das Tatsächliche an einem Vergehen ins rechte Verhältnis zur Verurteilung zu setzen verstehst und die Größe der Vergehen ins gebührende Verhältnis zur Strafe.

4 Einer Herrin würdig ist auch der Entschluss, der eine Strafe für Vergehen erlässt; auf diese Weise wird sie auch den Anstand zusätzlich zu dem ihrem Wesen Angemessenen wahren. Denn manche, meine Liebe, peitschen sogar aus Grausamkeit die Körper ihrer Sklavinnen aus, zum Tier geworden aus Eifersucht und Zorn, so als wollten sie das Übermaß ihrer Härte zur Erinnerung (durch Narben) aufzeichnen; die aber arbeiteten sich teils mit der Zeit zu Tode, teils verschafften sie sich die Rettung in der Flucht, manche aber endeten ihr Leben, indem sie sich mit eigener Hand dem Tode übergaben, und schließlich bringt das Alleingelassensein der Herrin, die ihre eigene Unüberlegtheit beklagt, einsame Reue mit sich.

5 Du aber, meine Liebe, musst wissen, dass Du die Musikinstrumente nachahmst, die misstönend klingen, wenn ihre Saiten etwas entspannt sind, aber zerspringen, wenn sie zu stark angezogen werden. Denn bei den Sklavinnen ist es genauso; eine zu große Lässigkeit fügt dem Gehorsam einen Missklang zu, die Überspannung des Zwanges aber eine Zerstörung des Körpers. Auch hierbei soll man bedenken: „Maß ist in allen Dingen das beste."

Literatur:
Eck – Heinrichs 1993, Nr. 80; Kaser 1992, 65, 80

Quelle 64:
Gaius, *Institutionen* 2, 86–96 (Übersetzung: Huchthausen)

Grundsätzlich erwirbt der Sklave alles, was er erwirbt, für seinen Herrn.

86 Wir erwerben aber nicht nur in eigener Person für uns, sondern auch durch diejenigen, die unserer Gewalt unterstehen, in unserer *manus* oder im *mancipium* sind, ebenso durch Sklaven, an denen uns der Nießbrauch zusteht, ebenso durch freie Menschen und fremde Sklaven, deren Besitzer wir im guten Glauben sind. Diese Fälle wollen wir uns nun einzeln genau betrachten.

87 Was also unsere Kinder, soweit sie unserer Gewalt unterstehen, ebenso was unsere Sklaven durch *mancipatio* empfangen oder durch formlose Übergabe erlangen oder was sie durch förmliche Forderung oder aus irgendeinem anderen Anlass erwerben, das wird für uns erworben. Wer nämlich selbst unserer Gewalt untersteht, kann nichts Eigenes haben; und deshalb kann er auch eine Erbschaft, wenn er zum Erben eingesetzt wird, nur auf unseren Befehl antreten; und wenn er sie auf unseren Befehl angetreten hat, so wird die Erbschaft für uns erworben, geradeso, als ob wir selbst zum Erben eingesetzt worden wären. Und entsprechend wird natürlich auch ein Vermächtnis durch sie für uns erworben. **88** Dabei müssen wir nur wissen, dass durch einen Sklaven, der bonitarisches Eigentum des einen und quiritisches Eigentum des anderen ist, in jedem Falle nur für denjenigen etwas erworben wird, dessen bonitarisches Eigentum er ist. **89** Aber nicht nur Eigentum, sondern auch Besitz wird uns durch diejenigen erworben, die unserer Gewalt unterstehen: denn wir gelten als Besitzer von allem, wovon sie Besitz erlangt haben. Daher schreitet auch die Ersitzung durch sie voran.

90 Aber auch durch diejenigen Personen, die wir in unserer *manus* oder im *mancipium* haben, wird uns Eigentum aus allen Rechtsgründen ebenso erworben wie durch diejenigen, die unserer Gewalt unterstehen. Ob auch Besitz erworben wird, ist umstritten, weil wir diese Menschen ja nicht selbst besitzen.

91 Im Hinblick auf die Sklaven, deren Nießbrauch wir nur haben, ist die allgemeine Ansicht, dass alles, was sie im Zusammenhang mit unseren Geschäften oder durch eigene Arbeit erwerben, für uns erworben ist; was ihnen aber aus anderen Gründen zufällt, das gehört ihrem Eigentümer. Wenn daher dieser Sklave zum Erben eingesetzt worden ist, so erwirbt er nicht für mich, sondern für seinen Eigentümer, auch das, was ihm als Vermächtnis hinterlassen worden ist. **92** Dieselbe Ansicht gilt allgemein im Hinblick auf diejenigen, die wir im guten Glauben besitzen, sei es ein Freier oder ein fremder Sklave. Denn was für den Nießbraucher gilt, wird auch für den im guten Glauben Besitzenden anerkannt. Daher gehört das, was außerhalb der beiden oben genannten Bereiche erworben worden ist, entweder dem Manne selbst, wenn er frei ist, oder seinem Herrn, wenn er Sklave ist. **93** Sobald aber ein im guten Glauben Besitzender das Eigentum an einem Sklaven ersessen hat, kann er aus allen Rechtsgründen durch ihn für sich erwerben, weil er auf diese Art sein Herr wird. Ein Nießbraucher aber kann nichts ersitzen, erstens, weil er nicht besitzt, sondern nur das Recht hat zu benutzen und Nutzen zu ziehen, zweitens, weil er weiß, dass es ein fremder Sklave ist. **94** Es ist umstritten, ob wir vermittels des Sklaven, an dem wir den Nießbrauch haben, irgendein Objekt besitzen oder ersitzen können, da wir ihn selbst nicht besitzen. Durch den aber, den wir im guten Glauben besitzen, können wir ohne Zweifel sowohl besitzen als auch ersitzen. Ich rede hier aber bei beiden Personen mit der Einschränkung, die ich eben gegeben habe, das heißt, wenn sie etwas im Zusammenhang mit unseren Geschäften oder durch eigene Arbeit erwerben.

95 Aus dem Vorstehenden ergibt sich, dass wir durch Freie, die nicht unserer Gewalt unterworfen sind und die wir auch nicht im guten Glauben besitzen, ebenso durch fremde Sklaven, an denen wir nicht das Recht auf Nießbrauch haben und die nicht unser rechtmäßiger Besitz sind, auf keine Art etwas für uns erwerben können. Und das ist mit der Redensart gemeint, dass durch eine außenstehende Person nichts für uns erworben werden könne. Nur beim Besitz ist es umstritten, ob er durch einen Bevollmächtigten für uns erworben wird.

96 Schließlich muss man wissen, dass denen, die der Gewalt unterworfen, in der *manus* oder im *mancipium* sind, nichts vor Gericht abgetreten werden kann: da nämlich diese Personen kein Eigentum haben können, ist es natürlich folgerichtig, dass sie nicht vor Gericht erklären können, dass etwas ihr Eigentum sei.

Wer einen Sklaven verletzte oder tötete, wurde seinem Herrn gegenüber schadenersatzpflichtig. Die Höhe dieses Schadenersatzes richtete sich dabei nicht nach dem Wert des Sklavens ab dem Tag des Verbrechens, heran-

Literatur:
Eck – Heinrichs 1993, Nr. 192; Kaser 1992, 234

gezogen wurde vielmehr der Höchstwert, den dieser Sklave im laufenden Jahr erreichen konnte.

Quelle 65:
Gaius, *Institutionen* 3, 210; 212–214
(Übersetzung: W. Eck / J. Heinrichs)

210 Eine Klage wegen schuldhafter Verursachung eines Schadens wird durch die *lex Aquilia* geschaffen; in deren erstem Kapitel ist festgelegt, dass jemand, der einen ihm nicht gehörenden Menschen männlichen oder weiblichen Geschlechts oder ein vierbeiniges Tier, sofern es zum Nutzvieh gehört, schuldhaft getötet hat, verurteilt werden soll, den dafür im fraglichen Jahr erzielbaren Höchstpreis dem Herrn zu erstatten. [...] **212** Nicht lediglich der Sachwert gilt bei der durch dieses Gesetz begründeten Klage als Bemessungsgrundlage; berücksichtigt wird ferner, wenn durch die Tötung eines Sklaven dem Herrn ein größerer Schaden entsteht, als der Wert des Sklaven an sich beträgt, z.B. dann, wenn mein Sklave von jemandem als Erbe eingesetzt und dann getötet wurde, bevor er auf meine Weisung hin förmlich die Annahme des Erbes erklären konnte. In diesem Fall wird nicht nur der Wert des (Sklaven) selbst, sondern auch der Umfang der entgangenen Erbschaft zugrunde gelegt. Entsprechend erfolgt für den Fall, dass von Zwillingen, Schauspielern oder Musikern einer getötet wurde, die Wertbemessung nicht lediglich für den Getöteten darüber hinaus wird auch der Wertverlust der übrigen in Rechnung gestellt. Dieselbe Rechtslage entsteht, wenn jemand aus einem Maultierpaar das eine Tier oder aus einem Viergespann eines der Pferde tötet. **213** Bei Tötung eines Sklaven kann der Besitzer frei entscheiden, ob er den Täter wegen eines Kapitalverbrechens verklagen oder den ihm entstandenen Vermögensverlust nach diesem Gesetz einklagen will. **214** Der Zusatz in diesem Gesetz: „der im fraglichen Jahr erzielbare Höchstpreis" bewirkt, <dass eine am Wert für einen Unversehrten orientierte> Bemessung erfolgt, wenn z.B. der getötete Sklave lahm oder einäugig, zuvor aber, noch im gleichen Jahr, unversehrt war. Folglich erhält jemand bisweilen eine Entschädigung über den entstandenen Schaden hinaus.

Literatur:
Eck – Heinrichs 1993, Nr. 193; Kaser 1992, 230f.

Verursachten Sklaven einen Schaden, musste der Herr sie entweder ausliefern oder den Streitwert begleichen.

Quelle 66:
Gaius, *Institutionen* 4, 75; 77–78
(Übersetzung: W. Eck / J. Heinrichs)

75 Bei Delikten von Söhnen in der väterlichen Gewalt oder von Sklaven, wie etwa Diebstahl oder Verursachung materieller Schäden, wurden Noxalklagen solcher Art geschaffen, dass dem Vater oder Herrn die Wahl bleibt zwischen Begleichung des Streitwerts oder Auslieferung des Delinquenten in Begleichung des Schadens. Es wäre nämlich ungerecht, dass ein Delikt Vätern oder Herrn einen Vermögensverlust verursachen sollte, der den körperlichen Wert des Delinquenten übersteigt. [...] **77** Alle Noxalklagen ... zielen auf die Person: hat nämlich dein Sohn oder Sklave ein Delikt begangen, das eine Schuld gegenüber einem Dritten begründet (*noxa*), so richtet sich die Klage gegen dich, solange er in deiner Gewalt ist; gelangte er (zwischenzeitlich) in die Gewalt eines anderen, so richtet sich die Klage ab da gegen diesen; ist er (zwischenzeitlich) gewaltfrei (d.h. rechtlich unabhängig) geworden, so richtet sich ab da die Klage gegen ihn selbst, und die Möglichkeit einer Auslieferung des

Delinquenten (an den Geschädigten) erlischt. Umgekehrt wird da die Noxalklage zu einer direkten (gegen die Person des Delinquenten) […] **78** Wenn aber ein Sohn (in der *patria potestas*) seinem Vater oder ein Sklave seinem Herrn Schaden zugefügt hat, erwächst daraus keine Klage; denn zwischen mir und einer Person in meiner Gewalt kann keinerlei Verbindlichkeit erwachsen […].

Beleidigte jemand einen Sklaven, beleidigte er gleichzeitig auch dessen Herrn.

Literatur:
Eck – Heinrichs 1993, Nr. 191; Kaser 1992, 235

Ein Sklave kann zwar offensichtlich nicht beleidigt werden, wohl aber, scheint es, sein Herr über ihn; allerdings nicht in der gleichen Weise, wie wir über unsere Kinder oder Ehefrauen Beleidigungen erfahren, jedoch dann, wenn es zu einem gravierenden Vorfall gekommen ist, der offensichtlich auf die Ehre des Herrn zielt, beipielsweise, wenn jemand einen fremden Sklaven mit Stockschlägen traktiert hat; für diesen Fall gibt es eine Klageformel. Hat aber jemand den Sklaven (lediglich) beschimpft oder mit der Faust geschlagen, so steht keine Klageformel bereit, noch wird eine ohne weiteres an jemanden erteilt, der darum nachsucht.

Quelle 67:
Gaius, *Institutionen* 3, 222 (Übersetzung: W. Eck / J. Heinrichs)

2.5.3 Schutz der Sklaven

Ab der Kaiserzeit wurden verschiedene Gesetze zum Schutz von Unfreien erlassen. So verbot etwa eine *lex Petronia* aus dem 1. Jh. n. Chr. den Verkauf von Sklaven zu Tierkämpfen.

Literatur:
Wiedemann 1981, Nr. 186; Eck – Heinrichs 1993, Nr. 170

Wird ein Sklave ohne richterlichen Entscheid zum Tierkampf gegeben, so macht sich nicht nur der Verkäufer strafbar, sondern auch der Käufer. (2) Seit der *lex Petronia* und den darauf bezüglichen Senatsbeschlüssen wurde Sklavenbesitzern das Recht genommen, ihre Sklaven nach eigenem Ermessen zum Tierkampf auszuliefern. Wurde allerdings ein Sklave einem Richter vorgeführt, so darf er strafweise ausgeliefert werden, sofern die Klage des Herrn berechtigt ist.

Quelle 68:
Modestinus, *Digesten* 48, 8, 11, 1–2 (Übersetzung: W. Eck / J. Heinrichs)

Kaiser Claudius ging gegen die Praxis vor, kranke Sklaven einfach auf der römischen Tiberinsel, wo sich ein Tempel des Heilgottes Aeskulap befand, auszusetzen, um selbst nicht für deren medizinische Versorgung aufkommen zu müssen.

Literatur:
Wiedemann 1981, Nr. 203; Eck – Heinrichs 1993, Nr. 169

Als einige Leute ihre kranken und geschwächten Sklaven auf der Aesculapinsel aussetzten, um eine medizinische Behandlung zu umgehen, bestimmte Kaiser Claudius, alle Ausgesetzten sollten frei sein und nicht in die Gewalt ihrer Herren zurückkehren, wenn sie genesen wären. Zöge aber jemand der Aussetzung die Tötung eines Sklaven vor, so solle er wegen Mordes belangt werden.

Quelle 69:
Sueton, *Claudius* 25, 2 (Übersetzung: W. Eck / J. Heinrichs)

Literatur:
Eck – Heinrichs 1993, Nr. 171

Durch einen Senatsbeschluss des Jahres 97 n. Chr. wurde die Kastration von Sklaven unter Strafe gestellt.

Quelle 70:
Venuleius, *Digesten* 48, 8, 6 (Übersetzung: W. Eck / J. Heinrichs)

Wer einen Sklaven zur Kastration übergibt, wird nach einem Senatsbeschluss aus dem Konsulatsjahr des Neratius Priscus und des Annius Verus mit Einzug seines halben Vermögens bestraft.

Literatur:
Eck – Heinrichs 1993, Nr. 172

Im 2. Jh. n. Chr. soll Kaiser Hadrian einige Neuregelungen getroffen haben, die die Willkür der Herren einschränkten. So verbot er angeblich die Tötung der Sklaven sowie deren Verkauf an Bordellbesitzer oder Gladiatorenhalter, außerdem schaffte er die *ergastula ab.*

Quelle 71:
Historia Augusta, *Leben des Hadrian* 18, 7–8; 10; 11 (Übersetzung: E. Hohl)

(7) Er verbot, dass Sklaven von ihren Herren getötet wurden, und ordnete die Aburteilung der Strafwürdigen durch die Gerichte an. (8) Er verbot den Verkauf eines Sklavens oder einer Sklavin an Kuppler und Gladiatorenhalter, wenn der Grund nicht angegeben wurde. [...] (10) Die Zuchthäuser (*ergastula*) für Sklaven und Freie hob er auf. [...] (11) War ein Herr in seinem Hause umgebracht worden, dann sollten laut Hadrians Vorschrift nicht sämtliche Sklaven der peinlichen Befragung unterzogen werden, sondern nur diejenigen, die Bescheid wissen konnten, weil sie sich in der Nähe des Tatorts befunden hatten.

2.6 Arbeitswelt

2.6.1 Sklaven im öffentlichen Dienst

Literatur:
Baughman 2003, 2; Fischer 2016, 67

Im klassischen Athen nahm von 477 bis 378 v. Chr. eine Truppe von zunächst 300, später 1.000 skythischen Sklaven, die im Staatsbesitz waren, Polizeiaufgaben wahr. Nach dem attischen Politiker Speusinos, der diese Truppe eingerichtet hatte, wurden diese Skythen auch als Speusinioi bezeichnet.

Quelle 72:
Suda, τ 772 s. v. Τοξόται (Übersetzung: J. Fischer)

Bogenschützen: öffentliche Sklaven, Wächter der Stadt, 1.000 an der Zahl, die zuerst in Zelten auf der Agora lebten, später aber auf den Areopag übersiedelten; diese wurden sowohl Skythen genannt als auch *Speusinioi*, nach einem gewissen Speusinos, einem der früheren Politiker, der deren Angelegenheiten geregelt hatte.

Literatur:
Wiedemann 1981, Nr. 167; Eck – Heinrichs 1993, Nr. 141

In Rom wurden Staatssklaven in den verschiedensten Bereichen eingesetzt. So waren sie etwa für die Instandhaltung der Wasserversorgung der Stadt zuständig.

Quelle 73:
Sextus Iulius Frontinus,

116 (1) Nachzutragen bleibt die Instandhaltung der Wasserleitungen. Bevor ich davon handle, sind einige Erläuterungen zum hierfür bereitgestellten Sklavenpersonal erforderlich. (2) Eigens für die Wasserleitungen gibt es zwei Sklavenkolonnen, die eine in staatlichem, die andere in kaiserlichem Besitz. (3) Die erste ist älter; wie bereits dargelegt, wurde sie von Agrippa auf Augustus vererbt und von diesem in öffentliches Eigentum überführt; sie umfasst ca. 240 Leute. (4) Die Kopfzahl der kaiserlichen Kolonne beläuft sich auf 460; sie wurde von Claudius begründet, als er (neue) Wasserleitungen in die Stadt führte. **117** (1) Beide Kolonnen zerfallen in etliche Tätigkeitsgruppen: es gibt Oberinspektoren, Aufseher für die Wasserkastelle, Leute, die die Wasserleitungen abgehen, Pflasterer, Verputzer und andere Handwerker. (2) Davon müssen einige außerhalb der Stadt für Aufgaben verfügbar sein, die nicht besonders schwierig und umfassend sind, (im Bedarfsfall) aber rasches Eingreifen erfordern. (3) Die Leute in der Stadt, unweit ihrer Posten bei Wasserkastellen und öffentlichen Brunnen, werden sich ihren jeweiligen Aufgaben widmen, besonders bei plötzlichen Notfällen, sodass aus mehreren Stadtbezirken der Überschuss an Wasser aus mehreren Leitungen in den Bereich umgeleitet werden kann, wo Wassermangel eingetreten ist. (4) Dieses so zahlreiche Sklavenpersonal in beiden Kolonnen, das bedingt durch das persönliche Gewinnstreben oder die Nachlässigkeit ihrer Vorgesetzten gewöhnlich für private Arbeiten herangezogen wurde, haben wir zu einiger Disziplin und zu öffentlichen Dienstleistungen zurückzuführen gesucht, indem wir jeweils am Vortag schriftlich anordneten, was ausgeführt werden sollte, und die tatsächliche Arbeitsleistung jeden Tag aktenmäßig festgehalten wurde. **118** (1) Der Unterhalt für die staatliche Sklavenkolonne wird aus der Staatskasse bestritten, dieser finanzielle Aufwand wird durch das Aufkommen an Gebühren aus dem Recht, Wasser zu beziehen, verringert. […] (4) Die kaiserliche Sklavenkolonne bezieht ihren finanziellen Unterhalt aus der kaiserlichen Kasse, woher auch das Blei sowie die Gelder für die Leitungen, Wasserkastelle und Brunnenbecken kommen.

Über die Wasserversorgung der Stadt Rom 116–118 (Übersetzung: W. Eck – J. Heinrichs)

Plinius der Jüngere, der Statthalter der römischen Provinz Bithynien, schreibt an Traian, den römischen Kaiser, und berichtet über einige Personen, die zu Zwangsarbeiten verurteilt wurden, nun aber wie öffentliche Sklaven lebten, und er fragt nach, wie er mit diesen zu verfahren habe. Diese Passage verdeutlicht, dass öffentliche Sklaven eine vergleichsweise privilegierte Stellung innehatten.

Literatur:
Wiedemann 1981, Nr. 165; Eck – Heinrichs 1993, Nr. 22

Quelle 74:
Plinius, *Briefe* 10, 31–32 (Übersetzung: A. Lambert)

Gaius Plinius an Kaiser Trajan.

Unbeschadet Deiner Hoheit, o Herr, musst Du Dich zu meinen Sorgen herablassen, da Du mir das Recht gegeben hast, mich an Dich zu wenden, wenn ich im Zweifel bin.

In den meisten Städten, vor allem in Nikomedien und Nikaia, versehen Leute, die zu Zwangsarbeit oder zum Kampf in der Arena und ähnlichen Strafarten verurteilt sind, Dienst und Amt von Stadtsklaven und erhalten auch wie Stadtsklaven ein jährliches Gehalt. Als ich dies hörte, habe ich mir lange und gründlich überlegt, was ich machen soll. Denn diese nach langer Zeit – die meisten als schon alte Leute und, wie bestätigt wird, einfach und bescheiden lebend – der Straße zu überantworten, hielt ich für allzu streng, und Verurteilte in öffentlichen Diensten zu behalten betrachtete ich für wenig angebracht; die gleichen Leute andrerseits vom Staat, ohne Beschäftigung, füttern zu lassen schien mir nutzlos, sie nicht zu füttern sogar gefährlich. Notgedrungen ließ ich also die ganze Angelegenheit, bis ich Deinen Entscheid eingeholt hätte, in der Schwebe. Du wirst vielleicht fragen, wie es käme, dass sie von Strafen, zu denen sie verurteilt worden waren, befreit wurden; auch ich habe dies gefragt, aber nichts erfahren, was ich Dir als sicher berichten kann. Zwar wurden die Erlasse, nach denen sie verurteilt waren, vorgelegt, aber keine Dokumente, die ihre Begnadigung bewiesen. Doch gab es Leute, die behaupteten, sie seien nach einem Bittgesuch auf Befehl der Prokonsuln oder Legaten entlassen worden. Was die Glaubwürdigkeit dieser Angabe erhöhte, ist der Umstand, dass niemand ohne Ermächtigung gewagt hätte, so zu handeln.

Trajan an Plinius.

Wir wollen uns vor Augen halten, dass Du deshalb in diese Provinz geschickt worden bist, weil vieles dort einer Verbesserung bedürftig schien. Dies aber wird vor allem andern geändert werden müssen, dass Leute, die zu einer Strafe verurteilt waren, nicht nur, wie Du schreibst, ohne Ermächtigung befreit wurden, sondern sogar in die Stellung rechtmäßiger Angestellter versetzt werden. Wer also in den letzten zehn Jahren verurteilt und ohne gültige Ermächtigung befreit wurde, den wird man seiner Strafe wieder überantworten müssen; wenn ältere und ganz alte Leute, die schon vor zehn Jahren verurteilt wurden, entdeckt werden, wollen wir sie solchen Dienstleistungen zuteilen, die nicht weit von einer Strafe entfernt sind. Man pflegt nämlich derlei Leute in Bädern, zur Reinigung der Kloaken, ebenfalls zum Weg- und Straßenbau zu verwenden.

Literatur:
Eck – Heinrihs 1993, 126

Ein weiterer Täigkeitsbereich von Staatssklaven war die Finanzverwaltung, wie diese Inschrift aus dem frühkaiserzeitlichen Rom verdeutlicht. Das Grab des Cilnianus wurde von seiner Lebensgefährtin Salvia Appia errichtet, die ihn als Gatten (coniunx) anspricht, obwohl Sklaven keine rechtmäßige Ehe eingehen durften.

Quelle 75:
Grabinschrift eines Sklaven aus Rom (CIL VI 37174) (Übersetzung: W. Eck / J. Heinrichs)

Den Totengöttern. Für Narcissus Cilnianus, der als Staatssklave mit der Einziehung finanzieller Rückstände gegenüber dem römischen Volk befasst war, ihren Gatten, mit dem sie 32 Jahre zusammenlebte, hat Salvia Appia (dieses Grab) errichtet, ferner für sich selbst, für ihre Angehörigen und deren Nachkommen.

2.6.2 Bergwerke

Literatur:
Wiedemann 1981, Nr. 87

In seiner Abhandlung, die verschiedene Möglichkeiten zur Steigerung der Staatseinnahmen aufzeigen will, empfiehlt Xenophon den Ankauf von Staatssklaven, die an private Minenbetreiber vermietet werden sollen. Diese Passage führt deutlich vor Augen, wie viele Unfreie im Bergbaugebiet von Laureion tätig waren.

Abb. 3
Bergwerkssklave auf einer schwarzfigurigen Schale im Rijksmuseum Leiden
Das Los der Sklaven in den antiken Bergwerken war wohl das härteste. Diese kleine schwarzfigurige Schale in Leiden zeigt einen Sklaven, der Gesteinsbrocken in einem Eimer oder Korb sammelt. Bemerkenswert ist die Fußfessel, die der Unfreie trägt. Damit bestätigt diese Darstellung (in Verbindung mit Funden wie den Fesseln von Kamariza) spätere (römerzeitliche) literarische Überlieferungen, dass die Sklaven im Laureiongebiet ihrer Arbeit zum Teil gefesselt nachgingen.

Quelle 76:
Xenophon, *Über die Staatseinkünfte* 4, 13–26 (Übersetzung: E. Schütrumpf)

(13) Um aber noch genauer über die Versorgung mit Nahrung zu sprechen, werde ich jetzt darlegen, wie man den Silberbergbau organisieren sollte, damit er für die Stadt am nützlichsten würde. Nun erwarte ich keineswegs, dass ich wegen der Dinge, die ich ausführen will, bewundert werde, so, als ob ich etwas herausgefunden hätte, auf das man nicht leicht kommt. Denn manches von dem, was ich sagen werde, haben wir alle auch heute noch vor Augen, und von den früheren Verhältnissen hören wir alle gleichlautende Berichte. (14) Verwunderung verdient dagegen in hohem Maße, dass die Stadt, obwohl sie sieht, wie viele Privatleute aus ihnen (scil. den Bergwerken) zu Reichtum kamen, diese Leute nicht nachahmt. Denn wir, denen daran liegt, haben doch längst gehört, dass Nikias, der Sohn des Nikeratos, sich einst in den Silberbergwerken tausend Sklaven anschaffte, die er an den Thraker Sosias unter der Bedingung vermietete, dass dieser ihm für jeden pro Tag einen Obolos ohne Abzüge zahle und ihre Anzahl ständig unverändert halte. (15) Auch Hipponikos hatte 600 Sklaven, die zu denselben Bedingungen vermietet wurden, die ihm am Tag eine Mine Reingewinn einbrachten; Philemonides aber besaß 300, wofür er eine halbe Mine bekam, anderen aber erbrachte die Vermietung soviel, wie (Arbeitskräfte) zur Verfügung standen. (16) Aber warum sollte man von den früheren Vorgängen reden? Denn heute sind unter diesen Bedingungen viele Sklaven in den Silberbergwerken vermietet.

(17) Wenn nun meine Vorschläge ausgeführt werden, dann ist daran nur das neuartig, dass nach dem Vorbild der Privatleute, die sich aus dem Erwerb von Sklaven auf ewige Zeit fließende Einkünfte verschafft haben, jetzt die Stadt sich (so viele) eigene Sklaven erwirbt, bis auf jeden Athener drei Sklaven kämen. (18) Ob wir aber realisierbare Vorschläge machen, das soll, wer will, beurteilen, indem er jedes Argument einzeln prüft. Es ist doch klar, dass der Staat den Preis für die Sklaven besser aufbringen könnte als

die Privatleute. In der Tat ist es für den Rat leicht, öffentlich bekanntzumachen, dass jeder, der will, Sklaven einführen soll, und diese dann zu kaufen. (19) Wenn sie aber gekauft sind, aus welchem Grunde sollte da jemand Sklaven weniger gern vom Staat als von Privatleuten mieten, wenn er sie unter denselben Bedingungen haben kann? Man pachtet ja auch heilige Haine, Heiligtümer, Häuser und Steuern von der Stadt. (20) Damit aber die (Zahl der) gemieteten Sklaven unverändert erhalten bleibt, hat der Staat die Möglichkeit, so wie bei den Steuerpächtern als Sicherheit von den Mietern der Sklaven Bürgen zu nehmen. Und Betrug ist für einen Steuerpächter ja leichter als für jemanden, der Sklaven mietet. (21) Denn wie sollte jemand auch nur entdecken können, dass Geld, das dem Staat gehört, beiseite geschafft wurde, da Geld in Privatbesitz doch genauso aussieht wie jenes (in Staatsbesitz). Wie könnte aber einer Sklaven unterschlagen, da diese doch mit dem Staatssiegel gezeichnet sind und demjenigen Strafe droht, der Sklaven verkauft oder ausführt? Soweit ist es nun offensichtlich der Stadt möglich, Sklaven zu kaufen und zu bewahren.

(22) Wenn sich dagegen jemand darüber Kopfzerbrechen macht, wie sich, wenn es eine große Zahl von Arbeitskräften gibt, auch viele Mieter finden sollen, so soll er beruhigt sein und bedenken, dass viele von denen, die schon in den Bergwerken als Unternehmer tätig sind, die staatseigenen Sklaven noch hinzumieten werden, denn die Vorräte (an auszubeutendem Silber) sind noch groß. Es gibt aber sowohl viele gerade unter denen, die in den Bergwerken alt geworden sind, als auch viele andere, Athener und Fremde, die körperlich wohl weder arbeiten wollen noch können, die aber, indem sie ihren Kopf einsetzen, sich gerne ihren Lebensunterhalt verdienen dürften.

(23) Wenn nun zuerst eine Zahl von 1200 Sklaven zusammengebracht wird, dann ist zu erwarten, dass sich in fünf oder sechs Jahren allein aus den Einnahmen, die sie erbringen, ihre Zahl auf nicht weniger als 6000 erhöht. Wenn nun jeder aus dieser Zahl täglich einen Obolos Reingewinn erbringt, dann beläuft sich die Einnahme auf 60 Talente im Jahr. (24) Wenn davon 20 Talente zum Kauf weiterer Sklaven verwendet werden, kann die Stadt die übrigen 40 Talente schon für andere jeweils notwendige Aufgaben verwenden. Wenn die Zahl (von Sklaven) 10.000 erreicht ist, wird die Einnahme 100 Talente betragen. (25) Dass (die Stadt) ein Vielfaches davon einnehmen wird, das könnte man mir bestätigen, falls noch einige derer leben, die sich daran erinnern, was für eine Summe die Sklavensteuer vor den Ereignissen von Dekeleia erbrachte. Dafür gibt es aber auch noch jene Bestätigung: Obwohl unzählige Menschen die ganze Zeit hindurch in den Bergwerken gearbeitet haben, unterscheiden sich diese jetzt in nichts von dem Zustand, von dem unsere Vorfahren berichten. (26) Auch alle augenblicklichen Erfahrungen bestätigen, dass dort wohl niemals die Zahl der Sklaven den Bedarf für die Arbeiten in den Bergwerken übersteigen wird. Denn die Grabenden stoßen weder in den Schächten noch in den Stollen auf ein Ende.

Literatur:
Wiedemann 1981, Nr. 192; Eck – Heinrichs 1993, Nr. 102

Diodor beschreibt hier die schlechten Arbeitsverhältnisse in den iberischen Bergwerken.

Die Bergwerkssklaven bringen ihren Herrn unglaublich hohe Gewinne, selbst aber sind sie Tag und Nacht in unterirdischen Stollen und zerrütten ihre Gesundheit; viele sterben infolge unerträglich harter Arbeitsbedingungen. Denn keine Unterbrechung oder Erholungspause gewährt man ihnen bei ihrer Arbeit, im Gegenteil werden sie von ihren Aufsehern unter Schlägen gezwungen, in ihrer äußerst harten Arbeit fortzufahren, und so werfen sie in ihrem Unglück ihr Leben fort; einige aber überdauern infolge ihrer physischen wie psychischen Stärke und müssen lange Strapazen erdulden: wegen der Größe dieser Strapazen würden sie lieber tot sein als leben.

Quelle 77:
Diodor, *Historische Bibliothek* 38,1
(Übersetzung: W. Eck – J. Heinrichs)

2.6.3 Landwirtschaft

In Xenophons Schrift „Oikonomikos“, einem Traktat, das sich mit der richtigen Haushaltsführung und der Frage nach einem tugendhaften Leben beschäftigt, unterhält sich Sokrates mit dem Gutsbesitzer Ischomachos darüber, wie dieser den richtigen Verwalter für sein Gut finde und ausbilde und wie er generell die Sklaven behandle.

Literatur:
Pomeroy 1989

12 (1) Aber halte ich dich auch nicht auf, Ischomachos, fügte ich hinzu, wenn du etwa schon gehen willst? Nein, ganz gewiss nicht, Sokrates, entgegnete er; denn ich möchte nicht eher weggehen, bis der Markt sich völlig aufgelöst hat. (2) Beim Zeus, sagte ich, du achtest allerdings sehr darauf, dass du deinen Beinamen nicht verlierst, ein *kalos kai agathos* genannt zu werden. Denn während zur gleichen Zeit vielleicht viele Dinge deiner Aufmerksamkeit bedürfen, wartest du hier, da du es nun einmal versprochen hast, auf deine Freunde, um nicht unglaubwürdig zu werden. Nein, nein, Sokrates, erwiderte da Ischomachos, auch jene Dinge, die du ansprichst, bleiben mir nicht unerledigt, denn ich habe Verwalter auf dem Lande. (3) Und wenn du nun einen Verwalter brauchst, Ischomachos, fragte ich, versucht du, sobald du erfahren hast, dass ein zum Verwalter geeigneter Mann (zu haben) ist, diesen zu kaufen, ganz wie du, wenn du einen Zimmermann nötig hast und einen dazu brauchbaren Mann siehst, dir diesen mit Sicherheit zu beschaffen suchst, oder bildest du deine Verwalter selbst heran? (4) Beim Zeus, sagte er, Sokrates, selbst versuche ich sie heranzubilden. Wer nämlich dem Posten gewachsen sein soll, wenn ich abwesend bin, wenn er an meiner Stelle die Aufsicht führt, was hat der anderes zu wissen nötig als ich selbst? Denn wenn ich in der Lage bin, den Arbeiten vorzustehen, dann dürfte ich wohl auch einen anderen unterrichten können, was ich selbst weiß. (5) Wird er nicht vor allem dir und den Deinen geneigt sein müssen, fragte ich weiter, wenn er in seiner Person an deiner Stelle genügen soll? Denn welcher Nutzen ergibt sich ohne Sympathie von einer noch so qualifizierten Verwalterfähigkeit? Beim Zeus, gar keiner, antwortete Ischomachos, und ich bin in der Tat bemüht, in ihm zunächst eine Zuneigung für mich und die Meinen heranzubilden. (6) Und wie, bei den Göttern, fuhr ich fort, bringst du, wem du gerade möchtest, Sympathie für dich und die Deinen bei? Beim Zeus, indem ich ihn großzügig teilhaben lasse, entgegnete Ischomachos, wenn die Götter uns von irgendeinem Gut in überreicher Fülle ge-

Quelle 78:
Xenophon, *Oikonomikos* 12–14
(Übersetzung: K. Meyer)

ben. (7) Das also ist deine Meinung, bemerkte ich, dass diejenigen, die von deinen Gütern einen Nutzen haben, dir geneigt werden und dich auch unterstützen wollen? (Ja), denn das, Sokrates, erachte ich für das beste Mittel, Sympathie zu erreichen. (8) Wenn er aber dir nun zugetan ist, Ischomachos, begann ich wieder, wird er deswegen schon zum Verwalter geeignet sein? Siehst du nicht, dass sozusagen alle Menschen sich selbst zugetan sind, es aber viele von ihnen gibt, die sich nicht darum sorgen wollen, dass ihnen die Güter gehören, die sie sich zu eigen wünschen? (9) Allerdings, beim Zeus, erwiderte Ischomachos, wenn ich solche Leute einstellen will, unterweise ich sie auch, Sorgfalt zu verwenden. (10) Bei den Göttern, auf welche Weise? fragte ich. Denn gerade dies, (einen Menschen) sorgsam zu machen, hielt ich für ganz und gar nicht lehrbar. Es ist auch keineswegs möglich, Sokrates, antwortete er, alle ohne Unterschied Sorgfalt üben zu lehren. (11) Bei welchen aber wollte ich wissen, ist es möglich? Diese charakterisiere mir mit aller Genauigkeit! Zunächst, Sokrates, entgegnete er, könntest du wohl solche nicht sorgsam machen, die maßlos sind im Weingenuss; denn die Trunkenheit bewirkt ein Vergessen der Dinge, die getan werden müssen. (12) Sind nun die in dieser Beziehung Unmäßigen allein unfähig, Sorgfalt zu üben, fragte ich weiter, oder gibt es auch noch andere? Ja, beim Zeus, antwortete Ischomachos, auch solche, die im Schlafen ohne Maß sind; wenn nämlich einer schläft, dann könnte er doch weder selbst das Erforderliche tun noch andere dazu anhalten. (13) Wie also? fügte ich hinzu, werden diese nun allein unfähig sein, im Hinblick auf die genannte Sorgfalt unterwiesen zu werden, oder gibt es noch andere neben diesen? Mir wenigstens, entgegnete Ischomachos, scheinen auch solche, die mit Leidenschaft dem Liebesgenuss nachjagen, unfähig zu sein, durch Unterweisung dahin gebracht zu werden, sich um etwas anderes mehr als darum zu sorgen; (14) denn es ist nicht einfach, (für sie) eine angenehmere Erwartung oder Tätigkeit zu finden als die Beschäftigung mit dem Geliebten, auch gibt es nicht leicht, wenn etwas ansteht, das getan werden muss, eine lästigere Strafe (für sie), als sich von ihren Lieblingen fernhalten zu müssen. Ich halte mich daher zurück und mache auch nicht einmal den Versuch, von denen, die ich als solche erkenne, Verwalter einzustellen. (15) Wie nun weiter, fragte ich, diejenigen, die darauf aus sind, ihrem Vorteil nachzugehen, sind auch diese unfähig, zur sorgfältigen Überwachung der Arbeiten auf dem Lande herangebildet zu werden? Keineswegs, beim Zeus, entgegnete Ischomachos, sie sind sogar sehr gut zur sorgfältigen Überwachung derselben anzuleiten; es ist nämlich nichts weiter nötig, als ihnen zu zeigen, dass die Sorgfalt von Vorteil ist. (16) Die anderen aber, fügte ich hinzu, wenn sie sowohl maßvoll sind, wo du es verlangst, ihr Verhältnis zum Gewinnstreben aber nur mäßig ausgebildet ist, wie bringst du sie durch Unterweisung dahin, in den Angelegenheiten, in denen du es wünschst, sorgsam zu werden? Ganz einfach, Sokrates, entgegnete er. Wenn ich nämlich welche sehe, die Sorgfalt erkennen lassen, dann lobe ich sie und versuche, sie zu belohnen; sehe ich dagegen solche, die fahrlässig handeln, versuche ich, sie durch Wort und Tat fühlen zu lassen, was sie schmerzt. (17) Weiter, sagte ich, Ischomachos, lass ab von deiner Rede über Leute, die zur Sorgfalt erzogen werden, und erkläre mir auch das aus dem Bereich der Erziehung, ob es möglich ist, dass jemand, der selbst fahrlässig ist, andere zu sorgfältigen Menschen macht. (18) Nein, beim Zeus, erwiderte Ischomachos, mit Sicherheit ebenso wenig wie einer, der selbst unmusikalisch ist, andere zu Musikern macht. Es ist nämlich schwer, wenn der Lehrer etwas schlecht vorspielt, dieses richtig spielen zu lernen; ebenso ist es schwer, wenn der Herr ein nachlässiges Vorbild abgibt, ein sorgfältiger Diener zu werden. (19) Um es zusammenfassend zu sagen: Ich glaube nicht, bei einem schlechten Herrn einmal brauchbare Angestellte getroffen zu haben; bei einem ordentlichen Herrn sah ich allerdings schon schlechte, freilich nicht ungestraft. Wer andere zu sorgsamen Menschen machen will, der muss die Arbeiten überwachen und beurteilen können, ebenso dem Verantwortlichen für gut ausgeführte Arbeiten Anerkennung zukommen lassen wollen, der darf aber auch nicht zögern, dem Nachlässigen die gehörige Strafe aufzuerlegen. (20) Treffend, fügte Ischomachos hinzu, scheint mir auch die sprichwörtliche Antwort jenes Barbaren zu sein. Als nämlich sein König ein edles Pferd erhielt und die Absicht hatte, es möglichst schnell gut im Futter stehen zu haben, fragte er einen der anerkannten Pferdezüchter, was ein Pferd am schnellsten dahin bringe. Der aber soll geantwortet haben; des Herrn Auge. So nun, sagte er, Sokrates, scheint mir auch in anderen Bereichen das Auge des Herrn alles, was schön und gut ist, am ehesten zu bewirken.

13 Wenn du aber einem, fragte ich, dies schon nachdrücklich klargemacht hast, dass es nötig ist, Sorgfalt zu üben, wo du es wünschst, ist so jemand schon geeignet, als Verwalter tätig zu werden, oder wird er noch anderes dazulernen müssen, wenn er ein brauchbarer Verwalter sein soll? (2) Ja, beim Zeus, erwiderte Ischomachos, er muss freilich noch wissen, was zu tun ist, ebenso wann und wie (etwas zu tun ist); ist das nicht der Fall, welch größerer Nutzen geht von einem Verwalter ohne diese Kenntnisse aus als von einem Arzt, der sich zwar um einen Kranken kümmert, indem er morgens früh und abends spät nach ihm sieht, was zu tun Kranken förderlich sei aber nicht weiß? (3) Wenn er nun gelernt hat, wie die Arbeiten auszuführen sind, so fuhr ich fort, braucht er dann noch etwas oder ist dieser nunmehr für sich ein vollkommener Verwalter? Ich glaube, entgegnete er, er muss auch über die Arbeiter gebieten lernen. (4) Erziehst du auch (selbst) die Verwalter, frage ich, dass sie zu gebieten in der Lage sind? Ich versuche es wenigstens, sagte Ischomachos. Und wie, bei den Göttern, fragte ich weiter, erziehst du sie dazu, dass sie über Menschen gebieten können? Ganz einfach, sagte er, Sokrates, so dass du vielleicht darüber lachst, wenn du es hörst. (5) Das ist nun wirklich, entgegnete ich, kein Gegenstand, der zum Lachen auffordert, mein lieber Ischomachos. Wer nämlich andere dahin zu bringen vermag, über Menschen zu gebieten, der kann offensichtlich auch solche ausbilden, die Menschen beherrschen, wer aber andere dahin zu bringen vermag, Menschen zu beherrschen, der kann auch solche heranbilden, die königliche Tugenden besitzen. Daher scheint mir derjenige, der dies zu bewirken in der Lage ist, kein Lachen, sondern großes Lob zu verdienen. (6) Also, sagte er darauf, Sokrates, die übrigen Lebewesen lernen aus diesen beiden Gründen das Gehorchen: aus dem Bestraftwerden, wenn sie versuchen, ungehorsam zu sein, und daraus, gut behandelt zu werden, wenn sie willig Folge leisten. (7) Die Fohlen jedenfalls lernen, auf ihre Zureiter zu hören, indem sie einen Leckerbissen erhalten, wenn sie gehorchen, wenn sie sich aber nicht fügen, solange beschäftigt werden, bis sie dem Willen des Zureiters Folge leisten. (8) Auch die jungen Hunde, wenngleich sie nach Verstand und Sprache weit unter den Menschen stehen, lernen dennoch auf eben diese Weise, im Kreis zu laufen, sich zu überschlagen und vieles andere. Wenn sie nämlich gehorchen, bekommen sie etwas, wonach sie verlangen, sind sie aber nachlässig, werden sie bestraft. (9) Menschen dagegen kann man auch durch eine vernünftige Begründung folgsamer machen, indem man darlegt, dass ihnen Gehorsam nützlich ist, für die Sklaven allerdings ist auch die scheinbar für Tiere bestimmte Erziehung durchaus geeignet, um sie gehorchen zu lehren; wenn man den Gelüsten ihres Bauches nachgibt, kann man viel von ihnen erreichen. Ehrgeizige Naturen werden auch durch Lob angespornt, denn einige hungern nicht weniger nach Lob als andere nach Speisen und Getränken. (10) Indem ich nun diese Mittel, die ich selbst anwende, um – wie ich glaube – mit folgsameren Menschen Umgang zu haben, denen beibringe, die ich als Verwalter anzustellen beabsichtige, helfe ich ihnen auch darin: Ich lasse nämlich die Kleider, die ich den Arbeitern geben muss, ebenso die Schuhe, nicht alle in der gleichen Qualität anfertigen, sondern die einen schlechter, die anderen besser, damit die Möglichkeit besteht, den tüchtigeren mit den besseren auszuzeichnen, dem schlechteren dagegen die billigeren zu geben. (11) Denn mir scheint, sagte er, Sokrates, die Guten ein Unmut zu befallen, wenn sie sehen, dass die Arbeiten zwar von ihnen ausgeführt werden, dass aber diejenigen, die, wenn es gilt, weder Mühen noch Gefahren auf sich nehmen wollen, der gleichen Belohnung teilhaftig werden wie sie selbst. (12) Ich halte es daher selbst keinesfalls für richtig, dass die Besseren dasselbe erhalten wie die schlechteren, und ich lobe die Verwalter, wenn ich sehe, dass sie an die Würdigsten das Beste verteilt haben; wenn ich aber feststelle, dass einer infolge von Schmeicheleien oder durch eine andere unnütze Art, sich ergeben zu zeigen, vorgezogen wird, dann schaue ich nicht untätig zu, sondern ich tadle ihn und versuche, ihm beizubringen, Sokrates, dass ihm dieses Verhalten keinen Vorteil verschafft.

14 Wenn du also, Ischomachos, frage ich weiter, jemanden hast, der schon zu gebieten in der Lage ist, so dass er sich bei seinen Leuten Respekt verschaffen kann, hältst du diesen für einen vollkommenen Verwalter, oder hat einer, der die von dir genannten Eigenschaften besitzt, außerdem noch etwas nötig? (2) Freilich, beim Zeus, erwiderte Ischomachos, er darf sich nicht am Eigentum seines Herrn vergreifen und darf nicht stehlen. Denn wenn derjenige, der die Ernte zu verwalten hat, es wagte, davon so viel auf die Seite zu schaffen, dass für die ganze Arbeit kein Lohn mehr übrig bliebe, welcher Nutzen ergäbe sich daraus, mit Hilfe der Verwaltung eines solchen Mannes Landwirtschaft zu betreiben? (3) Auch diese Art der Rechtschaffenheit nimmst du also zu unterrichten auf dich? wollte ich wissen. Freilich, sagte Ischomachos, allerdings sehe ich nicht alle bereitwillig diesem Unterricht folgen. (4) Trotzdem versuche ich, fügte er hinzu, indem ich das eine aus den Gesetzen des Drakon, das andere aus denen des Solon nehme, die Angestellten zur Rechtschaffenheit hinzuführen. Es scheinen mir nämlich auch diese Männer viele ihrer Gesetze zur Förderung einer solchen Rechtschaffenheit gegeben zu haben. (5) Denn es ist (darin) festgelegt: Züchtigung bei Diebstählen, Gefängnis, wenn einer auf frischer Tat ertappt wird, und Todesstrafe für solche, die tätlich werden. Offenbar, so fügte er hinzu, schrieben sie das in voller Absicht, den Unredlichen schmutzige Geschäfte nachteilig erscheinen zu lassen. (6) Indem ich nun, sagte, einiges davon vortrage und anderes von den königlichen Gesetzen dazu nehme, versuche ich, die Sklaven in ihren Verwaltungsbereichen zu Gerechten zu machen. (7) Jene Gesetze bestehen nämlich nur aus Strafen gegen diejenigen, die sich vergehen, die königlichen dagegen bestrafen nicht nur solche, die unrecht handeln, sondern sie belohnen auch die Gerechten; folglich halten sich viele, obwohl sie nach ihrem Vorteil trachten, sehr genau daran, nicht unrecht zu handeln, weil sie sehen, dass die Gerechten reicher sind als die Unredlichen. (8) Welche ich aber trotzdem, fuhr er fort, obwohl es ihnen gut geht, noch Versuche unternehmen sehe, unredlich zu handeln, die entferne ich als unheilbar Habsüchtige sogar aus ihrer Stellung. (9) Bei welchen ich dagegen bemerke, dass sie nicht nur durch den materiellen Vorteil angehalten werden, Gerechtigkeit zu üben, sondern auch den Wunsch haben, von mir gelobt zu werden, diese behandle ich sogleich wie unabhängige Bürger, nicht nur indem ich sie reich mache, sondern auch dadurch, dass ich ihnen Ehren erweise wie hochangesehenen Leuten. (10) Denn darin scheint mir, so sagte er, Sokrates, ein ehrliebender Mann sich von einem habgierigen zu unterscheiden, dass er des Lobes und der Ehre wegen, wo es nötig ist, Mühen ertragen, aber auch Gefahren auf sich nehmen und sich schmutziger Geschäfte enthalten will.

Auch Cato der Ältere, der Verfasser der ältesten römischen Schrift zur Landwirtschaft und selbst Besitzer mehrerer Landgüter, erteilt Ratschläge für die Auswahl, den Charakter und die Pflichten des unfreien Verwalters eines Landgutes sowie seiner Frau. Sie sollen ehrlich sein, sollen sich nicht herumtreiben, sollen keinen schlechten Umgang haben und sollen dafür sorgen, dass alle notwendigen Arbeiten erledigt werden; vor allem soll der Verwalter die anderen Sklaven führen, er soll die guten belohnen und die schlechten bestrafen, wobei er beides in einem angemessenen Rahmen tun soll.

Literatur:
Wiedemann 1981, Nr. 151; Diederich 2007, 149ff.

Folgende Pflichten hat der Verwalter: Er halte auf gute Ordnung. Feiertage sollen eingehalten werden. Von fremdem Eigentum halte er die Hand fern, auf seine Dinge gebe er sorgfältig Acht. Über Streitigkeiten des Gesindes soll er entscheiden: Wenn jemand etwas begangen hat, strafe er angemessen nach der Schwere des Vergehens. Dem Gesinde soll es nicht schlecht gehen, es soll nicht frieren und nicht hungern. Er soll es aber tüchtig mit Arbeit beschäftigen: so wird er es leichter von bösem Tun und dem Eigentum anderer fern halten. Wenn der Verwalter nicht will, dass es Unrecht tut, wird es das auch nicht tun; wenn er es zulässt, soll der Gutsherr das nicht ungestraft lassen. Wohlverhalten soll er belohnen, damit sich auch andere gern gut verhalten. Der Verwalter sei kein Herumtreiber, sei stets nüchtern, gehe nirgendwohin zum Essen. Er halte das Gesinde an der Arbeit und achte darauf, dass getan wird, was der Herr befohlen hat. Er soll sich nicht einbilden, mehr zu verstehen als der Herr. Die Freunde des Herrn seien auch seine Freunde. Er gehor-

Quelle 79:
Cato, *Über die Landwirtschaft* 5; 142f.
(Übersetzung: H. Froesch)

che, wenn zu gehorchen ihm befohlen wurde. Ein Opfer bringe er nur am Kompitalienfest an einer Wegscheide oder auf dem Herd dar. Ohne Erlaubnis des Herrn leihe er niemandem Geld aus; was der Herr selbst jemandem ausgeliehen hat, treibe er ein. Saatgut, Lebensmittel, Dinkel, Wein oder Öl borge er niemandem. (Nur) zwei oder drei Haushalte soll er haben, von denen er das, was er braucht, ausbittet und denen er etwas gibt, sonst niemandem. Die Buchführung gehe er häufig gemeinsam mit seinem Herrn durch. Ein und denselben Lohnarbeiter behalte er als Drescher nicht länger als einen Tag. Ohne Wissen seines Herrn soll er nichts kaufen, noch wolle er dem Herrn etwas verheimlichen. Er halte sich keinen Parasiten. Einen Eingeweideschauer, Vogelflugdeuter, Wahrsager oder Astrologen wolle er nicht befragen. Das Feld soll er nicht (um Saatgut) betrügen, denn das ist unheilvoll. Er sei bestrebt, jede Bauernarbeit verrichten zu können, und er tue sie oft, nur nicht bis zur Erschöpfung. Wenn er sie getan hat, wird er wissen, wie dem Gesinde zumute ist, und die Leute werden bereitwilliger arbeiten. Wenn er dies tut, wird er auch weniger Lust haben, sich herumzutreiben, er wird gesünder sein und besser schlafen. Als Erster stehe er vom Schlaf auf, als Letzter lege er sich zum Schlafen. Vorher kontrolliere er, ob das Haus verschlossen ist, ob jeder an seinem Platz liegt und ob die Zugtiere Futter haben.

Die Dinge, die der Herr aufgetragen hat, alles, was auf dem Gut geschehen und was gekauft und besorgt werden muss, und wie Verpflegung und Kleidung an das Gesinde ausgegeben werden müssen, zu eben diesen Dingen gebe ich die Anweisung, dass er sich darum kümmere und sie erledige und dem Herrn aufs Wort gehorche. Überdies (muss er wissen), wie die Verwalterin einzusetzen ist und wie ihr Anweisungen zu geben sind, damit (all das) umsichtig vorbereitet und besorgt wird, was bei der Ankunft des Herrn erledigt sein muss. Er sorge dafür, dass sie die Pflichten erfüllt, die eine Verwalterin hat. Wenn der Herr sie dir zur Frau gegeben hat, sollst du dich mit ihr zufrieden geben. Sieh zu, dass sie Respekt vor dir hat, dass sie nicht zu großen Aufwand treibt, mit Nachbarinnen und anderen Frauen möglichst wenig Umgang hat und sie weder im Gutshaus noch bei sich empfängt, dass sie nirgendwo zum Essen geht und sich nicht herumtreibt. Ohne Anweisung des Herrn oder der Herrin soll sie kein Opfer darbringen oder jemanden damit beauftragen, es an ihrer Stelle zu tun. Sie muss wissen, dass der Herr für die ganze Hausgemeinschaft das Opfer darbringt. Reinlich soll sie sein: Das Haus halte sie ausgefegt und sauber, den Herd halte sie täglich rein und ringsum gefegt, ehe sie zu Bett geht. An den Kalenden, Iden und Nonen und wenn ein Festtag ist, lege sie einen Kranz auf den Herd und opfere zu eben diesen Tagen dem *Lar familiaris* je nach Vermögen. Sie sorge dafür, für dich und das Gesinde gekocht zu haben (und dafür), dass sie viele Hühner und Eier hat und dass sie getrocknete Birnen, Spieräpfel, Feigen, Rosinen, in Most eingelegte Spieräpfel und Birnen und Trauben in Fässern und Quitten und Trauben in Trester eingelegt und in Krügen in der Erde vergraben hält und frische Pränestinische Nüsse im Krug in der Erde vergraben, dass sie Scantianische Äpfel in Fässern und andere, die man gewöhnlich einlagert, und Wildäpfel, kurz, dass sie all diese Früchte alljährlich sorgsam einlagert. Sie verstehe sich auch darauf, Weizenmehl und feines Dinkelmehl herzustellen.

Auch der römische Universalgelehrte Varro äußerte sich in seiner Schrift „Über die Landwirtschaft" zu der Frage, wie ein Verwalter bzw. Vorarbeiter sein sollte. Von besonderem Interesse ist die gleich eingangs getroffene Unterscheidung der Werkzeuge in sprachfähige (*instrumentum genus vocale*), halbsprachfähige (*instrumentum genus semivocale*) und stumme (*instrumentum genus mutum*), wobei die Sklaven unter der ersten Kategorie firmierten, Rinder unter der zweiten und Fuhrwerke unter der dritten.

Literatur:
Wiedemann 1981, Nr. 148; Diederich 2007, 152 ff.

Quelle 80:
Varro, *Über die Landwirtschaft* 1, 17
(Übersetzung: D. Flach)

(1) Von den vier Teilgebieten des Gutes, die mit dem Boden zusammenhängen, und den vier weiteren, die außerhalb des Gutes liegen und zum Anbau gehören, habe ich gesprochen. Nun will ich darlegen, mit welchen Mitteln die Felder bestellt werden. Diese Mittel teilen die einen in zwei Gruppen auf, in die Menschen und in die Geräte der Menschen, ohne welche sie nicht anbauen können, die anderen in drei Gruppen, den sprachfähigen, den halb sprachfähigen und den stummen Teil der Gutsausstattung – den sprachfähigen, unter den die Sklaven, den halb sprachfähigen, unter den die Rinder, den stummen, unter den die Fuhrwerke fallen.

(2) Alle Felder werden durch Menschen bestellt, durch Sklaven, Freie oder beide: durch Freie entweder (wenn sie selbst sie bestellen wie zum Beispiel die meisten armen Kleinbauern) mit ihrer Nachkommenschaft oder mit Tagelöhnern (wenn man mit gedungenen Dienstleistungen von Freien größere Arbeiten wie Weinlesen und Heuernten verrichtet) und mit denen, die man bei uns Schuldknechte (*obaerarii*) nannte, und die es auch jetzt noch in Asien, Ägypten und Illyrien in größerer Zahl gibt. Von ihnen insgesamt behaupte ich dies, dass man in ungesunden Gegenden zweckmäßiger mit Tagelöhnern als mit Sklaven wirtschaftet und größere Feldarbeiten, wie sie etwa anfallen, wenn die Erträge der Weinlese oder der Getreideernte einzubringen sind, auch in gesunden Gegenden besser mit ihnen erledigt.

(3) Zu der Frage, wie sie sein sollten, schreibt Cassius: Als Arbeiter solle man sich Leute beschaffen, die körperliche Anstrengungen aushalten können, nicht jünger als 22 Jahre und zum Feldbau anstellig. Darüber könne man sich ein Urteil bilden, wenn man vergleiche, wie sie andere Arbeitsanweisungen ausführten, und sich bei einem der Neuzugänge unter ihnen erkundigt habe, welche Tätigkeit sie bei ihrem früheren Herrn ausgeübt hätten. Die Sklaven, die man kaufe, sollten weder ängstlich noch keck sein. (4) Ihre Vormänner sollten Leute sein, die dank einer gewissen Bildung mit der Schrift einigermaßen vertraut, tüchtig und älter als die Arbeiter seien, von denen ich sprach. Bereitwilliger als einem Jüngeren gehorchen sie ihnen aufs Wort. Ferner sollten möglichst solche Leute Vormänner sein, die sich in Landwirtschaftsdingen auskennen. Nicht nur müssten sie nämlich Befehle geben, sondern auch selbst Hand anlegen, damit er [der Feldarbeiter] sich den Tätigen zum Vorbild nehme und merke, dass er aus gutem Grund über ihm stehe, weil er ihn an Sachkenntnis übertreffe. (5) Weder dürfe man ihnen gestatten, in der Weise zu gebieten, dass sie ihre Untergebenen lieber mit Hieben als mit Worten zurechtweisen, wenn man damit doch nur dasselbe erreichen könne, noch zu viele vom selben Stamm anschaffen; daraus entstünden nämlich in der Regel am ehesten innerbetriebliche Reibereien. Die Vormänner solle man in der

Form mit Belohnungen beflügeln, die anfallenden Arbeiten zu verrichten und zu vergeben, dass sie einen eigenen Kleinviehbestand und Mitsklavinnen zu Lebensgefährtinnen erhielten, von denen sie Kinder bekämen. Dadurch werden sie nämlich verlässlicher und fester an das Gut gebunden. So sind denn auch die epirotischen Sklavenfamilien wegen ihrer Blutsverwandtschaft geschätzter und teurer.

(6) Arbeitslust einflößen solle man den Vormännern damit, dass man ihnen einige Ehre erweise, und soweit manche Feldarbeiter die anderen übertreffen, auch mit ihnen besprechen, welche Arbeiten zu verrichten seien; denn wenn man so verfährt, glauben sie, dass ihr Herr nicht so verächtlich auf sie herabblicke, ja, ihnen sogar einen gewissen Rang zubillige. Gesteigert werde ihr Arbeitseifer dadurch, dass man sie großzügiger behandle, wenn es um die Essensmengen, reichlichere Kleidung, Arbeitsnachlass, die Genehmigung, einen gewissen Kleinviehbestand auf dem Gut weiden zu lassen, oder andere Vergünstigungen dieser Art gehe; stelle man jedoch bei Menschen, denen eine zu schwere Arbeit oder Strafe auferlegt wurde, durch aufmunternden Trost den guten Willen und das Wohlsein gegenüber ihrem Herrn wieder her.

Literatur: Wiedemann 1981, Nr. 147; 149; Eck – Heinrichs 1993, Nr. 14; 117; 119; 124; Diederich 2007, 155 ff.

Nach Cato und Varro befasst sich Columella als dritter bedeutender Agrarschriftsteller mit der Auswahl und den Eigenschaften eines geeigneten Verwalters, beschreibt dessen Eigenschaften und gibt allgemeine Anweisungen zur Behandlung unfreien Dienstpersonals. Der Verwalter soll nicht mehr ganz jung, nicht lasterhaft und in der Landwirtschaft erfahren sein. Er soll das Landgut nicht unerlaubt verlassen dürfen, keinen schlechten Umgang pflegen und er soll sich vor allem auf die Aufgaben des Gutes seines Herrn konzentrieren. Besonders interessant ist der Verweis Columellas auf die Institution der *ergastula*, der „Arbeitshäuser“, in denen die Sklaven zum Teil in Ketten leben und arbeiten müssen. Ein zweiter bemerkenswerter Aspekt ist ein Prämiensystem für besonders fruchtbare Sklavenmütter, das Columella empfiehlt.

Quelle 81: Columella, *Über die Landwirtschaft* 1, 7, 5–1, 8 (Übersetzung: W. Eck / J. Heinrichs)

(5) Bestehen auch nur durchschnittliche Voraussetzungen in Klima und Bodenqualität, so hat sich eine Bewirtschaftung des Landes durch den Besitzer selbst stets als rentabler erwiesen als durch einen Pächter; dasselbe gilt für die Bewirtschaftung durch einen Verwalter, sofern dieser Sklave nicht größte Nachlässigkeit oder Habgier an den Tag legt. Zweifellos werden beide Vergehen in den meisten Fällen durch eine Mitschuld des Herrn ausgelöst oder begünstigt, könnte dieser doch achtgeben, dass ein solcher Sklave erst gar nicht die Gutsverwaltung erhält oder, falls das bereits geschehen ist, Sorge tragen, dass er davon entbunden wird. (6) Auf weit entfernten Gütern hingegen, die der *pater familias* nicht leicht erreichen kann, ist eine Bewirtschaftung durch freie Pächter auf jeder Art von Ackerland akzeptabler als durch unfreie Verwalter. Besonders gilt das für Getreideland, das ein Pächter kaum, wie Reben- oder Baumpflanzungen, ruinieren kann, auf dem umgekehrt Sklaven am meisten Schaden anrichten, indem sie Zugochsen vermieten und samt dem übrigen Vieh unzureichend füttern, ferner die Erde nachlässig umgraben und weit

mehr ausgebrachtes Saatgut abrechnen als tatsächlich verbraucht; und was sie der Erde anvertraut haben, hegen sie keineswegs so, dass es richtig aufkeimt; haben sie aber (den Ertrag) auf den Dreschplatz gebracht, so mindern sie ihn beim Dreschen täglich durch Betrug oder Nachlässigkeit. (7) Denn sie selbst stehlen und bieten keinen Schutz gegen andere Diebe, und nicht einmal das schließlich Eingebrachte tragen sie zuverlässig in die Rechnungsbücher ein. Die Konsequenz ist, dass der Verwalter und die Sklaven sich vergehen, die Folgen aber ziemlich oft auf das Land geschoben werden. Daher sollte man ein solches Landgut, wenn es, wie gesagt, der Anwesenheit des Herrn entbehren muss, verpachten.

8 (1) [...] Vor allem muss ich davor warnen, den Verwalter aus denjenigen Sklaven zu nehmen, die durch körperliche Schönheit gefallen haben, nicht einmal aus dem Kreis derer, die städtische oder verfeinerte Tätigkeit ausgeübt haben. (2) Es ist das eine leichtfertige, schläfrige Sorte von Sklaven, gewohnt an Nichtstun und die Vergnügungen des Sportfelds, des Zirkus, der Theater, des Würfelspiels, der Schenken und Bordelle, und ständig träumen sie von solchem Unsinn; bringt ein solcher Sklave dergleichen in den Bereich des ländlichen Lebens mit, so erleidet der Herr Schaden, weniger an dem betreffenden Sklaven selbst, als an seinem gesamten Besitz. Wählen muss man vielmehr jemanden, der von Kind auf zu landwirtschaftlichen Arbeiten gestählt und durch vielfältige Erfahrung ausgewiesen ist. Findet sich niemand, der diesen Ansprüchen genügt, so soll der Verwalter aus dem Kreis derer genommen werden, die sich in harter Sklavenarbeit bewährt haben. (3) Er sollte über das erste Jugendalter hinaus sein, sofern er nur nicht bereits am Rand des Greisenalters steht: das eine – das Jugendalter – darf nicht die Autorität im Befehlen mindern, da ja Ältere es für unvereinbar mit ihrer Würde halten, einem Jüngelchen zu gehorchen; das andere – das Greisenalter – darf nicht durch die äußerst arbeitsreiche Aufgabe überfordert werden. Der Verwalter soll also in mittlerem Alter stehen und im Vollbesitz seiner Kräfte sein, erfahren in der Landwirtschaft oder doch daran sehr interessiert, um möglichst rasch hinzuzulernen. Denn in unserem Metier geht es nicht an, dass einer befiehlt, ein anderer (ihn) belehrt. (4) Niemand kann nämlich in sachgemäßer Weise eine Arbeit verlangen, wenn er erst von seinem Untergebenen erfahren muss, was zu tun ist und wie. Die Aufgabe kann auch ein Analphabet hinreichend wahrnehmen, nur muss er ein vorzügliches Gedächtnis haben. Ein solcher Verwalter, so behauptet Cornelius Celsus, bringe seinem Herrn häufiger bares Geld als das Rechnungsbuch, weil er selbst nicht schreiben und insofern weniger die Abrechnungen verfälschen könne bzw. sich wegen der Mitwisserschaft scheue, dies durch einen anderen tun zu lassen. (5) Ungeachtet dessen aber, wer Verwalter wird, sollte man ihm eine Frau im *contubernium* zuweisen, die ihn mäßigt, dagegen in bestimmten Angelegenheiten unterstützt. Auch ist ihm einzuschärfen, dass er keine engere Beziehung mit einem Hauszugehörigen unterhält und noch viel weniger mit jemandem von außerhalb. Allerdings mag er jemanden, den er als beständig fleißig und tatkräftig in der Erledigung von Arbeiten kennen gelernt hat, an einem Festtag ehrenhalber an seinen Tisch laden. Opfer darf er nicht darbringen, außer auf Geheiß seines Herrn. (6) Eingeweideschauern und Wahrsagern, zwei Typen von Menschen, die im leeren Aberglauben ungebildeten Gemütern Ausgaben und dann auch Straftaten abnötigen, soll er keinen Zugang gewähren, noch soll er die Stadt oder irgendwelche Wochenmärkte kennen lernen, außer zum Verkauf oder Kauf von Waren, die in seinen Aufgabenkreis gehören. (7) Denn „ein Verwalter darf", nach Catos Formulierung, „kein Spaziergänger sein", noch das (ihm anvertraute) Gebiet verlassen, außer um eine Anbaumethode hinzuzulernen, aber auch das nur, wenn sich eine Möglichkeit in unmittelbarer Nachbarschaft bietet, sodass er auf seinem Verwaltungsgebiet (wohnen) blieben kann. Dass Pfade und neue Rainwege auf dem Ackerland entstehen, soll er nicht zulassen, noch soll er einen Gast aufnehmen, ausgenommen einen Freund oder Angehörigen seines Herrn. (8) Wie er hiervon abzuhalten ist, so soll er umgekehrt angehalten werden, für Geräte und eiserne Werkzeuge zu sorgen: er soll den an der Sklavenzahl gemessenen doppelten Bedarf gebrauchsfertig verwahren, sodass man nichts beim Nachbarn zu leihen braucht, denn so entsteht ein größerer Verlust an Sklavenarbeit als die Anschaffungskosten für diese Geräte ausmachen. (9) Sein Sklavenpersonal soll er mehr zweckmäßig als elegant ausstatten und kleiden, sorgfältig gewappnet gegen Wind, Kälte und Regen; hiergegen schützen langärmelige Fell- und Lederjacken, Kleider aus vernähten Stoffresten oder Kapuzenmäntel. Hält man sich hieran, so ist kein Tag so unerträglich, dass nicht irgendeine Arbeit unter freiem Himmel geleistet werden könnte. (10) Und nicht nur soll er in praktischer Landarbeit bewandert sein, sondern auch im Rahmen der bei einem Sklaven zu erwartenden Anlagen geistig befähigt, damit er weder zu nachgiebig noch zu rücksichtslos seine Weisungen erteilt und stets einige von den Besseren begünstigt, umgekehrt auch die weniger guten mit Rücksicht behandelt, sodass die Sklaven eher seine Strenge fürchten als seine Grausamkeit verabscheuen. Das ist realisierbar, wenn er es vorzieht, seine Untergebenen zu beaufsichtigen, damit sie sich nicht vergehen, anstatt es durch seine Nachlässigkeit dahin kommen zu lassen, sie für Vergehen bestrafen zu müssen. (11) Es gibt aber keine bessere Überwachung, selbst für den größten Nichtsnutz, als Einforderung von Leistung, gerechte Zuteilung der Arbeitspensen und Allgegenwart des Verwalters. So nämlich werden auch die Vorarbeiter der einzelnen Arbeitsbereiche ihre Obliegenheiten erfüllen, und die übrigen werden als Folge ihrer Erschöpfung nach getaner Arbeit ruhig sein und eher an Schlaf als an Vergnügungen denken. (12) Ließe sich doch jener alten, gleichwohl vorzüglichen Praxis, die heute außer Gebrauch gekommen ist, wieder Geltung verschaffen, wonach (der Verwalter) keinen Mitsklaven irgendwie für persönliche Dienste in Anspruch nehmen darf, außer in Belangen des Herrn, ferner seine Mahlzeiten im Beisein des Sklavenpersonals einnimmt, und zwar nichts anderes, als den anderen vorgesetzt wird. So nämlich wird er Sorge tragen, dass auch das Brot sorgfältig gebacken und das übrige bekömmlich zubereitet wird. Das Gebiet des Landguts zu verlassen soll er nur solchen Sklaven gestatten, die er selbst geschickt hat, das aber nur tun im Fall einer unabweisbaren Notwendigkeit. (13) Er soll keine Geschäfte im eigenen Interesse tätigen und das Geld seines Herrn nicht in Tiere oder andere Handelsobjekte investieren. Solche Aktivitäten beanspruchen ungebührlich die Aufmerksamkeit des Verwalters und lassen niemals zu, dass er die Bilanzen seines Herrn gegenüber seinen eigenen abschließt; verlangt der Herr dann eine Zahlung, so weist er Sachwerte statt Geld vor. Insgesamt muss man ihn vor allem dahin bringen, dass er sich nicht einbildet, Dinge zu verstehen, von denen er nichts weiß, und stets bemüht ist hinzuzulernen, was er noch nicht weiß. […]

(15) Gegenüber Sklaven sind ungefähr folgende Maßregeln zu beachten, deren Befolgung ich nie bereut habe: dass ich meine Landsklaven, die sich nur einigermaßen passabel geführt hatten, häufiger als meine Stadtsklaven etwas persönlicher ansprach – weil ich erkannte, dass durch diese Umgänglichkeit des Herrn ihre fortwährend schwere Arbeit erleichtert wurde –, zuweilen sogar scherzte und, mehr noch, ihnen zu scherzen gestattete. Auch berate ich mich jetzt häufiger mit ihnen über neue Projekte, so als hätten sie hierin größere Erfahrung, um hierdurch jeden in seinen Fähigkeiten kennen zu lernen, wo er seine Stärken hat und in welchem Umfang. Darüber hinaus kann ich beobachten, wie sie eine Arbeit williger in Angriff nehmen, von der sie glauben, sie sei mit ihnen geplant und auf ihren Rat hin unternommen.

(16) Vorsichtige Herren machen es sich zur Gewohnheit, ihre Sklaven im *ergastulum* zu inspizieren, um zu überprüfen, ob sie sorgfältig gekettet sind, ob die Lokalitäten, wo man sie in Obhut hält, hinreichend gesichert und fest sind, ob der Verwalter jemanden ohne Wissen des Herrn hat in Ketten legen oder daraus lösen lassen. Denn auf beides muss (der Herr) mit größter Aufmerksamkeit achten: niemanden, den der *pater familias* mit einer solchen Strafe belegt hat, darf der Verwalter ohne dessen Erlaubnis von seinen Fesseln lösen, und wen er aus eigenem Ermessen hat fesseln lassen, den soll er nicht befreien, bevor der Herr davon erfahren kann. (17) Die Überprüfung aber, welcher der *pater familias* gerade diese Sklavengruppe unterziehen soll, damit ihnen bei der Zuteilung von Kleidung oder sonstigen Gütern nicht unrechtmäßig etwas vorenthalten wird, hat umso sorgfältiger auszufallen, als diese Sklaven verschiedenen Leuten unterstehen, etwa Verwaltern, Vorarbeitern und Aufsehern im *ergastulum*, hierbei ungebührlicher Behandlung weit stärker ausgesetzt sind, umgekehrt noch gefährlicher werden, wenn man sie durch Grausamkeit und Habgier verletzt hat. (18) Dabei wird ein verantwortungsbewusster Herr sich bei ihnen selbst, dann aber auch bei nicht mehr gefesselten Sklaven, auf die mehr Verlass ist, erkundigen, ob sie die ihrer Lage angemessene korrekte Behandlung erfahren, und er selbst wird die Qualität von Brot und Getränken durch eigenes Kosten kontrollieren und ihre Kleidung, ihre Fesseln und ihr Schuhwerk inspizieren. Häufig soll er ihnen auch Gelegenheit geben, sich über Leute zu beklagen, die sich grausam oder betrügerisch an ihnen vergehen. Wir also verschaffen denen, die bisweilen zu Recht klagen, Genugtuung, wie wir umgekehrt gegen die einschreiten, die das Sklavenpersonal zu Unruhen treiben, ihre Vorarbeiter verleumden, andererseits denen eine Belohnung gewähren, die sich eifrig und fleißig zeigen.

Auch überdurchschnittlich fruchtbaren Frauen, deren Kinderzahl ab einer bestimmten Grenze honoriert werden muss, haben wir Freistellung von der Arbeit, zuweilen auch Freiheit gewährt, wenn sie mehrere Kinder aufgezogen hatten. Denn wer drei hatte, erhielt Freistellung von der Arbeit, wer mehr, auch Freiheit. Diese gerechte und fürsorgliche Maßnahme des *pater familias* trägt nicht unwesentlich zur Mehrung seines Vermögens bei.

Literatur:
Wiedemann 1981, Nr. 156; Eck – Heinrichs 1993, Nr. 120

Der Roman über die Liebe zwischen Leukippe und Kleitophon aus der Feder des Achilleus Tatios schildert zwar fiktive Geschehnisse, doch er vermittelt dennoch einen lebhaften Eindruck von der realen Behandlung von Sklaven in der römischen Landwirtschaft.

Quelle 82:
Achilleus Tatios, *Die Geschichte von Leukippe und Kleitophon* 5, 17 (Übersetzung: W. Eck / J. Heinrichs)

(Melites) Haus war groß und das vornehmste (in Ephesos), das Gesinde zahlreich, die sonstige Ausstattung prächtig. Sie befahl, ein überaus mondänes Mahl vorzubereiten. „In der Zwischenzeit", sagte sie, „wollen wir zu den Feldern fahren." Die lagen vier Stadien vor der Stadt. Wir nahmen Platz in einem Wagen und fuhren hinaus. (3) Als wir auf dem raschesten Weg angekommen waren und durch die Pflanzungen gingen, da fällt uns unversehens eine Frau zu Füßen und umfasst Melites Knie; sie war mit starken Fußfesseln gebunden und hielt eine Harke; ihr Kopf war geschoren, ihr Körper schmutzig; bekleidet war sie mit einem Gewand, das nur zu sehr zu wünschen übrig ließ. „Habe Erbarmen mit mir, meine Herrin", rief sie, „du als Frau mit einer Frau, die einmal frei war, jetzt aber durch das Walten der Schicksalsgöttin Sklavin ist." Damit verstummte sie. (4) Darauf Melite: „Steh auf, Frau. Sage uns, wer du bist und woher, und wer dir dieses Eisen umgelegt hat. Auch im Unglück offenbart dein Aussehen deine edle Abkunft." „Dein Sklave", erwiderte sie, „da ich ihm nicht Sklavin im Bett sein wollte. (5) Ich heiße Lakaina und stamme aus Thessalien. In deine Hände gebe ich unter Flehen mein Geschick. Entreiße mich dem Unglück, das auf mir lastet. Gewähre mir Schutz, bis ich dir die 2000 (Drachmen) zurückgezahlt habe. Für diese Summe nämlich kaufte mich Sosthenes von Räubern. (6) Ich werde das Geld, sei unbesorgt, sehr rasch besorgen, andernfalls will ich dir persönlich Sklavendienste tun. Du kannst auch sehen, mit wieviel Schlägen er mich traktiert hat." Bei diesen Worten öffnete sie ihr Gewand und zeigte ihren über Erwarten mitleiderregend gezeichneten Rücken. (7) [...] Melite erwiderte: „Sei zuversichtlich, Frau. Denn aus diesem Elend werde ich dich befreien, und dich unentgeltlich in deine Heimat zurückgeleiten. Den Sosthenes aber soll man mir rufen." (8) Sie wurde unverzüglich von ihren Fesseln gelöst, er war binnen kurzem zur Stelle, voller Bestürzung. Da sagt Melite: „Du schlechter Kerl, hast du je gesehen, dass wir auch nur einen von unseren nichtsnutzigsten Sklaven derart behandelt hätten? Wer ist diese Frau hier? Sag mir das, ohne zu lügen!" (9) „Ich weiß es nicht, Herrin", erwiderte er, „nur dass sie mir ein Seehändler verkaufte, der Kallisthenes hieß; er behauptete, er habe sie von Räubern gekauft, sie sei eine Freigeborene. Als ihren Namen nannte der Seehändler Lakaina." (10) Melite entfernte ihn aus seiner Stellung als Verwalter, die er bisher innegehabt hatte, die Frau aber übergab sie ihren Dienerinnen mit der Weisung, sie zu waschen, mit einem sauberen Gewand zu kleiden und in die Stadt zu geleiten."

2.6.4 Haushalt

Literatur:
Herrmann-Otto 2009, 166f.

In den Haushalten reicher Römer dienten Sklaven in den unterschiedlichsten Funktionen. Plinius der Jüngere spricht in diesem Brief von den zahlreichen Unfreien, die zur Unterhaltung ihrer Herren beitragen mussten: als Spaßmacher, Narren, Tänzer, Musiker, Sänger oder Vorleser.

Abb. 4
Mamorrelief. Izmir/ Türkei 200 n.Chr., Sammlung des Ashmolean Museum. Oxford. England, CC BY-SA 2.0.
Dieses Relief aus Smyrna, das um 200 n. Chr. entstand und sich heute im Ashmolean Museum in Oxford befindet, zeigt zwei Sklaven, die Halsfesseln tragen und an von einer dritten Person, wohl einem Sklavenhändler, an einem Strick geführt werden.

Quelle 83:
Plinius der Jüngere, *Briefe* 9, 17
(Übersetzung: A. Lambert)

Mein lieber Genitor,

Ich habe Deinen Brief erhalten, worin Du Dich beklagst, dass Du Dich an einem Essen – so prächtig es war – geärgert hast, weil sich Spaßmacher, Tänzer, Narren zwischen den Tischen herumtrieben.

Willst Du Deine Stirne nicht etwas glätten? Ich halte freilich keine Leute dieser Art, doch dulde ich, dass andere sie halten. – Warum halte ich sie dann nicht? Weil mich ganz und gar nicht als überraschend und witzig ergötzt, wenn etwas Unzüchtiges von einem Tänzer, etwas Freches von einem Spaßmacher, etwas Dummes von einem Narren vorgebacht wird. Ich gebe Dir da keine Lebensregel, sondern berichte nur von meinem Geschmack. Und wie viele, glaubst Du, gibt es, denen das, wovon ich und Du eingenommen und begeistert sind, teils als unpassend, teils als äußerst lästig missfällt? Wie viele gibt es, die, wenn ein Vorleser oder Lyraspieler oder Schauspieler angesagt wird, ihre Schuhe verlangen oder nicht weniger ärgerlich daliegen, als Du es getan hat, da Du jene Ungeheuerlichkeiten – so nennst Du es nämlich – über Dich ergehen ließest? Wir wollen also fremden Vergnügungen gegenüber Nachsicht üben, damit sie auch unseren zuteil werde.

Dein Gaius Plinius.

Literatur:
Eck – Heinrichs 1993, Nr. 77

Auch im Haushalt des neureichen Trimalchio traten Sklaven zur Unterhaltung der Gäste auf; freilich künden sie im Roman des Petronius nur vom schlechten Geschmack des Gastgebers.

Quelle 84:
Petronius, *Satyrikon* 68f.
(Übersetzung: H. C. Schnur)

Kurz darauf hieß Trimalchio den Nachtisch hereinbringen. Die Diener nahmen alle Tische fort und ersetzten sie durch andere; gleichzeitig streuten sie mit Safran und Zinnober gefärbte Sägespäne sowie – was ich noch nie zuvor gesehen hatte – Marienglas, das zu Pulver zerrieben war. Alsbald sagte Trimalchio: „Ich hätte mich ja mit diesem Gang begnügen können, denn jetzt habt ihr ja Nach-Tische. Aber wenn du was Gutes hast, trag's auf!"

Inzwischen machte ein Knabe aus Alexandrien, der das warme Wasser servierte, die Nachtigall nach, woraufhin Trimalchio rief: „Was anderes!" So begann denn eine andere Vorführung. Der zu Habinnas' Füßen sitzende Sklave, den sein Herr, wie ich glaube, dazu anstiftete, begann zu singen: „Schon auf hoher See war jetzt mit der Flotte Aeneas."

Niemals hatte mir ein schrilleres Geräusch in die Ohren gegellt: er entstellte nicht nur den Text in barbarischer Weise, brüllte oder murmelte, sondern er schob zwischen den Zeilen obszöne Possenverse ein, sodass mir zum ersten Mal sogar Vergil verekelt wurde. Als er aber müde war und ein Weilchen aufhörte, sagte Habinnas: „Er hat nie Unterricht genommen, sondern ich habe ihn nur unter die Marktschreier geschickt und ihm so Bildung beigebracht. Drum hat er nicht seinesgleichen, ob er nun Maultiertreiber oder Marktschreier nachmacht. Er ist verdammt begabt: er kann schustern, kochen, backen – kurz, ein Bursche, der alles kann. Er hat nur zwei Fehler – ohne die wäre er perfekt: er ist nämlich beschnitten, und er schnarcht. Dass er schielt, stört mich nicht, denn Venus schaut einen ja auch von der Seite an. Deswegen redet er auch immerzu und schließt kaum jemals die Augen. Dreihundert Denare habe ich für ihn bezahlt."

Da unterbrach ihn Scintilla: „Du zählst nicht alle Kunststücke von diesem Nichtsnutz auf. Ein Kuppler ist er, und ich werde dafür sorgen, dass er ein Strafmal kriegt." Trimalchio lachte und sagte: „Daran erkenn ich meine Kappadozier. Der lässt sich nichts abgehen, und bei Gott, ich gebe ihm Recht, denn wenn man tot ist, wird einem nichts nachgeliefert. Aber du, Scintilla, sei nicht eifersüchtig. Glaube mir, über euch Weiber wissen wir auch Bescheid. So will ich gesund sein, wie es wahr ist, dass ich die Frau von meinem Chef so oft durchgezogen habe, dass der Herr schließlich was vermutete und mich deshalb als Gutsverwalter aufs Land schickte. Doch Zunge, schweige still: ich gebe dir Brot."

Der elende Sklave, der das alles als Kompliment auffasste, holte eine tönerne Lampe aus der Tasche und machte über eine halbe Stunde lang einen Flötenbläser nach, während Habinnas seine Unterlippe mit den Fingern herabdrückte und eine zweite Stimme mitsang. Schließlich trat der Bursche gar in die Mitte des Saales: bald imitierte er durch das Anschlagen von Schilfrohren die Musik eines Flötisten, bald zog er sich einen Mantel an, nahm eine Peitsche und machte Maultiertreiber nach. Schließlich rief ihn Habinnas zu sich, küsste ihn, gab ihm zu trinken und sagte: „Erstklassig! Massa, ich schenke dir ein Paar Stiefel."

Literatur:
Eck – Heinrichs 1993, Nr. 75

Wichtige Funktionen erfüllten Sklaven auch in der Kindererziehung, denn Ammen und Pädagogen waren in der Regel unfrei.

Quelle 85:
Tacitus, *Gespräch über die Redner* 29, 1
(Übersetzung: W. Eck / J. Heinrichs)

Heute aber wird ein Kind gleich nach seiner Geburt irgendeiner griechischen Sklavin anvertraut, dieser ein beliebiger Sklave an die Seite gestellt, der meist sogar der nutzloseste von allen ist und zu keiner anspruchsvolleren Aufgabe taugt. Durch beider Fabeleien und Irrtümer werden die noch ganz jungen und bildsamen Charaktere geformt, und niemand im ganzen Haus gibt acht, was er vor dem Herrn, der noch ein Kind ist, sagt oder tut.

Aufgrund der Tatsache, dass Kinder in reichen Haushalten vor allem vom unfreien Personal aufgezogen wurden, stellt Quintilian in seinem Lehrbuch der Rhetorik bestimmte Anforderungen an die Qualifikation der Ammen und Erzieher. Freilich werden Anspruch und Wirklichkeit oft genug auseinandergeklafft haben.

Literatur:
Wiedemann 1981, Nr. 130; Eck – Heinrichs 1993, Nr. 74

Quelle 86:
Quintilian, *Schule der Rhetorik* 1, 1, 4–5; 8 (Übersetzung: W. Eck / J. Heinrichs)

Vor allem sollte die Sprache der Ammen fehlerfrei sein; wenn es sich einrichten ließe, so wünschte sich Chrysippos für diese Aufgabe Philosophinnen, wollte aber jedenfalls, dass nach Möglichkeit die jeweils besten ausgewählt würden. Natürlich muss man bei ihnen zunächst auf den Charakter sehen, doch sollten sie zudem korrekt sprechen. (5) Sie sind es, die ein Knabe zuerst hören wird, ihre Worte wird er nachzuahmen und nachzubilden suchen, und von Natur halten wir an Dingen besonders zäh fest, die wir in ganz frühem Alter aufgenommen haben … Man darf sich also, zumal im Kindesalter, keinen Sprachstil angewöhnen, den man sich später wieder abgewöhnen muss. … (8) Bei Erziehern halte ich darüber hinaus für das wichtigste, dass sie gebildet sind oder zumindest wissen, wenn sie es nicht sind. Es gibt nichts Schlimmeres als Leute, die, wenn sie nur ein wenig über die Anfangsgründe hinausgelangt sind, eine falsche Überzeugung von ihrem Wissen angenommen haben.

2.7 Privatleben: Beziehungen und Partnerschaften

Die folgende Gerichtsrede, die Apollodoros kurz nach der Mitte des 4. Jh. v. Chr. in Athen hielt, führt das bewegte Schicksal einer unfreien Hetäre im klassischen Griechenland vor Augen. Vor Gericht wurde sie gestellt, weil sie als Nichtbürgerin angeblich in ehelicher Gemeinschaft mit einem Bürger lebte, was seit der Ehegesetzgebung des Perikles verboten war und worauf als Strafe die Versklavung stand.

Literatur:
Wiedemann 1981, Nr. 22; Hamel 2004

Quelle 87:
Apollodoros, *Gegen Neaira* 17–49 (Übersetzung: K. Brodersen)

17 Das Gesetz habt ihr gehört, ihr Herren Richter, das verbietet, dass eine Fremde mit einem Bürger in Ehegemeinschaft lebt oder eine Bürgerin mit einem Fremden, und dass sie (legitime) Kinder machen, durch irgendwelche Kunstgriffe oder Tricks. Wenn es aber jemand dennoch tut, so gestattet das Gesetz dagegen eine Schriftklage bei den Thesmotheten, sowohl gegen den Fremden als auch gegen die Fremde. Im Fall der Verurteilung gebietet das Gesetz, die schuldigen Personen (in die Sklaverei) zu verkaufen. Dass diese Neaira hier wirklich eine Fremde ist, das will ich euch nun von Anfang an ganz genau aufzeigen.

18 Sieben Sklavenmädchen in zarter Kindheit hatte (in Korinth) Nikarete gekauft, eine Freigelassene des Charisios von Elis, die Frau seines Kochs Hippias, denn sie hatte ein unerhörtes Geschick, die Eigenschaften und Reize solcher Kleinen zu entdecken, und war nicht weniger geschickt, sie zu erziehen und heranzubilden, indem sie dies förmlich als Kunst betrieb und aus diesem Gewerbe ihren Lebensunterhalt bezog.

19 Dabei nannte sie diese Mädchen ihre Töchter, um sich umso mehr Lohn von denen zu verschaffen, die jenen nahe kommen wollten, da sie ja als freie Personen erschienen. Nachdem sie von der Jugendblüte jedes der Mädchen profitiert hatte, verkaufte sie alle – es waren ihrer sieben: Anteia, Stratola, Aristokleia, Metaneira, Phila, Isthmias und eben diese Neaira hier.

20 Welches von diesen Mädchen jeder gekauft hat und wie dieselben von ihren Herren, an die sie durch Kauf von Nikarete gekommen waren, in Freiheit gesetzt worden sind, das will ich euch, wenn ihr es hören wollt und ich noch Wasser (in der Wasseruhr) übrig habe, später erzählen. Jetzt will ich zunächst nur darauf zurückkommen, wie diese Neaira hier wirklich das Eigentum der Nikarete war und wie sie mit ihrem Körper ein Gewerbe getrieben hat, indem sie sich allen hingab, die ihr nahe kommen wollten.

21 Lysias, der gelehrte Redner, der ein Liebhaber der Metaneira war, wollte neben vielem anderen Aufwand, den er um ihretwegen machte, sie auch noch in die Mysterien (von Eleusis) einweihen, weil er dachte, dass den übrigen für sie gemachten Aufwand ihre Besitzerin an sich nehme, dass er sich aber für den Aufwand, den er um des Festes und der Einweihung willen für sie selbst machte, von dieser Frauenperson selbst Dank versprechen könne. So bat er die Nikarete, zu den Mysterien zu kommen und die Metaneira mitzubringen, um sich einweihen zu lassen, und er versprach, die Einweihung selbst zu vollziehen.

22 Als nun beide kamen, führte Lysias sie nicht in sein Haus, weil er seine Frau scheute, die eine Tochter des Brachyllos und seine Nichte war, und auch seine schon hoch betagte Mutter, die mit in demselben Haus wohnte. Zu Philostratos aus Kolonos, der noch unverheiratet und mit ihm befreundet war, brachte Lysias sie also, sowohl die Metaneira als auch die Nikarete. Es begleitete sie auch diese Neaira hier, die zwar schon mit ihrem Körper ein Gewerbe betrieb, aber noch unreif dazu war, da sie noch nicht in dem richtigen Alter stand. [...]

24 Danach, ihr Männer von Athen, hat auch Simos aus Thessalien diese Neaira hier bei sich gehabt und ist mit ihr hierher nach Athen zu den Großen Panathenäen gekommen. Es begleitete sie auch wieder Nikarete. Als sie bei Ktesippos, Sohn des Glaukonides, aus Kydantidai einkehrten, zechte und schmauste diese Neaira hier vor den Augen vieler mit ihnen, wie wenn sie eine Hetäre sei. [...]

26 Als sie danach in Korinth ganz öffentlich ihr Gewerbe betrieb und wohlbekannt war, zählten zu ihren Liebhabern der Dichter Xenokleides und der Schauspieler Hipparchos, die sie in ihrem Dienst hatten und anmieteten. [...]

29 Danach hatte sie zwei Liebhaber, Timanoridas aus Korinth und Eukrates aus Leukas. Da nun Nikarete sehr verschwenderisch lebte und bei ihren Anforderungen auch den ganzen täglich in ihrem Haus zu machenden Aufwand von ihnen verlangte, so schlossen sie einen Handel ab und bezahlten der Nikarete für den Körper der Neaira 30 Minen als Kaufpreis und kauften sie ihr ein für allemal nach dortigem Recht ab, sodass sie ihre Sklavin wurde. So gehörte sie nun ihnen beiden, und sie benutzten sie, sooft sie dies wollten.

30 Erst, als sie selbst heiraten wollten, erklärten sie ihr, sie wollten nicht, dass sie, die ihre Hetäre gewesen war, dieses Gewerbe sichtbar in Korinth ausübe oder einem Zuhälter unterstünde: sie sollten lieber weniger Geld für sie erhalten, als sie selbst bezahlt hätten, und sehen, dass sie etwas Gutes habe. Sie wollten ihr daher, sagten sie, 1000 Drachmen für ihren Freikauf erlassen, jeder 500 Drachmen; die 20 Minen aber sollte sie ihnen zurück erstatten, wenn sie sich diese verschafft hätte. Als sie nun diese Worte des Eukrates und des Timanorides gehört hatte, rief sie neben anderen, die ihre Liebhaber gewesen waren, den Phrynion aus Paiania, einen Sohn des Demon und Bruder des Demochares, nach Korinth – einen Menschen, der einen unzüchtigen und verschwenderischen Lebenswandel führte, wie sich die Älteren unter euch wohl noch erinnern.

31 Als nun Phrynion zu ihr kam, erzählte sie ihm von ihrer Verhandlung mit Eukrates und Timanoridas, gab ihm das Geld, das sie von anderen Liebhabern als Beitrag zusammengebracht hatte, um eine Summe zum Kauf ihrer Freiheit zu gewinnen, und was sonst noch von ihr angespart worden war, und bat ihn, das übrige, das noch zu den 20 Minen fehlte, dazuzulegen und den Eukrates und Timanoridas auszuzahlen, damit sie frei würde.

32 Gern hörte er diese ihre Worte, nahm das Geld, das sie von ihren übrigen Liebhabern zusammengebracht hatte, legte das noch Fehlende dazu und bezahlte die vollen 20 Minen als Preis für ihren Freikauf an Eukrates und Timanoridas unter der Bedingung, dass sie ihr Gewerbe zukünftig nicht in Korinth treibe. […]

33 Als er mit ihr hierher (nach Athen) gekommen war, benutzte er sie sehr unzüchtig und schamlos, zog überall mit ihr zu Gelagen, wo immer er zechte, und sie nahm an all den Umzügen der Zecher teil – ja, er hatte mit ihr in der Öffentlichkeit Geschlechtsverkehr, wann immer er wollte und überall, und er führte die Freizügigkeiten vor, die er sich mit ihr leistete, während jeder zusehen konnte. Er nahm sie nun beim Umzug der Zecher zu vielen anderen mit, so auch zu Chabrias aus Aixone, als der im Jahr des Archon Sokratides (374/73 v. Chr.) bei den Pythischen Spielen mit dem Viergespann gesiegt hatte. Als er aus Delphi zurückkehrte, gab er ein Siegesfest bei Kolias. Dort hatten viele der Gäste Geschlechtsverkehr mit ihr, als sie betrunken war und als Phrynion schlief – sogar die Sklaven, die bei Chabrias' Fest bedient hatten! […]

35 Da sie von Phrynion unzüchtig behandelt und mit Dreck beworfen worden war und da er sie nicht so liebte, wie sie gemeint hatte, und nicht in allem ihre Wünsche erfüllte, packte sie manches seiner Habe aus dem Haus ein, darunter all die Kleidung und den Goldschmuck, den sie von ihm erhalten hatte, nahm dann zwei Sklavinnen mit, Thratta und Kokkaline, und lief nach Megara davon. Dies geschah zu der Zeit, als Asteios Archon in Athen war (373/2 v. Chr.) und als ihr gerade jenen späteren Krieg gegen die Spartaner führtet.

36 So hielt sie sich dann zwei Jahre lang in Megara auf […], ohne dass ihr jedoch das Gewerbe mit ihrem Körper, das sie betrieb, genug zur Bestreitung der Ausgaben ihres Haushalts einbrachte – sie war nämlich vielen Aufwand zu machen geneigt, die Leute von Megara aber waren nicht freigiebig, sondern kleinlich und sparsam, und es kamen auch nicht viele Fremde dorthin, weil es eben Krieg war und die Megarer es mit den Spartanern hielten, ihr Athener aber das Meer beherrschtet. Auch war es ihr nicht möglich, nach Korinth zurückzukehren, weil sie ja unter der Bedingung von Eukrates und Timanoridas freigegeben worden war, dass sie ihr Gewerbe nicht in Korinth betreibe.

37 Als dann unter dem Archon Phrasikleides (371/70 v. Chr.) der Friede nach der Schlacht bei Leuktra zwischen den Thebanern und den Spartanern hergestellt war, traf dieser Stephanos hier in Megara ein, kehrte bei ihr als einer Hetäre ein und kam ihr nahe. Sie aber erzählte ihm den ganzen Verlauf der Sache und die Dreistigkeit des Phrynion, dann übergab sie ihm alles, was sie dem Phrynion entwendet hatte. Sie wünschte nämlich sehr, in die hiesige Wohnstatt (nach Athen) zurückzukehren, fürchtete aber den Phrynion, da sie ihm Unrecht getan hatte und wusste, dass er nicht nur gegen sie sehr aufgebracht war, sondern überhaupt auch von sehr ungestümer Gemütsart und ein rücksichtsloser Mensch war. Daher nahm sie diesen Stephanos hier als ihren Schutzherrn an.

38 Dieser machte ihr in Megara mit seinen Worten Mut und hauchte ihr Zuversicht ein, dass es dem Phrynion schlimm ergehen solle, wenn er Hand an sie lege: er aber wolle sie als seine Frau halten und auch die Kinder, die damals waren, bei den Mitgliedern seiner Phratrie einführen und sie zu Bürgern machen; überhaupt solle ihr niemand irgendein Unrecht zufügen. So kam er nun aus Megara hierher (nach Athen), wobei er sie bei sich hatte und mit ihr drei Kinder, Proxenos, Ariston und eine Tochter, die man jetzt Phano nennt.

39 Er (Stephanos) brachte sie (Neaira) und die Kinder in das Häuschen, das er nahe dem Flüsternden Hermes hatte, zwischen den Häusern des Dorotheos aus Eleusis und des Kleinomachos, das Spintharos jetzt von ihm für 7 Minen gekauft hat. Dies war damals das einzige Vermögen des Stephanos, sonst hatte er nichts. Aus zwei Gründen hatte er sie mitgebracht: erstens, um ohne alle Unkosten eine schöne Hetäre zu haben, und zweitens, damit sie ihm durch ihr Gewerbe seinen Unterhalt verschaffe und das Haus erhalte. Er hatte nämlich sonst keine Einkünfte – außer dem, was er als Sykophant einnahm. […]

40 Sowie aber Phrynion erfuhr, dass sie hier anwesend sei und sich bei Stephanos aufhalte, drang er in Begleitung junger Leute in dessen Haus ein und wollte sie entführen. Als Stephanos sie gemäß dem Gesetz als eine freie Person in Schutz nahm, verlangte Phrynion für sie eine Bürgschaft beim Polemarchos. […]

41 Nachdem sie nun durch die Bürgschaft von Stephanos in Schutz genommen worden war, blieb sie bei ihm und setzte nach wie vor ihr altes Gewerbe fort, jedoch so, dass sie größere Belohnung forderte, wenn ihr jemand nahe kommen wollte, da sie jetzt einen Vorwand dazu hatte und sagen konnte, dass sie mit einem Mann in Ehegemeinschaft lebe. Es half ihr aber jener (Stephanos) durch Erpressung: Wenn er einen reichen und unbekannten Fremden als ihren Liebhaber traf, nahm er ihn als einen Ehebrecher fest und erpresste viel Geld von ihm – wie ja zu erwarten war; **42** Vermögen hatten nämlich weder Stephanos noch Neaira, aus dem sie den täglichen Aufwand hätten bestreiten können, und es gab doch viele Ausgaben, während sie ihn, sich und auch drei Kinder erhalten musste, mit denen sie zu ihm gekommen war, und außerdem zwei Sklavinnen und einen Sklaven, und auch überhaupt war sie gewohnt, nicht geringe Bedürfnisse zu befriedigen, da sie vorher von anderen freigehalten worden war. [...]

45 Nachdem er (Stephanos) nun von Phrynion durch eine Privatklage angeklagt worden war, weil er diese Neaira hier als eine freie Person in Schutz genommen habe, aber auch wegen der Entwendung von Sachen, die jene beim Fortgehen mitgenommen habe und die er sich habe übergeben lassen, luden die Vertrauten der beiden sie zusammen und bewogen sie, eine Schlichtung zuzulassen. [...]

46 Als sie im Tempel zusammengetreten waren und sich von beiden Seiten und von dieser Frauensperson angehört hatten, was geschehen war, verkündeten sie ihren Schiedsspruch, dass die Frauensperson frei sein und die Macht über sich selbst haben soll. Im übrigen solle Neaira alles, was sie bei ihrem Weggang von Phrynion mitgenommen habe, – mit Ausnahme der Kleidungsstücke, des Goldschmucks und der Sklavinnen, die sie selbst gekauft habe – dem Phrynion zurück geben, und sie sollte abwechselnd Tag für Tag mit beiden Männern Geschlechtsverkehr haben, doch solle, wenn sie hierzu sich zu etwas anderem bewegen ließen, dann dies gelten. Den Lebensunterhalt der Frauensperson solle jeweils derjenige von ihnen sichern, der sie bei sich habe, und für die Zukunft sollten sie Freunde sein und keiner dem anderen etwas nachtragen. [...]

48 Nachdem sie nun so versöhnt waren, gingen die Personen, die ihnen beiden bei der Schlichtung und bei der Angelegenheit beigestanden hatten, wie dies – so meine ich – überhaupt jedesmal zu geschehen pflegt, zumal die Sache eine Hetäre betraf, zu jedem von den beiden mit zum Gastmahl, wo sie denn auch die Neaira bei sich hatten; und diese hier schmauste und zechte mit, wie es eine Hetäre tut. [...]

49 Dass also Neaira von Anfang an eine Sklavin war und dass sie zweimal verkauft wurde und mit ihrem Körper als Hetäre ein Gewerbe trieb und von Phrynion nach Megara entfloh und dass nach ihrer Ankunft beim Polemarchos Bürgschaft für sie als eine Fremde geleistet worden ist, ist euch sowohl durch meine Erzählung nachgewiesen worden als auch durch die Zeugen dargetan.

Viele Sklavinnen waren wohl die Geliebten ihrer Herren. Um der Gefahr, deren Gunst zu verlieren, zu entgehen, griffen manche auch zu Zaubertränken, mittels derer sie sich der Zuneigung des Geliebten versichern wollten. Im nachstehenden Fall ging dies gehörig schief. Die folgende Gerichtsrede behandelt den Fall einer Frau, der vorgeworfen wird, sie habe eine Sklavin dazu angestiftet, zwei Männer zu vergiften, nämlich den Liebhaber der Sklavin und den Ehemann der Angeklagten. In der Rede wird der Tatvorgang durch den Stiefsohn geschildert. Die Stiefmutter habe, so meint dieser, der Sklavin weisgemacht, dass ein bestimmtes Mittel als Liebestrank den beiden Frauen die verlorene Gunst ihrer Männer zurückbringen würde. Dabei sei der Stiefmutter von Anfang an die tödliche Wirkung des Trankes klar gewesen, sie habe also gezielt und kaltblütig einen Mord geplant und die Sklavin

Literatur: Brodersen 2004, 26ff.

als ihr Werkzeug benutzt. Zum Zeitpunkt des Prozesses war diese Sklavin jedoch bereits tot. Angehörige ihres ermordeten Besitzers hatten sie zunächst im Rahmen eines Verhörs gefoltert und dann dem Henker zur Hinrichtung übergeben.

Quelle 88: Antiphon, *Gegen die Stiefmutter* 14 ff. (Übersetzung: K. Brodersen)

14 Unser Haus hatte einen Raum im Obergeschoss, den Philoneos bewohnte, sooft er in der Stadt (Athen) weilte, ein vornehmer Mann und ein Freund unseres Vaters. Philoneos hatte eine Konkubine, die er in ein Bordell abgeben wollte. Die Mutter meines Bruders, die dies wahrnahm, machte sich nun diese Frau zur Freundin.

15 Als sie erfuhr, dass die Frau von Philoneos Unrecht erfahren sollte, ließ sie sie kommen und sagte ihr, als sie gekommen war, dass auch sie von unserem Vater Unrecht erleide. Wenn sie sich nun dazu bewegen lasse, so wäre sie imstande, ihr die Liebe des Philoneos, sich selbst die meines Vaters wieder zu beschaffen, wobei sie hinzufügte, dass die Methode von ihr ausfindig gemacht sei, von jener aber angewendet werden müsse.

16 Sie fragte sie daher, ob sie ihr den Dienst leisten wolle, und diese versprach es unverzüglich, wie ich meine. Damals fanden nun gerade durch Philoneos im Piräus Opfer zu Ehren des Zeus Ktesios statt, während mein Vater eben nach Naxos segeln wollte. Daher erschien es Philoneos eine sehr schöne Idee, auf demselben Weg meinen Vater, seinen Freund, zum Piräus zu begleiten, Opfer darzubringen und ihn so zu bewirten.

17 Die Konkubine des Philoneos folgte wegen des Opfers, und als sie im Piräus waren, opferte er, wie es zu erwarten war. Als er das Opfer vollendet hatte, da überlegte diese Frauensperson, wie sie ihnen wohl das Mittel reichen könnte, ob vor dem Mahl oder danach. Bei ihrer Überlegung kam sie zu dem Entschluss, dass es vorteilhafter sei, es nach dem Mahl zu geben und folgte damit zugleich den Anweisungen dieser Klytaimnestra.

18 Die anderen Vorgänge bei dem Mahl dürften für mich zu langwierig sein zu erzählen und für euch, sie anzuhören. Doch will ich versuchen, euch das Übrige in aller Kürze zu berichten, wie die Verabreichung des Mittels erfolgt ist. Als sie gegessen hatten, wie zu erwarten war, da brachten sie – sowohl der Mann, der dem Zeus Ktesios opferte und jenen bewirtete, als auch derjenige, der gerade absegeln wollte und bei einem Gefährten ein Mahl einnahm – eine Trankspende dar und streuten Weihrauch auf den Altar.

19 Die Konkubine des Philoneos aber goss ihnen, die im Gebet etwas erflehten, das sich, ihr Herren (Richter), nicht erfüllen sollte, die Trankspende ein und gab zugleich das Mittel hinein; und da sie ja in dem Glauben war, dass sie schlau handle, gab sie dem Philoneos noch mehr, vielleicht in der Erwartung, wenn sie ihm mehr davon gäbe, würde sie auch mehr von ihm geliebt werden; dass sie von meiner Stiefmuttter betrogen wurde, wusste sie nämlich nicht, bevor sie im Unglück war. Unserem Vater aber goss sie weniger ein.

20 Als sie dann gespendet hatten, den Becher, ihren Mörder, in der Hand, da tranken sie ihn aus – es war ihr letzter Trunk. Philoneos starb gleich auf der Stelle, unser Vater aber verfiel in eine Krankheit, der er am zwanzigsten Tag erlag. Hierfür nun hat die Frau, die das Werkzeug war, den verdienten Lohn erhalten, obwohl sie gar nicht schuldig war – sie wurde nämlich gerädert und dem Henker übergeben –, die aber, die schuld ist, da sie den Plan ausgedacht hat, wird den Lohn jetzt bekommen, wenn ihr und die Götter es wollen.

In Xenophons „Oikonomikos“ schildert Ischomachos, dass er die Erlaubnis, sexuelle Beziehungen und Partnerschaften einzugehen oder Kinder zu haben, als ein Mittel der Sklavendisziplinierung einsetze.

Literatur:
Pomeroy 1989

Ich zeigte ihr auch den Raum der Sklavinnen, durch eine verschließbare Tür von dem der Sklaven getrennt, damit nicht von innen herausgebracht wird, was nicht sein soll, oder die Sklaven ohne unser Wissen miteinander Kinder zeugen. Denn die Braven werden, sobald sie einmal Kinder haben, in der Regel freundlicher, die Schlechten dagegen werden im Joch der Ehe erfahrener, betrügerisch zu handeln.

Quelle 89:
Xenophon, *Oikonomikos* 9, 5
(Übersetzung: K. Meyer)

Beziehungen zwischen Herren und Sklaven waren weitverbreitet. Freilich störten sie in vielen Fällen den häuslichen Frieden, wenn die Ehefrauen nicht gewillt waren, diese Verhältnisse hinzunehmen, wie im Fall des Redners Gorgias.

Literatur:
Fischer 2010, 71

Als der Rhetor Gorgias in Olympia den Griechen eine Rede über die Eintracht vorlas, sagte Melanthios: „Dieser gibt uns Ratschläge über die Eintracht, dabei hat er es nicht geschafft, dass er, seine Frau und seine Sklavin, also nur drei Personen, in Eintracht leben.“ Denn es war offensichtlich, dass Gorgias seine Sklavin liebte und seine Frau auf diese eifersüchtig war. Wohlgefügt soll also der Haushalt dessen sein, der Stadt, Agora und Freunde zurechtrücken will; schließlich bleiben Verfehlungen von Frauen eher allen verborgen als solche an Frauen.

Quelle 90:
Plutarch, *Moralia* 144B/C
(Übersetzung: J. Fischer)

Gegen sexuelle Wünsche des Herren konnten sich Sklaven nicht zur Wehr setzen, wie Trimalchio im „Satyrikon“ des Petronius klarmacht.

Literatur:
Eck – Heinrichs 1993, Nr. 163

Trotzdem war ich 14 Jahre lang der Lustknabe meines Herrn. Was der Herr befiehlt, ist ja keine Schande. Aber auch die Frau vom Chef befriedigte ich – ihr wisst, was ich sagen will; ich schweige, weil ich nicht zu denen gehöre, die protzen.

Quelle 91:
Petronius, *Satyrikon* 75
(Übersetzung: H. C. Schnur)

Die Häufigkeit von Beziehungen zwischen Herren und Sklavinnen verrät auch deren Vorkommen in der antiken Traumdeutungsliteratur.

Literatur:
Eck – Heinrichs 1993, Nr. 165

Eine Frau träumte, die für ihre Frisuren zuständige Sklavin benutze ihr Porträt, das sie auf einem Bild bei sich trug, und ihre Kleider, als ginge sie aus zu einem Festzug. Unmittelbar darauf machte ihr die Sklavin ihren Mann abspenstig, verleumdete sie heimlich und verursachte ihr Schaden und Spott.

Quelle 92:
Artemidor, *Traumbuch* 5, 53
(Übersetzung: W. Eck / J. Heinrichs)

Literatur:
Ávila Vasconcelos 2009, 158ff.

Im Roman des Apuleius werden die tragischen Folgen des Seitensprunges eines Sklaven geschildert.

Quelle 93:
Apuleius, *Metamorphosen* 8, 22
(Übersetzung: A. Rode)

Somit legen wir rasch einen langen Weg zurück, kommen zu einem Dorf und ruhen dort die ganze Nacht aus. Hier begab sich eine überaus merkwürdige Geschichte, die ich erzählen will:

Ein Sklave, dem sein Herr die ganze Aufsicht über das Gesinde überlassen hatte und der jenes große Besitztum bewirtschaftete, wo wir eingekehrt waren, hatte aus derselben Dienerschaft eine Mitsklavin zur Frau, entbrannte aber in Begierde zu einem freien, nicht zum Hause gehörigen Weibe. Der Schmerz über diesen Ehebruch schnitt seiner Frau ins Herz, sie legte Feuer und verbrannte sämtliche Nachweise ihres Mannes mit allem, was an Vorräten im Speicher gelagert war. Aber der angerichtete Schaden ist ihr nicht Rache genug für die Schmach ihres Ehebetts: jetzt wütet sie gegen ihr eigenes Fleisch und Blut, knüpft sich einen Strick, knüpft das Kind, das sie von eben diesem Gatten ehedem empfangen hatte, mit derselben Schnur fest und stürzt sich in einen ganz tiefen Brunnen, indem sie den Kleinen als Anhängsel nach sich zieht. Über diesen Tod geriet der Herr der beiden in schweren Zorn: er ließ den Sklaven, dessen Leichtsinn die schreckliche Tat ausgelöst hatte, ergreifen und nackt und von oben bis unten mit Honig bestrichen fest an einen Feigenbaum anbinden. In dessen morschem Stamm wimmelten Nester von Ameisen, die hier siedelten und in vielverzweigtem Geriesel hin und her pendelten. Sobald sie den süßen Honigduft des Leibes wahrnahmen, hängten sie sich mit freilich winzigen, aber zahlreichen und hartnäckigen Zwickerchen über und über an ihn, nagten so in langwährender Marter erst das Fleisch und dann die Eingeweide an und fraßen den Mann mit Haut und Haaren auf, dass vom Fleisch geschieden und blank wie der Schnee nur die Knochen an dem Todesbaum hängenblieben.

2.8 Widerstand

2.8.1 Flucht

Literatur:
Scholl 1990, Nr. 72

In den papyrologischen Quellen finden sich besonders interessante Quellen zur Sklavenflucht, so etwa folgender Brief aus dem Jahr 256 v. Chr., in dem es um die Flucht zweier Unfreier geht.

Quelle 94:
Brief des Sositimos an Zenon
(Übersetzung: R. Scholl)

Mitteilung an Zenon von Sositimos. Zwei meiner Sklaven sind entlaufen. Sie halten sich im arsinoitischen und herakleopolitischen Gau auf. Du würdest richtig handeln, wenn Du an die dortigen Gendarmen schriebest, damit sie mit den von mir geschickten Leuten sie suchen.

Literatur:
Scholl 1990, Nr. 82

Ebenfalls um einen geflohenen Sklaven geht es im folgenden Brief. Der Unfreie ist nach der Abreise des Trosses eines gewissen Eros aus dem

Abb. 5
Sklavenhalsband
Sklaven, die schon einmal geflohen waren oder denen man erhöhte Fluchtgefahr unterstellte, erhielten in der Spätantike offenbar häufig bronzene Halsbänder bzw. an Halsringen zu tragende Bronzetäfelchen. Ein Beispiel dafür ist dieses Exemplar aus dem römischen Thermenmuseum, dessen Inschrift (CIL XV 7194) folgendermaßen lautet: „Ich bin entflohen, halte mich fest! Wenn du mich meinem Herrn Zoninus zurückbringst, bekommst du einen *solidus* (Goldmünze)."

Haushalt des Hermes verschwunden. Aus diesem Brief ist zu erfahren, dass bei der Flucht eines Sklaven offensichtlich ein öffentlicher Anschlag zu erfolgen hatte.

Quelle 95:
Brief des Hermes
(Übersetzung: R. Scholl)

Hermes an Eros, den Bruder, Gruß und Gesundheit! Ein Sklave von mir, Herakleides, ist nach Deiner Abreise verschwunden. Da er aber all den Deinen vertraut ist, […] habe ich also den Verdacht, dass er mit ihnen aufgebrochen ist. [Kennend] Deine Bereitwilligkeit und Genauigkeit, [beschloss] ich, Dich durch einen Brief um Hilfe zu bitten. Wenn Du Dich umsiehst und diesen findest, [fessele] ihn an Händen und Füßen und schicke ihn uns zurück. Wenn er aber verschwunden bleibt, wird einer meiner Leute kommen, bis er durch einen Anschlag öffentlich ausgehängt ist, wie es sich gehört. Gib es aber auch den anderen Freunden und Verwandten bekannt. Deine Genauigkeit, Deine Wachsamkeit und Deine Unermüdlichkeit haben mich veranlasst, Dir zu schreiben. Du tust mir ganz und gar einen Gefallen, wenn Du Dich darum kümmerst, dass Du gesund bleibst. Leb wohl! Jahr 15, am 2. Pachon.

Literatur:
Scholl 1990, Nr. 81

Besonders interessant ist dieser auf Papyrus erhaltene Steckbrief eines entlaufenen Sklaven. Der Unfreie, der im Jahr 156 v. Chr. in Alexandria geflohen ist, wird genau beschrieben, ebenso die Wertgegenstände, die der Sklave auf seiner Flucht mitgenommen hat, sowie ein zweiter Sklave, der mit ihm geflohen ist, und dessen Beute. Umstritten ist, warum die Zahlenangaben bei der Belohnung doppelt angeführt wurden; wahrscheinlich hat man die Prämien nachträglich erhöht, weil die Suche zunächst nicht erfolgreich war. Drei Varianten werden dabei geboten, was den Aufenthaltsort des Sklaven betrifft: Im Normalfall, also ohne besondere Spezifizierung, beträgt die Höhe der Belohnung zwei Talente und wird dann auf drei Talente erhöht. Hat sich der Sklave in ein Heiligtum geflüchtet, beträgt die Belohnung nur ein Talent respektive zwei Talente. Der Besitzer geht also auch in diesem Fall davon aus, dass er den geflohenen Unfreien zurückerhält, dass also auch ein Tempel für einen Sklaven kein völlig sicheres Versteck bietet. Tatsächlich war es nun so, dass eben nicht jeder Tempel das Asylrecht besaß; vielmehr bedeutete es für einen Tempel eine besondere Ehre, über das Asylrecht zu verfügen. Warum sich die Belohnung in diesem Fall verringert, ist unklar. Der dritte auf dem Steckbrief erwogene Fall sieht die Möglichkeit vor, dass der Sklave sich bei einem reichen und gerichtlich belangbaren Mann befindet. Dann beträgt die Belohnung drei bzw. fünf Talente. Hier liegt also der Fall vor, dass jemand einem flüchtigen Sklaven Unterschlupf gewährt, ein Delikt, das in allen Sklavenhaltergesellschaften hart bestraft wird. Wer einen fremden Sklaven aufnimmt, begeht ein Eigentumsdelikt, für das – außer der Rückgabe des Unfreien – auch noch eine Entschädigung zu leisten ist. Dadurch erklärt sich die erhöhte Belohnung.

Quelle 96:
Steckbrief
Übersetzung: R. Scholl

Im Jahr 25, am 16. Epeiph. Ein Sklave des Aristogenes, des Sohnes des Chrysippos, Bürgers von Alabanda, eines Gesandten, ist entflohen in Alexandreia mit Namen Hermon, der auch Neilos genannt wird, von Abstammung ein Syrer aus Bambyke, ungefähr 18 Jahre alt, von mittlerer Größe, bartlos, mit festen Waden, einem Grübchen am Kinn, einem Leberfleck neben der Nase links, einer Narbe über dem Mundwinkel links, tätowiert am rechten Handgelenk mit zwei barbarischen Buchstaben. Er hat bei sich in geprägtem Gold 3 Minen, 10 Perlen, einen eisernen Ring, auf dem ein Ölfläschchen und Schabinstrumente sind, und um den Körper eine Chlamys und einen Schurz. Wer diesen zurückbringt, wird erhalten in Kupfer 2 ‚3' Talente; wenn er ihn bei einem Tempel nachgewiesen hat 1 ‚2' Talente; bei einem zahlungsfähigen und gerichtlich belangbaren Mann 3 ‚5' Talente. Anzeige erstatten kann jeder, der will, bei den Leuten des Strategen.

Es gibt aber auch einen, der mit ihm geflohen ist, Bion, ein Sklave des Kallikrates, einer der Erzgehilfen am Hof, von Statur kurz, breit in den Schultern, mit dünnen Waden, helläugig, der entlaufen ist mit einem Himation und Himatidion eines Sklaven und einer Damenbüchse im Wert von 6 Talenten und mit 5000 Drachmen Kupfergeld. Wer diesen zurückbringt, wird ebensoviel wie für den Vorgenannten erhalten. Anzeige erstatten soll man aber auch für diesen bei den Leuten des Strategen.

Um einen entlaufenen Sklaven zurückzubekommen, griff man auch zu übersinnlichen Mitteln, etwa zu Zauberformeln.

Literatur:
Eck – Heinrichs 1993, Nr. 183

Bezüglich entlaufener Sklaven: auf einem Blatt schreibt der Herr bzw. die Herrin persönlich mit der linken Hand den Namen des Entlaufenen und mit der rechten Hand folgende Formel: „pallachata, pallakata, cappa", und selbiges Blatt werfe man in eine Getreidemühle und lasse es dort zermahlen.

Quelle 97:
Magische Formel bei Sklavenflucht (Incantamenta magica 221) (Übersetzung: W. Eck / J. Heinrichs)

2.8.2 Bewaffneter Widerstand / Verbrechen an den Herren

Zwar kam es im Römischen Reich nach den großen Sklavenkriegen der späten Republik nicht mehr zu größeren Erhebungen von Unfreien, in einzelnen Haushalten revoltierten freilich immer wieder Sklaven gegen ihre Herren. In den Quellen ist auch mehrfach davon die Rede, dass Unfreie ihre Herren angriffen oder töteten, wie etwa im Fall des Larcius Macedo, von dem Plinius der Jüngere berichtet.

Literatur:
Wiedemann 1981, Nr. 209; Eck – Heinrichs 1993, Nr. 202

Mein lieber Acilius,

Eine grausige und nicht nur eines Briefes würdige Geschichte erlebte Larcius Macedo, ein Mann von praetorischem Rang, mit seinen Sklaven – freilich ein hochfahrender und grausamer Herr, der sich zu wenig daran erinnerte – nein, vielmehr zu sehr –, dass noch sein Vater als Sklave gedient hatte.

Er nahm in seiner Villa in Formiae ein Bad; plötzlich umzingelten ihn seine Sklaven – der eine springt ihm an die Kehle, der andere schlägt ihm ins Gesicht, wieder ein anderer bearbeitet ihm die Brust und den Bauch und, scheußlich zu sagen, auch die Schamteile; als sie ihn für tot halten, werfen sie ihn auf den glühend heißen Boden, um sich zu vergewissern, ob er noch lebe. Jener, sei es, dass er nichts fühlte, sei es, dass er nur so tat, als fühlte er nichts, bot, unbeweglich ausgestreckt, das Bild eines Toten. Dann erst, wie wenn er von der Hitze ohnmächtig geworden wäre, trägt man ihn hinaus. Ihm treu gebliebene Sklaven nehmen ihn in Empfang, seine Konkubinen rennen heulend und schreiend zusammen. So wurde er sowohl durch das Stimmengewirr geweckt als auch durch die Kühle des Raumes erfrischt, schlägt die Augen auf und zeigt durch eine Bewegung des Körpers, dass er noch lebe – was er jetzt ohne Gefahr tun konnte. Die Sklaven ergreifen die Flucht; ein großer Teil von

Quelle 98:
Plinius der Jüngere, *Briefe* 3, 14 (Übersetzung: A. Lambert)

ihnen wird wieder eingefangen, die übrigen werden noch gesucht; er selbst, mit Mühe für wenige Tage ins Leben zurückgerufen, starb nicht ohne den Trost, dass die Schuldigen bestraft worden seien, und wurde lebend noch so gerächt, wie es sonst nur Tote werden.

Da siehst Du, wieviel Gefahren, wieviel Beleidigungen, wieviel Spott wir ausgesetzt sind; und es ist kein Grund da, dass einer arglos sein könnte, weil er gnädig und milde ist; ein Herr wird nämlich nicht auf Grund eines nüchternen Urteils, sondern aus verbrecherischer Gesinnung umgebracht.

Aber genug davon. – „Was gibt's sonst Neues? Was?" – Nichts. Sonst würde ich es beifügen, denn auf dem Papier ist noch Platz, und da heute Feiertag ist, darf ich etwas weiterplaudern. So will ich erzählen, was mir vom gleichen Macedo gerade im richtigen Moment einfällt. Als er in Rom in einem öffentlichen Bad war, geschah etwas Bemerkenswertes, und wie sein Tod zeigte, geradezu etwas von Vorbedeutung. Ein römischer Ritter, vom Sklaven des Macedo leicht mit der Hand berührt, damit er seinen Herrn durchlasse, dreht sich um und schlug nicht den Sklaven, von dem er angefasst worden war, sondern Macedo selbst so schwer mit der flachen Hand, dass dieser fast hinfiel. So war ihm das Bad gleichsam stufenweise zuerst der Ort für eine Beleidigung, dann für den Tod.

Dein Gaius Plinius.

Literatur:
Eck – Heinrichs 1993, Nr. 201

Zu einem spektakulären Fall kam es im Jahr 61 n. Chr., als der Stadtpräfekt Pedanius Secundus von seinen Sklaven ermordet wurde. Aufgrund des *Senatus consultum Silanianum*, das bei der Ermordung eines Sklavenbesitzers die Hinrichtung aller zum Tatzeitpunkt im Haushalt befindlichen Sklaven vorschrieb, wurden anschließend – trotz großer öffentlicher Proteste – 400 Unfreie getötet.

Quelle 99:
Tacitus, *Annalen* 14, 42–45 (Übersetzung: W. Eck / J. Heinrichs)

42 (1) Wenig später wurde der Stadtpräfekt Pedanius Secundus durch einen seiner Sklaven ermordet. Vielleicht war diesem die Freilassung verweigert worden, für die er bereits einen Preis vereinbart hatte, vielleicht aber auch aus Liebe zu einem Lustknaben, weil er seinen Herrn als Rivalen nicht ertragen konnte. (2) Altem Brauch entsprechend sollte nun das gesamte Sklavengesinde, das unter demselben Dach gelebt hatte, zur Hinrichtung geführt werden. Da kam es durch Zusammenrottung des Volkes, das so viele Unschuldige zu schützen suchte, zu offenem Aufruhr und zur Belagerung des Senats; selbst dort gab es Bestrebungen gegen eine allzu große Strenge, während sich die Mehrheit gegen ein Abgehen von der alten Praxis erklärte. Hierzu gehörte auch Gaius Cassius. Als das Wort an ihn kam, äußerte er sich etwa folgendermaßen: **43** (1) „Häufig, Senatoren, habe ich an Senatssitzungen teilgenommen, wenn Anträge gestellt wurden, die sich gegen Einrichtungen und Gesetze unserer Vorfahren richteten. Auf Einspruch habe ich verzichtet, nicht weil ich Zweifel hegte, dass in allen Belangen früher besser und richtiger vorgesorgt wurde, mithin Änderungen einen Wandel hin zum Schlechteren bedeuten; mit meiner Liebe für die alte Zeit wollte ich jedoch nicht den Anschein erwecken, ich suchte lediglich meine Anliegen aufzuwerten. (2) Auch glaubte ich, was ich an Einfluss besitze, nicht durch häufigen Einspruch zerstören zu dürfen; er sollte ungeschmälert bleiben für den Tag, an dem der Staat einmal guten Rat würde nötig haben. Dieser Tag ist heute gekommen, da ein ehemaliger Konsul in seinem Haus ermordet wurde, durch einen Sklavenanschlag, den niemand verhindert oder angezeigt hat, obwohl doch der Senatsbeschluss, der einem gesamten Sklavengesinde die Hinrichtung androht, noch nicht erschüttert war. (3) Beim Herkules, so beschließt doch Straffreiheit! Aber wen wird dann noch seine Würde schirmen, wenn sie schon dem Stadtpräfekten nicht geholfen hat? Wen werden seine zahlreichen Sklaven sichern, wenn 400 Sklaven Pedanius Secundus nicht geschützt haben? Wem wird sein Gesinde Hilfe bringen, wenn es nicht einmal aus Furcht auf unsere Gefahren achtgibt? (4) Oder hat der Mörder gar, wie einige Leute ohne Erröten die Wahrheit verdrehen, Rache genommen für erlittenes Unrecht, weil er über väterliches Geld eine Vereinbarung getroffen hatte oder ihm ein Sklave, der ihm vom Großvater zugekommen war, entzogen werden sollte? Lasst uns doch gleich offen aussprechen, der Herr erscheine uns nach vollem Recht ermordet! **44** (1) Müssen wir denn wirklich nach Gründen suchen in einer Sache, die schon Klügere erörtert haben? Aber auch, wenn wir jetzt erstmals zu entscheiden hätten: glaubt ihr denn, der Sklave hätte den Entschluss zur Ermordung seines Herrn gefasst, ohne eine drohende Äußerung zu tun, ohne irgendein unbedachtes Wort fallen zu lassen? Mag er auch sein Vorhaben geheim gehalten, sich die Waffe ohne Wissen seiner Umgebung verschafft haben: wie aber hätte er die Wachen passieren, die Schlafzimmertüren aufschließen, Licht hineintragen und den Mord verüben können, wenn wirklich alle ahnungslos waren? (2) Viele Anzeichen gehen einem Verbrechen voraus: melden sie die Sklaven, so können wir uns allein unter vielen, sicher unter Eingeschüchterten, endlich, wenn wir denn sterben müssen, nicht ungerächt unter Schuldigen bewegen. (3) Verdächtig war unseren Vorfahren der Charakter ihrer Sklaven, auch wenn sie auf denselben Feldern und in denselben Häusern geboren wurden und die Liebe zu ihren Herren gleichsam mit der Muttermilch aufnahmen. Seit wir aber Leute aus allen möglichen Ländern in unserem Gesinde haben, mit unterschiedlichen Gewohnheiten, fremden oder überhaupt keinen religiösen Bindungen, kann man diese Flut nur noch durch Furcht in Schach halten. Aber auch einige Unschuldige werden umkommen. (4) So trifft das Los auch Tapfere, wenn jeder zehnte Mann aus einem geschlagenen Heer mit Knüppeln zu Tode geprügelt wird. Etwas Ungerechtes haftet jeder größeren exemplarischen Bestrafung an, betroffen sind aber nur wenige, und das wird durch den allgemeinen Nutzen aufgewogen." **45** (1) Der Ansicht des Cassius wagte niemand als einzelner entgegenzutreten, doch antwortete ihm ein Gewirr von Zwischenrufen solcher Senatoren, die Mitleid zeigten für Zahl, Alter, Geschlecht und die unbestreitbare Unschuld der weitaus meisten Sklaven. Dennoch setzte sich derjenige Teil des Senats durch, der für Hinrichtung stimmte. Ausführen ließ sich dieser Beschluss allerdings nicht, denn eine Volksmenge rottete sich zusammen und drohte mit Steinen und Brandfackeln. (2) Da erteilte der Kaiser dem Volk mittels Edikt einen scharfen Verweis und ließ den gesamten Weg, auf dem die Verurteilten ihrer Strafe zugeführt wurden, mit Militärposten säumen. Cingonius Varro hatte zudem beantragt, die Freigelassenen, die sich unter demselben Dach aufgehalten hatten, aus Italien zu verbannen. Der Kaiser erhob dagegen Einspruch, damit die alte Praxis, die Mitleid nicht hatte abmildern können, nicht noch durch Grausamkeit verschärft würde.

Literatur: Eck – Heinrichs 1993, Nr. 204; Schumacher 2001, 104f.

Quelle 100: *Grabinschrift eines von seinem Sklaven getöteten Herrn aus Mainz* (CIL XIII 7070) (Übersetzung: W. Eck / J. Heinrichs)

Diese Grabinschrift aus Mainz berichtet vom Schicksal des 30-jährigen Viehhirten Iucundus, der von seinem eigenen Sklaven getötet wurde.

Iucundus, Freigelassener des Marcus Terentius, Viehhirt. Wer immer du bist, der du im Vorübergehen dies liest, bleib stehen, Wanderer, und sieh, wie unverdient ich hingerafft bin, wie nichtig meine Klage ist. Leben konnte ich nicht mehr als 30 Jahre, denn mein Leben entriss mir mein Sklave, stürzte sich dann kopfüber in den Strom. Und der Main nahm ihm, was er seinem Herrn entriss. Sein Patron errichtete (dieses Grab) aus eigenem Vermögen.

2.8.3 Große Sklavenaufstände

Literatur: Brodersen 2010

In seiner auf dem Geschichtswerk des Titus Livius basierenden Kurzfassung (Epitome) der römischen Geschichte bietet Florus eine knappe Darstellung der drei großen Sklavenerhebungen der späten Republik: des ersten (136–132 v. Chr.) und zweiten (104–101 v. Chr.) Sklavenaufstandes auf Sizilien sowie des Aufstandes unter der Führung des Spartacus (73–71 v. Chr.) in Unteritalien.

Quelle 101: Florus, *Römische Geschichte* 2, 7–8 (Übersetzung: G. Laser)

7 (1) Und wenn man nun mit Bundesgenossen – welch ein Unrecht, dass man überhaupt mit ihnen Krieg führte! –, immerhin aber doch wenigstens mit Freien und Freigeborenen gekämpft hat, wer mag dann beim tonangebenden Volk Kriege gegen die eigenen Sklaven gleichmütig hinnehmen?

(2) Der erste Krieg gegen die Sklaven wurde in den Außenbezirken der Stadt unter der Führung des Herdonius, eines Sabiners, unmittelbar in Rom versucht. Zu dem Zeitpunkt war die Bürgerschaft gerade mit den Unruhen beschäftigt, die durch die aufrührerischen Aktivitäten der Tribunen verursacht worden waren. Hierbei wurde der kapitolinische Hügel besetzt und vom Konsul wieder eingenommen; aber dies war eher ein Aufruhr als ein Krieg. Wer hätte geglaubt, dass bald darauf, als unser Reich in den verschiedensten Regionen der Welt in Anspruch genommen war, Sizilien durch einen Krieg gegen Sklaven um vieles blutiger verwüstet worden war als in einem Punischen Krieg? (3) Diese Erde, die Feldfrüchte in reichem Maß hervorbrachte und die gewissermaßen als vorstädtische Provinz galt, war aufgeteilt in große Landgüter römischer Bürger. Hier boten die Arbeitshäuser, die zum Bestellen der Felder in großer Zahl errichtet worden waren, und die angeketteten Feldarbeiter den Grundstoff für einen Krieg. (4) Ein Syrer namens Eunos – die große Bedeutung des Unheils sorgt dafür, dass wir uns daran erinnern – täuschte vor, er sei in religiöse Begeisterung versetzt, während er die Haare einer syrischen Göttin hin- und herbewegte, und stachelte die Sklaven gleichwie auf

göttlichen Befehl dazu auf, Freiheit und Waffen in Anspruch zu nehmen; (5) und um zu beweisen, dass dies auf göttlichen Wink hin geschehe, spie er in seinem Mund dank einer verborgenen Nuss, die er mit Schwefel und Feuer voll gestopft hatte, zwischen seinen Wörtern dadurch eine Flamme, dass er die Nuss leicht anblies. (6) Dieses Wunder machte aus 2000 Mann, die ihm zuliefen, ein Heer von mehr als 60.000 Mann, nachdem er nach Kriegsrecht die Arbeitshäuser hatte niederreißen lassen; damit den Unholden nichts fehlte, ist er mit den Auszeichnungen eines Königs geschmückt worden; Gebirgsdörfer, Dörfer und befestigte Siedlungen verwüstete er durch Klagen erregendes Ausplündern. (7) Ja, auch jene bitterste Schande in diesem Krieg mussten wir erleiden: die Lager der Praetoren wurden eingenommen – und ich schäme mich nicht, ihre Namen zu nennen: das Lager des Manlius, des Cornelius Lentulus, des L. Calpurnius Piso Frugi und des L. Plautius Hypsaeus. Und so verfolgten diejenigen, die über Häscher entlaufener Sklaven hätten fortgeschleppt werden müssen, selbst im Kampf die Praetoren, welche die Römer in ihrer Flucht anführten. Endlich wurde unter Perpernas Kommando an ihnen die Bestrafung vollzogen. (8) Denn als sie dieser besiegt, zuletzt bei Henna belagert und durch Hunger gleichwie durch eine Seuche aufgerieben hatte, bestrafte er die Überreste der Räuber, indem er sie in Fußfesseln und Ketten legen und kreuzigen ließ; er war zufrieden mit einer *ovatio* wegen seines Sieges über die Sklaven, um nicht das Ansehen eines Triumphes durch eine Inschrift zu verunreinigen, die mit Sklaven in Verbindung gebracht würde.

(9) Kaum hatte die Insel aufgeatmet, als sich die Sklaven unmittelbar erneut erhoben und sich diesmal nicht einem Syrer namens Salvius, sondern einem Kilikier unterstellten. Nach der Ermordung seines Herrn stellte der Hirte Athenion das Gesinde seines früheren Herrn, das er aus einem Arbeitshaus befreit hatte, als Armee unter seinem Feldzeichen auf. (10) Nachdem er ein purpurfarbenes Gewand angezogen, sich mit einem silbernen Zepter ausgerüstet und an der Stirn wie ein König umkränzt hatte, begeisterte er in nicht geringerem Maße als jener Eunos sein Heer, und um vieles heftiger plünderte er, gleich als ob er jenen rächen wollte, Dörfer, befestigte Siedlungen und kleine Lager. Gegen Sklaven ging er, als ob sie Überläufer wären, feindseliger als gegen ihre Herren vor. (11) Von diesem Mann sind auch die Heere der Praetoren geschlagen worden, das Lager des C. Servilius und das des L. Licinius Lucullus wurden eingenommen. Aber Titus Aquilius folgte Perpernas Vorbild, indem er den Feind von seinem Nachschub abschnitt und dadurch in größte Not brachte. Die durch Hunger geschwächten Truppen vernichtete er anschließend leicht mit seinen Waffen; sie hätten sich ihm ergeben, wenn sie nicht aus Furcht vor der Hinrichtung einen freiwilligen Tod vorgezogen hätten. (12) Aber nicht einmal an ihrem Anführer konnte die Hinrichtung vollzogen werden, obwohl er noch lebend in die Hände der Römer fiel; denn die Menge rings um ihn herum gierte so sehr danach, ihn zu ergreifen, dass er zwischen den Händen der zankenden Bürger auseinander gerissen worden ist.

8 (1) Aber man muss auch noch die Entehrung ertragen, dass unsere Sklaven auf dem italischen Festland ihre Waffen gegen uns erhoben haben; denn wenn sie auch durch eine Fügung des Schicksals zu allen Dienstleistungen verpflichtet sind, ist der Sklavenstand dennoch gleichsam eine zweite Klasse von Menschen, und dieser Stand kann durchaus in unsere Reihen aufgenommen werden, um unser Gut, die Freiheit, zu nutzen.

Ich weiß allerdings nicht, wie ich den unter der Führung des Spartacus angezettelten Krieg nennen soll. (2) Denn Sklaven haben Kriegsdienst geleistet und Gladiatoren haben militärische Kommandos gegeben; und das haben die Sklaven getan, die das niedrigste soziale Ansehen unter den Menschen genießen, bzw. es haben Gladiatoren getan, die doch den schlechtesten Ruf genießen. Durch ihren Hohn und Spott vergrößerten sie noch unsere unheilvolle Lage.

(3) Spartacus, Krixos und Oinomaos brachen erst aus der Gladiatorenschule des Cn. Lentulus Batiatus mit 30 oder noch mehr Gefährten, gleichfalls Gladiatoren, aus und entkamen nach Capua; nachdem sie weitere Sklaven aufgerufen hatten, sich unter ihrem Feldzeichen einzufinden und weil unmittelbar mehr als 10.000 Mann zusammengekommen waren, wollten diese Menschen Rache nehmen. Sie waren nämlich nicht damit zufrieden, überhaupt entkommen zu sein. (4) Als erster Stützpunkt gefiel ihnen der Vesuv, gleichsam der Kampfplatz des Sklavenkrieges. Als sie dort von Clodius Glaber belagert wurden, entkamen sie dadurch, dass sie die Krater des hohen Berges nutzten, an den Schlingen des Weinlaubs zum Fuß des Berges zu einem noch nie zuvor gesehenen Ausgang hinabstiegen und durch einen unvermuteten Angriff das Lager des römischen Anführers, der nichts Derartiges erwartete, an sich rissen; (5) von dort aus griffen sie weitere Lager an, erst das Lager des Varenius, dann das Lager des Thorianus; dann zogen sie durch ganz Kampanien. Weil die Sklaven nicht zufrieden waren mit der Verwüstung der Landhäuser und der Dörfer, verwüsteten sie Nola und Nuceria, Thurioi und Metapont mit einer schreckenerregenden Vernichtungsgewalt. (6) Während seine Truppen von Tag zu Tag geradezu überquollen, stellten sie für sich, weil es auch schon ein wahres Heer war, aus Weiden und Tierfellen kunstlose Schilde, Schwerter und Wurfgeschosse aus dem eingeschmolzenen Eisen der Arbeitshäuser her. (7) Damit ferner dem rechtmäßigen Heer keine einzige Zier fehlte, schuf man eine Reiterei aus eingerittenen Wildpferden, die entgegenkamen, und die von den Praetoren erbeuteten Feldzeichen sowie Rutenbündel brachten sie zu ihrem Anführer. (8) Und jener schlug es nicht aus, jener Spartacus, der vom thrakischen Söldner zum Soldaten, vom Soldaten zum Fahnenflüchtling, von dort zum Räuber, schließlich in Anerkennung seiner Kräfte zum Gladiator geworden war. (9) Dieser Mann feierte auch Begräbnisfeiern für die im Kampf verstorbenen Anführer mit den Riten, die ordentliche Feldherrn üblicherweise ausrichteten, und er befahl, dass die Gefangenen rings um den Scheiterhaufen mit ihren Waffen um ihr Leben kämpften, gleich als wollte er seine gesamte frühere Schande entsühnen, wenn er selber ein Gladiatorenschauspiel spendete. (10) Von da an griff er auch bereits ehemalige Konsuln an und schlug das Heer des Cn. Cornelius Lentulus Clodianus beim Appennin, bei Mutina zerstörte er das Lager des C. Cassius Longinus. (11) Weil er durch diese Siege übermütig geworden war, stellte er Überlegungen an, in Rom einzufallen – was den Höhepunkt dessen darstellt, weswegen wir uns zu schämen haben. (12) Schließlich erhoben sich die Römer nämlich mit allen Streitkräften gegen den Gladiator, und M. Licinius Crassus befreite uns von der Scham; von

diesem Mann sind – es beschämt mich, sie überhaupt so zu bezeichnen – die Feinde geschlagen und verjagt worden, und sich zogen sich in die äußersten Schlupfwinkel Italiens zurück. (13) Dort sind sie ungefähr bei der Bruttischen Ecke eingeschlossen worden, als sie ihre Flucht nach Sizilien vorbereiteten, aber keine Schiffe in ausreichender Zahl zur Verfügung standen, weswegen sie Flöße aus Baumstämmen und mit Gebüsch verbundene Fässer vergebens in der Meerenge einzusetzen versuchten, in der eine äußerst starke Strömung herrscht. Schließlich erlitten sie, als sie einen Ausbruch gemacht hatten, einen für Männer angemessenen Tod; (14) und weil man unter der Führung eines Gladiators kämpfen musste, kämpfte man auf Leben und Tod. Spartacus selbst kämpfte in vorderster Front äußerst tapfer und wurde gleich wie ein wahrer Felderr getötet.

Literatur:
Wiedemann 1981, Nr. 229

Der aus Sizilien stammende und nur wenige Jahrzehnte nach den geschilderten Ereignissen tätige Historiker Diodor bietet in seinem universalgeschichtlichen Werk die ausführlichste Darstellung der sizilischen Sklavenaufstände. Über die erste Erhebung unter der Führung des Eunus berichtet Diodor Folgendes:

Quelle 102:
Diodor, *Historische Bibliothek* 34/35, 2, 1–23
(Übersetzung: G. Wirth)

(1) Ungefähr 60 Jahre nach dem Zusammenbruch Karthagos, als die Einwohner Siziliens Zeiten erlebten, die in jeder Hinsicht glücklich waren, begann für sie der Sklavenkrieg, und zwar aus folgenden Gründen: Da das Leben sich sprunghaft verbesserte und man große Reichtümer sammeln konnte, kaufte man eine Menge Sklaven zusammen, die man herdenweise aus den Sklavenkasernen wegholte, mit Markierungen versah und ihren Körpern die Zeichen eintätowierte. (2) Man verwendete die Jüngeren von ihnen als Hirten, die anderen so, wie sie gerade nützlich waren. Bei der Verrichtung ihrer Tätigkeit behandelte man sie hart, und hielt sie, was Nahrung und Kleidung betrifft, nur ganz geringer Fürsorge für würdig. So kam es, dass die meisten von ihnen sich ihren Unterhalt durch Räubereien beschafften und Morde überall an der Tagesordnung waren, denn die Banden waren so wie ein Besatzungsheer über das ganze Land verstreut. (3) Zwar versuchten die Statthalter, sie zu hindern, wagten aber bei der Macht und dem Ansehen, das die Herren genossen, denen diese Sklaven gehörten, keine Bestrafung. Vielmehr waren sie gezwungen, es geschehen zu lassen, dass die Provinz allmählich ausgeplündert wurde. Denn die meisten dieser Eigentümer waren römische Ritter und somit Richter über diese Statthalter, wenn sie in der Zeit nach der Verwaltung ihrer Provinz angeklagt würden. Von den Magistraten waren sie daher sehr gefürchtet. (4) Die Sklaven aber, durch ihre elende Lage in Not und häufig ohne Grund mit Schlägen misshandelt, hielten all dies nicht mehr aus. So versammelten sie sich, wo immer es eine Gelegenheit gab, und führten Gespräche wegen eines allgemeinen Aufstandes, bis sie ihren Beschluss in die Tat umsetzen konnten. (5) Bei einem Antigenes aus Enna nun befand sich ein Sklave syrischer Herkunft, der aus Apameia kam, seiner besonderen Eigenheit nach ein Zauberer und Wundertäter. Dieser gab vor, auf göttliche Aufträge hin, die er im Traum erhalte, die Zukunft weissagen zu können, und vermochte wegen

seiner Raffiniertheit in solchen Dingen viele zu betrügen. Aber nicht nur, dass er den Bereich der Traumdeuterei verließ, er gab als nächstes vor, auch im wachen Zustand Götter zu sehen und von diesen die Zukunft zu erfahren. (6) Zwar schwätzte er vieles aufs Geratewohl. Indes, wie es der Zufall wollte, traf von all dem manches wirklich ein. Und da das, was nicht eintraf, ihm nicht zum Vorwurf gemacht werden konnte, das aber, was eintraf, große Beachtung fand, so nahm sein Ansehen zu. Schließlich aber konnte er mittels einer Vorrichtung bei seinen Zuständen von göttlicher Erregung Feuer und Flammen aus dem Munde hervorstoßen und verkündete die Zukunft auf diese Weise. (7) In eine Nuss nämlich, die von zwei Seiten angebohrt war, oder etwas Ähnliches dieser Art legte er Feuer oder Material, das dieses zu nähren vermochte. Diese nahm er in den Mund, hauchte sie an und stieß bald Funken, bald Flammen heraus. In der Zeit vor dem Aufstande nun sagte er auch, ihm sei der syrische Gott erschienen und habe ihm gesagt, er werde König sein. Und er hörte nicht auf, derartiges nicht nur den anderen, sondern selbst seinem Herrn immer wieder zu versichern. (8) Die ganze Angelegenheit indes wurde als lächerlich abgetan. Antigenes nun, der an solchen Wundern sein Vergnügen hatte, ließ Eunus, so hieß dieser Wundertäter, zu seinen Gelagen holen und fragte ihn über seine künftige Herrschaft als König aus, und was er mit jedem der Anwesenden dann anstellen werde. Da der ungerührt nun alles darlegte, etwa, dass er die Herren milde behandeln werde, und alles in allem vielerlei weissagte, da erhob sich bei den Gästen Gelächter, einige von ihnen nahmen recht ansehnliche Portionen an Speisen von dem Tisch und schenkten sie ihm mit der Bemerkung, er möge sich an diese Freundlichkeit erinnern, wenn er erst einmal König geworden sei. (9) All diese Angeberei bezüglich der Zukunft aber erfüllte sich in der Tat, und das Ergebnis war wirklich eine Herrschaft als König. Und in allem Ernste unternahm er es dann auch, das Wohlwollen zu vergelten, das ihm seinerzeit unter Gelächter zuteil geworden war. (10) Der Grund des ganzen Aufstandes aber war folgender: Damophilos aus Enna, seinem Vermögen nach ein Mann von großem Reichtum, seiner Gemütsart nach jedoch ein Menschenverächter, misshandelte seine Sklaven bis zum Übermaß. Und seine Gattin Megallis wetteiferte mit ihm in der Härte von Bestrafungen und auch sonst an Unmenschlichkeit gegen ihre Sklaven. So gerieten diese als Folge ihrer bisherigen Misshandlung in rasende Wut und trafen Absprachen wegen eines Aufstandes und der Ermordung ihrer Herren. Sie gingen deshalb zu Eunus und fragten, ob es die Götter zuließen, was sie beschlossen hätten. Der nun, unter Anwendung seiner Rituale, stimmte zu, die Götter genehmigten es, und er überredete sie, sich sogleich an die Ausführung des Unternehmens zu machen. (11) Sie konnten sofort 400 ihrer Mitsklaven versammeln, bewaffneten sich, so, wie es gerade die Gelegenheit ergab, und fielen in die Stadt Enna ein, an ihrer Spitze Eunus, der ihnen zuliebe seine Künste als Feuerspeier spielen ließ. Sie brachen in die Häuser ein und begannen ein gewaltiges Gemetzel, wobei sie nicht einmal die Kinder an der Mutterbrust verschonten, (12) sondern rissen sie von dieser weg und schmetterten sie auf die Erde. Was sie dabei sonst noch in ihrem Übermut an Freveltaten an den Frauen begingen, und dies vor den Augen der Männer, ist nicht zu beschreiben. Aus der Stadt selbst aber gesellte sich ihnen eine große Menge Sklaven zu, die zuvor schon ebenfalls übelste Dinge mit ihren Herren angestellt hatten und sich nun an die Ermordung anderer machten. (13) Eunus und seine Anhänger aber, die hörten, dass Damophilos sich zusammen mit seiner Gattin auf einem Landsitz nahe der Stadt aufhalte, schickten einige ihrer Leute dorthin und ließen ihn mit seiner Frau herbeischleppen, die Hände auf den Rücken gebunden. Die beiden hatten schon auf dem Wege viele Misshandlungen zu erleiden gehabt. Doch konnte man sehen, wie andererseits die Sklaven deren Tochter als einzige vollkommen verschonten. Denn diese war in ihrer Gemütsart menschenfreundlich, mit den Sklaven voller Mitleid und nach Kräften auch hilfsbereit. Sie machten damit deutlich, dass eine Grausamkeit von Sklaven gegen andere nicht in deren Natur verwurzelt, sondern nur die Vergeltung dafür ist, was man selbst ihnen zuvor angetan hat. (14) Damophilos und Megallis aber schleiften, wie schon gesagt, die Abgesandten in die Stadt und führten sie in das Theater, wo sich die Menge der Aufständischen versammelt hatte. Damophilos nun habe einige Ausflüchte versucht, um sich zu retten, und war schon dabei, viele aus der Menge wieder auf seine Seite zu ziehen. Doch Hermias und Zeuxis, die einen besonderen Groll gegen ihn hegten, nannten ihn einen Betrüger. Sie warteten eine ordnungsgemäße Verurteilung durch das Volksgericht nicht ab, sondern der eine stach ihm mit dem Schwert in die Seite, der andere schlug ihm mit dem Beil den Kopf ab. Darauf wurde Eunus zum König gewählt, und dies nicht etwa wegen seiner Tapferkeit oder seiner Fähigkeiten als Feldherr, sondern allein wegen seiner Wahrsagerei und deshalb, weil bei ihm der Aufstand begonnen hatte, und da ein solcher Titel gewissermaßen eine gute Vorbedingung ist, die Zustimmung der Untertanen zu gewinnen. (15) Da er damit zum höchsten Führer der Aufständischen geworden war, berief er eine Volksversammlung ein. Die gefangenen Einwohner von Enna ließ er töten, soweit sie nicht in der Technik der Waffenherstellung bewandert waren. Diese Leute ließ er gefesselt in die Werkstätten bringen. Megallis aber gab er ihren Sklavinnen, um mit ihr zu machen, was sie wollten. Diese verstümmelten sie und warfen sie dann in eine Schlucht hinab. Er selbst ließ seine beiden Herren, Antigenes und Python, töten. (16) Nachdem er aber das Diadem angelegt und alles andere, was ihn betraf, im Stil eines Königs geregelt hatte, machte er seine Lebensgefährtin, eine Syrerin und damit Landsmännin, zur Königin. Jene aber, die sich durch ihren Verstand auszuzeichnen schienen, ernannte er zu Mitgliedern des Rates. Unter diesen war Achaios – Name und Herkunft fallen zusammen – ein Mann, der sich durch Rat und Tat auszeichnete. In drei Tagen konnte er über 6.000 Mann in einer Weise bewaffnen, wie dies eben möglich war, und zog immer noch andere an sich, die mit Säbeln und Beilen ausgerüstet waren, mit Schleudern, Sicheln und mit Holzstangen, die man an der Spitze mit Feuer gehärtet hatte, oder mit Bratspießen, wie sie die Köche verwenden. Er ließ sie das ganze Land durchziehen und plündern. Und nachdem er eine unzählige Menge von Sklaven zusammengebracht hatte, wurde er mutig und stellte sich den römischen Heerführern zum Kampf. Im Gefecht war er siegreich wegen seiner zahlenmäßigen Überlegenheit, denn er hatte mehr als 10.000 Mann zur Verfügung.

(17) Während dieser Zeit begann ein gewisser Kleon, ein Kilikier, mit anderen Sklaven einen Aufruhr. Doch als alle sich in der Hoffnung wiegten, diese

Aufständischen würden sich gegeneinander wenden und auf diese Weise die Aufrührer einander aufreiben, sodass Sizilien von der Abfallsbewegung erlöst sein werde, da vereinigten sich beide wider Erwarten. Kleon ordnete sich einfach der Befehlsgewalt des Eunus unter und führte wie ein subalterner Truppenführer aus, was der König ihm befahl. Er selbst hatte einen Haufen von 5.000 Mann. Seit Beginn des Aufstandes waren fast 30 Tage vergangen. (18) Mit dem Praetor L. Hypsaeus, der aus Rom kam und in Sizilien 8.000 Mann an Truppen besaß, gerieten die Aufständischen sehr bald ins Gefecht und siegten, an Zahl selbst 20.000. Nicht lange danach hatten sie ein Heer von ungefähr 200.000 Mann beisammen, leisteten in vielen Kämpfen gegen die Römer Hervorragendes, hatten selbst aber nur wenige Verluste. (19) Als dies bekannt geworden war, entbrannte auch in Rom ein Aufstand der Sklaven, in Attika mit über 1.000, dazu auf Delos und an vielen anderen Plätzen. All diese aber konnten jene, die dort jeweils mit dieser Aufgabe öffentlich betraut waren, durch schnelles Eingreifen und durch rigoroses Vorgehen während der Strafaktionen schnell unterdrücken und andere zur Vernunft bringen, die zum Aufstand ebenfalls geneigt waren. (20) In Sizilien hingegen nahm das Übel noch zu, wurden Städte mitsamt ihren Einwohnern genommen und viele Truppen von den Aufständischen zusammengehauen, bis an der Spitze der römischen Truppen Rupilius Tauromenion für die Römer zurückerobern konnte, indem er es in rigoroser Weise belagerte und die Aufständischen in derart unsägliche Not versetzte, dass sie zuerst die Kinder verzehrten, dann der Reihe nach die Frauen, und auch nicht im geringsten davor zurückschreckten, sich gegenseitig selbst aufzufressen. Bei dieser Gelegenheit konnte er auch Komanos, den Bruder des Kleon, gefangen nehmen, der aus der belagerten Stadt zu fliehen versuchte. (21) Schließlich übergab der Syrer Serapion die Burg, und der römische Feldherr konnte sich sämtlicher entlaufener Sklaven bemächtigen, die sich in der Stadt aufhielten. Diese ließ er foltern und dann über eine Klippe stürzen. Von da aus zog er nach Enna und belagerte es auf ähnliche Weise, wobei er die Hoffnungen der Aufständischen in äußerste Verzweiflung verwandelte. Kleon, der Anführer, unternahm mit einigen wenigen zusammen einen Ausfall aus der Stadt und kämpfte heldenhaft. Da man zeigen konnte, dass er zusammen mit wenigen anderen an seinen Wunden gestorben war, war es möglich, auch diese Stadt, und zwar durch Verrat, zu erobern, obwohl sie wegen ihrer Befestigung mit bloßer Gewalt nicht zu nehmen gewesen wäre. (22) Eunus aber nahm seine Leibwache, der Zahl nach 1.000 Mann, und entwich, bar jeder männlichen Haltung, in ein steiles felsiges Gebiet. Da seine Umgebung nun wusste, dass es keine Möglichkeit mehr gab, der Gefahr zu entkommen, in der sie sich befanden, und Rupilius, der römische Befehlshaber, bereits im Anmarsch war, töteten sie sich selbst mit ihren Waffen, indem sie einander enthaupteten. Der Wundertäter und König Eunus aber verkroch sich feige in Höhlen und wurde dort herausgezogen, zusammen mit vier Leuten, seinem Koch, seinem Bäcker, dem Masseur, der ihm nach dem Bade die Haut zu reiben hatte, und einem Spaßmacher, der ihn bei seinen Gelagen zu unterhalten pflegte. (23) Er wurde unter Bewachung gestellt, aber da sich sein Körper in eine Masse von Läusen gleichsam auflöste, starb er in Morgantina in einer Weise, die der Schamlosigkeit seines Lebens entsprach. Rupilius durchzog von hier aus ganz Sizilien mit wenigen, ausgewählten Truppen und befreite es schneller als gehofft von aller Räuberei.

Diodor berichtet auch über einige kleinere Sklavenerhebungen in Italien.

Literatur:
Wiedemann 1981, Nr. 230

Quelle 103:
Diodor, *Historische Bibliothek* 36, 2
(Übersetzung: G. Wirth)

(1) Vor dem Sklavenaufruhr in Sizilien hatte es bereits mehrere Aufstände in Italien gegeben, die nur von kurzer Dauer und unbedeutend waren, so als ob die Gottheit damit lediglich den Umfang des nächsten in Sizilien im Voraus habe ankündigen wollen. Der erste fand in Nuceria statt, wobei 30 Sklaven eine Verschwörung anzettelten, aber schnell bestraft werden konnten, und ein zweiter bei Capua mit 200 Sklaven, den man ebenfalls schnell niederzuschlagen in der Lage war. Merkwürdig aber waren die Umstände des dritten.

(2) Ein römischer Ritter namens Titus (Vettius) Minutius, der Sohn eines sehr reichen Mannes, verliebte sich in eine fremde Sklavin von besonderer Schönheit. Er hatte mit ihr geschlechtlichen Umgang, entbrannte zu ihr in einer ganz unglaublichen Liebe und wollte sie freikaufen – solcher Art war der Liebeswahn, der ihn trieb. Der Eigentümer des Mädchens nun konnte nur mit Mühe dazu gebracht werden, dem zuzustimmen. Der Preis betrug 7 attische Talente, und man beraumte eine Frist an, binnen der der Preis gezahlt werden sollte. Die Vermögenslage des Vaters verlieh dem Sohn Glaubwürdigkeit. Als nun das Ende dieser Frist herankam, er aber außerstande war, zu zahlen, ließ er den Termin um nochmals 30 Tage hinausschieben. (3) Auch dieser kam, man verlangte das Geld von ihm. Da ihm aber diesmal genauso wenig eine Zahlung möglich war, die Liebe aber weiterhin blühte, da entschloss er sich zu einer völlig unbegreiflichen Tat. Denn nun unternahm er es, denen, die das Geld forderten, nach dem Leben zu trachten, und zugleich, sich eine Gewaltherrschaft anzumaßen. Daher kaufte er 500 Rüstungen zusammen, wobei er auch den Termin für deren Zahlung vereinbarte, erhielt dafür Kredit und ließ sie heimlich auf sein Landgut bringen. Denn hetzte er seine eigenen Sklaven zum Aufstand auf, 400 an der Zahl.

(4) Darauf band er sich ein Diadem um und legte einen purpurnen Überwurf an, nahm sich Liktoren und alles, was zu den Zeichen eines Imperiums gehörte, und ließ sich mit Hilfe seiner Sklaven zum König ausrufen. Die Leute aber, die den Preis für das Mädchen einfordern sollten, ließ er auspeitschen und dann enthaupten. Darauf bewaffnete er die Sklaven, zog zu den Landgütern in der Nachbarschaft und brachte dort die einen von den Sklaven soweit, dass sie sich begeistert dem Aufstand anschlossen. Sie rüstete er aus. Die anderen, die Widerstand zu leisten suchten, ließ er töten. So vereinigte er schnell 700 Krieger und noch mehr, teilte diese in Centurien ein und errichtete ein Lager, wo er auch andere Aufständische aufnahm. (5) Als dieser Aufstand in Rom gemeldet wurde, beriet der Senat mit aller Sorgfalt darüber und hatte auch Erfolg. Denn von den Praetoren, die sich gerade in der Stadt aufhielten, beauftragte man einen, Lucius Lucullus, mit der Festnahme der Flüchtigen. Dieser sammelte in Rom sofort 600 Mann und kam nach Capua, nachdem er noch 4000 Mann zu Fuß und 400 Reiter zusammen gebracht hatte. (6) Vettius,

der vom Anrücken des Lucullus hörte, besetzte einen steilen Berg, wobei er insgesamt mehr als 3500 Leute bei sich hatte. Es kam zum Gefecht, zuerst gewannen die Aufständischen die Oberhand, weil sie von einer höher gelegenen Stelle aus kämpften. Danach aber konnte Lucullus Apollonios, den Befehlshaber des Vettius, bestechen, und nachdem er ihm durch eine eidliche Versicherung im Namen des Staates Straflosigkeit zugesichert hatte, brachte er ihn soweit, dass er zum Verräter an seinen eigenen Mitverschworenen wurde. Dieser nun, als Helfer der Römer, ging daran, mit seinen eigenen Streitkräften Vettius anzugreifen. Aus Furcht vor der Bestrafung nach der Gefangennahme beging dieser Selbstmord, die Teilnahmer an dem Aufstand wurden an Ort und Stelle getötet, mit Ausnahme des Verräters Apollonios. Dies alles aber geschah vor dem gewaltigen Aufruhr in Sizilien, gleichsam als dessen Auftakt.

Literatur:
Wiedemann 1981, Nr. 230

Drei Jahrzehnte nach dem ersten Sklavenkrieg kam es auf Sizilien zur zweiten großen Erhebung von Unfreien. Wieder bietet der auf Sizilien geborene Historiker Diodor die ausführlichste Beschreibung dieser Kämpfe.

Quelle 104:
Diodor, *Historische Bibliothek* 36, 3–10
(Übersetzung: G. Wirth)

3 (1) Während des Feldzuges, den Marius gegen die Kimbern führte, gab der Senat Marius die Vollmacht, Hilfstruppen von den Stämmen jenseits des Meeres zu holen. Marius schickte also zu Nikomedes, dem König von Bithynien, um Unterstützung. Der aber gab zur Antwort, die meisten von seinen Bithniern seien von den Steuerpächtern geraubt und dienten jetzt als Sklaven in den Provinzen. (2) Da nun der Senat beschloss, kein Freier aus einem der bundesgenössischen Staaten dürfe in einer Provinz Sklave sein, und die jeweiligen Statthalter hätten für deren Freilassung Sorge zu tragen, setzte in Sizilien der Praetor Licinius Nerva entsprechend diesem Beschluss eine große Zahl Sklaven in Freiheit, nachdem er eine Überprüfung vorgenommen hatte. In wenigen Tagen erhielten so mehr als 800 ihre Freiheit zurück. Und alle, die sich als Sklaven auf der Insel befanden, waren voller Hoffnung, ihre Freiheit wieder zu erlangen. (3) Da liefen die Leute zusammen, die von Ansehen waren, und beschworen den Praetor, von diesem Unterfangen abzustehen. Dieser aber wiederum, sei es, dass er mit Geld bestochen worden war, oder aber durch die Absicht seines Willens beraubt, ihnen einen Gefallen zu erweisen, gab seinen Eifer zu solcher Prüfung wieder auf. Jene, die wegen ihrer Freilassung noch zu ihm kamen, wies er schroff ab und befahl ihnen, zu ihren Herren zurückzukehren. Da rotteten sich die Sklaven zusammen, verließen Syrakus, flohen zum Heiligtum von Palike und besprachen sich untereinander wegen eines Aufstands. (4) Da aber nun das waghalsige Unterfangen der Sklaven an vielen Plätzen bekannt geworden war, begannen 30 Sklaven zweier schwerreicher Brüder aus der Gegend von Halikyai mit dem offenen Freiheitskampf. Ihr Führer war ein gewisser Varius. Als erstes brachten sie in der Nacht ihre Herren im Schlaf um, dann zogen sie zu den umliegenden Landgütern und riefen dort die Sklaven zum Kampf um ihre Freiheit auf. Und in dieser einzigen Nacht kamen mehr als 120 zusammen. (5) Sie bezogen einen von Natur aus schwer einnehmbaren Platz, befestigten diesen noch weiter und nahmen bei sich noch 80 bewaffnete Sklaven auf. Der Praetor der Insel, Licinius Nerva, kam schnell herbei und begann die Belagerung. Doch blieb sein Eifer ohne Erfolg. Nachdem er eingesehen hatte, dass die Festung mit Gewalt nicht zu nehmen sei, fasste er einen Verrat ins Auge. Er versprach die Schonung des Lebens und konnte so einen gewissen Gaius Titinius, genannt Gadaeus, dazu überreden. Dieser war zwei Jahre zuvor zum Tode verurteilt worden, hatte aber vor der Bestrafung fliehen können und danach als Räuber viele freie Menschen in diesem Gebiet umgebracht, wobei er jedoch keinem Sklaven ein Leid antat. Ihn hatte er als Helfer, um sein Ziel zu erreichen. (6) Der nun hatte bei sich eine genügende Anzahl Sklaven, die ihm ergeben waren, und ging zu der Festung, so als wolle er an dem Kampfe gegen die Römer teilnehmen. Er wurde freundlich aufgenommen und wegen seiner Kühnheit zum Anführer gewählt. So konnte er die Festung ausliefern. Die Aufständischen wurden teils im Kampf niedergemacht, zum Teil stürzten sie sich in die Schlucht, weil sie die Strafe fürchteten, die auf die Gefangennahme folgen würde. Auf diese Weise ging der erste Aufstand der entlaufenen Sklaven zu Ende.

4 (1) Als man aber nun die Soldaten bereits in die Heimat entlassen hatte, meldeten Boten, dass Publius Clonius, ein römischer Ritter, von den aufständischen Sklaven getötet worden sei. Diese beliefen sich auf 80, seien aber dabei, eine große Masse zu versammeln. Der Statthalter nun, durch die Ratschläge anderer hin und her gerissen, ermöglichte den Aufständischen, da ja sein Heer bereits entlassen war, einen Aufschub und gab ihnen so Zeit, ihre Stellung besser zu sichern. (2) Mit den Truppen, die bei ihm verblieben waren, rückte er aus, überschritt den Fluss Alba und zog an den Aufständischen vorbei, die sich auf einem Berg namens Caprianus aufhielten, und kam zur Stadt Herakleia. Da er nun einen Angriff unterließ, wurde die Feigheit des Feldherrn im ganzen Lande bekannt, was viele Sklaven erst zum Aufstand reizte. So lief eine Menge zusammen, zum Kampfe bewaffnet, so gut es ging. In den ersten sieben Tagen hatten sich über 800 zum Kampfe gerüstet, allmählich wurden es nicht weniger als 2.000. (3) Als er nun in Herakleia von ihrem Zuwachs erfuhr, entsandte der Praetor Marcus Titinius als Führer der Truppen und gab ihm 600 Mann aus der Garnison von Enna. Dieser eröffnete gegen die Aufständischen den Kampf, doch da diese durch ihre Zahl und durch die Vorteile des Geländes ihm überlegen waren, wurde er mit seinen Leuten in die Flucht geschlagen, wobei viele umkamen, die anderen ihre Ausrüstung wegwarfen und sich mit Mühe durch Flucht retten konnten. Die Aufständischen hingegen, die jetzt einen Überfluss an Waffen hatten, gingen nach ihrem Sieg kühner ans Werk, und überall waren jetzt die Sklaven zum Aufstand bereit. (4) Und da täglich viele sich dem Aufstand anschlossen, gewannen sie unerwartet schnell einen solchen Zuwachs, dass in wenigen Tagen mehr als 6.000 zusammengekommen waren. Sie traten danach zur Versammlung zusammen, und nach einer Beratung wählten sie als erstes einen Mann namens Salvius zum König, der als ein Opferschauer galt und bei Theateraufführungen mit weiblichen Darstellern die Flöte blies.

Dieser also, zum König ernannt, vermied die Städte, da diese seiner Meinung nach die Plätze von Üppigkeit und Schwelgerei waren. Er teilte die Aufständischen in drei Haufen, setzte für diese ebenso viele Führer ein und befahl, das Land zu durchziehen, um sich zu einem bestimmten Zeitpunkt an einem vereinbarten Platz allesamt wieder zu vereinigen. (5) So brachten sie auf ihrem Zug eine große Zahl von Tieren und von Pferden in ihre Hand und waren in der Lage, in kurzer Zeit eine Reiterei von mehr als 2.000 Mann aufzustellen. Kämpfer zu Fuß waren es mehr als 20.000, die sich durch ihre Ausrüstung wie auch schon durch ihre militärische Geübtheit sehen lassen konnten. So rückten sie unerwartet gegen die befestigte Stadt Morgantina vor und griffen diese eine Zeitlang fortwährend heftig an. (6) Der Praetor aber machte sich auf den Weg zu dieser Stadt, um sie zu entsetzen. Er marschierte nachts, bei sich hatte er 10.000 Mann an Italikern und Siziliern und konnte die Aufständischen überfallen, als sie mit der Belagerung beschäftigt waren. Er attakkierte ihr Lager, wo er auf eine geringe Bewachung stieß. Hingegen fand er eine große Zahl gefangener Frauen und dazu eine Menge geplündertes Gut verschiedener Art. Das Lager brachte er ohne Schwierigkeit in seine Hand, plünderte es aus und ging dann gegen Morgantina vor.

(7) Die Aufständischen aber wandten sich sofort zum Gegenangriff. Da sie eine höher gelegene Stellung einnahmen und mit aller Gewalt auf die Gegner hereinbrachen, errangen sie schnell das Übergewicht. Die Truppen des Statthalters wurden in die Flucht geschlagen. Der König der Aufständischen hatte den Befehl ausgegeben, niemanden zu töten, der die Waffen wegwarf, und so kamen viele davon, die dies taten. Salvius, der auf diese Weise dem Gegner eine Niederlage beigebracht hatte, aber konnte das Lager wieder zurückerobern und hatte nun, nach einem allgemein gerühmten Sieg, den er davontrug, jede Menge an Ausrüstung zur Verfügung. (8) In der Schlacht fielen an Italikern und Siziliern als Folge dieses menschenfreundlichen Befehls nicht mehr als 600 Mann, in Gefangenschaft allerdings gerieten an die 4.000. Da aber als Ergebnis seines Sieges viele zu ihm zusammenströmten, konnte Salvius sein eigenes Heer verdoppeln. Er beherrschte das offene Land und machte sich erneut daran, Morgantina zu belagern. Den Sklaven in der Stadt verkündete er ihre Befreiung. Da aber nun deren Herren im bewussten Gegenzug diesen das gleiche versprachen, wenn sie mit ihnen zusammen kämpften, so zogen sie es vor, sich auf deren Seite zu stellen, fochten mit Begeisterung und konnten so die Belagerer abwehren. Da freilich danach der Praetor diese Freilassung für ungültig erklärte, bewirkte er, dass die meisten von ihnen doch noch zu den Aufständischen überliefen.

5 (1) In der Gegend von Segesta und von Lilybaion wie auch den anderen benachbarten Landstrichen grassierte unter den Sklaven das Fieber des Aufstandes. Der Führer war ein gewisser Athenion, ein Kiliker von ausnehmender Kühnheit. Dieser war der Verwalter bei zwei schwerreichen Brüdern und besaß große Erfahrung in der Sterndeuterei. Als erstes konnte er die ihm unterstehenden Sklaven dazu gewinnen, um die 200 an der Zahl, und dann die in der Nachbarschaft, sodass binnen fünf Tagen mehr als 1.000 zusammengekommen waren. (2) Von ihnen wurde er zum König gewählt, legte sich das Diadem um, griff aber zu ganz anderen Maßnahmen als die übrigen Aufständischen. Denn er nahm von diesen nicht alle in seine Reihen auf, sondern machte nur die besten zu Kriegern. Die anderen veranlasste er, an ihrem Platz zu bleiben und sich weiter um die gewohnte Arbeit zu kümmern, sodass jeder seine bisherige Aufgabe und seine bisherige Stellung behielt. Daher kam es, dass er seine Soldaten stets mit einer reichlichen Menge an Nahrung versorgen konnte. (3) Auch erweckte er den Anschein, dass die Götter ihm durch die Sterne verkündeten, er werde zum König über ganz Sizilien werden. So müsse man denn das Land, die Lebewesen und die Feldfrüchte schonen, da diese ja ihnen selbst gehörten. Er hatte zuletzt über 10.000 Mann beisammen und unternahm das Wagnis, die Stadt Lilybaion zu belagern, die bisher ohne Schädigung geblieben war. Da er aber nichts ausrichten konnte, zog er von da wieder ab, wobei er vorgab, die Götter hätten ihm dies befohlen. Falls sie aber blieben und die Belagerung fortsetzten, würden sie ein schweres Unglück erfahren. (4) Als er nun dabei war, den Rückzug vorzubereiten, kamen einige Schiffe mit eigens ausgewählten Mauren angesegelt, die den Einwohnern von Lilybaion Hilfe bringen sollten. Als Führer hatten sie einen gewissen Gomon. Dieser nun griff in der Nacht unerwartet Athenion auf dem Marsch an. Sie töteten viele, verwundeten eine große Zahl und kehrten wieder in die Stadt zurück. Aus diesem Grunde aber staunten die Aufständischen über die Weissagung, die sich aus der Sterndeutung ergeben hatte.

6 So war ganz Sizilien erfüllt von Verwirrung und einer wahren Ilias an Leiden. Denn nicht nur die Sklaven, auch die Ärmeren unter den Freien betrieben Räuberei und verbrecherische Tätigkeit jeder Art. Und sie töteten ohne Scheu alles an Sklaven oder auch an Nichtsklaven, was ihnen entgegenkam, damit niemand ihre Wahnsinnstaten weitererzählen könne. Alle, die in den Städten lebten, konnten aus diesem Grunde gerade noch das als ihr Eigentum ansehen, was innerhalb der Mauern war. Was außerhalb lag, betrachtete man als fremdes Gut und als Beute eines gesetzlosen Faustrechts. Und noch viele andere Dinge wurden auf Sizilien verübt, die den meisten Menschen unbegreiflich sind.

7 (1) Salvius durchzog nach der Belagerung von Morgantina das Land bis hin zur Ebene von Leontinoi und versammelte sein gesamtes Heer von ausgewählten Leuten, nicht weniger als 30.000 Mann. Er opferte den Heroen von Palike und weihte ihnen ein purpurnes Gewand als Dank für den Sieg. Er selbst aber ernannte sich zum König und erhielt von den Aufständischen den Namen Tryphon. (2) Da er nun beabsichtigte, Triokala zu nehmen und dies zu seiner Residenz zu machen, schickte er zu Athenion und ließ ihn zu sich rufen, so wie dies ein König mit seinem Feldherrn tut. Alle freilich nahmen an, Athenion werde selbst die Vorherrschaft beanspruchen, und wenn es dann zur Rivalität unter den Aufständischen komme, dann werde es mit dem Krieg schnell zu Ende sein. Das Glück jedoch, das geflissentlich bisher lediglich die Kräfte der Aufständischen vermehrt hatte, bewirkte, dass es auch zur Eintracht unter den Führern kam. So traf schnell Tryphon mit seiner Streitmacht in Triokala ein, es kam aber auch Athenion mit 3000 Mann, und er gehorchte Tryphon so wie ein Befehlshaber seinem König gehorcht. Seine übrige Streitmacht hatte er über Land geschickt, um die Sklaven zum Aufstand aufzuwiegeln. Später jedoch schöpfte Tryphon Verdacht, Athenion werde ihn zu einem günstigen Zeitpunkt überfallen, und setzte ihn in Haft. Die Befestigung aber, die an sich schon stark war, verbesserte er weiter mit vielerlei Werken und baute sie noch mehr aus. (3) [...] Er nun umgab die Stadt in einer Länge von 8 Stadien mit einer Mauer und einem tiefen Graben und machte sie zu seiner

Residenz, mit allem reichlich ausgestattet, was zum Leben notwendig ist. Er errichtete auch einen Königspalast und legte einen Platz an, geeignet, eine Menge Menschen aufzunehmen. (4) Auch wählte er eine genügende Anzahl Männer von besonderer Klugheit aus, die er zu seinen Ratgebern ernannte und als Mitglieder eines Regierungsgremiums verwendete. Bei solchen offiziellen Gelegenheiten legte er eine purpurgesäumte Toga an und ein Untergewand mit breiten Streifen, hatte Liktoren, die ihm mit ihren Äxten vorangingen, und er betrieb alles andere, was zur Ausübung einer königlichen Herrschaft gehört.

8 (1) Gegen diese Aufständischen nun ernannte der Senat Lucius Licinius Lucullus, der 14.000 Männer an Römern und Italikern unter seinem Kommando hatte, dazu 800 Bithynier, Thessaler und Akarnanen, 600 Lukaner unter der Führung des Cleptius, eines Mannes berühmt wegen seiner Führungsqualitäten und seiner persönlichen Tapferkeit, und dazu noch 600 weitere Leute, sodass die gesamte Streitmacht 16.000 Mann betrug. Mit diesen suchte er Sizilien in seine Hand zu bringen.

(2) Tryphon nun sprach Athenion von dem Verdacht frei und beriet sich mit ihm wegen des Krieges mit den Römern. Er selbst hatte die Absicht, den Kampf bei Triokala aufzunehmen, Athenion jedoch riet, man solle sich nicht einschließen und belagern lassen, sondern auf freiem Feld zum Entscheidungskampf antreten. Diese Ansicht gewann die Oberhand, man schlug bei Skirthaia ein Lager auf, nicht weniger als 40.000 Mann stark. Das römische war 12 Stadien entfernt. (3) Anfangs kam es fortwährend zu kleineren Gefechten, dann stellten beide sich zur Schlacht auf. Der Kampf schwankte hin und her, und auf beiden Seiten kam es zu großen Verlusten. Athenion, der im Kampf 200 Mann an ausgewählten Reitern bei sich hatte, war siegreich und konnte den ganzen Platz um sich herum mit Leichen füllen. Doch an beiden Kniegelenken verwundet, war er nach einer dritten Verwundung kampfunfähig. Daraufhin verloren die entlaufenen Sklaven den Mut und wandten sich zur Flucht. (4) Athenion wurde für tot gehalten, blieb aber unentdeckt. Indem er den Gefallenen spielte, konnte er sich bei Einbruch der Nacht retten. Die Römer aber errangen einen glänzenden Erfolg; die Leute des Tryphon wie auch dieser selbst wandten sich zur Flucht. Und da auch auf dieser Flucht noch viele niedergehauen wurden, waren es am Ende nicht weniger als 20.000, die getötet worden waren. Die übrigen flohen unter dem Schutz der Nacht nach Triokala, dem Praetor freilich wäre es keine Mühe gewesen, auch diese zu verfolgen und zu vernichten. (5) Freilich, der Mut der Sklaven war derart gemindert, dass sie erwogen, zu ihren Herren zurückzukehren und sich selbst diesen auszuliefern. Doch es siegte die Meinung derer, die rieten, bis zum Ende weiterzukämpfen und sich dem Gegner nicht zu ergeben. Nach neun Tagen schien auch der Praetor und begann, Triokala zu belagern. Aber nachdem er zum Teil Gegner getötet, zum Teil auch selbst Verluste erlitten hatte, zog er am Ende als ein Besiegter davon, und den Aufständischen wuchs erneut wiederum ihr Mut. Der Praetor aber, vielleicht aus Nachlässigkeit, vielleicht weil er bestochen worden war, brachte nichts von dem zustande, was seine Aufgabe war. Dafür wurde er später vor Gericht gestellt und durch die Römer bestraft.

9 [...] Nach dem Tod des Tryphon aber bestimmte man Athenion zum Nachfolger in dessen Herrschaft. Er belagerte teils die Städte, zog teils ungehindert durch das ganze Land und konnte viele Beute machen. [...]

10 (1) Als das Jahr zu Ende war, wurde Gaius Marius ein fünftes Mal zum Consul gewählt, zusammen mit Gaius Aquilius. Von diesen beiden schickte man Aquilius als Heerführer in den Krieg gegen die Aufständischen, und er konnte diese vermöge seiner herausragenden persönlichen Tapferkeit besiegen. Denn er geriet mit Athenion, dem König der Aufständischen, persönlich aneinander und lieferte einen Kampf nach Heroenart. So konnte er ihn töten, erhielt aber dabei eine Kopfverletzung. Von dieser wurde er wieder geheilt und zog danach gegen die restlichen Aufständischen, an der Zahl noch 10.000. Sie hielten jedoch seinem Angriff nicht stand, sondern flohen in ihre Befestigung. Aquilius indes gab nicht nach und setzte alles ein, bis er die Festung erstürmt und sie selbst überwunden hatte. (2) Immer noch waren aber 1.000 unter einem Führer namens Satyros übrig. Zuerst machte er sich daran, diese mit Waffengewalt zu vernichten, danach aber, als sie Unterhändler schickten und sich ergaben, verzichtete er für den Augenblick auf die Bestrafung, brachte sie aber nach Rom, um sie dort im Kampf mit den wilden Tieren auftreten zu lassen. (3) Wie es heißt, bereiteten sie sich jedoch selbst ein Ende in glanzvoller Weise. Denn sie lehnten es ab, mit Tieren zu kämpfen und metzelten sich selbst vor den öffentlichen Altären nieder. Und Satyros, nachdem er den letzten von ihnen getötet hatte, soll sein Leben nach diesen allen in der Art eines Helden beendet haben, indem er Selbstmord beging. Damit nun hatte der Sklavenkrieg in Sizilien nach einer Dauer von fast vier Jahren sein tragisches Ende gefunden.

Literatur:
Wiedemann 1981, Nr. 232

Anders als die beiden ersten Sklavenkriege, die aus Erhebungen von in der Landwirtschaft tätigen Unfreien auf der Insel Sizilien entstanden waren, stand am Anfang des dritten Sklavenkrieges die Flucht von Gladiatoren aus einer Gladiatorenschule (*ludus*) in Capua. Appian schildert in seiner Darstellung der späten römischen Republik die Ereignisse dieses Aufstandes unter der Führung des Thrakers Spartacus.

Quelle 105:
Appian, *Die Bürgerkriege* 1, 116ff.
(Übersetzung: O. Veh)

116 Zur gleichen Zeit lebte in Italien in der Gladiatorenschule zu Capua, wo für Schaukämpfe ausgebildet wurde, ein gebürtiger Thraker namens Spartacus, der einstmals als Soldat bei den Römern gedient hatte, dann aber in Gefangenschaft geraten und als Gladiator verkauft worden war. Der überedete etwa siebzig seiner Kameraden, sich doch lieber für ihre eigene Freiheit als für die Darbietung einer Schau einzusetzen, und es gelang ihm, mit ihnen zusammen die Bewacher zu überwältigen und zu entkommen. Sie bewaffneten sich dann mit Knüppeln und Dolchen, die sie Reisenden abgenommen hatten, und suchten Zuflucht auf der Höhe des Vesuv, wo Spartacus viele entlaufene Sklaven und auch einige Freie vom Lande aufnahm und mit ihnen die benachbarten Gebiete plünderte; die Gladiatoren Oinomaos und Krixos dienten ihm als Unterführer. Da er die Beutestücke gleichmäßig verteilte, verfügte er bald über eine Menge Leute. Als erster wurde Varinius Glaber gegen Spartacus ausgesandt und späterhin Publius Valerius, nicht mit einer vollwertigen Streitmacht, sondern nur mit Soldaten, die man in Eile aufs Geratewohl aufgeboten hatte; glaubten doch die Römer noch nicht an einen regelrechten Krieg, sondern meinten, es lediglich mit einem Streifzug und einem auf Raub abgestellten Unternehmen zu tun zu haben. Infolgedessen erlitten sie bei der Begegnung eine Niederlage. Spartacus selbst erbeutete sogar das Pferd des Varinius; nur um Haaresbreite entging der römische Feldherr persönlich der Gefahr, zum Gefangenen eines Gladiators zu werden. Danach strömten dem Spartacus noch größere Scharen zu, sodass seine Armee schließlich 70.000 Mann zählte. Für diese ließ er Waffen herstellen und Ausrüstungen sammeln, während Rom die beiden Konsuln mit zwei Legionen ins Feld schickte. **117** Einer der zwei Legionen unterlag Krixos am Berge Garganus zusammen mit 30.000 Mann, von denen zwei Drittel und er selbst den Tod fanden. Spartacus versuchte indessen, seinen Weg eilends durch die Apenninen auf die Alpen zu und von dort ins Keltenland zu nehmen, doch kam ihm der eine Konsul zuvor und verhinderte seine Flucht, während der andere nachdrängte. Spartacus aber wandte sich dem einen Gegner nach dem anderen zu und besiegte jeden für sich. In voller Unordnung zogen sich daraufhin beide Konsuln zurück, Spartacus aber opferte 300 gefangene Römer den Manen des Krixos und rückte dann in Eilmärschen mit 120.000 Mann zu Fuß gegen Rom; zuvor hatte er all sein entbehrliches Gerät verbrannt, sämtliche Gefangenen niedergemacht und die Zugtiere geschlachtet, um sich zu erleichtern. Obwohl sich ihm viele Überläufer anschließen wollten, nahm er keinen von ihnen bei sich auf. Und wiederum traten ihm in Picenum die Konsuln entgegen, und erneut kam es zu einer großen Schlacht, die erneut mit einer schweren Niederlage für die Römer endete. Spartaus aber gab den Plan eines Marsches gegen Rom auf, da er sich einem solchen Kampf noch nicht gewachsen fühlte; hatte sich ihnen doch noch keine einzige Stadt, sondern nur Sklaven, Überläufer und sonstiges Gesindel angeschlossen, weshalb sein Heer insgesamt nicht soldatisch gerüstet war. Indessen gelang es Spartacus, die Höhen rings um Thurioi und die Stadt selbst einzunehmen. Den Kaufleuten verbot er, Gold oder Silber zu liefern, und seinen eigenen Leuten deren Besitz; sie kauften hingegen Eisen und Erz um teures Geld und taten den Lieferanten dieser Artikel nichts zuleide. Dadurch bekamen sie Material in Hülle und Fülle und konnten sich gut bewaffnen und häufige Beutezüge unternehmen. Kam es dann erneut zu einem Zusammenstoß mit den Römern, so gingen sie wieder als Sieger hervor und kehrten mit reicher Beute zurück. **118** Drei Jahre währte schon dieser den Römern so schreckliche Krieg, den man anfänglich als bloß von Gladiatoren geführt verlacht und nicht ernst genommen hatte. Als nun die Wahl neuer Praetoren bevorstand, da zögerten alle, und keiner wollte sich bewerben, bis schließlich Licinius Crassus, ein durch Herkunft und Besitz unter den Römern angesehener Mann, die Praetur übernahm und mit sechs neuen Legionen gegen Spartacus auszog. Als er dann am Ziel eingetroffen war, vereinigte er mit sich auch die zwei konsularischen Legionen, die er wegen ihrer wiederholten Niederlagen auf Grund von Losentscheid dezimierte. Einige stimmten freilich dieser Darstellung nicht zu, sondern berichten, auch Crassus habe sich mit seiner gesamten Streitmacht in eine Schlacht eingelassen und sei besiegt worden, worauf er unter allen Soldaten den jeweils zehnten Mann ausgelost und gegen 4.000 hingerichtet habe, ohne sich durch die hohe Zahl schrecken zu lassen. Mag dem sein, wie ihm wolle, nachdem er einmal seinen Leuten klar gemacht hatte, dass er ihnen gefährlicher sei als eine Niederlage gegen die Feinde, besiegte er unmittelbar darauf 10.000 Anhänger des Spartacus, die abgesondert für sich lagerten, und machte zwei Drittel von ihnen nieder.

Dann zog er selbstbewusst gegen Spartacus selbst, errang auch über ihn einen glänzenden Sieg und setzte ihm nach, als er zum Meere hin floh, um nach Sizilien überzusetzen. Er holte den Gegner auch tatsächlich ein und zog mit Gräben, Mauern und Palisaden einen Belagerungsring um ihn. **119** Spartacus versuchte, nach Samnium durchzubrechen, doch Crassus tötete ungefähr 6.000 seiner Leute am Morgen und etwa ebenso viele am Abend, während lediglich drei Mann aus dem römischen Heer fielen und nur sieben verwundet wurden; so sehr hatte sich sogleich unter dem Eindruck der Strafe die Kampfesmoral gehoben.

Spartacus, der von irgendwoher eine nahende Verstärkung durch Berittene erwartete, wollte sich mit seiner gesamten Streitmacht in keine weitere Schlacht mehr einlassen, sondern beunruhigte die Belagerer nur noch durch wiederholte Angriffe da und dort. Unerwartet und unausgesetzt fiel er über die Gegner her, warf auch Holzbündel in den Graben, die er dann in Brand steckte, und erschwerte damit den Römern die Arbeit. Er kreuzigte auch im Raum zwischen den Linien einen römischen Gefangenen und wollte so seinen eigenen Leuten vor Augen führen, wie es ihnen im Fall einer Niederlage ergehen werde. Als aber die Römer in der Stadt von der Belagerung hörten, hielten sie es für eine Schande, wenn sich der Krieg mit den Gladiatoren für sie noch länger hinziehen sollte, und beorderten daher Pompeius, der eben aus Spanien eingetroffen war, zur Verstärkung ins Feld; glaubten sie doch auch, dass mit der Bewältigung des Spartacus noch ein schweres und großes Stück Arbeit vor ihnen liege. **120** Wegen dieses Volksbeschlusses drängte auch Crassus, um nicht Pompeius den Kriegsruhm zu überlassen, auf jede Weise zu einer kriegerischen Auseinandersetzung mit Spartacus, während dieser, um Pompeius zuvorzukommen, Crassus für ein friedliches Abkommen zu gewinnen suchte. Sein Ansinnen wurde indessen von Crassus ignoriert, so entschloss sich Spartacus zur Entscheidungsschlacht, durchbrach, nachdem die erwarteten Reiter nunmehr zur Stelle waren, mit dem gesamten Heer den Belagerungsring und floh, von Crassus verfolgt, auf Brundisium zu. Doch da musste er hören, dass auch Lucullus von seinem Siegeszug gegen Mithridates zurückgekehrt und in Brundisium eingetroffen sei. Nun begrub Spartacus alle Hoffnungen und nahm mit seinen selbst damals noch starken Streitkräften den Kampf mit Crassus auf. Es wurde ein langes, schweres Ringen, wie es bei der verzweifelten Stimmung so vieler Tausender nicht anders zu erwarten war; dabei wurde Spartacus von einer Lanze am Schenkel verwundet, er sank aufs Knie, hielt aber auch dann noch seinen Schild den Angreifern entgegen und setzte den Kampf fort, bis er selbst und eine große Schar um ihn eingekreist wurden und den Tod fanden. Der Rest seines Heeres, nunmehr in Auflösung, wurde massenweise hingeschlachtet, sodass man bei den Feinden die Zahl der Gefallenen nicht einmal genau feststellen konnte, während sich die

Verluste der Römer auf etwa 1.000 Mann beliefen. Spartacus' Leiche blieb unauffindbar. Noch trieben sich aber viele seiner Leute, welche aus der Schlacht entkommen waren, in den Bergen umher. Ihnen rückte Crassus nach; dabei teilten sich seine Streitkräfte in vier Gruppen und setzen den Kampf fort, bis alle Gegner tot waren, außer 6.000. Diese waren in Gefangenschaft geraten und wurden nun der ganzen Straße von Capua bis Rom entlang ans Kreuz geschlagen.

Literatur:
Wiedemann 1981, Nr. 231

In seiner Biographie des M. Licinius Crassus, jenes Feldherrn, der den Aufstand des Spartacus schließlich niederschlug, gibt Plutarch einen Abriss des Verlaufs jener Erhebung.

Quelle 106:
Plutarch, *Lebensbeschreibung des Crassus* 8 ff.
(Übersetzung: K. Ziegler)

8 Der Aufstand der Gladiatoren und die Verheerung Italiens, die bei den meisten Autoren den Namen Spartacuskrieg führt, entwickelte sich aus folgendem Anlass. Ein gewisser Lentulus Vatia unterhielt in Capua Gladiatoren, von denen die meisten Gallier und Thraker waren, welche nicht wegen schwerer Vergehen, sondern durch die Ungerechtigkeit ihres Herrn, der sie gekauft hatte, zwangsweise eingesperrt worden waren, um als Gladiatoren verwendet zu werden. Von ihnen beschlossen zweihundert auszureißen, aber da die Sache verraten wurde, gelang es nur achtundsiebzig, die zur rechten Zeit davon erfuhren und den Augenblick ergriffen, aus einer Küche Messer und Bratspieße an sich zu nehmen und zu entfliehen. Unterwegs begegneten sie Wagen, die Fechterwaffen nach einer anderen Stadt beförderten, rissen sie an sich und bewaffneten sich. Hierauf besetzten sie einen festen Platz und wählten sich drei Anführer, von denen der erste Spartacus war, ein Thraker aus dem Stamme der Maider, der nicht nur einen stolzen Sinn und große Körperkraft besaß, sondern auch durch Verstand und Herzensgüte besser war als sein Stand und sein Schicksal und hellenischer als seine Geburt. Ihm soll sich, als er zuerst zum Verkauf als Sklave nach Rom gebracht wurde, während er schlief, eine Schlange um das Gesicht gewunden haben, und die Frau des Spartacus, vom gleichen Stamm, doch mit prophetischer Kraft begabt und teilhaft der Weihen des Dionysos, erklärte die Erscheinung für hochbedeutsam, Vorzeichen einer großen und furchtbaren Macht, die ihm zuteilwerden, aber zu einem unglücklichen Ende führen werde. Sie war damals auch bei ihm und nahm teil an seiner Flucht.

9 Zuerst schlugen sie die Leute, die von Capua gegen sie ausgesandt wurden, in die Flucht, bekamen so viele Kriegswaffen in die Hand und wechselten sie mit Freuden gegen die Gladiatorenwaffen aus, die sie als entehrend und barbarisch wegwarfen. Als darauf der Praetor Clodius mit dreitausend Mann von Rom gegen sie geschickt wurde und sie auf einem Berge belagerte, der nur einen schwierigen und schmalen Abstieg hatte, welchen Clodius besetzt hielt, auf allen anderen Seiten steile Felsabstürze, aber oben von vielen wilden Weinstöcken bewachsen war, schnitten sie die brauchbaren Weinranken ab und flochten daraus haltbare Leitern, so lang, dass sie, oben an der Spitze des Felsens befestigt, bis zum Boden hinabreichten. Auf diesen Leitern stiegen sie sicher hinab bis auf einen. Dieser blieb der Waffen wegen oben, ließ sie, als alle hinuntergestiegen waren, ebenfalls hinab und brachte sich schließlich auch selbst in Sicherheit. Die Römer bemerkten nichts davon. Daher umgingen die Sklaven sie und erschreckten sie durch ihren plötzlichen Angriff, schlugen sie in die Flucht und eroberten ihr Lager. Jetzt liefen ihnen viele der Rinder- und Schafhirten der Gegend zu, handfeste, schnellfüßige Leute, die sie teils mit schweren Waffen versahen, teils als Vorposten und leichte Truppen verwendeten.

Als zweiter Feldherr wurde gegen sie Publius Varinus ausgesandt. Mit seinem Unterfeldherrn Furius, der dreitausend Mann führte, stießen sie zuerst zusammen und schlugen ihn. Dann lauerte Spartacus seinem Ratgeber und Kollegen Cossinius, der mit einer bedeutenden Streitmacht gegen ihn gesandt wurde, auf, während er bei Salinae badete, und fing ihn um ein Haar. Cossinius konnte noch eben mit großer Mühe entrinnen, aber Spartacus bemächtigte sich sofort seines Gepäcks, folgte ihm auf den Fersen und nahm unter vielem Blutvergießen sein Lager, wobei auch Cossinius fiel. Den Praetor selbst besiegte er noch in vielen anderen Gefechten und fing schließlich auch noch seine Liktoren und sein Ross.

Spartacus war nun bereits groß und furchtbar, ließ sich aber nicht verblenden, sondern da er nicht erwartete, die römische Macht wirklich besiegen zu können, so führte er das Heer den Alpen zu in dem Gedanken, man solle sie überschreiten und dann in die Heimat ziehen, die einen nach Thrakien, die anderen nach Gallien. Aber die Leute, schon zu einer gewaltigen Masse angeschwollen und übermütig geworden, gehorchten nicht, sondern durchzogen Italien und verwüsteten es. Jetzt war es nicht mehr nur das Unwürdige und Schimpfliche, was den Senat an dem Aufruhr beunruhigte, sondern die Furcht vor einer wirklichen Gefahr veranlasste ihn, wie zu einem der größten und schwierigsten Kriege beide Konsuln zugleich auszusenden. Der eine von ihnen, Gellius, überfiel plötzlich den germanischen Heerhaufen, der sich aus vermessenem Übermut von den Spartacusleuten getrennt hatte, und vernichtete ihn völlig. Dem Lentulus aber, der den Spartacus mit bedeutenden Streitkräften eingekreist hatte, trat dieser entgegen und lieferte ihm eine Schlacht, besiegte seine Unterfeldherren und erbeutete ihre ganze Ausrüstung. Als er jetzt gegen die Alpen hindrängte, begegnete ihm Cassius, der Statthalter des oberitalischen Gallien, an der Spitze von zehntausend Mann, wurde in einer sich entspinnenden Schlacht geschlagen, erlitt schwere Verluste und konnte mit Mühe selber entrinnen.

10 Als das der Senat erfuhr, befahl er den Konsuln voll Zorn, das Kommando niederzulegen, und ernannte für die weitere Führung des Krieges den Crassus zum Feldherrn. Mit ihm zogen wegen seines Ruhmes und aus Freundschaft viele vornehme Männer ins Feld. Er selbst hielt vor den Grenzen von Picenum, um den dorthin ziehenden Spartacus zu empfangen, und sandte seinen Unterfeldherrn Mummius mit zwei Legionen auf Umwegen in den Rücken des Feindes mit dem Befehl, ihm zu folgen, doch ohne sich in ein Gefecht oder auch nur in ein Geplänkel einzulassen. Aber Mummius lieferte ihm, sowie sich eine günstige Gelegenheit zu bieten schien, eine Schlacht und wurde geschlagen, und viele fanden den Tod, viele retteten sich auch unter Hinterlassung der Waffen durch die Flucht. Crassus empfing den Mummius mit harten Vorwürfen und ließ den Soldaten neue Waffen geben, doch so, dass er Bürgen dafür verlangte, dass sie sie hüten würden. Fünfhundert Mann aber, die zuerst und am schimpflichsten geflohen waren, ließ er in fünfzig Abteilungen zu je zehn teilen und aus jeder Abteilung einen Mann, den das Los traf, hinrichten, womit er eine alte militärische Strafart, die lange Zeit geruht hatte, wieder aufnahm. Die Art der Hinrichtung ist mit besonderer Schande verbunden, und viele grauenhafte und schreckliche Bräuche werden bei der Hinrichtung vor den Augen des ganzen Heeres vollzogen.

So brachte er die Leute wieder zur Zucht und führte sie dann gegen die Feinde. Spartacus wich durch Lukanien zum Meere hin aus. Da er bei der Meerenge auf einige kilikische Seeräuberschiffe traf, kam er auf den Gedanken, einen Versuch auf Sizilien zu unternehmen und zweitausend Mann nach der Insel überzusetzen, um den Sklavenkrieg dort wieder zu entfachen, der erst vor nicht langer Zeit erloschen war und nur eines geringen neuen Zündstoffes bedurfte. Die Kilikier trafen ein Abkommen mit ihm und erhielten Geschenke, betrogen ihn aber und fuhren davon. So brach er wieder von der Küste auf und setzte sich mit seinem Heere auf der Halbinsel von Rhegion fest.

Crassus rückte heran, und in Erkenntnis der Aufgabe, die die topographische Beschaffenheit der Gegend ihm vorzeichnete, machte er sich daran, die Landenge durch Schanzwerke abzusperren, wodurch er zugleich seinen Soldaten die Beschäftigungslosigkeit und den Feinden die Möglichkeit der Versorgung mit Lebensmitteln nahm. Es war eine große und schwierige Arbeit, aber er schaffte und vollendete sie wider Erwarten in kurzer Zeit, und zwar ließ er von Meer zu Meer über die Landenge einen Graben von dreihundert Stadien Länge auswerfen, ebenso breit wie tief, nämlich fünfzehn Fuß. Über dem Graben ließ er noch eine außerordentlich hohe und starke Mauer errichten. Spartacus kümmerte sich zuerst nicht darum und beachtete die Arbeit nicht. Als er aber, da ihm die Lebensmittel ausgingen, vorrücken wollte und die Absperrung bemerkte, auch nichts mehr aus der besetzten Halbinsel zu holen war, wartete er eine Nacht ab, in der es heftig stürmte und schneite, und ließ ein nicht großes Stück des Grabens mit Erde, Holz und Baumzweigen ausfüllen, sodass er ein Drittel seines Heeres hinüberbringen konnte.

11 Jetzt fürchtete Crassus, Spartacus könnte auf den Einfall kommen, gegen Rom zu ziehen, doch fasste er wieder Mut, als ein Teil des Heeres rebellierte, sich von Spartacus trennte und gesondert an dem Lukanischen See lagerte, dessen Wasser sich, wie es heißt, von Zeit zu Zeit verwandelt, süß und dann wieder salzig und untrinkbar wird. Diese Leute überfiel Crassus und drängte sie alle von dem See ab, wurde aber an ihrer Verfolgung und Niedermetzelung dadurch gehindert, dass plötzlich Spartacus erschien und die Flucht zum Stehen brachte. Zuvor hatte er schon dem Senat geschrieben, es sei nötig, Lucullus aus Thrakien und Pompeius aus Spanien herbeizurufen. Das bereute er jetzt und eilte, den Krieg, bevor jene kämen, zu Ende zu bringen, weil er wusste, dass sonst dem, der zu ihm gestoßen wäre und Hilfe gebracht hätte, nicht ihm selbst, der Ruhm des Sieges zufallen würde. Er beschloss nun, zuerst die von Spartacus Abgefallenen, die, geführt von Gaius Cannicius und Castus, gesondert lagerten, anzugreifen, und sandte sechstausend Mann aus, um einen Hügel vorweg zu besetzen, mit der Weisung, sich nach Möglichkeit verborgen zu halten. Sie versuchten zwar, sich der Beobachtung zu entziehen, indem sie die Überzüge auf den Helmen ließen, wurden aber von zwei Frauen, die es mit den Feinden hielten, gesehen und wären in große Gefahr gekommen, wenn nicht Crassus rasch herzugeeilt wäre und die erbittertste von allen Schlachten geliefert hätte, in der er zwölftausenddreihundert Feinde erlegte und unter ihnen nur zwei fand, die am Rücken verwundet waren, die anderen waren alle an ihrem Posten verharrend und gegen die Römer kämpfend gefallen.

Als nach der Niederlage dieser Abteilung Spartacus den Rückzug nach den petilinischen Bergen hin antrat, folgten ihm die Unterführer des Crassus, Quintus und der Quaestor Scrofa, in enger Fühlung. Als er plötzlich kehrtmachte, kam es zu einer allgemeinen Flucht der Römer, und mit Mühe konnten sie den Quaestor verwundet noch mitnehmen und sich in Sicherheit bringen. Dieser Sieg bewirkte den Untergang des Spartacus, da er den entlaufenen Sklaven neuen Mut einflößte. Sie wollten nicht länger dem Kampf ausweichen und gehorchten den Führern nicht, sondern schon auf dem Marsch umringten sie sie mit den Waffen in der Hand und zwangen sie, wieder zurück durch Lukanien gegen die Römer zu ziehen, womit sie den Wünschen des Crassus entgegenkamen. Denn schon kam die Meldung, dass Pompeius im Anzuge sei, und es gab bereits nicht wenige, die darauf wetteten, ihm komme der Sieg auch in diesem Kriege zu, denn sowie er da sei, werde er sofort kämpfen und dem Krieg ein Ende machen. Crassus beeilte sich also, eine Entscheidung herbeizuführen, schlug sein Lager nahe den Feinden auf und ließ einen Graben ziehen. Dagegen liefen die Sklaven an und belästigten die Arbeitenden. Da nun ständig mehr Leute von beiden Seiten zu Hilfe eilten, erkannte Spartacus die Notwendigkeit und stellte das ganze Heer in Schlachtordnung. Sein erstes war, als ihm sein Pferd vorgeführt wurde, dass er sein Schwert zog und mit den Worten, siege er, so werde er viele gute Pferde haben, die der Feinde nämlich, unterliege er aber, so brauche er keins, das Pferd niederstach. Hierauf drängte er durch viele Waffen und Wunden gegen Crassus selber los, erreichte ihn zwar nicht, tötete aber zwei Centurionen, die ihm entgegentraten, und als schließlich alle um ihn flohen, stand er allein noch und wurde von vielen umringt und, sich immer noch wehrend, niedergehauen.

Obwohl so Crassus seine Stunde wahrgenommen, den Krieg meisterhaft geführt und auch seine Person der Gefahr ausgesetzt hatte, so kam der Ruhm des Sieges doch Pompeius zugute. Denn die aus der Schlacht entronnenen fünftausend Mann liefen ihm in die Hände und wurden vernichtet, woraufhin er an den Senat schrieb, in offener Schlacht habe Crassus die entlaufenen Sklaven besiegt, er aber habe die Wurzel des Krieges ausgerottet. Pompeius feierte nunmehr über Sertorius und Spanien einen glänzenden Triumph, Crassus hingegen wagte es selbst nicht einmal, den großen Triumph zu fordern, und auch der kleine Triumph zu Fuß, den er feierte, *Ova* genannt, galt für schmählich und unverdient, da es sich ja um einen Sklavenkrieg handelte.

2.9 Freilassung

Literatur:
Wiedemann 1981, Nr. 95

In seiner Lebensbeschreibung des Aristoteles überliefert Diogenes Laertios auch das (angebliche) Testament des Philosophen, in dem er veranlasst, etliche seiner Sklaven freizulassen.

Quelle 107:
Diogenes Laertios, Von dem Leben und den Meinungen berühmter Philosophen 5, 1, 9
(Übrsetzung: L. A. Borheck)

Uns ist auch sein Testament in die Hände gefallen, das ungefähr so lautet: Es müsse zum Wohle gereichen! Sollte sich aber ja etwas ereignen, so hat Aristoteles dieses verordnet: Antipater soll in allen Stücken und über alles die Aufsicht haben. Bis Nikanor es übernehmen kann, sollen Aristomenes, Timarchos, Hipparch, Dioteles und Theophrast, wenn er will und es ihm annehmlich ist, über die Kinder, über die Herpylis und den Nachlass die Vormundschaft haben. Wenn das Mädchen mannbar ist, soll sie mit Nikanor verheiratet werden. Sollte aber, welches ich nicht wünsche, der Tochter etwas zustoßen und sie nicht mehr sein, bevor sie geheiratet, oder wenn sie schon geheiratet, aber noch keine Kinder hat, so soll Nikanor Herr sein und Gewalt haben, mit dem Sohn und dem Übrigen so zu schalten, wie es seiner und unser würdig ist. Nikanor soll aber für den Sohn und die Tochter des Nikomachos so sorgen, wie es ihr Vorteil erfordert, als ob er ihr Vater oder ihr Bruder wäre. Sollte aber dem Nikanor, welches ich nicht wünsche, vorher etwas zustoßen, ehe er noch die Tochter geheiratet, oder auch, ehe er mit ihr Kinder in der Ehe gezeugt hätte, so soll alles genehm sein, was er verordnet haben wird. Will auch Theophrast die Tochter ebenso übernehmen wie Nikanor, so sei es; wo nicht, so sollen die Vormünder mit Antipater sich beraten und über die Tochter und den Sohn so beschließen, wie sie es für das Beste halten. Die Vormünder sollen aber ihre Verwaltung so führen, dass sie meiner und der Herpylis eingedenk sind, die sich wohl um mich verdient gemacht hat, und sie sollen nicht nur für das übrige sorgen, sondern auch dahin sehen, dass sie, wenn sie heiraten will, keinen Mann nehme, der unserer unwürdig ist; sie sollen ihr auch zu dem, was sie vorher schon erhalten hat, noch ein Silbertalent aus dem Nachlass und drei Mägde geben, auch, wenn sie es verlangt, das kleine Mädchen, das sie hat, und den Knaben Pyrräus. Auch, wenn sie zu Chalkis wohnen will, das bei den Gärten liegende Gasthaus, will sie aber zu Stageira wohnen, das väterliche Haus. Dasjenige von beiden, das sie wählen wird, sollen die Vormünder mit den Hausgeräten versehen lassen, die sowohl sie selbst für schicklich halten, als welche Herpylis für gut findet. Nikanor soll auch Vormund über das Kind der Myrmex sein, dass es unserer Würde gemäß von seinem Vermögen, das wir bekommen haben, unterhalten werde. Ambrakas soll frei sein, und wenn das Mädchen ausgestattet wird, soll er 500 Drachmen und das kleine Mädchen, das bei ihm ist, bekommen. Thales soll außer der gekauften Magd, die er hat, noch 1.000 Drachmen und ein Mädchen bekommen. Dem Simos soll außer dem Geld, das er schon zu einem Sklaven bekommen hat, entweder noch ein Sklave gekauft oder das Geld dafür gegeben werden. Tachon soll frei werden, wenn seine Tochter ausgegeben ist, ebenso auch Philon und Olympios und sein Knabe. Keiner der Knaben, die mir gedient haben, soll verkauft, sondern sie sollen nützlich gebraucht werden, und wenn sie mehr zu Jahren kommen, sollen sie nach Verdienst die Freiheit erhalten. Sie sollen auch Sorge tragen für die bei Gryllion verdungenen Bildnisse, dass sie nach ihrer Vollendung aufgestellt werden, für das Bild Nikanors und des Proxenos, das wir vorhatten zu verdingen und für das fertige Bild der Mutter Nikanors, und das schon fertige Bild des Arimnestes soll aufgestellt werden und, da er kinderlos gestorben ist, ein Denkmal sein. Das Bild unserer Mutter soll bei der Demeter in Nemea oder wo es sonst schicklich ist, aufgestellt werden. Wo sie das Grab machen werden, dahin sollen sie auch die Gebeine der Pythias bringen lassen, so wie ich es angeordnet habe. Nikanor, um dessen Gesundheit ich die Götter anflehe, soll auch dem rettenden Zeus und der rettenden Athene zu Stageira vier Ellen große steinerne Tiere errichten. – Dies war der Inhalt seines Testaments.

Im römischen Recht werden drei Arten von Freigelassenen unterschieden:

Literatur: Eck – Heinrichs 1993, Nr. 268

Ferner gibt es bei Freigelassenen drei Arten: solche mit römischem Bürgerrecht, solche latinischen Rechts und solche im Rechtsstatus von *dediticii*.

Quelle 108: Gaius, *Institutionen* 1, 12 (Übersetzung: W. Eck / J. Heinrichs)

Ob man als Freigelassener römisches Bürgerrecht erhielt oder Latiner wurde, hing von verschiedenen Voraussetzungen ab.

Literatur: Eck – Heinrichs 1993, Nr. 269

Wer persönlich folgende drei Bedingungen erfüllt: er muss älter sein als 30 Jahre, nach quiritischem Recht Eigentum seines Herrn gewesen sein und die Freiheit erlangt haben durch eine rechtlich definierte Freilassung in der gesetzlich vorgeschriebenen Form – durch Berührung mit der *vindicta*, durch Eintragung in die Bürgerliste oder aufgrund testamentarischer Verfügung –, der wird römischer Bürger. Fehlt aber eine dieser Bedingungen, so wird er Latiner.

Quelle 109: Gaius, *Institutionen* 1, 17 (Übersetzung: W. Eck / J. Heinrichs)

Kaiser Augustus beschränkte die Willkür der ausufernden Freilassungen durch verschiedene Gesetze. Eines davon war die *lex Fufia Caninia* aus dem Jahr 2 v. Chr., die die Anzahl an Sklaven, die ein einzelner Herr freilassen durfte, einschränkte.

Literatur: Eck – Heinrichs 1993, Nr. 271

Außerdem ist in der *lex Fufia Caninia* eine bestimmte Höchstgrenze für testamentarische Freilassungen festgelegt. (43) Wer nämlich mehr als zwei und höchstens 10 Sklaven hat, darf bis zur Hälfte seiner Sklaven freilassen. Wer aber mehr als 10 und höchstens 30 Sklaven hat, darf bis zu einem Drittel seiner Sklaven freilassen. Wer mehr als 30 und höchstens 100 Sklaven hat, erhält die Möglichkeit, bis zu einem Viertel seiner Sklaven freizulassen. Schließlich darf jemand, der mehr als 100 Sklaven besitzt, höchstens ein Fünftel … freilassen: doch schreibt das Gesetz eine Höchstgrenze von 100 testamentarischen Freilassungen vor. Hat aber jemand überhaupt nur einen Sklaven oder zwei, so fällt er nicht unter die Bestimmungen dieses Gesetzes. Er hat insofern volle Freizügigkeit in der Freilassung.

Quelle 110: Gaius, *Institutionen* 1, 42–43 (Übersetzung: W. Eck / J. Heinrichs)

Literatur:
Wiedemann 1981, Nr. 5; Eck – Heinrichs 1993, Nr. 276; Kaser 1992, 83 f.

Ein weiteres augusteisches Gesetz, das sich mit Freilassungen beschäftigte, war die *lex Aelia Sentia* des Jahres 4 n. Chr, die etwa Freilassungen von Sklaven, die jünger als 30 Jahre waren, einschränkte.

Quelle 111:
Gaius, *Institutionen* 1, 18–20 (Übersetzung: W. Eck / J. Heinrichs)

Die Bestimmungen über das Freilassungsalter eines Sklaven wurden durch die *lex Aelia Sentia* eingeführt. Ihr zufolge sollen Sklaven vor Vollendung des 30. Lebensjahres nur dann nach ihrer Freilassung römische Bürger werden, wenn sie im Anschluss an den Nachweis eines rechtmäßigen Freilassungsgrundes vor einer Kommission durch Berührung mit der *vindicta* die Freiheit erlangen. Ein rechtmäßiger Freilassungsgrund liegt dann vor, wenn z.B. jemand seinen Sohn oder seine Tochter, seinen Bruder oder seine Schwester – verstanden jeweils als leibliche Verwandte –, sein Ziehkind, seinen Erzieher, ferner einen Sklaven, der zukünftig Verwalter sein soll, oder eine Sklavin zum Zweck einer (gemeinsamen) Ehe vor einer Kommission freilässt. Eine Kommission aber wird in der Stadt Rom aus je 5 Senatoren und 5 volljährigen römischen Rittern hinzugezogen, in den Provinzen aus 20 *recuperatores* mit römischem Bürgerrecht; und das geschieht am letzten Tag der Konventsversammlung. In Rom aber finden Freilassungen an bestimmten Tagen vor der Kommission statt. Nach Vollendung des 30. Lebensjahres können Sklaven jederzeit (förmlich) freigelassen werden, ja sogar vor einem (zufällig) vorübergehendem (Magistrat), etwa wenn ein Praetor oder Prokonsul ins Bad oder Theater geht.

Literatur:
Wiedemann 1981, Nr. 5; Eck – Heinrichs 1993, Nr. 274

Dieselbe *lex Aelia Sentia* schrieb für Freilasser auch ein Mindestalter von 20 Jahren vor.

Quelle 112:
Gaius, *Institutionen* 1, 36–38 (Übersetzung: W. Eck / J. Heinrichs)

Nicht jeder aber, der möchte, darf freilassen. Denn wer in betrügerischer Absicht gegenüber seinen Gläubigern oder seinem Patron freilässt, bewirkt nichts, weil die *lex Aelia Sentia* (in diesen Fällen) der Freiheit entgegensteht. Ferner darf nach demselben Gesetz ein Sklavenbesitzer vor Vollendung des 20. Lebensjahres nur dann freilassen, wenn dies (durch Berührung) mit der *vindicta* geschieht und (zuvor) ein rechtmäßiger Freilassungsgrund vor einer Kommission nachgewiesen wurde.

Literatur:
Wiedemann 1981, Nr. 5; Eck – Heinrichs 1993, Nr. 281–282

Nach dieser *lex Aelia Sentia* konnten Sklaven, die bestimmte Strafen erlitten hatten, nur in den Status von *dediticii peregrini* freigelassen werden. Angehörige dieses Standes hatten unter deutlichen Einschränkungen zu leben.

Quelle 113:
Gaius, *Institutionen* 1, 13–15; 26–27 (Übersetzung: W. Eck / J. Heinrichs)

(13) Die *lex Aelia Sentia* verfügt also, dass Sklaven, die von ihren Herren strafweise in Fesseln gehalten, mit Strafmalen gekennzeichnet, wegen eines Deliktes einer peinlichen Vernehmung unterzogen und dieses Deliktes überführt, zum Kampf auf Leben und Tod mit dem Schwert oder gegen wilde Tiere ausgeliefert, endlich in eine Gladiatorenschule verbracht oder in ein Gefängnis geworfen und später vom selben Herrn oder einem anderen freigelassen wur-

den, die Freiheit im gleichen Rechtsstatus erlangen wie *dediticii peregrini*. (14) So werden Leute genannt, die einmal gegen das römische Volk mit Waffen gekämpft haben, dann besiegt wurden und sich auf Gnade oder Ungnade ergeben mussten. (15) Wir stellen also fest, dass Sklaven, die sich in derart entehrenden Umständen befinden, ungeachtet der Form ihrer Freilassung und ihres Alters auch dann niemals römische Bürger oder Latini werden, wenn sie uneingeschränkt rechtsgültig im Besitz ihrer Herren waren, sondern unbedingt als *dediticii* festgelegt sind.

(26) Den geringsten Wert hat also die Freiheit der *dediticii*; keinerlei Gesetz, Senatsbeschluss oder Kaisererlass eröffnet ihnen Zugang zum römischen Bürgerrecht. (27) Man verwehrt ihnen sogar den Aufenthalt in Rom oder im Umkreis von 100 Meilen. Übertreten sie dieses Verbot, so müssen sie mitsamt ihrem Besitz öffentlich unter dem Vorbehalt verkauft werden, dass sie weder in der Stadt Rom noch im Umkreis von 100 Meilen als Sklaven gehalten, noch jemals freigelassen werden dürfen. Würden sie dennoch freigelassen, so sollen sie Sklaven des römischen Volkes sein. Auch diese Bestimmungen sind so in der *lex Aelia Sentia* enthalten.

Eine Art der Freilassung war die Freilassung per Testament. Diese vollzieht im Roman „Satyrikon" etwa der neureiche Freigelassene Trimalchio. Seine mangelhafte Bildung wird durch die grammatikalischen Fehler in der Rede, die er hält, vom Dichter hervorgehoben.

Literatur:
Eck – Heinrichs 1993, Nr. 104

Erheitert durch diese Herausforderung sagte Trimalchio: „Freund, auch Sklaven sind Menschen und wurden mit demselben Milch gesäugt wie wir, auch wenn ein böser Los sie bezwungen hat. Aber solange ich lebe, und zwar bald, sollen sie die Freiheit schmecken: ich lasse sie nämlich alle in meinem Testament frei. Dem Philargyros hinterlasse ich außerdem ein Grundstück sowie seine Lebensgefährtin; dem Cario ein Mietshaus und ein Bett mit Ausstattung, und außerdem werden ihm die fünf Prozent erlassen. Meine liebe Fortunata aber setze ich zur Universalerbin ein und lege sie allen meinen Freunden ans Herz. Und das mache ich alles schon jetzt bekannt, dass mein Haushalt mich liebhaben soll, als sei ich schon tot."

Alle dankten ihrem Herrn für seine Huld; er aber machte Ernst, ließ sein Testament hereinbringen und las es von Anfang bis Ende vor, während das ganze Gesinde laut flennte.

Quelle 114:
Petronius, *Satyrikon* 71 (Übersetzung: H. C. Schnur)

Die Freilassung per Testament illustriert auch diese griechische Übersetzung eines lateinischen Testamentes aus dem Jahr 194 n. Chr.:

Literatur:
Eck – Heinrichs 1993, Nr. 280

Quelle 115:
Freilassung in einem Testament (BGU 326)

I 1–7: Testamentsübersetzung. Der Veteran Gaius Longinus Castor, ehrenhaft entlassen aus der praetorischen Flotte von Misenum, hat ein Testament errichtet. Ich verfüge, dass meine Sklavin Marcella, die älter ist als 30 Jahre, und meine Sklavin Kleopatra, die älter ist als 30 Jahre, frei sein sollen, und jede von

(Übersetzung: W. Eck / J. Heinrichs)

ihnen soll zu gleichem Teil Erbin an meinem Erbe sein. Jede weitere Person soll von meinem Erbe ausgeschlossen sein.

I 17 **II** 1: Meine Sklavin Sarapias, die Tochter meiner Freigelassenen Kleopatra, soll frei sein; zudem gebe und hinterlasse ich ihr 5 Aruren Getreideland, die ich beim Dorf Karanis in der sogenannten Sperlingsgemarkung besitze; ferner 1,25 Aruren in der Senke; ferner ein Drittel meines Hauses und ein Drittel außerhalb desselben Hauses (an umgebenden Grundstücken, und zwar) das, was ich vor einiger Zeit von Prapetheus, dem Sohn des Thaseus, gekauft habe; ferner ein Drittel des Palmenhains, den ich nahe bei dem Kanal besitze, der „Alter Kanal" genannt wird.

II 10 – 12: Geöffnet und verlesen in der Metropolis des arsinoitischen Gaus, auf dem Forum Augustum, im Büro für die fünfprozentigen Steuern auf Erbschaften und bei Freilassungen, am 21. Februar, unter den amtierenden Konsuln, im zweiten Jahr des Imperator Caesar Lucius Septimius Severus Pertinax Augustus, am 27. Mecheir.

Literatur: Eck – Heinrichs 1993, Nr. 309

Eine weitere Möglichkeit, seine Freiheit zu erlangen, war der Freikauf. Martial spottet in diesem Epigramm über die Herren, die sich die Freilassung ihrer Sklaven teuer bezahlen ließen und dann von den Freigelassenen noch besondere Ehrerbietung verlangten.

Quelle 116: Martial, *Epigramme* 2, 68 (Übersetzung: W. Eck / J. Heinrichs)

Dass ich dich nur noch mit deinem Namen grüße, den ich doch früher „Gebieter" oder „Herr" nannte: Dafür solltest du mich nicht widerspenstig heißen, habe ich doch meine Freiheitsmütze mit all meinen Habseligkeiten erkauft. Gebieter und Herrn soll haben, wer sich nicht selbst hat und wünscht, was Gebieter und Herr wünschen. Vermagst du, Olus, ohne den Sklaven auszukommen, so vermagst du auch, Olus, ohne das „Gebieter" auszukommen.

Literatur: Eck – Heinrichs 1993, Nr. 312

Nach einem Edikt Mark Aurels konnten auch Kollegien Sklaven freilassen.

Quelle 117: Ulpian, *Digesten* 40, 3, 1–2 (Übersetzung: W. Eck / J. Heinrichs)

1 Der vergöttlichte Marcus bevollmächtigte alle Kollegien mit Versammlungsrecht zu Freilassungen. **2** Deshalb erheben auch (Mitglieder solcher Kollegien) Erbansprüche gegenüber einem Freigelassenen im Rahmen der gesetzlichen Regelungen.

Literatur: Eck – Heinrichs 1993, Nr. 292; 294; 296

Freigelassene mussten ihre ehemaligen Herren vielfach auch in ihren Testamenten bedenken.

Quelle 118: Gaius, *Institutionen* 3, 39–42; 55–56 (Übersetzung: W. Eck / J. Heinrichs)

39 Wir wollen uns nun der Hinterlassenschaft von Freigelassenen (quiritischen Rechts) zuwenden. **40** In alter Zeit durfte ein Freigelassener seinen Patron ungestraft in seinem Testament übergehen: das Zwölftafelgesetz bestimmte ja einen Patron erst dann zum Erben seines Freigelassenen, wenn dieser ohne Errichtung eines Testaments und ohne Hauserben verstorben war. Hinterließ also ein testamentslos verstorbener Freigelassener einen Hauserben, so hatte sein Patron keinen Rechtsanspruch auf die Hinterlassenschaft. Hatte nun der Freigelassene als Hauserben eines seiner lieblichen Kinder, so gab es wohl keine Beschwerde; war der Hauserbe aber ein adoptiertes Kind, Sohn oder Tochter, oder eine Gattin in der *manus*, so empfand man es offenbar als Unrecht, dass dem Patron keinerlei Rechtsanspruch (an der Hinterlassenschaft) verblieb. **41** Deshalb wurde später durch das praetorische Edikt diese Unbilligkeit im Recht behoben. Errichtet demnach ein Freigelassener (quiritischen Rechts und ohne leibliches Kind) ein Testament, so muss er es dergestalt tun, dass er seinem Patron die Hälfte seines Besitzes vermacht; vermacht er ihm aber nichts oder weniger als die Hälfte, so wird dem Patron entgegen den testamentarischen Verfügungen die Hälfte der Hinterlassenschaft eingeräumt. Stirbt er aber ohne Testament und hinterlässt als Hauserben einen Adoptivsohn oder seine Gattin, die in seiner *manus* war, oder eine Schwiegertochter, die in der *manus* seines Sohnes war, so wird dem Patron gleichermaßen gegen diese Hauserben die Hälfte der Hinterlassenschaft eingeräumt. Beim Ausschluss des Patrons vom (Erbe) nützen dem Freigelassenen allerdings leibliche Kinder … **42** Später wurden durch die *lex Papia* die Rechte der Patrone gegenüber ihren reicheren Freigelassenen (quiritischen Rechts) erweitert: Festgelegt wird nämlich in diesem Gesetz, dass vom Besitz eines (Freigelassenen), der ein Vermögen im Wert von 100.000 Sesterzen oder mehr hinterlassen und weniger als drei (leibliche) Kinder hat, unabhängig davon, ob er nach Errichtung eines Testaments oder ohne ein solches stirbt, ein voller Anteil dem Patron zusteht. Hinterlässt der Freigelassene also einen Sohn oder eine Tochter als Erben, so steht ohne Einschränkung die Hälfte (des Erbes) dem Patron zu, als sei er ohne Sohn oder Tochter gestorben. Hinterlässt er aber zwei männliche oder weibliche (Kinder) als Erben, steht (dem Patron) ein Drittel zu. Hinterlässt er drei, geht der Patron leer aus.

55 Wir haben noch über den Besitz der Freigelassenen latinischen Rechts zu handeln. **56** Damit dieser Teil unseres Rechts klarer wird, müssen wir uns ins Gedächtnis rufen, … dass die heutigen Iunianischen Latiner früher nach quiritischem Recht Sklaven waren, aber gewöhnlich mit Hilfe des Praetors (zu Lebzeiten) formale Freiheit behaupten konnten. Daher stand auch gewöhnlich ihr Besitz, der rechtlich wie ein *peculium* behandelt wurde, ihren Patronen zu. Später aber, durch die *lex Iunia*, begannen alle, die der Praetor in ihrer Freiheit schützte, frei zu sein und *Latini Iuniani* genannt zu werden. *Latini* deshalb, weil sie nach Absicht des Gesetzes in derselben Weise frei sein sollten, ganz als seien sie freigeborene römische Bürger, die, aus der Stadt Rom in einer latinischen Kolonie angesiedelt, begonnen hätten, Koloniallatiner zu sein; *Iuniani* deshalb, weil sie durch eine *lex Iunia* die Freiheit erlangten, wenngleich sie keine römischen Bürger waren. Weil nun der Initiator der *lex Iunia* absah, es werde dahin kommen, dass aufgrund der Statusfiktion der Besitz verstorbener Latiner nicht mehr ihren Patronen zufallen würde: weil sie nämlich nicht mehr als Sklaven sterben würden, so dass ihr Besitz nicht mehr rechtlich wie ein *peculium* ihren Patronen zustünde, noch der Besitz eines Freigelassenen mit latinischem Rechtsstatus nach Freilassungsrecht dem Patron (mit römischem Bürgerrecht) zustünde; weil er das also absah und vermeiden wollte, dass die (den Freigelassenen) gewährte Vergünstigung zu einem Unrecht gegenüber den Patronen würde, schien es ihm erforderlich zu gewährleisten, dass ihr Besitz gänzlich den Freilassern zustünde, als sei das Gesetz nicht erlassen. Daher steht – gewissermaßen nach den Rechtsbestimmungen über das *peculium* – der Besitz latinischer Freigelassener aufgrund dieses Gesetzes den Freilassern zu.

Literatur:
Eck – Heinrichs 1993, Nr. 316

Das *peculium*, das sich ein Sklave während der Zeit seiner Unfreiheit erwirtschaftete, konnte er nicht in allen Fällen bei seiner Freilassung behalten.

Quelle 119:
Fragmenta Vaticana 261 (Übersetzung: W. Eck / J. Heinrichs)

Wird einem *vindicta* (förmlich) oder „unter Freunden" Freigelassenen sein *peculium* nicht ausdrücklich genommen, so gilt es als Geschenk … Anderes wurde für Leute beschlossen, die testamentarisch die Freiheit erhalten haben …; unbestritten verlieren sie ihr *peculium*, sofern es ihnen nicht (ausdrücklich) hinterlassen wird; denn eine stillschweigende Großzügigkeit eines verstorbenen (Erblassers), das *peculium* zu behalten, konnte man unausgesprochen nicht erkennen.

Literatur:
Eck – Heinrichs 1993, Nr. 286; 319

Freigelassene konnten dazu verpflichtet werden, ihrem ehemaligen Herrn auch nach der Freilassung zu Diensten zu sein. Wurden diese Dienste aber nicht vertraglich vor der Freilassung geregelt, konnten sie später nicht eingefordert werden.

Quelle 120:
Modestinus, *Digesten* 38, 1, 31; 38, 2, 33 (Übersetzung: W. Eck / J. Heinrichs)

Wurden keine Dienste auferlegt, kann ein Freigelassener zu keinen (Diensten) gezwungen werden, die er nicht versprochen hat, selbst dann nicht, wenn er sie zu irgendeinem Zeitpunkt freiwillig geleistet hat.

Hat ein Patron seinem Freigelassenen nicht den Lebensunterhalt gestellt, so entzieht die *lex Aelia Sentia* ihm selbst und weiteren anspruchsberechtigten Personen Gegenleistungen für die Freilassung, ferner seine und seiner Kinder Ansprüche auf das Erbe (des Freigelassenen), sofern er nicht ausdrücklich als Erbe eingesetzt ist, endlich seine Besitzrechte am Vermögen des Freigelassenen außer im Fall einer testamentarischen Verfügung.

Literatur:
Eck – Heinrichs 1993, Nr. 318

Diese Dienste unterlagen allerdings einigen Einschränkungen:

Quelle 121:
Callistratus, *Digesten* 38, 1, 38 (Übersetzung: W. Eck / J. Heinrichs)

Nur solche Dienste gelten als auferlegt, die ohne Ansehensverlust und Lebensgefahr geleistet werden können. So muss eine Prostituierte nach ihrer Freilassung ihrem Patron nicht mehr dieselben Dienste leisten, auch wenn sie weiterhin ihr Gewerbe mit dem Körper ausübt; noch muss ein freigelassener Arenakämpfer die alten Dienste leisten, weil das ohne Lebensgefahr unmöglich ist. Betreibt dagegen ein Freigelassener ein Handwerk, so muss er seinem Patron entsprechende Dienste auch dann leisten, wenn er es erst nach seiner Freilassung erlernt hat. Hat er die Ausübung des Handwerks beendet, so muss er solche Dienste leisten, die mit seiner Würde vereinbar sind, etwa Aufenthalt bei einem Patron, Reisen nach auswärts oder Durchführung eines Geschäfts für ihn.

Unter bestimmten Umständen konnte sich diese Dienstpflicht auch ändern bzw. sogar verfallen.

Man muss wissen, dass Verpflichtungen zu Diensten zuweilen einer Verringerung, Erweiterung oder qualitativen Änderung unterliegen. Solange nämlich ein Freigelassener krankheitsbedingt nicht arbeitsfähig ist, verfallen seinem Patron Dienste, für die ein Termin vereinbart und bereits erreicht wurde. Ist aber eine Freigelassene, die Dienste versprochen hat, zu einer solchen gesellschaftlichen Stellung aufgestiegen, dass es unvereinbar damit wäre, ihrem Patron Dienste zu leisten, so verfallen diese *ipso iure*.

Literatur:
Wiedemann 1981, Nr. 44; Eck – Heinrichs 1993, Nr. 320

Quelle 122:
Pomponius, *Digesten* 38, 1, 34 (Übersetzung: W. Eck / J. Heinrichs)

Auch mit einem bestimmten Alter konnten bei Frauen diese Dienstpflichten enden:

Eine Freigelassene, die älter ist als 50 Jahre, muss ihrem Patron keine Dienste leisten.

Literatur:
Eck – Heinrichs 1993, Nr. 321

Quelle 123:
Paulus, *Digesten* 38, 1, 35 (Übersetzung: W. Eck / J. Heinrichs)

Im Roman „Satyrikon" schildert ein Freigelassener sein Schicksal und zählt auf, was er aus eigener Kraft alles erreicht hat, während dem frei geborenen Aristokraten dies alles unverdient in die Wiege gelegt worden sei.

Jetzt aber konnte Ascyltos nicht mehr den Anstand bewahren: mit erhobenen Händen machte er sich über alles lustig und lachte, bis ihm die Tränen kamen. Da regte sich mein Nebenmann, einer von Trimalchios Mitfreigelassenen, auf und schrie: „Was lachst du, du Schafskopf? Missfällt dir der geschmackvolle Luxus unseres verehrten Gastgebers? Du bist wohl reicher und tafelst besser zu Hause? So helfe mir der Schutzheilige dieses Ortes: wenn ich neben dem läge, hätte ich ihm schon längst sein Meckermaul gestopft! Ein schönes Früchtchen, wo sich über andere lustig macht! Irgend so ein Ausreißer, einer, der sich nachts herumtreibt und wertloser ist als seine eigene Pisse! Jawohl – wenn ich um ihn herumpissen würde, wüsste er nicht, wohin. So wahr ich lebe, ich koche nicht so leicht über, aber wo faules Fleisch ist, da bilden sich Würmer. Er lacht! Was hat er zu lachen? Hat sich vielleicht sein Papa diesen Sprössling für sein Gewicht in Gold gekauft? Du bist ein römischer Ritter? Dann bin ich ein Prinz. Warum diente ich dann als Sklave? Weil ich mich selbst als Sklave verdingt habe und lieber römischer Bürger werden als tributpflichtiger Untertan bleiben wollte. Und jetzt lebe ich hoffentlich so, dass sich keiner über mich lustig machen kann. Ich habe Gleichberechtigung, ich kann den Kopf hoch tragen, ich schulde niemandem einen roten Heller, nie habe ich mich verpflichten müssen, eine Schuld abzuzahlen; niemand hat mir am Marktplatz gesagt: „Berappe, was du schuldest!" Ein Stückchen Land habe ich mir ge-

Literatur:
Wiedemann 1981, 79; Eck – Heinrichs 1993, Nr. 364

Quelle 124:
Petronius, *Satyrikon* 57 (Übersetzung: H. C. Schnur)

kauft, ein paar Groschen habe ich auf die hohe Kante gelegt; ich füttere zwanzig Bäuche sowie einen Hund. Meine Braut habe ich freigekauft, damit niemand sich an ihrem Haar seine Pfoten abwischen kann; mich selbst hab ich für tausend Denare losgekauft; man hat mich in die Sechserkommission gewählt, ohne dass ich etwas blechen musste; ich hoffe, dass ich mich nach meinem Tod nicht schämen brauche. Aber du hast wohl so wichtige Geschäfte, dass du dich nach anderen nicht umguckst? Den Floh siehst du bei anderen, aber nicht deine eigene Filzlaus. Nur du machst dich über uns lustig: sieh dir deinen Professor an, einen älteren Herrn: der fühlt sich wohl bei uns. Du Milchschnabel: keinen Muckser kriegst du raus, du Pott, du Schlappschwanz, wie'n eingeweichter Riemen, schlapper, nicht besser. Du bist wohl reicher; iss zweimal Frühstück, nachtmahle zweimal! Mir ist mein Kredit lieber als Schätze. Kurz: hat mich wer zweimal mahnen müssen? Vierzig Jahre habe ich gedient, aber niemand konnte sagen, ob ich ein Sklave oder ein Freier war. Und ich bin in diese Stadt gekommen noch als ein Junge mit langem Haar, da war die Börse noch nicht gebaut. Ich gab mir aber Mühe, meinen Chef zufriedenzustellen; das war ein feiner Mann und hochangesehen: dem sein kleiner Finger war mehr wert als du. Dabei gab's in seinem Haus Kerle, die mir ein Bein stellen wollten, aber – Dank sei seinem Schutzgeist – ich konnte mich freischwimmen. Das ist wirkliche Leistung: denn frei geboren werden, ist kein Kunststück. Was glotzt du mich an wie der Ochs vorm Scheunentor?"

Literatur:
Eck – Heinrichs 1993, Nr. 299

Im Jahr 56 v. Chr. kam es zu einer Senatsdebatte um die Rücknahme von Freilassungen.

Quelle 125:
Tacitus, *Annalen* 13, 26–27 (Übersetzung: W. Eck / J. Heinrichs)

26 Um dieselbe Zeit wurde im Senat über die Gewissenlosigkeit der Freigelassenen verhandelt, und darauf gedrungen, dass den Patronen gegen Undankbare das Recht verliehen würde, die Freiheit zu widerrufen, und es fehlte nicht an solchen, welche dafür stimmten. Aber die Konsuln wagten nicht, ohne Wissen des Kaisers den Vortrag zu beginnen, doch schrieben sie ihm des Senats Einstimmigkeit: ob er nicht die Verordnung veranlassen wolle bei so wenigen dieser Meinung Widersprechenden, wobei einige mit Unmut äußerten, die aus der Freiheit erwachsene Frechheit habe sich so weit verstiegen, dass sie ihre Patrone um ihre Meinung fragten, ob sie mit Gewalt oder mit ihnen wie mit ihresgleichen verfahren sollten, und noch obendrein zu Misshandlungen gegen sie die Faust erhöben, schamlos selbst ihre Bestrafung ihnen abratend. Denn was sei denn anderes dem beleidigten Patron verstattet, als dass er den Freigelassenen über den 100. Meilenstein hinaus nach Kampaniens Küste hin verweise? Die übrigen Rechtsverhandlungen wären beiden gemein und gleich. Verleihen müsse man eine Waffe, die nicht verachtet werden könne. Auch sei es nicht schwer für die Freigegebenen, sich durch dieselbe Folgsamkeit die Freiheit zu erhalten, durch welche sie dieselbe erlangt hätten. Offenbare Verbrecher dagegen würden mit Recht in die Knechtschaft zurückgewiesen, damit sie, die Wohltaten nicht gebessert hätten, durch Furcht in Zaum gehalten werden. **27** Dagegen wurde bemerkt, die Schuld weniger müsse nur diesen persönlich verderblich sein, und nichts dem Rechte der Gesamtheit entzogen werden, denn zahlreich sei ja dieser Stand. Aus ihm beständen größtenteils die Tribus, die Dekurien, die Diener der Staatsbeamten und Priester, auch die in der Stadt ausgehobenen Kohorten, ja, die meisten Ritter, viele Senatoren stammten nicht anderswoher. Sonderte man die Freigelassenen aus, so würde der Mangel an Freigeborenen offenkundig werden. Nicht umsonst hätten die Vorfahren, während sie im Range der Stände einen Unterschied feststellten, die Freiheit zum Gemeingut gemacht. Ja, es seien auch für die Freilassung zwei Arten angeordnet, damit freie Hand zu Willensänderung oder neuer Wohltat gelassen würde. Die, welche der Patron nicht durch den Stab befreit, würden gleichsam noch in Knechtschaftsbanden festgehalten. Jeder möchte die Verdienste prüfen, und langsam gewähren, was, wenn es gegeben, nicht wieder genommen werden könnte. Diese Meinung erhielt das Übergewicht, und der Kaiser schrieb dem Senat, man möge die Sache der Freigelassenen, so oft sie von ihren Patronen beschuldigt würden, jedes Mal besonders erwägen, und ihnen im Allgemeinen nichts entziehen.

2.10 Besondere Abhängigkeitsformen

2.10.1 Heloten

Der Lexikograph Iulius Pollux nennt in seinem „Onomastikon" eine Reihe von Gruppen, die zwischen Freien und Sklaven stehen, das heißt, die weder völlig frei noch völlig unfrei waren.

Literatur:
Welwei 2008a, 1–5;
Herrmann-Otto 2009, 61

Zwischen Freien und Sklaven aber stehen die Heloten der Lakedaimonier, die Penesten der Thessaler, die Klaroten und Mnoiten der Kreter, die ‚Gabenbringer' der Mariandyner, die Gymneten der Argiver und die Korynephoroi der Sikyonier.

Quelle 126:
Pollux, *Onomastikon* 3,83
(Übersetzung:
E. Herrmann-Otto)

Über die Behandlung der Heloten durch die Spartaner kommt Plutarch in seiner Biographie des spartanischen Gesetzgebers Lykurg zu sprechen; dabei erwähnt er auch den merkwürdigen Brauch der *krypteia*.

Literatur:
Welwei 2004, 320 ff.;
Herrmann-Otto 2009, 65 f.;
Cartledge 2001, 85 f.

In dem allen ist keine Spur von Ungerechtigkeit und Habsucht zu entdecken, die manche den Gesetzen Lykurgs vorwerfen, dass sie nämlich zwar gut wären für die Erziehung zur Tapferkeit, aber unzulänglich für die Gerechtigkeit. Die sog. *krypteia* bei ihnen jedoch – wenn dies eine der Einrichtungen Lykurgs ist, wie Aristoteles erzählt hat –, die dürfte auch bei Platon diese Meinung über den Staat und den Mann erzeugt haben. Mit ihr verhielt es sich folgendermaßen. Von Zeit zu Zeit schickten die Oberen die gewandtesten jungen Leute überall aufs Land hinaus, versehen mit Schwertern und den notwendigen Nahrungsmitteln, sonst nichts. Am Tage verstreuten sie sich, hielten sich an schwer auffindbaren Orten verborgen und ruhten aus, bei Nacht gingen sie auf die Straßen und töteten jeden Heloten, dessen sie habhaft wurden. Oft auch gingen sie über die Felder und erschlugen die stärksten und tüchtigsten unter ihnen. So

Quelle 127:
Plutarch,
Leben des Lykurg 28
(Übersetzung: K. Ziegler)

erzählt auch Thukydides in seiner *Geschichte des Peloponnesischen Kriegs*, dass diejenigen Heloten, die wegen ihrer Tapferkeit von den Spartanern ausgewählt worden waren, sich hätten bekränzen dürfen als freie Leute und rings die Tempel der Götter aufgesucht hätten, wenig später aber alle verschwunden wären, mehr als zweitausend, ohne dass weder sogleich noch später jemand sagen konnte, auf welche Weise sie umgekommen wären. Aristoteles sagt auch, die Ephoren hätten jedes Mal, sobald sie ihr Amt antraten, den Heloten den Krieg erklärt, damit ihre Ermordung nicht wider göttliches Recht verstoße. Auch sonst behandelten sie sie hart und roh. Zwangen sie sie doch zum Beispiel, viel ungemischten Wein zu trinken, und führten sie dann in die *Syssitien*, um den jungen Leuten zu zeigen, wie die Betrunkenheit aussieht, befahlen ihnen auch, unanständige und alberne Lieder zu singen und Tänze zu tanzen, und verboten ihnen die anständigen. Daher sollen später bei dem Einfall der Thebaner in Lakonien die gefangenen Heloten, als man sie aufforderte, die Lieder des Terpandros, Alkmans und des Lakoniers Spendon zu singen, das abgelehnt haben mit der Begründung, ihre Herrschaften wünschten dies nicht. Es scheint also, dass die Leute, welche sagen, in Lakedaimon sei der Freie im vollsten Sinne frei und der Knecht im vollsten Sinne Knecht gewesen, den Unterschied recht wohl erkannt haben. Ich glaube jedoch, dass derartige Grausamkeiten erst später bei den Spartanern aufgekommen sind, besonders nach dem großen Erdbeben, welches, wie berichtet wird, die Heloten zugleich mit den Messeniern zu einem Aufstand benützten, dem Lande den schwersten Schaden zufügten und die Stadt in die größte Gefahr brachten. Denn ich für meine Person möchte Lykurg nicht eine solche Abscheulichkeit wie die *krypteia* zutrauen, wenn ich von der sonst vom ihm bewiesenen Milde und Gerechtigkeit auf seinen Charakter schließe, für den doch auch die Gottheit Zeugnis abgelegt hat.

Literatur:
Cartledge 2011, 79

Der griechische Reiseschriftsteller Pausanias leitet den Namen der Heloten von der Stadt Helos her.

Quelle 128:
Pausanias, *Beschreibung Griechenlands* 3, 20, 6
(Übersetzung: E. Meyer)

Am Meer lag einst die Stadt Helos, derer auch Homer im Katalog der Lakedaimonier gedenkt: „die in Amyklai gewohnt, auch Helos' Bürger, der Meerstadt". Die Stadt gründete Helios, der jüngste der Söhne des Perseus. Die Dorer brachten sie in späterer Zeit durch Belagerung in ihre Gewalt, und ihre Bewohner waren die ersten Staatssklaven der Lakedaimonier, und die ersten, die man Heloten nannte, da sie ja in der Tat solche waren. Die Sklaven, die sie später hinzu erwarben, obwohl sie messenische Dorer waren, wurden auch Heloten genannt.

Literatur:
Weber 1989, 72; Herrmann-Otto 2009, 67

Die Pflicht der Heloten, die Hälfte des Ertrages ihrer Grundstücke an ihre spartanischen Herren abzuliefern, wird in folgendem Fragment des Tyrtaios zum Ausdruck gebracht:

Quelle 129:
Tyrtaios, *Fragment* 5 G.–P.
(Übersetzung: H. Fränkel)

Wie ein Esel, der schleppt eine gewaltige Last,
ebenso sind sie bedrückt: von jeglichem, was auch der Boden trägt,
die Hälfte der Frucht liefern den Herren sie ab.

2.10.2 Klaroten

Aristoteles berichtet über die kretische Staatsordnung und die dortige abhängige Landbevölkerung, die er als Perioiken bezeichnet.

Literatur:
Link 1994, 30ff.; Welwei 2008a, 14

Die kretische Staatsordnung verhält sich analog zur lakedaimonischen. Bei jenen bestellten die Heloten das Land, bei den Kretern die Perioiken, und gemeinsame Mahlzeiten gibt es bei beiden [...]. Mit den gemeinsamen Mahlzeiten steht es nun bei den Kretern besser als bei den Lakedaimoniern. In Lakedaimonien nämlich entrichtet jeder nach der Kopfzahl den festgesetzten Betrag, macht er das nicht, so verbietet das Gesetz die Teilnahme am Staat, wie das bereits früher erörtert wurde; in Kreta geht es gemeinschaftlicher zu. Denn von dem gesamten Frucht- und Viehertrag aus dem öffentlichen Land und von den Abgaben, die die Perioiken leisten, ist der eine Teil festgesetzt für die Götter und die gemeinsamen Dienstleistungen, der andere für die gemeinsamen Mahlzeiten, so dass alle aus den gemeinsamen Mitteln ernährt werden, Frauen, Kinder und Männer.

Quelle 130:
Aristoteles, *Politik* 1272a
(Übersetzung: F. F. Schwarz)

2.10.3. Penesten

Dionysios schildert die Einrichtung des römischen Klientelwesens durch Romulus und vergleicht die römischen Klienten mit den athenischen Theten und den thessalischen Penesten.

Literatur:
Welwei 2008b, 396

Er stellte die Plebejer unter die Obhut der Patrizier und erlaubte jedem Plebejer, sich nach eigenem Belieben seinen Patron zu wählen; damit verbesserte er einen alten griechischen Brauch, den die Thessaler schon lange ausübten und anfänglich auch die Athener. Denn jene behandelten ihre Klienten sehr hochmütig, bürdeten ihnen Aufgaben auf, die freien Menschen nicht zukamen, und schlugen und misshandelten diese, wenn sie nicht taten, was sie befohlen hatten, als ob sie gekaufte Sklaven wären. Die Athener nannten diese Klienten wegen der Dienste, die sie zu leisten hatten, Theten, die Thessaler schimpften sie Penesten und hielten ihnen so schon durch den Namen ihr Schicksal vor Augen.

Quelle 131:
Dionysios von Halikarnassos, *Römische Altertümer* 2,9
(Übersetzung: J. Fischer)

Theokrit weist auf die Verpflegung der Penesten durch ihre adligen Herren hin:

Literatur:
Welwei 2008b, 407

Einst in Antiochos' Haus und des mächtigen Fürsten Aleuas
Holten sich viele Penesten ihre monatliche Ration.

Quelle 132:
Theokrit, *Idyllen* 16, 34f.
(Übersetzung nach E. Mörike)

Aus der folgenden Notiz in der „Politik" des Aristoteles kann auf wiederholte Aufstände der Penesten gegen ihre thessalischen Oberherren geschlossen werden.

Literatur:
Welwei 2008b, 403

Quelle 133:
Aristoteles, *Politik* 1269a
(Übersetzung: F. F. Schwarz)

Dass es nun für einen Staat, der richtig verwaltet werden soll, eine Freiheit geben muss von der Sorge um das Lebensnotwendige, ist übereinstimmend zugestanden. Doch auf welche Weise das stattfinden soll, ist nicht leicht zu fassen. Denn der Stand der Penesten hat oft schon die Thessaler angegriffen, ebenso auch die Heloten die Lakedaimonier, wie sie ja fortwährend auf deren Unglücksfälle lauern.

2.10.4 Kolonen

Literatur:
Schipp 2009, 34ff.

Seit Konstantin dem Großen lässt sich die Bindung der Kolonen an einen Gutsherrn, der für sie auch die Steuer übernehmen musste, greifen.

Quelle 134:
Codex Theodosianus 5, 17, 1
(Übersetzung: O. Schipp)

Kaiser Konstantin an die Provinzialen: Bei wem auch immer ein Kolone fremden Rechts angetroffen wird, muß nicht nur selbigen an seinen Ursprungsort zurückversetzen, sondern darüber hinaus dessen Kopfsteuer für diese Zeit übernehmen. Die Kolonen selbst aber, die auf Flucht sinnen, werden wie Sklaven in Eisen gelegt, auf dass sie die Pflichten, die Freien angemessen sind, aufgrund der Verurteilung zur Servilität verdientermaßen gezwungen werden zu erfüllen.

Literatur:
Schipp 2009, 78f.

Kolonen waren zwar frei, konnten aber dennoch nicht dorthin gehen, wohin sie wollten, sondern waren vielmehr an ihr Land gebunden. Sie waren, wie es in diesem aus theodosianischer Zeit stammenden Erlass heißt, die Sklaven derjenigen Ländereien, auf denen sie geboren wurden.

Quelle 135:
Corpus Iuris Civilis 11, 52, 1, 1
(Übersetzung: O. Schipp)

Und damit nicht etwa die Kolonen den Eindruck haben, ihnen sei, nachdem sie von den Bindungen ihrer Steuerpflicht befreit worden waren, die Erlaubnis gegeben, abzuwandern und, wohin es ihnen beliebt, fortzugehen, sollen sie selbst nach dem Ursprungsrecht festgehalten werden. Auch wenn sie hinsichtlich ihrer personenrechtlichen Stellung als Freigeborene erscheinen, sollen sie doch als Sklaven derjenigen Ländereien angesehen werden, auf denen sie geboren wurden. Sie sollen nicht die Möglichkeit haben, fortzugehen, wohin sie wollen, oder ihren Wohnsitz zu wechseln, sondern der Grundherr soll das Recht über sie nutzen, mit der Sorge eines Patrons und der Machtbefugnis eines Herrn.

Literatur:
Schipp 2009, 169f.

Im späten 4. Jh. n. Chr. wurde der Kolonenstand erblich.

Quelle 136:
Corpus Iuris Civilis 11, 48, 13 pr.
(Übersetzung: O. Schipp)

Wir bestimmen, dass zwischen Inquilinen und Kolonen – deren Stand, soweit er sich auf die Ansprüche aus der *origo* erstreckt, ohne Unterschied und fast derselbe zu sein scheint, mögen sie sich auch dem Namen nach unterscheiden – geborene Kinder, wenn entweder beide oder keiner der Eltern in die Zensusliste eingeschrieben sind, den Status des väterlichen Standes anerkennen.

Sidonius Apollinaris berichtet in diesem Brief von einem Fall von Menschenraub, der von einem Kolonen begangen wurde.

Literatur:
Schipp 2009, 199ff.

Quelle 137:
Sidonius Apollinaris, *Briefe* 5, 19, 1f.:
(Übersetzung: O. Schipp)

Sidonius seinem Pudens zum Gruße. Der Sohn deiner Amme hat die Tochter meiner Amme geraubt; ein würdeloses Verbrechen, das dich und mich entfremdet hätte, hätte ich nicht sofort gewusst, dass du nichts von der begangenen Tat wusstest. Aber nach einigen Worten zur Klarstellung deines guten Gewissens entschließt du dich, darum zu bitten, daß die noch frische Schuld ungestraft bleibt; ich stimme unter der Bedingung zu, dass du den Schänder von seinem ursprünglichen Inquilinat entbindest und statt seines Grundherrn sein Patron wirst. Die Frau ist schon frei; diese, so scheint es, wird nur dann nicht dem Gespött preisgegeben, sondern in eine rechtsgültige Ehe aufgenommen, wenn unser Angeklagter, für den du bittest, bald – vom Tributarier zum Klienten gemacht – beginnt, eher einen plebejischen Status als einen Kolonenstatus zu haben. Denn allein diese Anordnung oder Genugtuung heilt einigermaßen meine Schmach; und ich gebe mich wegen deiner Gebete und unserer Freundschaft zufrieden, wenn die Freiheit einen Ehemann erleichtert, statt die Strafe einen Räuber bindet. Lebe wohl.

Verzeichnis der antiken Autoren und literarischen Quellen

Achilleus Tatios war ein griechischer Romanautor, der wohl aus Alexandria stammte, und verfasste im 2. Jh. n. Chr. den Liebesroman *Die Geschichte von Leukippe und Kleitophon* in acht Büchern.

Alkidamas stammte aus dem kleinasiatischen Elaia, wirkte später aber als Sophist und Redner in Athen, wo er um 375 v. Chr. starb. Er war ein Schüler des Gorgias. Zwei Deklamationen, *Über Leute, die Reden schriftlich abfassen* und *Odysseus gegen Palamedes* (Authentizität umstritten), sind überliefert, andere Werke sind verloren bzw. nur in Form kurzer Fragmente überliefert, so seine *Messenische Rede*, eine Sammlung von *Enkomien* (Lobreden), eine Rede über *Die Natur der Dinge*, ein rhetorisches Lehrbuch und eine *Museion* genannte Schrift.

Antiphon (ca. 480–411 v. Chr.) stammte aus dem zu Athen gehörigen Rhamnus und war ein oligarchischer Politiker und Redner. Er war der erste prominente Logograph („Redenschreiber"), der auf Bestellung und gegen Entgelt Prozessreden verfasste. Von den 60 Prozessreden, die angeblich aus seiner Feder stammten, sind drei, die sich allesamt mit Mordfällen befassen, erhalten. Außerdem schrieb er zwölf Musterreden. Die überlieferten Reden zeugen von der Kunstfertigkeit und Argumentationskraft des Antiphon. Die ihm zugeschriebenen rhetorischen Lehrschriften sind verloren. Als einer der Protagonisten des oligarchischen Putsches von 411 v. Chr. wurde er nach dem Sturz des *Rates der 400* trotz einer brillanten Verteidigungsrede zum Tode verurteilt und hingerichtet. Ob Antiphon von Rhamnus mit dem Sophisten Antiphon, dem Traktate *Über die Eintracht* und *Über die Wahrheit* zugeschrieben werden, identisch ist, konnte bisher nicht zweifelsfrei belegt werden.

Apollodoros (394–ca. 340 v. Chr.) war ein athenischer Politiker und Redner und einer der reichsten Männer der Stadt. Sein Vater Pasion hatte es als freigelassener Sklave zweier Bankiers, deren Bankgeschäfte er später übernahm, zu Reichtum gebracht und war wegen seiner Unterstützung des Staates mit dem athenischen Bürgerrecht belohnt worden. Mehrere Reden, die lange Zeit fälschlicherweise Demosthenes zugeschrieben wurden, gelten heute als Werke des Apollodoros, darunter die *Rede gegen Neaira*, mit der Apollodoros gemeinsam mit seinem Verwandten Theomnestos die Partnerin seines politischen Gegners Stephanos anklagte.

Appian (ca. 95–170 n. Chr.) stammte aus Alexandria und gehörte zur dortigen Oberschicht. Er erwarb das römische Bürgerrecht und brachte es bis zum Prokurator Ägyptens. Um 165 n. Chr. vollendete er eine *Römische Geschichte* in 24 Büchern, von denen etwa die Hälfte erhalten ist. Das Werk ist nicht rein chronologisch, sondern geographisch gegliedert. Sein Quellenwert ist sehr schwankend, da er stark von den von Appian verwendeten Quellen abhängt.

Apuleius (um 125 – nach 170 n. Chr.) war ein bedeutender römischer Dichter, Philosoph (Mittelplatoniker) und Redner. Er zählt zu den wichtigsten lateinischen Vertretern der sog. Zweiten Sophistik. Er stammte aus Madauros in Numidien, erhielt zunächst eine Ausbildung in Karthago, studierte dann in Athen und kam nach umfangreichen Reisen nach Rom, wo er als Anwalt tätig war. Später kehrte er in seine Heimat zurück, wo er eine reiche Witwe heiratete. Deren Verwandte brachten ihn unter dem Vorwurf, er habe die Witwe durch Magie beeinflusst, vor Gericht. Seine brillante Verteidigungsrede, die sog. *Apologia*, mit der er seinen Freispruch erwirkte, ist erhalten. Von weltliterarischer Bedeutung ist sein Roman *Metamorphosen* (später auch *Der goldene Esel* genannt); besonders bekannt ist das darin eingestreute Märchen *Amor und Psyche*. Ebenfalls erhalten sind drei philosophische Schriften (*Über Platon und seine Lehre*, *Über den Gott des Sokrates*, *Über die Welt*) sowie eine von einem unbekannten späteren Autor zusammengestellte Auswahl bedeutender Partien aus den Reden des Apuleius (*Florida*). Zahlreiche weitere Werke des Apuleius, die in den Quellen erwähnt werden, sind verloren.

Aristoteles (384–322 v. Chr.) war der wirkungsmächtigste Philosoph der Antike. Er stammte aus der nordgriechischen Stadt Stageira. Im Jahr 367 v. Chr. kam er nach Athen, wo er sich der platonischen Akademie anschloss. Nach Platons Tod folgten Aufenthalte in Assos und Mytilene sowie in Makedonien, wo Aristoteles für drei Jahre als Lehrer Alexanders des Großen wirkte. Nach der Schlacht von Chaironeia (338 v. Chr.) kehrte er wieder nach Athen zurück und gründete seine eigene philosophische Schule, den *Peripatos* („Wandelhalle"), dessen Namen daher rührt, dass der Unterricht in einer öffentlichen Wandelhalle im Hain des Apollon Lykeios (*Lykeion*) stattfand. Im Jahr 323 v. Chr. musste er die Stadt erneut verlassen und starb kurz darauf in Chalkis auf Euboia. So gut wie alle Bücher, die Aristoteles zur Publikation verfasst hatte, gingen verloren. Dafür sind durch den Zufall der Überlieferung zahlreiche Schriften, die die Grundlage seines Unterrichts und seiner Forschung bildeten und eigentlich für den internen Schulgebrauch bestimmt waren, erhalten geblieben und wurden zwischen 40 und 20 v. Chr. von Andronikos von Rhodos herausgegeben. Diese insgesamt 106 überlieferten Werke werden in vier Gruppen unterteilt: die Schriften zur Logik, die Schriften zur Ethik, Politik, Rhetorik und Poesie (darunter sein staatspolitisches Werk *Politik* oder auch die *Nikomachische Ethik*), die im weiteren Sinn naturwissenschaftlichen Schriften sowie die thematisch weit reichenden 14 Bücher der Metaphysik. Aristoteles war ein Universalgelehrter, der basierend auf umfangreichen empirischen Studien über fast alle Bereiche der Wissenschaft geforscht und auch geschrieben hat (z.B. Astrologie, Botanik, Zoologie, Physik, Psychologie, Ethik, Politik, Poetik, Rhetorik, Logik).

Im Rahmen seiner Forschungstätigkeit legte Aristoteles auch eine Sammlung von 158 antiken Verfassungen an. Zu dieser Sammlung zählte auch eine Verfassung Athens, die sog. *Athenaion politeia* („Staat der Athener"), die im 19. Jh. auf Papyri wieder gefunden wurde. Sie gibt zunächst einen historischen Abriss der inneren Organisation Athens von vorsolonischer Zeit bis 403 v. Chr., um dann im zweiten Teil die Staatsordnung Athens zu Lebzeiten des Aristoteles zu beschreiben.

Unter dem Namen des Aristoteles wurden auch zahlreiche Schriften überliefert, die wohl nicht vom berühmten Philosophen selbst stammen, sondern in seinem Umfeld entstanden. Ihre namentlich nicht näher bekannten Verfasser werden üblicherweise als **Pseudo-Aristoteles** bezeichnet. Während die Authentizität der *Athenaion politeia* nicht sicher ist, so kann etwa im Fall der *Oikonomika*, einer Schrift über die Haus- bzw. Staatswirtschaft, die sich mit der Organisation des *oíkos*, der Verwaltung der öffentlichen Finanzen und den gegenseitigen Pflichten der Ehegatten befasst, davon ausgegangen werden, dass dieses Werk nicht von Aristoteles verfasst wurde.

Aristophanes (um 450–385 v. Chr.) aus Athen war der bedeutendste Verfasser antiker. Von ihm als einzigen Vertreter der sog. Alten Komödie sind elf vollständige Werke erhalten. Seine Stücke spielen im gegenwärtigen Athen, doch tauchen auch phantastische Elemente wie Chöre in Tierkostümen auf: Wespen, Vögel, Frösche, Störche oder auch Fische sind auf der Bühne zu finden. Hochgestellte Personen und auch die Götter durften verspottet werden, wobei vom feinsinnigen Humor bis zu derbsten Obszönitäten alles zu finden ist. Zentrale Themen sind Krieg und Frieden, die Auseinandersetzung mit führenden Politikern und Militärs sowie die Analyse der geistigen Krise in Athen, in späteren Stücken auch eher allgemeine und zeitlose Themen, so etwa utopische Vorstellungen wie eine kommunistische Frauenherrschaft oder eine gerechte Verteilung des Reichtums. Zu den bekanntesten Werken gehören *Die Vögel*, *Die Wolken*, *Lysistrata* oder *Die Ekklesiazusen*.

Artemidor von Daldis, der eigentlich aus dem kleinasiatischen Ephesos stammte, sich aber nach dem Geburtsort seiner Mutter als aus Daldis stammend bezeichnete, lebte im 2. Jh. n. Chr. und verfasste ein fünfbändiges Werk zur *Traumdeutung*, in dem auch Deutungsvorschläge für ganz konkrete Träume gegeben werden.

Athenaios von Naukratis lebte um 200 n. Chr. und verfasste ein Werk mit dem Titel *Deipnosophistai* („Die Gelehrten beim Gastmahl" bzw. „Das Gelehrtenmahl") in 15 Büchern. Er schildert ein literarisches Gastmahl, das über mehrere Tage beim römischen Aristokraten Larensius stattfindet, zu dem 29 Gäste eingeladen sind. Die Gespräche bei Tisch kreisen um Essen und Trinken, Feste und Festkultur, Musik und Tanz, Sklaven oder Hetären. Der Wert dieses Werks liegt nicht nur in der Überlieferung zahlreicher sonst unbekannter antiquarischer Details, sondern vor allem in den unzähligen Zitaten aus inzwischen verlorener antiker Literatur, etwa der Mittleren und Neuen Komödie oder der antiken Geschichtsschreibung.

Augustinus (354–430 n. Chr.), der bedeutendste der lateinischen Kirchenväter, war einer der wichtigsten Philosophen und Theologen des christlichen Abendlandes. Er wurde in Thagaste in Numidien geboren, studierte in Madauros und Karthago und wirkte als Rhetoriklehrer in Thagaste, Karthago und Rom, ehe er in die Residenzstadt des Kaisers nach Mailand zog. Unter dem Einfluss des Mailänder Bischofs und Kirchenvaters Ambrosius wandte er sich dem Christentum zu und ließ sich von Ambrosius taufen. Nach Nordafrika zurückgekehrt, wurde er in Hippo zunächst zum Priester und später zum Bischof geweiht. Unter anderem unter dem Eindruck der Eroberung und Plünderung Roms durch die Westgoten unter ihrem König Alarich verfasste er seine wichtige Schrift *De civitate Dei* („Über den Gottesstaat"), in der er die Idee des Gottesstaates, der zum irdischen Staat im Gegensatz steht, entwickelt. Neben zahlreichen weiteren philosophischen und theologischen Schriften sind sein Werk *Über die Dreifaltigkeit* (*De trinitate*) und seine autobiographischen *Bekenntnisse* (*Confessiones*) am bedeutendsten.

Augustinus starb im Jahr 430 n. Chr., während Hippo von den Vandalen belagert wurde.

Callistratus war ein römischer Jurist, der um 200 n. Chr. tätig war und wohl aus der östlichen Reishälfte stammte. Er verfasste eine Reihe von juristischen Schriften, so etwa ein Rechtslehrbuch (*Institutiones*) oder Werke über *Rechtsfragen* (*Quaestiones*) oder über *Gerichtliche Untersuchungen* (*De cognitionibus*).

Marcus Tullius **Cicero** (106–43 v. Chr.) war ein römischer Redner, Schriftsteller, Philosoph und Politiker. Er stammte aus Arpinum in Latium; seine Familie gehörte dem Ritterstand an. In Rom erhielt er eine gründliche Ausbildung in Literatur, Philosophie, Recht und Rhetorik, die er dann in Griechenland und Kleinasien, unter anderem beim berühmten Redner Molon auf Rhodos, verfeinerte. Nach ersten Erfolgen als Redner und Anwalt schlug Cicero eine politische Karriere ein, durchlief den römischen *cursus honorum* und brachte es als *homo novus* im Jahr 63 v. Chr. zum Konsul. Während seines Konsulats kam es zum bekannten Putschversuch des Lucius Sergius Catilina. Nach seinem Konsulat verlor Cicero an Macht und Einfluss und musste sogar für ein Jahr ins Exil gehen. Er wandte sich nun vor allem seinem literarischen Schaffen zu, es entstanden seine Hauptwerke *Über den Staat* (*De re publica*), *Über die Gesetze* (*De legibus*), *Über den Redner* (*De oratore*). Im Jahre 51 v. Chr. ging Cicero als römischer Statthalter nach Kilikien. Im Bürgerkrieg zwischen Caesar und Pompeius stand Cicero auf Seiten des Pompeius. Nach dem Sieg Caesars widmete sich Cicero wieder vermehrt seinem literarischen Werk und verfasste wichtige Werke wie *Über das höchste Gut und das höchste Übel* (*De finibus bonorum et malorum*), *Brutus* (eine Geschichte der römischen Redekunst), die *Gespräche in Tusculum* (*Tusculanae disputationes*), *Über die Natur der Götter* (*De natura deorum*) oder *Über die Pflichten* (*De officiis*). Als sich nach der Ermordung Caesars dessen adoptierter Großneffe Octavianus, Marcus Antonius und Marcus Lepidus zum sog. zweiten Triumvirat zusammenschlossen und Proskriptionen ihrer politischen Gegner beschlossen, wurde Cicero auf der Flucht aus Rom aufgegriffen und getötet. Cicero gilt unbestritten als größter römischer Redner; sein Stil gilt als beispielhaft und Muster einer „goldenen Latinität". Sein besonderes Verdienst ist die Vermittlung der griechischen Philosophie an die lateinische Welt. Seine umfangreiche Korrespondenz von über 900 Briefen, die im 14. Jh. wiederaufgefunden wurden, hat die europäische Briefkultur nachhaltig beeinflusst.

Der **Codex Theodosianus** ist eine spätantike Gesetzessammlung, die vom oströmischen Kaiser Theodosius II. in Auftrag gegeben und im Jahr 438 n. Chr. publiziert wurde. Der Codex Theodosianus blieb in den germanischen Nachfolgestaaten des weströmischen Reiches auch nach 476 n. Chr. in Gebrauch und bildete die Grundlage für eigene Gesetzbücher. Überdies war er der wichtigste Vorläufer des Codex Iustinianus.

Lucius Iunius Moderatus **Columella** (1. Jh. n. Chr.) stammte aus Spanien, lebte aber hauptsächlich in Italien, wo er umfangreiche Landgüter besaß. Er verfasste als ausgewiesener Fachmann ein grundlegendes Werk *Über die Landwirtschaft* (*De re rustica*) in zwölf Büchern, das sich mit dem Ackerbau, dem Weinbau, der Viehzucht und dem Gartenbau genauso beschäftigt wie mit den Pflichten des Gutsverwalters (*vilicus*) und seiner Frau (*vilica*). Von einem weiteren, wohl früheren Buch *Über Bäume* (*De arboribus*) hat sich nur ein Teil erhalten.

Diodor (1. Jh. v. Chr.) stammte aus Agyrion auf Sizilien und verfasste eine Universalgeschichte, die sog. *Historische Bibliothek* (*Bibliothéke*), deren Schilderung von der mythischen Vorzeit bis in die Zeit des Autors reichte und 40 Bücher umfasste. Allerdings sind nur die Bücher 1–5 sowie 11–16 und 18–20 mehr oder weniger vollständig erhalten, das 17. Buch ist nur lückenhaft, die Bücher 6–10 und 21–40 nur fragmentarisch überliefert. Diodor nahm ältere Darstellungen auf und schrieb sie um, sodass sie für das Publikum leichter zu verstehen waren. Die Qualität von Diodors Werk und sein historischer Wert schwanken sehr und sind von den jeweils benutzten Quellen abhängig. Seine Sammlung von Zitaten aus verlorenen Werken ist besonders wertvoll, die von ihm selbstständig verfassten Passagen sind dagegen bisweilen von geringerer Qualität und weisen immer wieder auch historische Fehler auf. Große Bedeutung kommt ihm besonders für den Zeitraum von Philipp II. von Makedonien bis in die Zeit der Diadochen zu, aber auch für Teile des 5. Jahrhunderts v. Chr. sowie für die Geschichte seiner Heimat Sizilien.

Das **Corpus Iuris Civilis** umfasst den im Jahr 534 n. Chr. (in zweiter Auflage) erschienenen *Codex Iustinianus*, die Lehrbücher der *Insitutiones*, die Schriften der älteren römischen Juristen (*Pandekten* bzw. *Digesten*) sowie die nach 534 n. Chr. erlassenen kaiserlichen Gesetze (*Novellae*).

Dion von Prusa (ca. 45–nach 111 n. Chr.) war ein aus Bithynien stammender griechischer Redner und Philosoph, der stoische und kynische Ansichten vertrat. Er wird der sog. zweiten Sophistik zugerechnet. Er trug den Beinamen *Chrysostomos* („Goldmund"). Von Kaiser Domitian wurde er aus Italien und Bithynien verbannt, Nerva begnadigte ihn, und unter Kaiser Trajan erlebte er den Höhepunkt seiner Karriere. 80 seiner Reden sind erhalten, die recht verschiedene Inhalte aufweisen; zur Sklaverei äußert sich der Redner in der 14. und 15 Rede.

Dionysios von Halikarnassos (ca. 60 v. Chr.–7 n. Chr.) war ein in Rom wirkender griechischer Rhetoriklehrer, der neben rhetorischen und literaturtheoretischen Abhandlungen auch eine bis in das Jahr 264 v. Chr. reichende *Römische Frühgeschichte* in 20 Büchern verfasste.

Dosiades war ein kretischer Lokalhistoriker, wohl des 2. Jh. v. Chr., der eine weitgehend verlorene *Geschichte Kretas* verfasste.

Epiktet (ca. 50–125 n. Chr.) war ein antiker Philosoph und der wichtigste Vertreter der Stoa in der frühen Kaiserzeit. Er stammte aus Hierapolis in Phrygien und lebte in Rom als Sklave eines kaiserlichen Freigelassenen, der ihn beim Philosophen Musonius Rufus studieren ließ. Nach seiner Freilassung unterrichtete Epiktet in Rom, ehe er im Jahr 89 n. Chr. im Rahmen einer allgemeinen Philosophenvertreibung unter Kaiser Domitian Rom verlassen musste und sich in Nikopolis in Griechenland niederließ. Dort hörte ihn der Geschichtsschreiber Arrian, der die Lehrgespräche (*Diatriben,* lat.: *Dissertationes*) Epiktets in acht Büchern (von denen vier erhalten sind) niederschrieb; ebenso verfasste der das *Encheiridion* („Handbüchlein"), das 53 grundlegende Gedanken Epiktets zusammenfasst. Epiktet lehrte eine recht praktisch orientierte Ethik, in der die innere Freiheit und die Indifferenz gegenüber unkontrollierbaren Umständen eine wichtige Rolle spielen.

Euripides (ca. 480–406 v. Chr.) war neben Aischylos und Sophoklos der dritte große Tragödiendichter im klassischen Athen. Im Jahr 408 v. Chr. zog er nach Pella an den Hof des makedonischen Königs Archelaos I. Er verfasste etwa 90 Stücke, von denen 17 Tragödien und ein Satyrspiel erhalten sind. Zu Lebzeiten war er weniger erfolgreich als seine Kollegen, er errang nur drei Siege im Theateragon (und einen weiteren postum); ab dem 4. Jh. v. Chr. avancierte er aber zum beliebtesten und meistaufgeführten Tragiker. Kennzeichnend ist seine illusionslose, pessimistische Weltsicht, welcher der Mensch oft zum Spielball der ungnädigen Götter wird. Seine bekanntesten Dramen sind *Medea*, *Elektra*, *Die Troerinnen*, *Die Phoenissen*, *Iphigenie bei den Taurern* oder *Iphigenie in Aulis*.

Florentinus war ein römischer Jurist des 2./3. Jh. n. Chr., der zwölf Bücher *Institutiones* verfasste, von welchen 42 Exzerpte in den *Digesten* Eingang fanden.

Publius Annius **Florus** war ein römischer Historiker, der in hadrianischer Zeit eine auf die kriegerischen Ereignisse konzentrierte Darstellung der Geschichte Roms von der Gründung der Stadt bis in augusteische Zeit verfasste. Das Werk mit dem Titel *Epitome de Tito Livio* ist ein Lobpreis Roms, in dem er das Modell der Lebensalter auf die Stadt Rom übertrug. Der Verfasser dieses Geschichtswerk ist wohl ident mit jenem Dichter, der mit Kaiser Hadrian korrespondiert hat, und von dem neun Stücke in der *Anthologia Latina* erhalten sind.

Bei den **Fragmenta Vaticana** handelt es sich um eine im 4. Jh. n. Chr. entstandene Sammlung und auszugsweise Wiedergabe der Schriften von Papinian, Paulus und Ulpian sowie von Kaiserkonstitutionen.

Sextus Iulius **Frontinus** (ca. 35–103 n. Chr.) war ein römischer Feldherr und Politiker, der es dreimal zum Konsuln brachte. Er war Statthalter von Britannien, Kommandant des niedergermanischen Heeres und Prokonsul der Provinz *Asia*. Von Nerva wurde er mit der Aufgabe der Oberaufsicht über die Aquädukte Roms betraut und verfasste eine Schrift über die Geschichte und Organisation der Wasserversorgung Roms (*De aquaeductu urbis Romae*). Erhalten ist außerdem ein Werk in vier Büchern namens *Strategemata*, das eine Sammlung von Kriegslisten (und im vierten Buch eine Darstellung herausragender Taten und Aussprüche von Feldherrn) bietet, während eine weitere Abhandlung über das antike Militärwesen verloren und eine Schrift über die Landvermessung nur in Auszügen überliefert sind.

Der römische Jurist **Gaius** lebte im 2. Jh. n. Chr. und ist der Verfasser des Lehrbuches der *Institutiones*, die sich in vier Büchern den Themenbereichen *personae*, *res* und *actiones* (Personen- und Familienrecht; Sachen-, Erb- und Schuldrecht, Zivilprozess) widmen und zum wichtigsten Lehrbuch der Spätantike wurden. Für die *Institutiones Iustiniani*, die im 6. Jh. n. Chr. zum Bestandteil des *Corpus Iuris Civilis* wurden, stellten die *Institutiones* des Gaius die wichtigste Quelle dar.

Der Arzt und Medizinschriftsteller **Galen** (129–216 n. Chr.) stammte aus dem kleinasiatischen Pergamon. Nach Studien in Pergamon, Smyrna, Korinth und Alexandria war er zunächst in seiner Heimat als Wundarzt für Gladiatoren tätig, eher er nach Rom ging, wo er bis zum kaiserlichen Hofarzt aufstieg. Er verfasste ein umfangreiches Oeuvre zu den unterschiedlichsten Teilbereichen der Medizin, so etwa zur Anatomie, zur Physiologie, zur Pathologie, zur Diät, zur Hygiene, zur Prognostik oder zur Therapeutik. Galen galt bis weit in die Neuzeit als höchste Autorität in allen medizinischen Fragen.

Gregor von Nyssa (ca. 335–395 n. Chr.), der jüngere Bruder des Kirchenvaters Basilius von Caesarea, war einer der sog. *kappadokischen Kirchenväter* und einer der profiliertesten christlichen Denker der Spätantike sowie einer der bedeutendsten christlichen Kirchenlehrer des Ostens. Ab dem Jahr 371 war er Bischof in der Stadt Nyssa in Kappadokien. Er hinterließ ein umfangreiches Schrifttum von dogmatischen, aszetischen und exegetischen Schriften und leistete wichtige Beiträge zur Trinitätslehre und zur Eschatologie.

Herodot (ca. 485–425 v. Chr.), der „Vater der Geschichtsschreibung" (Cic. leg. 1,5), stammt aus dem kleinasiatischen Halikarnassos. Er unternahm nun umfangreiche Forschungsreisen, die ihn nicht nur in zahlreiche Orte Griechenlands und Kleinasiens, sondern auch nach Afrika in die Kyrenaika und nach Ägypten, nach Vorderasien, in den Schwarzmeerraum, nach Makedonien, Thrakien und das Land der Skythen führten. Genauer Umfang und Chronologie der herodoteischen Reisen sind in der altertumswissenschaftlichen Forschung freilich durchaus umstritten. Eine wichtige Station in Herodots Leben war sein Aufenthalt in Athen in den 40er-Jahren des 5. Jh. v. Chr., wo er in Verbindung mit den Geistesgrößen jener Epoche stand, so etwa mit dem Dichter Sophokles. Zu einem nicht näher bekannten Zeitpunkt ging er in die im Jahre 444/43 v. Chr. gegründete panhellenische Kolonie Thurioi, wo er – der antiken Überlieferung zufolge – auch starb. Sein Werk, die von alexandrinischen Gelehrten in neun Bücher eingeteilte *Histories Apodeixis* („Darlegung der Erkundung", meist als *Historien* bezeichnet), stellt eine weit ausholende Darstellung der griechisch-persischen Konflikte bis zum Jahr 479 v. Chr. dar, in welche viele, oft umfangreiche historische, geographische und ethnographische Exkurse sowie Erzählungen, Novellen und Anekdoten eingeschoben sind. Ein Teil der modernen Forschung ist mit Herodot allzu hart ins Gericht gegangen und hat den Historiker als unzuverlässigen Fabulierer abgetan. Diese Ansicht ist aber – trotz aller unbestreitbaren Fehler und Ungenauigkeiten der Darstellung – nicht gerechtfertigt.

Die **Historia Augusta** ist eine Sammlung von 30 Kaiserviten. Zwar gibt das Werk vor, von mehreren Autoren verfasst worden zu sein, doch stellt es wohl die Schöpfung eines einzigen Autors des 4./5. Jh. n. Chr. dar. Viele Informationen, welche die *Historia Augusta* liefert, sind unglaubwürdig oder falsch; der Quellenwert des Werkes ist daher in vielen Fällen problematisch. Ein wertvolles Zeugnis sind diese Lebensbeschreibungen aber für das intellektuelle Klima ihrer Entstehungszeit.

Homer ist als historische Gestalt nur schwer zu fassen. Die unter dem Namen dieses Dichters überlieferten Versepen, die *Ilias*, die einen Ausschnitt aus der Geschichte der Belagerung der Stadt Troia (Ilios) durch ein griechisches Heer behandelt, und die *Odyssee*, welche die zehn Jahre dauernde Heimfahrt des Helden Odysseus von Troia nach Ithaka zum Thema hat, stellen die beiden ältesten erhaltenen Werke der europäischen Literatur dar. Ob beide Werke tatsächlich von einem einzigen Dichter stammen, muss unklar bleiben. Die *Ilias* ist wohl einige Jahrzehnte vor der *Odyssee* entstanden; traditionell werden beide Werke in die zweite Hälfte des 8. Jh. v. Chr. datiert, neuere chronologische Ansätze vermuten eine Entstehungszeit erst im 7. Jh. v. Chr. Dass der (oder die) Dichter aus dem aiolisch-ionischen Kleinasien stammte(n) kann als sicher gelten. Ebenso ist davon auszugehen, dass beide Epen jeweils von einem Dichter konzipiert und schriftlich niedergelegt wurden, aufbauend auf eine lange Tradition der mündlichen Weitergabe von. Die Wirkung der Epen Homers bis in die Gegenwart ist nicht zu überschätzen. Durchaus kontrovers wurde im Laufe der Zeit immer wieder die Historizität der geschilderten Ereignisse diskutiert. Einen „troianischen Krieg" hat es wohl nie gegeben. Die „homerische Welt" hat realiter nie existiert; sie ist ein dichterisches Phantasieprodukt, bei dem vage Rückerinnerungen an die Welt der mykenischen Paläste, Reminiszenzen an die sog. „dunklen Jahrhunderte" und Elemente der Entstehungszeit der Epen zu einem kunstvollem Ganzen verwebt werden.

Ambrosius Theodosius Macrobius wurde im späten 4. Jh. n. Chr. geboren und war ein hochrangiger römischer Politiker. Ob er mit dem Prokonsul von Africa des Jahres 410 n. Chr. gleichsetzt werden darf, muss offen bleiben. Neben einem Kommentar zu Ciceros *Somnium Scipionis* verfasste er ein grammatikalisches Werk sowie sein Hauptwerk, die *Saturnalia*, bei denen es sich um das letzte wichtige Beispiel der antiken Symposionsliteratur handelt. Es gibt die Gespräche anlässlich eines fiktiven Gastmahles wider, das im 4. Jh. n. Chr. unter Beteiligung bedeutender Vertreter der heidnischen Bildungstradition stattgefunden haben soll. Erörtert werden verschiedenste Themen der Kulturgeschichte, der Mythologie, der Religion oder der Philologie. Besonders wertvoll ist das Werk durch zahlreiche Zitate aus sonst verlorenen Schriften.

Menander (342/1–ca. 291/0 v. Chr.) war der bedeutendste Vertreter der sog. „Neuen Komödie" in Athen. Entsprechend tritt in seinen Stücken das Politische zurück, und das Private und Familiäre tritt an seine Stelle. Obwohl seine Werke in der Antike von großer Wirkung und nachhaltigem Einfluss waren (etwa auf die lateinischen Komödien des Plautus und des Terenz), hat die handschriftliche Überlieferung des Mittelalters keine seiner Komödien vollständig überliefert; allerdings wurden zahlreiche Fragmente bewahrt. Umso wichtiger sind Papyrusfunde, die seit dem 19. Jh. nicht nur umfangreiche Fragmente der *Perikeiromene* („Die Geschorene"), der *Samia* („Das Mädchen aus Samos"), der *Aspis* („Das Schild") und der *Epitrepontes* („Das Schiedsgericht") erbracht haben, sondern sogar das beinahe vollständige Stück *Dyskolos* („Der Schwierige").

Herennius Modestinus, ein Schüler Ulpians, war ein berühmter römischer Jurist des 3. Jh. n. Chr.; zahlreiche Passagen der *Digesten* sind seinen Schriften entnommen.

Aemilius **Papinianus** (142 bis 212 n. Chr.) war ein enger Freund des römischen Kaisers Septimius Severus und ein Verwandter von dessen Frau Iulia Domna. Als er sich weigerte, die Ermordung dessen Sohnes Geta juristisch zu rechtfertigen, wurde auch er auf Befehl Caracallas getötet. Er war einer der geschätztesten römischen Juristen und verfasste eine Reihe wichtiger Werke: *Quaestiones* („Rechtsfragen") in 37 Büchern, *Responsa* („Antworten"), *Definitiones* und *De adulteriis* („Über Ehebrüche").

Iulius Paulus, ein Schüler des Papinianus, war in severischer Zeit als Jurist und Politiker (er brachte es bis zum Prätorianerpräfekten) tätig. Von Caracalla, dessen Schwiegervater er möglicherweise war, wurde verbannt, dessen Nachfolger Alexander Severus holte ihn jedoch wieder zurück und nahm ihn in seinem Beraterstab (*consilium*) auf. Er verfasste zahlreiche wichtige Schriften, denen auch in späteren Jahren noch hohe Autorität zugemessen wurde, am bedeutendsten ist dabei sein Kommentar zum prätorianischen Edikt (*Ad edictum*) in 80 Büchern.

Paulus (hebräisch: Saul), der um 5 n. Chr. in der kilikischen Hafenstadt Tarsus geboren wurde, kann als eine der einflussreichsten Gestalten und einer der wichtigsten Theologen des frühesten Christentums betrachtet werden. Er stammte aus einer jüdischen Familie und besaß das römische Bürgerrecht. Zunächst beteiligte er sich an der Verfolgung der Christen. Nach einem Bekehrungserlebnis vor Damaskus wurde er jedoch selbst Christ und sah sich zum Apostel und Missionar berufen. Im Jahr 57 n. Chr. wurde er in Jerusalem festgenommen und nach zweijähriger Haft in Caesarea nach Rom überstellt. Einer weit verbreiteten Überlieferung zufolge soll er dort im Rahmen der neronischen Christenverfolgung im Jahr 64 n. Chr. das Martyrium erlitten haben. Das *Neue Testament* enthält dreizehn Briefe, die Paulus zugeschreiben werden, von diesen stammen aber nur sieben von ihm selbst, darunter auch der Philemonbrief.

Pausanias (ca. 115–180 n. Chr.), genannt der Perieget, war ein aus Kleinasien stammender griechischer Reiseschriftsteller. Er verfasste auf der Grundlage von Autopsie und dem Studium älterer Literatur eine *Beschreibung Griechenlands* in zehn Büchern, die aufgrund der Beschreibung von antiken Bauten und Kunstwerken nicht nur für die Klassische Archäologie, sondern wegen der Schilderung lokaler Bräuche und regionaler Mythen auch für die antike Religionsgeschichte, für die Literaturwissenschaften und andere Disziplinen großen Quellenwert besitzt.

Titus **Petronius** (14–66 n. Chr.) ist einerseits dafür bekannt, dass er das ausschweifende Leben eines Bonvivants und Lebemannes führte und zu den Freunden und Vertrauten Kaiser Neros zählte, für den er als *elegantiae arbiter* („Schiedsrichter des guten Geschmacks") fungierte, andererseits erwies er sich als Statthalter der Provinz Bithynien und als Konsul (62 n. Chr.) als fähiger und energischer Politiker. Er wurde zum Opfer einer Intrige des Prätorianerpräfekten Tigellinus und kam einer Verurteilung durch Selbstmord zuvor (66 n. Chr.). Er verfasste einen umfangreichen satirischen Roman mit dem Titel *Satyricon*, von dem nur ein Bruchteil erhalten ist. Die längste erhaltene Partie und gleichzeitig die bekannteste Episode daraus ist die *Cena Trimalchionis*, in welcher ein Gastmahl beim neureichen Freigelassenen Trimalchio, über dessen Halbbildung Petronius sich lustig macht, geschildert wird. Der Roman ist auch als Quelle für das Vulgärlatein von Bedeutung.

Simon, mit dem Beinamen Kephas („der Stein" = **Petrus**), war einer der ersten Jünger, die Jesus nachfolgten, und er stand Jesus besonders nahe. Nach dem Kreuzestod Jesu begann Petrus mit der Heidenmission. In Rom, wo er als erster Bischof gewirkt haben soll, erlitt er angeblich den Märtyrertod; sein Grab wird unter dem Papstaltar des Petersdomes im Vatikan lokalisiert. Das *Neue Testament* enthält zwei dem Petrus zugeschriebene Briefe; weitere apokryphe und pseudepigraphe Schriften wie das *Petrusevangelium*, die *Petrusoffenbarung* oder die *Petrusakten* wurden nicht in die Bibel aufgenommen.

Philon von Alexandria (ca. 20 v. Chr. – nach 40 n. Chr.), stammte aus einer der reichsten und vornehmsten jüdischen Familien seiner Zeit und kann als wichtigster Denker des hellenistischen Judentums betrachtet werden. Er stand sowohl in der Tradition seines Volkes als auch in jener der griechischen Philosophie, wobei er gleichermaßen von der Akademie wie von der *Stoa* beeinflusst war. Fast 50 Schriften Philons sind überliefert, mindestens weitere 20 sind verloren. Höhepunkt seiner politischen Wirkung war im Jahr 40 n. Chr. die Leitung einer Delegation zu Kaiser Caligula.

Platon (428/27 bis 388/87 v. Chr.) war einer der einflussreichsten Philosophen nicht nur der Antike, sondern der gesamten Weltgeschichte. Er wurde in Athen oder Aigina geboren und stammte aus einer aristokratischen Familie. Mit etwa 20 Jahren schloss er sich Sokrates an und wurde dessen wichtigster Schüler. Nach dem Tod des Sokrates gründete er im Jahr v. Chr. im Hain des attischen Heros Akademos eine philosophische Schule, die *Akademie*, in der er selbst in einer Lehr- und Lerngemeinschaft seine Schüler ausbildete. Diese bestand auch nach seinem Tode fort, verwaltete sein geistiges Erbe und entwickelte dieses weiter, bis diese Institution im Jahr 529 n. Chr. durch Kaiser Justinian geschlossen wurde. Platon verfasste eine Vielzahl von Werken, die meist in Dialogform gehalten sind (Ausnahmen stellen etwa die bekannte *Apologie* oder die *Briefe* dar). Etliche Schriften, die im *Corpus Platonicum* überliefert sind, sind aber wohl nicht authentisch. Ein Kernthema ist für Platon die Frage, wie gesichertes Wissen erreichbar ist, und wie man es von bloßen Meinungen unterscheiden kann. In seiner Ideenlehre unterscheidet Platon zwischen den vielen sichtbaren Einzeldingen und der einen, nur im Denken erfassbaren Idee. Die Ideen sind die Ur- und Vorbilder der sinnlich erfassbaren Dinge. Nur die unsterbliche Seele kann an der Ideenwelt teilhaben und so das eigentliche Wesen einer Sache erkennen. Platon war ein Gegner der Demokratie, die für ihn, wie der Tod des Sokrates zeigt, moral- und philosophiefeindlich war. Er entwarf das Bild eines Staates, der von Philosophen regiert wird, da diese fähig sind, die Idee des Guten zu erkennen. Die vier Kardinaltugenden waren für ihn Tapferkeit, Besonnenheit, Weisheit und Gerechtigkeit. Platon versuchte, seine Vorstellungen vom gerechten Philosophenherrscher auch praktisch umzusetzen und auf Dionysios I. und Dionysios II. von Syrakus Einfluss zu nehmen, doch er scheiterte.

Plutarch (ca. 45–125 n. Chr.), der aus dem boiotischen Chaironeia stammte, war einer der produktivsten griechischen Schriftsteller der Antike. Mehrfach kam er nach Rom, wo ihm Freunde das römische Bürgerrecht verschafften. Einer politischen Karriere jedoch abgeneigt, widmete er sich in seiner Heimat, wo er einen Kreis von Schülern um sich versammelte, seiner schriftstellerischen Tätigkeit sowie der Philosophie und nahm das Amt eines Apollonpriesters in Delphi wahr. Nur etwa die Hälfte seiner Schriften ist erhalten. Sein Œuvre kann dabei in zwei große Gruppen untergliedert werden: die sog. *Moralia*, eine Sammlung von 78 Schriften, die sich mit den unterschiedlichsten Themen – Philosophie, Religion, Musik, korrekter Lebensführung, menschlichen Charakterzügen, Kindererziehung, Naturwissenschaften oder Geschichte – befassen, und eine Reihe von Biographien, unter denen die sog. Doppelbiographien herausragen. Diese stellen jeweils einen bedeutenden Griechen und einen Römer korrespondierend gegenüber. Dabei ging es ihm vor allem um die Zeichnung von Charakterbildern, mit denen er pädagogische Ziele verfolgte. Der Quellenwert seiner Schriften darf trotz aller historischen Ungenauigkeiten nicht zu gering veranschlagt werden, denn Plutarch hat eine Vielzahl von – heute teilweise nicht mehr erhaltenen – literarischen, epigraphischen und archäologischen Quellen sowie mündliche Überlieferungen in seine Darstellung einfließen lassen.

Iulius **Pollux** (griech. Polydeukes) war ein Gelehrter und Redner der zweiten Hälfte des 2. Jh. n. Chr., der aus Naukratis in Ägypten stammte. Im Jahr 178 n. Chr. wurde er von Commodus auf den Lehrstuhl für Rhetorik in Athen berufen. Von seinen rhetorischen Schriften ist nichts erhalten; bekannt ist er für sein zehnbändiges Lexikon *Onomastikon*, das allerdings nur in einer gekürzten Redaktion überliefert ist. Dieses Werk ist für aufgrund zahlreicher antiquarischer Details und Informationen über das antike Alltagsleben, über das Theater, aber auch über Politik und Gerichtswesen sowie aufgrund von (wenn auch nicht immer genauen) Zitaten aus verlorenen Schriften wichtig.

Sextus Pomponius war einer der führenden Juristen und wichtiger Rechtslehrer des 2. Jh. n. Chr. und verfasste eine römische Rechtsgeschichte (*Enchiridium*), Kommentare zu den Schriften der Juristen Scaevola, Sabinus und Plautus.

Der Rhetor und Schriftsteller Marcus Fabius **Quintilianus** (um 35–um 96 n. Chr.) stammte aus Calagurris in Spanien. In Rom war er als Anwalt und Rhetoriklehrer tätig. Als Kaiser Vespasian den ersten staatlichen Lehrstuhl für Rhetorik in Rom schuf, wurde Quintilian dessen erster Inhaber. In seinen letzten Lebensjahren war er als Erzieher der Großneffen und Adoptivsöhne des Kaisers Domitian tätig und verfasste sein Hauptwerk, die *Institutio oratoria* („Schule der Rhetorik"), eine Gesamtdarstellung der Rhetorik und der rhetorischen Ausbildung in zwölf Büchern. Quintilian war ein Vertreter des Klassizismus, Cicero war für ihn der herausragende Vertreter der Redekunst, die immer auch ein sittliches Fundament besitzen müsse.

Lucius Annaeus **Seneca** (1–65 n. Chr.), der aus dem spanischen Corduba stammte, aber schon als kleines Kind nach Rom kam, wo er eine rhetorische und philosophische Ausbildung genoss, war nicht nur ein erfolgreicher Redner, Philosoph und Autor. Nach achtjährigem Exil wurde er gemeinsam mit dem Prätorianerpräfekten Burrus fünf Jahre lang Erzieher des Prinzen Nero und war auch nach dem Tod des Claudius als Berater des jungen Kaisers Nero tätig. Seneca selbst brachte es zu den höchsten Ämtern, wurde Prätor und Konsul. Nach der gescheiterten Verschwörung des Gaius Calpurnius Piso wurde Seneca der Mitwisserschaft angeklagt und von Nero aufgefordert, sich selbst zu töten; Seneca, ein Vertreter der Stoa, kam diesem Befehl mit philosophischer Gelassenheit nach. Er hinterließ neben einigen Tragödien und der berühmten „Verkürbissung" (*Apocolocynthosis*) des Kaisers Claudius zahlreiche philosophische Schriften, darunter *Über den Zorn (De ira)*, *Über das glückliche Leben (De vita beata)*, *Über die Kürze des Lebens* (*De brevitate vitae*), *Über die Milde* (*De clementia*), *Über die Wohltaten* (*De beneficiis*) und die 124 erhaltenen *Briefe an Lucilius* (*Epistulae morales ad Lucilium*), in denen Seneca den einige Jahre jüngeren Ritter Lucilius in der stoischen Philosophie unterweist, aber auch eine umfangreiche naturkundliche Schrift, *Naturales quaestiones* (*Naturkundliche Fragen*).

Bei den **Sententiae Syriacae** handelt es sich um eine Sammlung von juristischen Texten zum römischen Recht des 3. bis 5. Jh. n. Chr., die in syrischer Sprache verfasst ist.

Sidonius Apollinaris (ca. 430 bis 486 n. Chr.) stammte aus einer gallo-römischen Adelsfamilie. Im Jahr 451 n. Chr. wurde er mit der Tochter des später zum Kaiser ausgerufenen Avitus vermählt, ab ca. 470 n. Chr. war er Bischof von Clermont-Ferrand und verteidigte die Stadt in den Jahren 471–74 gegen die Westgoten. Er verfasste Herrscherpanegyriken und eine Reihe von manieristischen Kunstbriefen.

Die **Sortes Astrampsychi** sind ein unter dem Namen des legendären Magiers

Astrampsychos überliefertes griechisches Orakelbuch (Losorakel) aus dem 2. Jh. n. Chr., das auf 92 vorformulierte Fragen 1030 Antwortmöglichkeiten gibt. Von diesem im Mittelalter offensichtlich vielfach verwendeten Werk sind sowohl eine heidnische als auch eine christliche Version vorhanden.

Das im 10. Jh. n. Chr. entstandene und von mehreren Autoren kompilierte Lexikon der **Suda** stellt ein besonderes Beispiel byzantinischer Gelehrsamkeit dar. Mit mehr als 31.000 alphabetisch geordneten Lemmata handelt es sich um das umfangreichste byzantinische Lexikon.

Publius Cornelius **Tacitus** (um 55–ca. 120 n. Chr.) stammte aus Gallien und schlug nach einer rhetorischen Ausbildung in Rom die Karriere eines Rechtsanwaltes und die römische Ämterlaufbahn ein. Im Jahr 88 n. Chr. war er Prätor, 97 n. Chr. bekleidete er das Amt eines Konsuls, um 112/3 n. Chr. verwaltete er als Prokonsul die Provinz *Asia*. Neben kleineren Schriften, wie der Biographie seines Schwiegervaters *Agricola*, einem ethnographischen Werk über die Germanen (*De origine et situ Germanorum*, auf auch als *Germania* bezeichnet), das auch dazu dienen sollte, seinen als korrupt und verdorbenen empfundenen Landsleuten einen Spiegel vorzuhalten, einer Schrift über die alte und neue Beredsamkeit (*Dialogus de oratoribus*), verfasste Tacitus zwei große historische Werke: die *Annalen* (*Annales*), eine Darstellung der römischen Geschichte vom Tod des Augustus bis Nero, und die *Historien* (*Historiae*), eine Geschichte des flavischen Kaiserhauses. Tacitus führte die annalistische römische Geschichtsschreibung auf einen stilistischen Höhepunkt und kann trotz einiger berechtigter Kritik als einer der wichtigsten römischen Historiker betrachtet werden.

Theano ist eine legendäre Philosophin des 6./5. Jh. v. Chr., die in manchen Quellen als Schülerin, Geliebte oder Ehefrau des Philosophen Pythagoras von Samos bezeichnet wird. Berühmt sind die ihr zugeschriebenen sieben fiktiven Briefe, die freilich erst in der römischen Kaiserzeit entstanden sind und Themen wie die Aufgaben einer Ehefrau und Mutter, Erziehungsfragen, den Umgang mit einem vom Ehemann begangenen Ehebruch oder die richtige Behandlung der Dienerschaft ansprechen.

Theokrit (3. Jh. v. Chr.) stammte wohl aus Syrakus, hielt sich aber zeitweilig auch in der ptolemäischen Residenzstadt Alexandria und auf Kos auf. Insgesamt 30 als *Idyllen* (*Eidyllia*) bezeichnete Gedichte (einige davon allerdings unecht) und 23 Epigramme des Dichters haben sich erhalten, der als Schöpfer literarischer Hirtengedichte und als Begründer der Bukolik von besonderer Bedeutung ist. Daneben verfasste er mythologische Kleinepen und künstlerische Darstellungen von Szenen aus dem Leben einfacher Menschen, die stark vom Mimus beeinflusst sind.

Tyrtaios war ein griechischer Elegiendichter des 7. Jh. v. Chr., der während des sog. „Zweiten Messenischen Krieges" in Sparta tätig war. Seine Gedichte behandelten Themen wie Krieg und Tapferkeit und sollten die Kampfkraft und Moral seiner Mitbürger stärken.

Der römische Jurist Domitius **Ulpianus**, der aus Tyros in Phönikien stammte, ein Schüler Papinians, machte unter den Kaisern der severischen Dynastie eine steile Karriere und brachte es im Jahr 222 n. Chr. zum Prätorianerpräfekten. Bereits im Folgejahr wurde er aber bei einem Aufruhr unter den Prätorianern getötet. Er verfasste ein umfangreiches juristisches Werk, darunter ein Kommentar zum *ius* *civile* in 51 Büchern oder ein Kommentar zum prätorischen Edikt in 83 Büchern. Die Digesten bestehen zu etwa einem Drittel aus Auszügen aus Schriften Ulpians.

Marcus Terentius **Varro** (116–27 v. Chr.) war wohl der gelehrteste Schriftsteller, den Rom hervorbrachte. Er diente wiederholt in der römischen Armee (z.B. während des Krieges gegen Sertorius in Spanien 77–72 v. Chr.); außerdem war er politisch aktiv und brachte es bis zum Prätor. Varro verfasste eine Vielzahl von teilweise umfangreichen Schriften zu den unterschiedlichsten Fachgebieten (Geschichte und Altertumskunde, Philosophie, Mathematik, Sprachwissenschaft, Literatur, Kunst, Erziehung) und war auch ein produktiver Dichter und Satiriker, doch gingen alle diese Werke verloren außer drei Büchern (von 25) seines Werkes über die lateinische Sprache (*De lingua Latina*) und ein dreibändiger Leitfaden über die Landwirtschaft (*De re rustica*).

Der aus Capua stammende Ritter **Velleius Paterculus** (ca. 20 v. Chr.–30 n. Chr.) schlug die Offizierlaufbahn ein und leistete seinen Militärdienst im Osten des Reiches genauso wie in Germanien und Pannonien ab. Im Jahr 6 n. Chr. war er zum Quästor designiert, im Jahr 15 n. Chr. wurde er Praetor. Dem Konsul des Jahres 30 n. Chr., M. Vinicius, widmete er einen offensichtlich allzu schnell in rhetorischem Stil geschriebenen Abriss der römischen Geschichte vom Fall Troias bis eben zum Konsulat des Vinicius. Das in zwei Bücher gegliederte Werk ist für die frühere Zeit, für die keine selbstständigen Forschungen unternommen wurden, ohne großen Wert. Nützlich ist dagegen seine Darstellung des frühen Prinzipats, den er als Zeitgenosse und Augenzeuge schildert. Überschwängliches Lob erntet stets sein Kriegsherr, Kaiser Tiberius.

Der römische Jurist Saturninus **Venuleius** war in der zweiten Hälfte des 2. Jh. n. Chr. tätig. Er verfasste zahlreiche Schriften, darunter *De officio proconsulis* („Über die Funktion des Prokonsuls") in vier Büchern.

Xenophon (ca. 430–350 v. Chr.) stammte aus einer reichen, oligarchisch gesinnten athenischen Familie und war ein Schüler des Sokrates. Im Jahr 401 v. Chr. verließ er seine Heimatstadt und nahm am Feldzug des aufständischen persischen Prinzen Kyros gegen dessen eigenen Bruder Artaxeres teil. Nach der Schlacht von Kunaxa, bei der Kyros den Tod fand, führte Xenophon (gemeinsam mit anderen Offizieren) das griechische Söldnerheer durch Anatolien zum Schwarzen Meer (sog. „Zug der 10.000"), worüber er in seinem Werk *Anabasis* berichtet. In der Folgezeit schloss er sich den Spartanern an, was seine Verbannung aus Athen nach sich zog. Er ließ sich daraufhin in Skillous auf der Westpeloponnes nieder, wo er bis 371 v. Chr. blieb und den Großteil seiner Werke schrieb. Xenophon trat als Verfasser zahlreicher historischer, philosophischer, wirtschaftlicher und praktischer Schriften in Erscheinung. Sein Hauptwerk sind die *Hellenika*, eine griechische Geschichte, die mit dem Ende des Werkes des Thukydides 411 v. Chr. einsetzt und mit der Schlacht von Mantineia 362 v. Chr. endet. Ebenso verfasste er die *Kyropädie*, eine romanhafte Biographie des persischen Monarchen Kyros, ein *Enkomion* (Lobrede) auf den Spartanerkönig Agesilaos, ein Werk über den *Staat der Lakedaimonier* sowie seine sog. sokratischen Schriften: *Apologie*, *Memorabilien* („Erinnerungen an Sokrates"), *Symposion* und *Oikonomikos*, einen Dialog, in dem es um Tugend und richtige Haushaltsführung geht. Um wirtschaftliche und finanzielle Fragen dreht sich das Traktat *Über die Staatseinkünfte*. Weitere Schriften befassen sich mit der Reitkunst und der Jagd.

Beim **Zwölftafelgesetz** handelt es sich um eine um 450 v. Chr. von einem Zehnmännerkollegium ausgearbeitete Sammlung altömischer Gesetze des Zivilrechts, die auf zwölf Tafeln auf dem *Forum Romanum* aufgestellt wurde.

Bibliographie

1. Quellensammlungen

Eck – Heinrichs 1993 = W. Eck – J. Heinrichs: *Sklaven und Freigelassene in der Gesellschaft der römischen Kaiserzeit*. Darmstadt 1993.

Scholl 1990 = R. Scholl: *Corpus der ptolemäischen Sklaventexte*. 3 Bände. Stuttgart 1990.

Wiedemann 1981 = T. Wiedemann: *Greek and Roman Slavery: A Sourcebook*. London 1981.

2. Bibliographien

Bellen – Heinen 2003 = H. Bellen – H. Heinen (Hrsg.): *Bibliographie zur antiken Sklaverei*. Stuttgart 2003.

aktualisierte Online-Ausgabe: *<http://www.adwmainz.de/index.php?id=1584>*

3. Nachschlagewerk

HAS = Handwörterbuch der antiken Sklaverei – Lieferung I–IV. Im Auftrag der der Akademie der Wissenschaften und der Literatur Mainz, herausgegeben von H. Heinen in Verbindung mit U. Eigler, P. Gröschler, E. Herrmann-Otto, H. von Hesberg, H. Leppin, H.–A. Rupprecht, W. Schmitz, I. Weiler und B. Zimmermann.

4. Einführungen und Überblicksdarstellungen

Andreau – Descat 2006 = J. Andreau – R. Descat: *Esclave en Grèce et à Rome*. Paris 2006.

Biezunska-Małowist 1991 = I. Biezunska-Małowist: *La schiavitù nel mondo antico*. Neapel 1991.

Bradley 1987 = K. Bradley: *Slaves and Masters in the Roman Empire*. Oxford 1987.

Bradley 1994 = K. Bradley: *Slavery and Society at Rome*. Cambridge 1994.

Bradley – Cartledge 2011 = K. Bradley – P. Cartledge: *The Cambridge World History of Slavery. Volume I: The Ancient Mediterranean World*. Cambridge 2011.

Brockmeyer 1979 = N. Brockmeyer: *Antike Sklaverei*. Darmstadt 1979 (Erträge der Forschung 116).

Finley 1981 = M. I. Finley: *Die Sklaverei in der Antike: Geschichte und Probleme*. München 1981.

Fisher 2001 = N. R. E. Fisher: *Slavery in Classical Greece*. London ^{2}2001.

Garlan 1982 = Y. Garlan: *Les esclaves en Grèce ancienne*. Paris 1982.

Herrmann-Otto 2009 = E. Herrmann-Otto: *Sklaverei und Freilassung in der griechisch-römischen Welt*. Hildesheim 2009.

Herrmann-Otto 2013 = E. Herrmann-Otto (Hrsg.): *Antike Sklaverei*. Darmstadt 2013.

Hunt 2018 = P. Hunt: *Ancient Greek and Roman Slavery*. Malden 2018.

Joshel 2010 = S. Joshel: *Slavery in the Roman World*. Cambridge 2010.

Schumacher 2001 = L. Schumacher: *Sklaverei in der Antike. Alltag und Schicksal der Unfreien*. München 2001.

Weber 1981 = C. W. Weber: *Sklaverei im Altertum. Leben im Schatten der Säulen*. Düsseldorf – Wien 1981.

Westermann 1955 = W. L. Westermann: *The Slave Systems of Greek and Roman Antiquity*. Philadelphia 1955.

5. Spezielle Literatur

Alföldy 1981 = G. Alföldy: *Die Freilassung von Sklaven und die Struktur der Sklaverei in der römischen Kaiserzeit*. In: H. Schneider (Hrsg.): Sozial- und Wirtschaftsgeschichte der römischen Kaiserzeit. Darmstadt 1981, 97–129.

Ameling 1998 = W. Ameling: *Landwirtschaft und Sklaverei im klassischen Attika*. In: Historische Zeitschrift 266 (1998) 281–315.

Ávila Vasconcelos 2009 = B. Ávila Vasconcelos: *Bilder der Sklaverei in den Metamorphosen des Apuleius* (Vertumnus Bd. 7). Göttingen 2009.

Bäbler 1998 = B. Bäbler: *Fleißige Thrakerinnen und wehrhafte Skythen. Nichtgriechen im klassischen Athen und ihre archäologische Hinterlassenschaft*. Stuttgart – Leipzig 1998.

Bagnall 1993 = R. S. Bagnall: *Slavery and Society in Late Roman Egypt*. In: B. Halpern – D. Hobson (Hrsg.): Law, Politics and Society in the Ancient Mediterranean World. Sheffield 1993, 220–240.

Bellen 1971 = H. Bellen: *Studien zur Sklavenflucht im Römischen Kaiserreich*. Wiesbaden 1971.

Bellen – Heinen 2001 = H. Bellen – H. Heinen (Hrsg.): *Fünfzig Jahre Forschungen zur antiken Sklaverei an der Mainzer Akademie 1950–2000*. Stuttgart 2001.

Blavatskaja – Golubcova – Pavlovskaja 1972 = T. V. Blavatskaja – E. S. Golubcova – A. I. Pavlovskaja: *Die Sklaverei in hellenistischen Staaten im 3. – 1. Jh. v. Chr.* Stuttgart 1972.

Bodel 2005 = J. Bodel: *Caveat emptor: towards a study of Roman slave-trade*. In: Journal of Roman Archaeology 18 (2005) 181–195.

Bömer 1960a = F. Bömer: *Untersuchungen über die Religion der Sklaven in Griechenland und Rom. Teil II: Die sogenannte sakrale Freilassung in Griechenland und die (douloi) hieroi*. Wiesbaden 1960.

Bömer 1960b = F. Bömer: *Untersuchungen über die Religion der Sklaven in Griechenland und Rom. IV: Epilegomena*. Wiesbaden 1963.

Bömer 1981 = Franz Bömer: *Untersuchungen über die Religion der Sklaven in Griechenland und Rom. Teil I: Die wichtigsten Kulte und Religionen in Rom und im lateinischen Westen*. Stuttgart ^{2}1981.

Bömer 1990 = F. Bömer: *Untersuchungen über die Religion der Sklaven in Griechenland und Rom. Teil III: Die wichtigsten Kulte der griechischen Welt*. Stuttgart ^{2}1990.

Boese 1973 = W. E. Boese: *A Study of the Slave Trade and the Sources of Slaves in the Roman Republic and the Early Roman Empire*. Dissertation University of Washington 1973.

Bosworth 2002 = A. B. Bosworth: *Vespasian and the Slave trade*. In: The Classical Quarterly, New Series 52:1 (2002) 350–357.

Boulvert 1970 = G. Boulvert: *Esclaves et affranchise impériaux sous le Haut-Empire romain. Rôle politique et administrative*. Neapel 1970.

Boulvert – Morabito 1982 = G. Boulvert – M. Morabito: *Le droit de l'esclavage sous le Haut Empire*. In: ANRW 2.14. Berlin 1982, 98–182.

Bradley 1986 = K. Bradley: *Social Aspects of the Slave Trade in the Roman World*. In: MBAH 5 (1986) 49–58.

Bradley 1987 = K. Bradley: *On the Roman slave supply and slavebreeding*. In: M. I. Finley (Hrsg.): Classical Slavery. London 1987, 42–64.

Bradley 1989 = K. Bradley: *Slavery and Rebellion in the Roman World. 140 B.C. – 70 B.C.* London 1989.

Brandt 1973 = H. Brandt: *Die Sklaven in den Rollen von Dienern und Vertrauten bei Euripides*. Hildesheim 1973.

Braund – Tsetskhladze 1989 = D. C. Braund – G. Tsetskhladze: *The Export of Slaves form Colchis*. In: *CIQ* 39 (1989) 114–125.

Brodersen 2010 = K. Brodersen: *Ich bin Spartacus. Aufstand der Sklaven gegen Rom*. Darmstadt 2010.

Brunt 1971 = P. A. Brunt: *Italian Manpower 225 B.C. – A.D. 14*. Oxford 1971.

Buckland 1908 = W. Buckland: *The Roman Law of Slavery. The Condition of the Slave in Private Law from Augustus to Justinian*. Cambridge 1908.

Burford 1977 = A. M. Burford: *Craftsmen in Greek and Roman Society*. London 1977.

Bussi 2001 = S. Bussi: *Economia e demografia della schiavitù in Asia minore ellenistico-romana*. Mailand 2001.

Capozza 1979 = M. Capozza (Hrsg.): *Schiavitù, manomissione e classi dependenti nel mondo antico*. Rom 1979.

Carandini 1988 = A. Carandini: *Schiavi in Italia. Gli strumenti pensanti dei Romani fra tarda repubblica e medio impero*. Rom 1988.

Carlsen 1995 = J. Carlsen: *Vilici and Roman Estate Managers until A.D. 284*. Rom 1995.

Cartledge 2011 = P. Cartledge: *The helots: a contemporary review*. In: K. Bradley – P. Cartledge (Hrsg.): The Cambridge World History of Slavery. Volume I: The Ancient Mediterranean World. Cambridge 2011, 74–90.

Chantraine 1967 = H. Chantraine: *Freigelassene und Sklaven im Dienst der römischen Kaiser. Studien zu ihrer Nomenklatur*. Stuttgart 1967.

Christes 1979 = J. Christes: *Sklaven und Freigelassene als Grammatiker und Philologen im antiken Rom*. Stuttgart 1979.

Crowther 1992 = N. Crowther: *Slaves and Greek Athletics*. In: Quaderni Urbinati die Cultura Classica 40 (1992) 35–42.

Dal Lago – Katsari 2008 = E. Dal Lago – C. Katsari (Hrsg.): *Slave Systems: Ancient and Modern*. Cambridge 2008.

Darmezin 1999 = L. Darmezin: *Les affranchissements par consécration en Béotie et dans le monde grec hellénistique*. Nancy 1999.

Davies 1966 = D. B. Davies: *The Problem of Slavery in Western Culture*. Oxford 1966.

Deißler 2000 = J. Deißler: *Antike Sklaverei und Deutsche Aufklärung im Spiegel von Johann Friedrich Reitemeiers „Geschichte und Zustand der Sklaverey und Leibeigenschaft in Griechenland" (1789)*. Stuttgart 2000.

Deißler 2003 = J. Deißler: *Sklaverei*. In: Der Neue Pauly. Enzyklopädie der Antike. Band 15,3. Stuttgart – Weimar 2003, 47–59.

Deißler 2010 = J. Deißler: *Cold Case? Die Finley-Vogt-Kontroverse aus deutscher Sicht*. In: H. Heinen (Hrsg.): Antike Sklaverei: Rückblick und Ausblick. Neue Beiträge zur Forschungsgeschichte und zur Erschließung der archäologischen Zeugnisse. Stuttgart 2010, 77–93.

Diederich 2007 = S. Diederich: *Sklaverei bei den römischen Agrarschriftstellern*. In: M. E. Kabadayi – T. Reichardt (Hrsg.): Unfreie Arbeit. Ökonomische und kulturgeschichtliche Perspektiven. Hildesheim – Zürich – New York 2007, 149–165.

Ducat 1990 = J. Ducat: *Les Hilotes*. Athen 1990.

Ducat 1994 = J. Ducat, *Les Pénestes de Thessalie*. Besançon 1994.

Duchêne 1986 = H. Duchêne: *Sur la stèle d'Aulus Caprilius Timotheus, sômatemporos*. In: Bulletin de Correspondance Hellénique 110 (1986) 513–530.

Ducrey 1968 = P. Ducrey: *Le traitement des prisonniers de guerre en Grèce ancienne. Des origines à la conquête romaine*. Paris 1968.

Ducrey 1999 = P. Ducrey: *Kriegsgefangene im antiken Griechenland. Forschungsdiskussion 1968–1998*. In: R. Overmans (Hrsg.): In der Hand des Feindes. Kriegsgefangenschaft von der Antike bis zum Zweiten Weltkrieg. Köln 1999, 63–81.

Dumont 1987 = J. C. Dumont: *Servus. Rome et l'esclavage sous la République*. Rom 1987.

Eder 1980 = W. Eder: *Servitus publica. Untersuchungen zur Entstehung, Entwicklung und Funktion der öffentlichen Sklaverei in Rom*. Stuttgart 1980.

Finkenauer 2006 = T. Finkenauer: *Sklaverei und Freilassung im römischen Recht. Symposium für Hans Josef Wieling zum 70. Geburtstag*. Berlin – Heidelberg 2006.

Finley 1959 = M. I. Finley: *Was Greek Civilization Based on Slave Labour?* In: Historia 8 (1959) 145–164.

Finley 1962 = M. I. Finley: *The Black Sea and Danubian Regions and the Slave Trade in Antiquity*. In: Klio 40 (1962) 51–59.

Finley 1987 = M. I. Finley (Hrsg.): *Classical Slavery*. London 1987.

Fischer 2008 = J. Fischer: *Sklaverei und Menschenhandel im mykenischen Griechenland*. In: H. Heinen (Hrsg.): Menschenraub, Menschenhandel und Sklaverei in antiker und moderner Perspektive. Stuttgart 2008, 45–84.

Fischer 2010 = J. Fischer: *Unfreiheit und Sexualität im klassischen Athen*. In: J. Fischer – M. Ulz (Hrsg.), Unfreiheit und Sexualität von der Antike bis zur Gegenwart. Hildesheim – Zürich – New York 2010, 58–81.

Fischer 2012 = J. Fischer: *Kinderleben und Kinderarbeit im klassischen Griechenland*. In: H. Heinen (Hrsg.): Kindersklaven – Sklavenkinder. Schicksale zwischen Zuneigung und Ausbeutung in der Antike und im interkulturellen Vergleich. Beiträge zur Tagung des Akademievorhabens Forschungen zur antiken Sklaverei (Mainz, 14. Oktober 2008). Stuttgart 2012, 103–122.

Fischer 2013 = J. Fischer: *Zum Sklavenhandel im römischen Ephesos*. In: P. Mauritsch – Ch. Ulf (Hrsg.): Kultur(en): Formen des Alltäglichen in der Antike. Festschrift für Ingomar Weiler zum 75. Geburtstag. Graz 2013, 551–566.

Fischer 2016 = J. Fischer: *Der Schwarzmeerraum und der antike Sklavenhandel. Bemerkungen zu einigen ausgewählten Quellen*. In: M. Frass – H. Graßl – G. Nightingale (Hrsg.): Akten des 15. Österreichischen Althistorikertages, Salzburg, 20.–22. November 2014 (Diomedes Sonderband). Salzburg 2016, 53–71.

Fischer 2017 = J. Fischer: *Sklaverei und Religion im klassischen Griechenland*. In: J. Fischer (Hrsg.): Studien zur antiken Religionsgeschichte. Krakau 2017, 67–107.

Fitzgerald 2000 = W. Fitzgerald: *Slavery and the Roman Literary Imagination. Roman Literature and Its Contexts*. Cambridge 2000.

Flaig 2001 = E. Flaig: *Den Untermenschen konstruieren. Wie die griechische Klassik den Sklaven von Natur erfand*. In: R. von den Hoff – S. Schmidt (Hrsg.): Konstruktionen von Wirklichkeit. Bilder im Griechenland des 5. und 4. Jahrhunderts v. Chr. Stuttgart 2001, 27–49 (wieder abgedruckt in Herrmann-Otto 2013, 57–72).

Flaig 2009 = E. Flaig: *Weltgeschichte der Sklaverei*. München 2009.

Forbes 1955 = C. A. Forbes: *The Education and Training of Slaves in Antiquity*. In: TAPA 86 (1955) 321–360.

Fragiadakis 1988 = C. Fragiadakis: *Die attischen Sklavennamen von der spätarchaischen Epoche bis in die römische Kaiserzeit*. Athen 1988.

Fuks 1968 = A. Fuks: *Slave War and Slave Troubles in Chios in the Third Century B.C.* In: Athenaeum 46 (1968) 102–111.

Gabrielsen 2004 = V. Gabrielsen: *Piracy and the Slave-Trade*. In: A. Erskine (Hrsg.): A Companion to the Hellenistic World. Oxford 2003, 389–404.

Gagarin 2010 = M. Gagarin: *Serfs and Slaves at Gortyn*. In: Zeitschrift der Savigny-Stiftung für Rechtsgeschichte: Romanistische Abteilung 127 (2010) 14–31.

Gamauf 1999 = R. Gamauf: *Ad statuam licet confugere. Untersuchungen zum Asylrecht im römischen Prinzipat*. Frankfurt 1999.

Garlan 1987 = Y. Garlan: *War, Piracy and Slavery in the Greek World*. In: Slavery & Abolition 8,1 (1987) 7–21.

Garnsey 1996 = P. Garnsey: *Ideas of Slavery from Aristotle to Augustine*. Cambridge 1996.

George 2013 = M. George (Hrsg.): *Roman Slavery and Roman Material Culture*. Toronto 2013.

Giardina – Schiavone 1981 = A. Giardina – A. Schiavone (Hrsg.): *Società romana e produzione schiavistico*. Röm – Bari 1981.

Glancy 2002 = J. A. Glancy: *Slavery in Early Christianity*. Oxford 2002.

Grieser 1997 = H. Grieser: *Sklaverei im spätantiken und frühmittelalterlichen Gallien (5.–7. Jh.)*. Stuttgart 1997.

Gschnitzer 1976 = F. Gschnitzer: *Studien zur griechischen Terminologie der Sklaverei. Zweiter Teil: Untersuchungen zur älteren, insbesondere homerischen Sklaventerminologie*. Wiesbaden 1976.

Gülzow 1969 = H. Gülzow: *Christentum und Sklaverei in den ersten drei Jahrhunderten*. Bonn 1969.

Guyot 1980 = P. Guyot: *Eunuchen als Sklaven und Freigelassene in der griechisch-römischen Antike*. Stuttgart 1980.

Hahn 1961 = I. Hahn: *Freie Arbeit und Sklavenarbeit in der spätantiken Stadt*. In: Annales Universitatis Budapestinensis de Rolando Eötvös nominatae. Sectio historica 3 (1961) 23–39 (wieder abgedruckt in: H. Schneider (Hrsg.): Sozial- und Wirtschaftsgeschichte der römischen Kaiserzeit. Darmstadt 1981, 128–154).

Hamel 2004 = D. Hamel: *Der Fall Neaira. Die wahre Geschichte einer Hetäre im antiken Griechenland*. Darmstadt 2004.

Harke 2013 = J. D. Harke: *Corpus der römischen Rechtsquellen zur antiken Sklaverei. Teil III: Die Rechtspositionen am Sklaven. 2: Ansprüche aus Delikten am Sklaven*. Stuttgart 2013.

Harper 2011 = K. Harper: *Slavery in the Late Roman World*. Cambridge 2011.

Harrill 1995 = J. A. Harrill: *The Manumission of Slaves in Early Christianity*. Tübingen 1995.

Harrington 1989 = J. D. Harrington: *Classical Antiquity and the Proslavery Argument*. In: Slavery and Abolition 10,1 (1989) 60–72.

Harris 1980 = W. V. Harris: *Towards a Study of the Roman Slave Trade*. In: J. H. D'Arms, E. C. Kopff (Hrsg.): The Seaborne Commerce of Ancient Rome. Rom 1980, 117–140.

Harris 1999 = W. V. Harris: *Demography, Geography and the Sources of Roman Slaves*. In: JRS 89 (1999) 62–75 (in deutscher Übersetzung wiederabgedruckt in: Herrmann-Otto 2013, 92–117).

Hartmann 2002 = E. Hartmann: *Heirat, Hetärentum und Konkubinat im klassischen Athen*. Frankfurt – New York 2002.

Heinen 1976 = H. Heinen: *Zur Sklaverei in der hellenistischen Welt (I)*. In: Anc Soc 7 (1976) 127–149.

Heinen 1977 = H. Heinen: *Zur Sklaverei in der hellenistischen Welt (II)*. In: Anc Soc 8 (1977) 121–154.

Heinen 2001 = H. Heinen: *Sklaverei im nördlichen Schwarzmeergebiet*. In: H. Bellen – H. Heinen (Hrsg.): Fünfzig Jahre Forschungen zur antiken Sklaverei an der Mainzer Akademie 1950 – 2000. Miscellanea zum Jubiläum. Stuttgart 2001, 487 – 50.

Heinen 2005 = H. Heinen: *Das Mainzer Akademieprojekt „Forschungen zur antiken Sklaverei": Geschichte und Bilanz, Perspektiven und Desiderate*. In: E. Herrmann-Otto (Hrsg.): Unfreie Arbeits- und Lebensverhältnisse von der Antike bis in die Gegenwart. Eine Einführung. Hildesheim – Zürich – New York 2005, 371–394.

Heinen 2006a = H. Heinen: *Ägyptische und griechische Traditionen der Sklaverei im ptolemäischen Ägypten*. In: H. Heinen: Vom hellenistischen Osten zum römischen Westen. Ausgewählte Schriften zur Alten Geschichte. Stuttgart 2006, 486–496.

Heinen 2006b = H. Heinen: *Antike am Rande der Steppe. Der nördliche Schwarzmeerraum als Forschungsaufgabe*. Stuttgart 2006.

Heinen 2008 = H. Heinen (Hrsg.): *Menschenraub, Menschenhandel und Sklaverei in antiker und moderner Perspektive*. Stuttgart 2008.

Heinen 2010 = H. Heinen (Hrsg.): *Antike Sklaverei: Rückblick und Ausblick. Neue Beiträge zur Forschungsgeschichte und zur Erschließung der archäologischen Zeugnisse*. Stuttgart 2010.

Heinen 2012 = H. Heinen (Hrsg.): *Kindersklaven – Sklavenkinder. Schicksale zwischen Zuneigung und Ausbeutung in der Antike und im interkulturellen Vergleich. Beiträge zur Tagung des Akademievorhabens Forschungen zur antiken Sklaverei (Mainz, 14. Oktober 2008)*. Stuttgart 2012.

Herrmann-Otto 1994 = E. Herrmann-Otto: *Ex ancilla natus. Untersuchungen zu den „hausgeborenen" Sklaven und Sklavinnen im Westen des Römischen Kaiserreiches*. Stuttgart 1994.

Herrmann-Otto 2002 = E. Herrmann-Otto: *Modes d'acquisition des esclaves dans l'Empire romain. Aspects juridiques et socio-économiques*. In: M. Garrido-Hory (Ed.): Routes et marchés d'esclaves. 26e colloque du GIREA, Besançon, 27–29 septembre 2001. Paris 2002, 113–126.

Herrmann-Otto 2004: E. Herrmann-Otto: *Sklavenkinder in Recht, Ökonomie und Gesellschaft des Römischen Reiches*. In: RIDA 51 (2004) 167–186.

Herrmann-Otto 2005a = E. Herrmann-Otto (Hrsg.): *Unfreie Arbeits- und Lebensverhältnisse von der Antike bis in die Gegenwart. Eine Einführung*. Hildesheim 2005.

Herrmann-Otto 2005b = E. Herrmann-Otto: *Die Bedeutung der antiken Sklaverei für die Menschenrechte*. In: E. Herrmann-Otto (Hrsg.): Unfreie Arbeits. und Lebensverhältnisse von der Antike bis in die Gegenwart. Eine Einführung. Hildesheim 2005, 20–34.

Herrmann-Otto 2008 = E. Herrmann-Otto (Hrsg.): *Unfreie und abhängige Landbevölkerung*. Hildesheim 2008.

Herrmann-Otto 2011 = E. Herrmann-Otto (Hrsg.): *Sklaverei und Zwangsarbeit zwischen Akzeptanz und Widerstand*. Hildesheim 2011.

Hezser 2005 = C. Hezser: *Jewish Slavery in Antiquity*. Oxford 2005.

Himmelmann 1971 = N. Himmelmann: *Archäologisches zum Problem der griechischen Sklaverei*. Wiesbaden 1971.

Hodkinson – Geary 2012 = S. Hodkinson – D. Geary (Hrsg.): *Slaves and Religions in Graeco-Roman Antiquity and Modern Brazil*. Cambridge 2012.

Hübner 1984 = W. Hübner: *Varros instrumentum vocale im Kontext der antiken Fachwissenschaften*. Wiesbaden 1984.

Hunt 1998 = P. Hunt: *Slaves, Warfare and Ideology in the Greek Historians*. Cambridge 1998.

Jakab 1997 = É. Jakab: *Praedicere und cavere beim Marktkauf: Sachmängel im griechischen und römischen Recht*. München 1997.

Johne 1983 = K.–P. Johne: *Die Kolonen in Italien und den westlichen Provinzen des Römischen Reiches vom 2. Jahrhundert v. u. Z. bis zu den Severern. Eine Untersuchung der literarischen, juristischen und epigraphischen Quellen*. Berlin 1983.

Johne 1994 = K.–P. Johne: *Von der Kolonenwirtschaft zum Kolonat. Ein römisches Abhängigkeitsverhältnis im Spiegel der Forschung*. Berlin 1994.

Joshel – Murnaghan 1998 = S. Joshel – S. Murnaghan (Hrsg.): *Women and Slaves in Greco-Roman Culture. Differential Equations*. London 1998.

Joshel – Petersen 2014 = S. R. Joshel – L. H. Petersen: *The Material Life of Roman Slaves*. New York 2014.

Kästner 1981 = U. Kästner: *Bezeichnungen für Sklaven*. In: E. C. Welskopf (Hrsg.): Soziale Typenbegriffe im alten Griechenland und ihr Fortleben in den Sprachen der Welt. Band 3: Untersuchungen ausgewählter altgriechischer sozialer Typenbegriffe. Berlin 1981, 282–318.

Kaltenstadler 1978 = W. Kaltenstadler: *Arbeitsorganisation und Führungssystem bei den römischen Agrarschriftstellern (Cato, Varro, Columella)*. Stuttgart 1978.

Kaser 1992 = M. Kaser: *Römisches Privatrecht*. 16. Auflage, München 1992.

Kiechle 1969 = F. Kiechle: *Sklavenarbeit und technischer Fortschritt im römischen Reich*. Wiesbaden 1969.

Klees 1975 = H. Klees: *Herren und Sklaven. Die Sklaverei im oikonomischen und politischen Schrifttum der Griechen in klassischer Zeit*. Stuttgart 1975.

Klees 1991 = H. Klees: *Zur Beurteilung der Helotie im historischen und politischen Denken der Griechen im 5. und 4. Jh. v. Chr., Teil I*. In: Laverna 2 (1991) 27–52.

Klees 1991 = H. Klees: *Zur Beurteilung der Helotie im historischen und politischen Denken der Griechen im 5. und 4. Jh. v. Chr., Teil II*. In: Laverna 3 (1992) 1–31.

Klees 1998 = H. Klees: *Sklavenleben im klassischen Griechenland*. Stuttgart 1998.

Klein 1988 = R. Klein: *Die Sklaverei in der Sicht der Bischöfe Ambrosius und Augustinus*. Stuttgart 1988.

Klein 2000 = R. Klein: *Die Haltung der kappadokischen Bischöfe Basilius von Caesarea, Gregor von Nazianz und Gregor von Nyssa zur Sklaverei*. Stuttgart 2000.

Klingenberg 2005 = G. Klingenberg: *Corpus der römischen Rechtsquellen zur antiken Sklaverei. Teil X: Juristisch speziell definierte Sklavengruppen, 6: servus fugitivus*. Stuttgart 2005.

Knoch 2005 = S. Knoch: *Sklavenfürsorge im Römischen Reich. Formen und Motive*. Hildesheim 2005.

Kolendo 2001 = J. Kolendo: *L'importation des esclaves barbares dans l'Empire Romain*. In: Antiquitas 25 (2001) 39–53.

Krieter-Spiro 1997 = M. Krieter-Spiro: *Sklaven, Köche und Hetären. Das Dienstpersonal bei Menander. Stellung, Rolle, Komik und Sprache*. Stuttgart 1997.

Kuch 1974 = H. Kuch: *Kriegsgefangenschaft und Sklaverei bei Euripides. Untersuchungen zur Andromache, zur Hekabe und zu den Troerinnen*. Berlin ²1978.

Kudlien 1988 = F. Kudlien: *Zur sozialen Situation des flüchtigen Sklaven in der Antike*. In: Hermes 116 (1988) 232–252.

Kudlien 1991 = F. Kudlien: *Sklaven-Mentalität im Spiegel antiker Wahrsagerei*. Stuttgart 1991.

Laub 1982 = F. Laub: *Die Begegnung des frühen Christentums mit der antiken Sklaverei*. Stuttgart 1982.

Lauffer 1961 = S. LAuffer: *Die Sklaverei in der griechisch-römischen Welt*. In: Gymnasium 68 (1961) 370–395.

Lauffer 1979 = S. Lauffer: *Die Bergwerkssklaven von Laureion*. Stuttgart ²1979.

Lejeune 1959 = M. Lejeune: *Textes mycéniens relatifs aux esclaves*. In: Historia 8 (1959) 129–144.

Lencman 1966 = J. A. Lencman: *Die Sklaverei im mykenischen und homerischen Griechenland*. Wiesbaden 1966.

Link 1994a = S. Link: *Der Kosmos Sparta*. Darmstadt 1994.

Link 1994b = S. Link: *Das griechische Kreta: Untersuchungen zu seiner staatlichen und gesellschaftlichen Entwicklung vom 6. bis zum 4. Jahrhundert v. Chr.* Stuttgart 1994.

Link 2001 = S. Link: *„Dolos" und „woikeus" im Recht von Gortyn*. In: Dike 4 (2001) 87–112.

Lotze 1959 = D. Lotze: *Metaxy eleutheron kai doulon. Studien zur Rechtsstellung unfreier Landbevölkerungen in Griechenland bis zum 4. Jh. v. Chr.* Berlin 1959.

Loffredo 2015 = I. Loffredo: Die Reden des Dion von Prusa über Sklaverei und Freiheit (Reden 14 und 15). Dissertation Universität Trier (http://ubt.opus.hbz-nrw.de/volltexte/2015/919/pdf/Dissertation_Loffredo_Ivano.pdf; abgerufen am 20. 9. 2016).

Luraghi 2002 = N. Luraghi: *Helotic Slavery Reconsidered*. In: A. Powell – S. Hodkinson (Hrsg.): Sparta. Beyond the Mirage. Swansea – London 2002, 227–248.

Luraghi 2009 = N. Luraghi: *The Helots: comparative approaches, ancient and modern*. In: S. Hodkinson (Hrsg.), Sparta: Comparative Approaches. London 2009, 261–304.

Luraghi – Alcock 2003 = N. Luraghi – S. E. Alcock (Hrsg.): *Helots and Their Masters in Laconia and Messenia. Histories, Ideologies, Structures*. Cambridge, MA – London 2003.

MacMullan 1987 = R. MacMullan: *Late Roman Slavery*. In: Historia 36 (1987) 359–382.

Manning 1989 = C. E. Manning: *Stoicism and Slavery in the Roman Empire*. In: Aufstieg und Niedergang der Römischen Welt II,36. Berlin 1989, 1518–1543.

Marinovic – Golubcova – Šifman – Pavlovskaja 1992 = L. P. Marinovic/E. S. Golubcova/I. Š. Šifman/ A. I. Pavlovskaja: *Die Sklaverei in den östlichen Provinzen des römischen Reiches im 1.–3. Jahrhundert*. Stuttgart 1992.

Martin 1974 = R. Martin: *Familia rustica: les esclaves chez les agronomes latines*. In: Actes du Colloque 1972 sur l'esclavage. Besançon 1974, 267–297.

McGinn 1998 = T. A. J. McGinn: *Prostitution, Sexuality, and the Law in Ancient Rome*. New York 1998

McKeown 2007 = N. McKeown: *The Invention of Ancient Slavery*. London 2007.

Meillasoux 1989 = C. Meillasoux: *Anthropologie der Sklaverei*. Frankfurt 1989.

Meister 1986 = K. Meister: *Der Sklavenaufstand des Spartacus: Kritische Anmerkungen zu einer neuen Deutung*. In: H.-J. Kalczyk – B. Gullath – A. Graeber (Hrsg.): Studien zur alten Geschichte. Siegfried Lauffer zum 70. Geburtstag am 4. August 1981; dargebracht von Freunden, Kollegen und Schülern. Band 2. Rom 1986, 631–656.

Meyer 1924 = E. Meyer: *Die Sklaverei im Altertum*. In: E. Meyer: Kleine Schriften 1. Halle ^{2}1924, 169–212.

Modrzejewski 1976 = J. Modrzejewski: *Aut nascuntur aut fiunt. Les schémas antiques des sources de l'esclavage*. In: BIDR 79 (1976) 1–25.

Mohler 1940 = S. L. Mohler: *Slave Education in the Roman Empire*. In: TAPA 71 (1940) 262–280.

Morabito 1981 = M. Morabito: *Les réalités de l'esclavage d'après le Digeste*. Paris 1981.

Morabito 1986 = M. Morabito: *Droit romain et réalités sociales de la sexualité servile*. In: DHA 12 (1986) 317–387.

Nadel 1976 = B. Nadel: *Slavery and Related Forms of Labor on the North Shore of the Euxine in Antiquity*. In: Actes du colloque 1973 sur l'esclavage. Paris 1976, 197–231.

Osborne 1995 = R. Osborne: *The Economics and Politics of Slavery at Athens*. In: A. Powell (Hrsg.): The Greek World. London 1995, 27–43.

Osterhammel 2009 = J. Osterhammel: *Sklaverei und die Zivilisation des Westens*. München ^{2}2009.

Papadis 2001 = D. Papadis: *Das Problem des Sklaven von Natur bei Aristoteles*. In: Gymnasium 108 (2001) 345–365.

Papazoglou 1997 = F. Papazoglou: *Laoi et Paroikoi. Recherches sur la structure de la société hellénistique*. Belgrad 1997.

Paradiso 2007 = A. Paradiso: *Sur la servitude volontaire des Mariandyniens d'Héraclée du Pont*. In: A. Serghidou (Hrsg.): Fear of Slaves – Fear of Enslavement in the Ancient Mediterranean. Actes du XXIXe Colloque du GIREA 2004. Besançon 2007, 23–33.

Patterson 1982 = O. Patterson: *Slavery and Social DEath. A Comparative Study*. London 1982.

Pomeroy 1989 = S. B. Pomeroy: *Slavery in the Greek Domestic Economy in the Light of Xenophon's „Oeconomicus"*. In: Index 17 (1989) 11–18.

Prachner 1967 = G. Prachner: *Untersuchungen zu Überlieferungsproblemen der frührömischen Sklaverei und Schuldknechtschaft*. Dissertation Universität Münster 1967.

Raedle 1969 = H. Raedle: *Untersuchungen zum griechischen Freilassungswesen*. München 1969.

Raffeiner 1977 = H. Raffeiner: *Sklaven und Freigelassene. Eine soziologische Studie auf der Grundlage des griechischen Grabepigramms*. Innsbruck 1977.

Reilly 1978 = L.C. Reilly: *Slaves in Ancient Greece. Slaves from Greek Manumission Inscriptions*. Chicago 1978.

Reinsberg 1989 = C. Reinsberg: *Ehe, Hetärentum und Knabenliebe im antiken Griechenland*. München 1989.

Riccardi 1997 = S. Riccardi: *Die Erforschung der antiken Sklaverei in Italien vom Risorgimento bis Ettore Ciccotti*. Stuttgart 1997.

Richter 1958 = W. Richter: *Seneca und die Sklaven*. In: Gymnasium 65 (1958) 196–218.

Rihll 1993 = T. E. Rihll: *War, Slavery and Settlement in Early Greece*. In: J. Rich, G. Shipley (Edd.): War and Society in the Greek World. London – New York 1993, 77–107.

Rix 1994 = H. Rix: *Die Termini der Unfreiheit in den Sprachen Alt-Italiens*. Stuttgart 1994.

Rosivach 1999 = V. J. Rosivach: *Enslaving Barbaroi and the Athenian Ideology of Slavery*. In: Historia 48 (1999) 129–157.

Rostovzeff 1998 = M. Rostovzeff: *Gesellschafts- und Wirtschaftsgeschichte der hellenistischen Welt*. Darmstadt 1998.

Roth 2007 = U. Roth: *Thinking Tools. Agricultural Slavery between Evidence and Models*. London 2007.

Roth 2010 = U. Roth (Hrsg.): *By the Sweat of Your Brow: Roman Slavery in its Socio-Economic Setting*. London 2010.

Rouland 1977 = N. Rouland: *Les esclaves romains en temps de guerre*. Brüssel 1977.

Rubinsohn 1993 = W. Z. Rubinsohn: *Die großen Sklavenaufstände der Antike. 500 Jahre Forschung*. Darmstadt 1993.

Ruffing – Drexhage 2008 = K. Ruffing – H.-J. Drexhage: *Antike Sklavenpreise*. In: P. Mauritsch – R. Rollinger – W. Petermandl (Hrsg.): Antike Lebenswelten. Konstanz – Wandel – Wirkungsmacht. Festschrift für Ingomar Weiler zum 70. Geburtstag. Wiesbaden 2008 (Philippika.

Marburger altertumskundliche Abhandlungen), 321–351.

Sargent 1924 = R. L. Sargent: *The Size of the Slave Population at Athens during the Fifth and Fourth Centuries B.C.* Urbana/Illinois 1924.

Scheidel 1997 = W. Scheidel: *Quantifying the Sources of Slaves in the Early Roman Empire.* In: JRS 87 (1997) 156–169.

Scheidel 2005a = W. Scheidel: *Real Slave Prices and the Relative Cost of Slave Labor in the Greco-Roman World.* In: Anc Soc 35 (2005) 1–17.

Scheidel 2005b = W. Scheidel: *Human Mobility in Roman Italy, II: The Slave Population.* In: JRS 95 (2005) 64–79 (auf Deutsch wieder abgedruckt in Herrmann-Otto 2013, 73–91).

Scheidel 2011 = Walter Scheidel: *The Roman slave supply*, in: The Cambridge World History of Slavery. Volume I: The Ancient Mediterranean World, herausgegeben von Keith Bradley und Paul Cartledge. Cambridge: Cambridge University Press, 2011, 287–310.

Schipp 2009 = O. Schipp: *Der weströmische Kolonat von Konstantin bis zu den Karolingern (332 bis 861).* Hamburg 2009.

Schmidt 2006 = M. Schmidt: *Die Welt des Eumaios.* In: A. Luther (Hrsg.): Geschichte und Fiktion in der homerischen Odyssee. München 2006, 117–138.

Schmitz 2012 = W. Schmitz: *Sklavenfamilien im archaischen und klassischen Griechenland.* In: H. Heinen (Hrsg.): Kindersklaven – Sklavenkinder. Schicksale zwischen Zuneigung und Ausbeutung in der Antike und im interkulturellen Vergleich. Stuttgart 2012, 63–102.

Schmitz 2013 = W. Schmitz: *Überlegungen zur Verbreitung der Sklaverei in der griechischen Landwirtschaft.* In: P. Mauritsch – C. Ulf (Hrsg.): Kultur(en) – Formen des Alltäglichen in der Antike. Festschrift für Ingomar Weiler zum 75. Geburtstag. Graz 2013, 535–552.

Scholl 1986 = R. Scholl: *Sklaverei in der Arbeitswelt der Antike im Lichte der verschiedenen Quellenkategorien.* In: Gymnasium 93 (1986) 47–496.

Scholl 1995 = R. Scholl: *Zum ptolemäischen Sklavenrecht.* In: M. J. Geller – A. D. E. Lewis – H. Maehler (Hrsg.): Legal Documents of the Hellenistic World. London 1995, 149–172.

Scholl 1996 = R. Scholl: *Zur Freilassung im ptolemäischen Ägypten.* In: E. G. Schmidt – M. Fuhrmann – R. Gordesiani – C. Meier (Hrsg.): Griechenland und Rom. Vergleichende Untersuchungen zu Entwicklungstendenzen und -höhepunkten der antiken Geschichte, Kunst und Literatur. Erlangen – Jena 1996, 160–170.

Schütrumpf 1993 = E. Schütrumpf: *Aristotle's Theory of Slavery – a Platonic Dilemma.* In: Ancient Philosophy 13 (1993) 111–123.

Schulze 1998 = H. Schulze: *Ammen und Pädagogen. Sklavinnen und Sklaven als Erzieher in der antiken Kunst und Gesellschaft.* Mainz 1998.

Schumacher 1982 = L. Schumacher: *Servus Index. Sklavenverhör und Sklavenanzeige im republikanischen und kaiserzeitlichen Rom.* Wiesbaden 1982.

Schumacher 2006 = L. Schumacher: *Corpus der römischen Rechtsquellen zur antiken Sklaverei. Teil VI: Stellung des Sklaven im Sakralrecht.* Stuttgart 2006.

Serghidou 2007 = A. Serghidou (Hrsg.): *Fear of Slaves – Fear of Enslavement in the Ancient Mediterranean. Actes du XXIXe Colloque du GIREA 2004.* Besançon 2007.

Shaw 2001 = B. D. Shaw: *Spartacus and the Slave Wars. A Brief History with Documents.* New York 2001.

Söllner 2000 = A. Söllner: *Corpus der römischen Rechtsquellen zur antiken Sklaverei Teil IX: Irrtümlich als Sklaven gehaltene freie Menschen und Sklaven in unsicheren Eigentumsverhältnissen – Homines liberi et servi alieni bona fide servientes.* Stuttgart 2000.

Solin 1996 = H. Solin: *Die stadtrömischen Sklavennamen. Ein Namenbuch.* Drei Teile. Stuttgart 1996.

Spranger 1984 = P. Spranger: *Historische Untersuchungen zu den Sklavenfiguren des Plautus und Terenz.* Stuttgart 1984.

Štaerman 1969 = E. M. Štaerman: *Die Blütezeit der Sklavenwirtschaft in der römischen Republik.* Stuttgart 1969.

Štaerman – Trofimova 1975 = E. M. Štaerman – M. K. Trofimova: *La schiavitù nell'Italia imperiale.* Rom 1975.

Štaerman – Smirin – Belova –Kolosovskaja 1987 = E. M. Štaerman – V. M. Smirin – N. N. Belova – J. K. Kolosovskaja: *Die Sklaverei in den westlichen Provinzen des römischen Reiches im 1.–3. Jahrhundert.* Stuttgart 1987.

Stumpp 1998 = B. Stumpp: *Prostitution in der römischen Antike.* Berlin 1988.

Straus 2004 = J. A. Straus: *L'achat et la vente des esclaves dans l'Égypte romaine. Contribution papyrologique à l'étude de l'esclavage dans une province orientale de l'Empire Romain.* München – Leipzig 2004.

Szidat 1985 = J. Szidat: *Zum Sklavenhandel in der Spätantike (Aug. epist. 10).* In: Historia 34 (1985) 360–371.

Taubenschlag 1959 = R. Taubenschlag: *Das Sklavenrecht im Recht der Papyri.* In: R. Taubenschlag: Opera Minora 2. Warschau 1959, 223–257.

Thébert 1991 = Y. Thébert: *Der Sklave.* In: A. Giardina (Hrsg.): Der Mensch der römischen Antike. Frankfurt – New York – Paris 1991, 158 – 199.

Thompson 2003 = F. H. Thompson: *The Archaeology of Greek and Roman Slavery.* London 2003.

Traulsen 2004 = C. Traulsen: *Das sakrale Asyl in der Alten Welt.* Tübingen 2004.

Treggiari 1969 = S. M. Treggiari: *Roman Freedmen during the Late Republic.* Oxford 1969.

Treggiari 1975 = S. M. Treggiari: *Jobs in the Household of Livia*. In: PBSR 43 (1975) 48–77.

Trümper 2009 = M. Trümper: *Graeco-Roman Slave Markets. Fact or Fiction?* Oxford 2009.

Tsetskhladze 1990 = G. R. Tsetskhladze: *Zu den kolchischen Sklaven in der griechischen Welt*. In: Klio 72 (1990) 151–159.

Tsetskhladze 2008 = G. R. Tsetskhladze: *Pontic Slaves in Athens: Orthodoxy and Reality*. In: P. Mauritsch – W. Petermandl – R. Rollinger – C. Ulf (Hrsg.): Antike Lebenswelten. Konstanz – Wandel–Wirkungsmacht. Festschrift für Ingomar Weiler zum 70. Geburtstag. Wiesbaden 2008, 309–319.

Urbainczyk 2008 = T. Urbainczyk: *Slave Revolts in Antiquity*. Berkeley 2008.

Velkov 1964 = V. Velkov: *Zur Frage der Sklaverei auf der Balkanhalbinsel während der Antike*. In: Etudes balcaniques 1 (1964) 125–138 (wieder abgedruckt in: V. Velkov, *Geschichte und Kultur Thrakiens und Mösiens. Gesammelte Aufsätze*. Amsterdam 1988, 113–126)

Vittinghoff 1960 = F. Vittinghoff: *Die Theorie des historischen Materialismus über den antiken Sklavenhalterstaat. Probleme der alten Geschichte bei den ‚Klassikern' des Marxismus und in der modernen sowjetischen Forschung*. In: Saeculum 11 (1960) 89–131.

Vittinghoff 1962 = F. Vittinghoff: *Die Sklavenfrage in der Forschung der Sowjetunion*. In: Gymnasium 69 (1962) 279–286.

Vlassopoulos 2011 = K. Vlassopoulos: *Greek slavery: from domination to property and back again*. In: Journal of Hellenic Studies 131(2011) 115–130.

Vogt 1957 = J. Vogt: *Struktur der antiken Sklavenkriege*. Wiesbaden 1957.

Vogt 1972 = J. Vogt: *Sklaverei und Humanität*. Wiesbaden [2]1972.

Volkmann 1990 = H. Volkmann: *Die Massenversklavungen der Einwohner eroberter Städte in der hellenistisch-römischen Zeit*. Stuttgart [2]1990.

Waldstein 1986 = W. Waldstein: *Operae libertorum. Untersuchungen zur Dienstpflicht freigelassener Sklaven*. Stuttgart 1986.

Watson 1987 = A. Watson: *Roman Slave Law*. Baltimore 1987.

Weaver 1964 = P. R. C. Weaver: *The Slave and Freedman ‚Cursus' in the Imperial Administration*. In: Proceedings of the Cambridge Philological Society (New Series) 10 (1964) 74–92.

Weaver 1972 = P. R. C. Weaver: *Familia Caesaris. A Social Study of the Emperor's Freedmen and Slaves*. Cambridge 1972.

Weiler 2003 = I. Weiler: *Die Beendigung des Sklavenstatus im Altertum. Ein Beitrag zur vergleichenden Sozialgeschichte*. Stuttgart 2003.

Weiler 2004 = I. Weiler: *Sklaverei in der homerischen und altorientalischen Welt. Vergleichende Betrachtungen*. In: Robert Rollinger and Christoph Ulf (Hrsg.): Commerce and Monetary Systems in the Ancient World. Means of Transmission and Cultural Interaction. Proceedings of the Fifth Annual Symposium of the Assyrian and Babylonian Intellectual Heritage Project. Held in Innsbruck, Austria, October 3rd-8th, 2002. Stuttgart 2004, 270–91.

Weiler 2010 = I. Weiler: *Zur Rolle der Sklaven im Sport des griechisch-römischen Altertums*. In: J. Court – A. Müller – Chr. Wacker (Hrsg.): Jahrbuch 2009 der Deutschen Gesellschaft für Geschichte der Sportwissenschaft e.V. Berlin – Münster – Wien – Zürich – London 2010, 7–36.

Weiss 2004 = A. Weiss: *Sklave der Stadt. Untersuchungen zur öffentlichen Sklaverei in den Städten des Römischen Reiches*. Stuttgart 2004.

Welwei 1974 = K.–W. Welwei: *Unfreie im antiken Kriegsdienst. 1. Teil: Athen und Sparta*. Wiesbaden 1974.

Welwei 1977 = K.–W. Welwei: *Unfreie im antiken Kriegsdienst. 2. Teil: Die kleineren und mittleren griechischen Staaten und die hellenistischen Reiche*. Wiesbaden 1977.

Welwei 1988 = K.–W. Welwei: *Unfreie im antiken Kriegsdienst. 3. Teil: Rom*. Stuttgart 1988.

Welwei 2000 = K.–W. Welwei: *Sub corona vendere. Quellenkritische Studien zu Kriegsgefangenschaft und Sklaverei bis zum Ende des Hannibalkrieges unter Berücksichtigung des Nachlasses von Gottfried Prachner*. Stuttgart 2000.

Welwei 2008a = K.–W. Welwei: *Ursprung, Verbreitung und Formen der Unfreiheit abhängiger Landbewohner im antiken Griechenland*. In: E. Herrmann-Otto (Hrsg.): Unfreie und abhängige Landbevölkerung. Hildesheim 2008, 1–52.

Welwei 2008b = K.–W. Welwei: *Neuere Forschungen zur Rechtstellung der Penesten*. In: P. Mauritsch – W. Petermandl – R. Rollinger – C. Ulf (Hrsg.): Antike Lebenswelten. Konstanz – Wandel – Wirkungsmacht. Festschrift für Ingomar Weiler zum 70. Geburtstag. Wiesbaden 2008, 393–411 (wieder abgedruckt in: K.–W. Welwei: Nachlese. Kleine Schriften zur Sozial- und Herrschaftsgeschichte in der griechischen und römischen Welt. Stuttgart 2012, 93–111).

Whittaker 1987 = C. R. Whittaker: *Circe's Pigs: From Slavery to Serfdom in the Later Roman World*. In: M. I. Finley (Ed.): Classical Slavery. London 1987, 88–122.

Wickert-Micknat 1983 = G. Wickert-Micknat: *Unfreiheit im Zeitalter der homerischen Epen*. Wiesbaden 1983.

Wiedemann 1987 = T. Wiedemann: *Slavery*. Oxford [2]1987.

Wieling 1999 = H. Wieling: *Die Begründung des Sklavenstatus nach ius gentium und ius civile*. Stuttgart 1999.

Willvonseder 2010 = R. Willvonseder: *Corpus der römischen Rechtsquellen zur antiken Sklaverei. Teil IV: Stellung des Sklaven im Privatrecht. 1: Eheähnliche Verbindungen und verwandtschaftliche Beziehungen.* Stuttgart 2010.

Wöhrle 2005 = G. Wöhrle: *Der „freie" Sklave. Antike Sklaverei und das Konzept der „inneren" Freiheit.* In: E. Herrmann-Otto (Hrsg.): Unfreie Arbeits- und Lebensverhältnisse von der Antike bis in die Gegenwart. Eine Einführung. Hildesheim – Zürich – New York 2005, 35–55.

Yavetz 1988 = Z. Yavetz: *Slaves and Slavery in Ancient Rome.* New Brunswick 1988.

Zelnick-Abrahamovitz 2005 = R. Zelnick-Abrahamovitz: *Not Wholly Free: The Concept of Manumission and the Status of Manumitted Slaves in the Ancient Greek World.* Leiden 2005.

Zeuske 2013 = M. Zeuske: *Handbuch Geschichte der Sklaverei. Eine Globalgeschichte von den Anfängen bis heute.* New York – Berlin 2013.

Zimmermann 2005 = B. Zimmermann: *Sklaven im griechischen Drama.* In: E. Herrmann-Otto (Hrsg.): Unfreie Arbeits. und Lebensverhältnisse von der Antike bis in die Gegenwart. Eine Einführung. Hildesheim 2005, 20–34.

Register

Alexander der Große 18, 24, 202
Arbeit 16, 31, 38ff., 134ff.
Asyl 32, 37, 162
Aufstand 19, 39, 43, 46ff., 62f., 68, 166ff., 197f.
Augustus 19, 27ff., 53, 84, 94f., 128, 135, 187

Behandlung 31ff., 67ff., 122ff., 143ff.
Bergwerk 30, 34, 38, 63, 77ff., 136ff., 154, 195f.
Besitz 31, 33f., 36, 54, 120, 126f., 191f.

Caesar 27, 64, 84, 95, 105, 108
Christen 20, 23, 97ff.
Claudius 37, 117, 120, 133, 135, 213

Definition 15

Ernährung 16, 33, 35, 43, 86, 111, 124, 169, 197

Familie 24, 31, 34f., 41, 146, 159
Findelkinder 26, 30, 119
Forschungsgeschichte 12ff.
Flucht 29, 32, 46f., 51, 59, 97, 123, 130, 160ff., 179, 198
Folter 32, 34, 78, 93, 158
Freilassung 30, 35, 42, 52ff., 86, 186ff.

Geburt 20, 26, 29, 46, 116ff.
Gericht, Gerichtsverhandlung 27, 32ff., 39, 52, 88, 111, 115, 131, 153
Gewalt 15, 31, 36f., 59f., 123, 127f.

Hadrian 37, 117 127, 134
Haftung 132f.
Haushalt 16, 34f., 40, 51, 139ff., 150ff., 164
Heloten 41ff., 47, 57, 62, 67, 76, 195ff.
Herkunft 22, 24ff., 29, 101ff., 115

Kinder 20, 24, 26, 29ff., 35, 37, 44, 46, 104, 109ff., 116ff., 125, 146, 149, 152f., 159, 172, 186, 191, 197f.
Klaroten 41, 43f., 195, 197
Kleidung 33, 35f., 80, 82, 123f., 144, 146, 149, 169
Kolonen 44ff., 109, 198f.
Krieg 16, 18ff., 24f., 27f., 39ff., 101ff.

Landwirtschaft 18, 38ff., 44f., 48, 139ff.
lex Aelia Sentia 53, 187f., 191
lex Fufia Caninia 53, 187

Mark Aurel 20, 190
Menschenhandel 11, 54
Menschenraub 16, 24f., 28, 49, 105ff., 199
Mykenische Epoche 15f., 21

Namen 31, 34, 116

obsequium 53f.

Penesten 41, 43, 57f., 62, 67, 195, 197f.
peculium 34, 36, 116, 191f.
Philosophie 20ff., 65ff.
Piraten 24f., 27f., 51, 108
Preis 24, 26f., 29, 114ff., 154f., 173
Prostitution 32, 37f., 40, 192, 153ff.

Religion 16, 23, 35

Schuldknechtschaft 19, 25ff., 110f., 145
Senatus consultum Claudianum 30, 117f., 120
Sexualität 31, 35ff, 78, 102f., 153ff.
Sklavenhandel, -händler 16f., 24ff., 28f., 37, 52, 111ff., 151
Staatssklaven 32f., 39, 134ff., 196
Stoa 22, 77ff., 98, 129, 202
Strafe 17, 23ff., 29ff., 36f., 58f., 67f., 78, 80, 89, 93, 97ff., 120, 123ff., 133ff., 141ff., 149, 153, 164, 170, 188

Unterkunft 32, 35f.

Verbrechen 24, 126, 131f., 163ff., 194, 199

Zwölftafelgesetze 19, 27, 110f., 190f.